Die wirtschaftliche Betätigung von Idealvereinen am Beispiel der
Ausgliederungsvorhaben der Fußballbundesligavereine

Zivilrechtliche Schriften

Beiträge zum Wirtschafts-, Bank- und Arbeitsrecht

Herausgegeben von Peter Kreutz und Dieter Reuter

Band 35

PETER LANG

Frankfurt am Main · Berlin · Bern · Bruxelles · New York · Oxford · Wien

Mario Nahrwold

Die wirtschaftliche Betätigung von Idealvereinen am Beispiel der Ausgliederungsvorhaben der Fußballbundesligavereine

Eine Untersuchung zu Geltungsgrund und Grenzen des Nebentätigkeitsprivileges

PETER LANG
Europäischer Verlag der Wissenschaften

Bibliografische Information Der Deutschen Bibliothek
Die Deutsche Bibliothek verzeichnet diese Publikation in der
Deutschen Nationalbibliografie; detaillierte bibliografische
Daten sind im Internet über <http://dnb.ddb.de> abrufbar.

Zugl.: Kiel, Univ., Diss., 2002

Gedruckt auf alterungsbeständigem,
säurefreiem Papier.

D 8
ISSN 0941-147X
ISBN 3-631-50767-4

© Peter Lang GmbH
Europäischer Verlag der Wissenschaften
Frankfurt am Main 2003
Alle Rechte vorbehalten.

Printed in Germany 1 2 3 4 5   7

www.peterlang.de

Meinen Eltern

gewidmet

Vorwort

Den Anstoß für diese Arbeit gab neben meinem starken Interesse für Fragen des Sports die voranschreitende Verrechtlichung sportlicher Sachverhalte, die aktuell u.a. bei der Ausgliederung der Profisportabteilungen der als Idealvereine organisierten Fußballbundesligaklubs in Kapitalgesellschaften zum Tragen kommt.

Die Fußballvereine machen sich hierbei zur Lösung der seit langem beklagten Rechtsformverfehlung eine äußerst zweifelhafte Rechtsprechung des Bundesgerichtshofs aus dem Jahre 1982, dem sogenannten „ADAC-Urteil", zunutze. Die Untersuchung wird nicht nur zeigen, daß mit der Ausgliederung das Problem nicht beseitigt ist, sondern, daß andere Mittel zur Verfügung stehen, die sowohl das Gläubigerschutzinteresse als auch das sportpolitische Interesse an einer engen Verknüpfung zwischen Stammverein und Berufssportabteilung vereinigen können. Die Arbeit ist auf dem Stand von April 2002.

Ich danke Prof. Dr. Reuter für die Betreuung der Arbeit und die dabei gewährte wissenschaftliche Freiheit bei Auswahl um Umsetzung des Themas. Seiner konstruktiven Kritik verdanke ich, einen Irrweg umgangen zu haben. Herrn Prof. Dr. Eckert danke ich für die zügige Begutachtung.

Nur mit der vorbehaltlosen Unterstützung meiner Eltern, Wiebke und Dieter Nahrwold, sowie meiner inzwischen leider verstorbenen Oma, Irmgard Bünz, war es mir möglich, diese Arbeit zu verwirklichen. Dafür ewigen Dank!

Der Verwaltungsfachhochschule in Altenholz verdanke ich, daß sie mir mit einem Lehrauftrag die finanzielle Grundlage für diese Arbeit schaffte und speziell ihrem Wirtschaftswissenschaftler, Herrn Dr. Günter Schnorrenberg, habe ich für seine geduldige Aufmerksamkeit zu danken, die er meinen ökonomischen Studien entgegenbrachte.

Herrn Dr. Englisch vom Deutschen Fußballbund danke ich dafür, daß er sich meinen Fragen gegenüber stets hilfsbereit zeigte.

Ein besonderer Dank gebührt meinem besten Freund, Philipp Berger, der sich trotz seines anstrengenden Berufs als Rechtsanwalt in allen Lagen als verläßlicher Ansprechpartner erwiesen hat.

Kiel, den 21. Januar 2003   Mario Nahrwold

Inhaltsverzeichnis

Abkürzungsverzeichnis

AA	Anderer Ansicht
aaO.	am angegebenen Ort
AcP	Archiv für civilistische Praxis
ADAC	Allgemeiner Deutscher Automobilclub
AG	Aktiengesellschaft, Die Aktiengesellschaft
AktG	Aktiengesetz
AO	Abgabenordnung
Art.	Artikel
AuslInvestmG	Gesetz über den Vertrieb ausländischer Investmentanteile und über die Besteuerung der Erträge aus ausländischen Investmentanteilen
BB	Der Betriebs-Berater
BBK	Buchführung, Bilanz, Kostenrechnung
BBL	Basketball-Bundesliga
BGB	Bürgerliches Gesetzbuch
BGH	Bundesgerichtshof
BGHZ	Entscheidungen des Bundesgerichtshofs in Zivilsachen
BörsG	Börsengesetz
BörsZulV	Verordnung über die Zulassung von Wertpapieren zur amtlichen Notierung an einer Wertpapierbörse
BT Drs	Bundestags-Drucksache
BVerfG	Bundesverfassungsgericht
BVerwG	Bundesverwaltungsgericht
DB	Der Betrieb
DBB	Deutscher Basketball Bund
DEB	Deutscher Eishockey Bund
DEL	Deutsche Eishockey Liga
ders.	derselbe
DFB	Deutscher Fußball-Bund
dies.	dieselbe, dieselben
DJZ	Deutsche Juristenzeitung
DStZ	Deutsche Steuer-Zeitung
DZWiR	Deutsche Zeitschrift für Wirtschaftsrecht
e.G.	Eingetragene Genossenschaft
EGBGB	Einführungsgesetz zum Bürgerlichen Gesetzbuch
e.V.	Eingetragener Verein
FAZ	Frankfurter Allgemeine Zeitung
ff.	folgende
FGPrax	Praxis der freiwilligen Gerichtsbarkeit

FIFA	Fédération Internationale de Football Association; Internationaler Fußball-Bund
Fn	Fußnote
FR	Frankfurter Rundschau
GenG	Gesetz betreffend die Erwerbs- und Wirtschaftsgenossenschaften
GesR	Gesellschaftsrecht
GG	Grundgesetz
GmbH	Gesellschaft mit beschränkter Haftung
GmbHG	Gesetz betreffend die Gesellschaften mit beschränkter Haftung
GmbHR	GmbH-Rundschau
GWB	Gesetz gegen Wettbewerbsbeschränkungen
HGB	Handelsgesetzbuch
InsO	Insolvenzordnung
JA	Juristische Arbeitsblätter
JbFSt	Jahrbuch der Fachanwälte für Steuerrecht
JherJb	Jherings Jahrbücher für die Dogmatik des bürgerlichen Rechts
JuS	Juristische Schulung
JZ	Juristenzeitung
KAGG	Gesetz über Kapitalanlagegesellschaften
KG	Kommanditgesellschaft
KGaA	Kommanditgesellschaft auf Aktien
KWG	Gesetz über das Kreditwesen
LiSpSt	Lizenzspielerstatut
MitbestG	Gesetz über die Mitbestimmung der Arbeitnehmer
m.w.N.	Mit weiteren Nachweisen
NBA	National Basketball Association
NJW	Neue Juristische Wochenschrift
NZG	Neue Zeitschrift für Gesellschaftsrecht
oHG	offene Handelsgesellschaft
PFV	Positive Forderungsverletzung
PublzG	Publizitätsgesetz
RGZ	Entscheidungen des Reichsgerichts in Zivilsachen
Rn	Randnummer
RPfl	Der Deutsche Rechtspfleger
SpuRt	Sport und Recht
SZ	Süddeutsche Zeitung
TÜV	Technischer Überwachungsverein
UEFA	Union des Associations Européennes de Football; Europäische Fußballunion
UmwG	Umwandlungsgesetz

UWG	Gesetz gegen den unlauteren Wettbewerb
VAG	Versicherungsaufsichtsgesetz
WiB	Wirtschaftsrechtliche Beratung
WM	Wertpapier-Mitteilungen
WP	Die Wirtschaftsprüfung
WpHG	Gesetz über den Wertpapierhandel
WRP	Wettbewerb in Recht und Praxis
ZBB	Zeitschrift für Bankwirtschaft und Bankrecht
ZfA	Zeitschrift für Arbeitsrecht
ZGR	Zeitschrift für Unternehmens- und Gesellschaftsrecht
ZHR	Zeitschrift für das gesamte Handelsrecht und Wirtschaftsrecht
ZIP	Zeitschrift für Wirtschaftsrecht
ZPO	Zivilprozeßordnung

Einleitung

Harm Peter Westermann hat in seiner Aufarbeitung zum "Bundesliga-Skandal" angemerkt, das Thema Fußball würde in Akademikerkreisen nicht selten belächelt, weil die Beschäftigung mit der banalen Fußfummelei kaum den an einen Wissenschaftler zu stellenden geistigen Anforderungen gerecht werden könne[1]. Wenn sich der Verfasser dennoch mit diesem Thema befaßt, dann nicht etwa deshalb, weil ihn als leidenschaftlicher Anhänger des Sports im allgemeinen und des Fußballs im besonderen ein schlechtes Gewissen etwa seinen toleranten Mitmenschen gegenüber plagt und er meint, dieser Begeisterung durch die wissenschaftliche Untersuchung den Anschein des Seriösen zu verleihen und sie damit gleichsam zu rechtfertigen. Er tut dies auch nicht, weil sich seit *Westermann* die Einstellung zu diesem Thema in wissenschaftlichen Zirkeln gewandelt haben dürfte[2], so daß es sich inzwischen "freier" darüber schreiben läßt.

Die Arbeit dient allein dazu, ein Nachdenken über verschiedene Fehlentwicklungen im Gesellschaftsrecht und speziell im Vereinsrecht anzuregen und Korrekturen dort einzufordern, wo sich die Strukturen noch nicht allzu verfestigt haben. Ihren Anfang nahm diese Entwicklung mit der Entscheidung des Reichsgerichts zur kapitalistischen KG[3], zu der sich im Jahre 1997 in Gestalt der kapitalistischen KGaA[4] eine ebenso zweifelhafte Schwester gesellte. Für das Vereinsrecht ist der 29.09.1982 das im hier untersuchten Zusammenhang richtungweisende Datum. Nach der "ADAC-Entscheidung" des BGH[5] soll die maßgebliche Beteiligung von Idealvereinen an Kapitalgesellschaften zulässig sein. Damit ist die Verantwortlichkeit von natürlichen Personen als Initiatoren von wirtschaftlichen Aktivitäten entgegen dem gesetzlichen Leitbild mehr und mehr in den Hintergrund gerückt. Gewiß ist dies zu einem großen Teil eine notwendige Anpassung des Rechts an die gewandelten Verhältnisse des Wirtschaftslebens, das im Zeitalter voranschreitender Industrialisierung, Technisierung und Globalisierung gekennzeichnet ist durch zunehmende Spezialisierung und daraus folgender Unüberschaubarkeit der unternehmerischen Risiken, was eine Versachlichung von Unternehmen zu Lasten des persönlichen Engagements des Unternehmers in gewissem

---

[1] *H. P. Westermann*, Verbandsstrafgewalt, S. 9 ff.; ders., JZ 72, 537 ff.

[2] Dafür spricht die Fülle von wissenschaftlichen Abhandlungen, die es inzwischen zum Bundesligafußball gibt und denen seit 1994 in der Zeitschrift Sport und Recht ein ständiges Diskussionsforum geboten wird, aber auch die Tatsache, daß an einem Workshop zum Thema "Umwandlung eines Bundesligavereins in eine Kapitalgesellschaft" der Bayer AG und dem Center for Transnational Law der Universität Münster am 26. 11. 1999 in der Bayarena in Leverkusen, an der teilzunehmen der Verfasser das Glück hatte, nicht nur Studenten sondern in stattlicher Anzahl auch Doktoranden und sogar ein Habilitant teilnahmen.

[3] RGZ 105, 101.

[4] BGH, NJW 1997, 1923 ff.

[5] BGHZ 85, 84; ders., NJW 1983, 569 ff.

Maße unausweichlich erscheinen läßt[6]. Die Frage ist jedoch, ob die Neigung der Unternehmer, sich von ihrem Geschäftsbetrieb, insbesondere der Verantwortung dafür, zu distanzieren, auf die Spitze getrieben werden sollte, indem man Idealvereinen, für die eine nichtvermögensrechtliche Ausgestaltung der Mitgliedschaft prägend ist, erlaubt, wirtschaftliche Aktivitäten selbst oder in Tochterunternehmen zu betreiben. Das Tor zu einer damit verbundenen totalen Versachlichung von Unternehmen ist mit der oben genannten ADAC-Entscheidung des BGH jedenfalls weit aufgestoßen worden.

Die Ausführungen zeigen bereits, daß die Arbeit nicht auf den Fußball fixiert ist, sondern eine breitere Grundlage hat. Insofern dient die Situation im Lizenzfußballbereich in erster Linie als Demonstrationsmodell, wofür sie sich aber in besonderer Weise eignet, weil einerseits kaum ein Tag vergeht, an dem nicht in irgendeiner Weise über die Fußballbundesliga, und zwar in zunehmendem Maße auch in rechtlicher Hinsicht, berichtet wird und andererseits der Sport und speziell der Fußball ein Paradebeispiel für das Selbstverständnis von Verbänden darstellt, das sich vereinfacht als das Bestreben nach weitgehender Immunität gegenüber staatlichem Recht umschreiben läßt[7]. Im hier untersuchten Zusammenhang geht es darum, daß im Gewand von BGB-Vereinen höchstriskante Geschäfte auf dem Gebiet der Sportunterhaltung getätigt werden, was sich für die letztlich verantwortlichen Trägerpersonen der Vereine gleichsam als "risikoloses Hobby von Funktionären" darstellt, obwohl dafür in Wirklichkeit das Rechtskleid einer Kapitalgesellschaft zum Schutz der Gläubiger geboten sein könnte.

Nach der Vorstellung des Gesetzgebers sollen bürgerlich-rechtliche Vereine grundsätzlich nichtwirtschaftlich tätig sein und dürfen nur ausnahmsweise und in begrenztem Umfang einen wirtschaftlichen Geschäftsbetrieb unterhalten. Bei den Bundesligavereinen handelt es sich ausnahmslos um Traditionsvereine, die zeitnah zum Inkrafttreten des BGB gegründet wurden und sich ausweislich ihrer Satzung ausschließlich einer ideellen Interessenverfolgung, namentlich der "Hebung und Förderung der körperlichen Ertüchtigung, des Fußballsports, der Geselligkeit, der Toleranz, der Kameradschaft und des Gemeinschaftsbewußtseins" verschrieben haben[8], so daß sie ursprünglich unzweifelhaft als Idealvereine galten. Mit der Gründung der Bundesliga im Jahre 1963 und spätestens seitdem die Medien den Fußball als die Fernsehsportart schlechthin und mit ihnen die Wirtschaft Fußballwettkämpfe als Werbeplattform entdeckt haben, hat sich das Bild grundlegend gewandelt. Die Lizenzspielerabteilungen mancher Vereine tätigen Jahr für Jahr Millionenumsätze im bis zu dreistelligen Bereich[9], die sie in die Nähe von

---

6 *Limbach*, S. 98 ff.
7 *Westermann*, aaO.; *Reuter*, DZWir 96, 1 ff.
8 *Knauth*, S. 57.
9 Nachweise s.u. 1. Teil A I 1.

mittelgroßen oder gar großen Kapitalgesellschaften i. S. v. § 276 HBG rücken lassen[10].

Der Staat hat dieser Entwicklung bisher nicht nur tatenlos zugesehen, sondern auch erheblich zu ihrer Verfestigung beigetragen[11]. Als die zentrale Vermarktung der Bundesligen durch den DFB aufgrund kartellrechtlicher Zwänge zu kippen drohte, konnte der Gesetzgeber seitens der DFB-Funktionäre davon überzeugt werden, daß diese Regelung für den Reiz der Liga unverzichtbar sei, und nahm mit § 31 GWB eine Ausnahmeregelung zugunsten der Sportverbände in das Wettbewerbsrecht auf, dessen europarechtliche Anerkennung (Art. 85 I EGV) aber noch auf dem Prüfstand ist[12].

Darüber hinaus stellt der Staat jährlich dreistellige Millionenbeträge für den Bau und die Unterhaltung von Fußballstadien zur Verfügung und das, obwohl die Kassen von Bund, Ländern und Kommunen selbst notleidend sind und die Stadien zunehmend von den Vereinen selbst und nicht mehr von den Kommunen betrieben werden[13]. Dieses Engagement, das sich zuletzt aufgrund der bevorstehenden Fußballweltmeisterschaft 2006 im eigenen Land noch mal erhöht hat, wird damit gerechtfertigt, daß man sich vom Fußball eine Steigerung der Attraktivität einer Region durch Senkung der Kriminalität verspricht, die zur vermehrten Ansiedlung von Gewerbe und damit einer Steigerung des Wirtschaftswachstums führt. Dadurch wird zwischen den Kommunen aber ein Subventionswettbewerb mit dem verteilungspolitisch kaum wünschenswerten Ergebnis steigender Spielergehälter ausgelöst ("typischer Tribüneneffekt")[14]. Als die Kirchgruppe Insolvenz anmelden mußte und befürchtet wurde, daß die von ihr versprochenen Zahlungen für die Fernsehrechte in Höhe von 100 Millionen Euro am 15. Mai 2002 und wei-

---

[10] *Aldermann*, S. 102 ff.

[11] Vgl. etwa den Streit zwischen den Bundesligavereinen und der Europäischen Union um die Abschaffung des Transfersystems, die von den nationalen Regierungen zur "Chefsache" erhoben wird; FAZ v. 11. u. 15.09.2000.

[12] Vgl. BGH, ZIP 98, 2215 zum Verbot der zentralen Vermarktung der Europapokalspiele durch den DFB; *Heermann*, ZHR 161, 665 ff.; *D. Mayer*, 67, 70; *Liegl/Schmitz*, WRP 98, 244 ff.; *Springer*, WRP 98, 477 ff.

[13] FAZ v. 12.04.2002 "Die öffentliche Hand geht zum Ball". Den Umbau des Berliner Olympiastadions lassen sich Bund und Land zusammen gut 200 Millionen Euro kosten. In Köln beteiligt sich die öffentliche Hand mit knapp 30 Millionen, in Frankfurt mit 85 Millionen und in Düsseldorf mit 184 Millionen Euro. In München haben Stadt und Land die Erschließung des neu zu errichtenden Stadions einschließlich U-Bahn-Ausbau für Kosten i.H.v. 200 Millionen Euro versprochen. Andernorts wie in Schalke oder Hamburg bürgt die Stadt für bis zu 80 % des Kredites.

[14] FAZ v. 12.04.2002. Damit der eigene Verein keine Wettbewerbsnachteile erleidet, weil ein anderer Verein von seiner Stadt subventioniert wird, entschließt sich jede Kommune zur Subvention, so daß am Ende kein Verein und keine Kommune einen Vorteil hat - sie vielmehr auf höherem Ausgabenniveau konkurrieren. Anders gesagt, kurzfristig bessere Sicht hat nur derjenige, der zuerst von seinem Zuschauerplatz aufsteht. Die anderen Zuschauer werden nachziehen und ebenfalls aufstehen. Das ist eine Verschlechterung der Situation für alle: Die Zuschauer stehen nun, während sie vorher bei gleicher Sicht sitzen konnten.

tere Raten des insgesamt 1,54 Milliarden Euro umfassenden Pakets für die Sende-
rechte in den Jahren 2000 bis 2004 für die Erste und Zweite Bundesliga ausbleiben könnten, mit der Folge, daß die Bundesligavereine ihre hochbezahlten Profi-
fußballer nicht mehr bezahlen könnten, gipfelte die staatliche Unterstützung darin,
daß die Bundesregierung und das Land Nordrhein-Westfalen den angeschlagenen
Bundesligisten, deren Etats sich bis zu 83 % aus den Fernseheinnahmen finanzieren, eine Bürgschaft in Aussicht stellten[15]. Inwieweit diese staatliche Förderung
mit dem Beihilferecht der Europäischen Union zu vereinbaren ist, bleibt abzu-
warten[16].

Beim Fußball vergißt man in den Amtsstuben ganz offensichtlich, daß der
Gesetzgeber gemäß § 43 II BGB von den zuständigen Behörden ein Einschreiten
gegen derlei wirtschaftliche Auswüchse durch Entzug der Rechtsfähigkeit verlangt[17], wohingegen man sich im Sektenwesen dankbar dieses Mittels bedient[18].
Der Grund für diese Ungleichbehandlung mag darin liegen, daß sich der Fußball
ganz überwiegend der Zustimmung in der Bevölkerung erfreut und zugleich einen
immenser Wirtschaftsfaktor für die Städte darstellt. Eine nicht unbedeutende Rolle
spielt aber auch die Tatsache, daß die Sportvereine nicht nur wirtschaftlich, sondern ganz wesentlich auch im Bereich der Sportförderung tätig sind und damit in
gewisser Weise auch staatliche Aufgaben wahrnehmen, was zu einer Entlastung
des Staates führt[19]. Die Haltung der Verwaltungsbehörden gegenüber den Bundesligavereinen könnte somit auch darauf zurückzuführen sein, daß man sich nicht
am "eigenen Kind" durch Entzug der Rechtsfähigkeit vergreifen mag[20].

Immerhin scheint sich bei den Fußballvereinen auch die Erkenntnis durchzusetzen, daß die Rechtsform des eingetragenen Vereins nicht mehr zeitgemäß für

---

[15] FAZ v. 5. und 6.04.2002.

[16] FAZ v. 12.04.2002 Danach hat die EU-Kommission angekündigt, den Fall des Probiklubs
MVV Maastricht zu überprüfen, der von der Gemeinde Maastricht eine Subvention in Höhe
von 450000 Euro erhielt, um die Zahlungsunfähigkeit abzuwenden.

[17] Nach der jüngsten Rechtsprechung handelt es sich dabei nicht, wie bisher angenommen wurde, um eine Ermessensentscheidung der Behörde; BVerwG, NJW 1998, 1166 ff. Folge der
Entziehung der Rechtsfähigkeit wäre gemäß § 54 S. 1 BGB die Anwendung von Personenge-
sellschaftsecht, so daß die Mitglieder des Vereins zu persönlich haftenden Gesellschaftern einer oHG würden, allerdings beschränkt auf den Anteil am Vereinsvermögen, wenn der nichtrechtsfähige Verein ein Handelsgewerbe betreibt; *Lettl*, DB 2000, 1449; *Palandt/Heinrichs*, §
54 Rn. 5, 12.

[18] BVerwG, aaO. zur *Scientology Church*. In der Tat hat der bei der Stadt Hamburg für den Entzug der Rechtsfähigkeit zuständige Sachbearbeiter, vom Verfasser auf die Situation im Bundesligafußball angesprochen, bemerkt, daß er in diesem Zusammenhang noch gar nicht an ein
Einschreiten gedacht hätte. Ihm sei nur der Fall der *Scientology Church* bekannt. Zu deren
Wirtschaftstätigkeit siehe auch *K. Schmidt*, NJW 88, 2574 ff.; ders., NJW 93, 1225, 1226.

[19] *Kübler*, § 33 I 3, S. 424; Raupach, SpuRt 95, 241, 242 rechnet den Sport zum sogenannten
Dritten Sektor der zwischen Staat und Markt liegt.

[20] Insofern ist die Zuständigkeit für den Entzug der Rechtsfähigkeit bei den Verwaltungsstellen
falsch verortet. Sie sollte vielmehr bei den Registergerichten liegen. Dazu *K. Schmidt*, NJW
1993, 1225 ff.

ihre gegenwärtige Betätigung ist, wenngleich dies weniger aus Gründen der Rechtsformverfehlung, denn aus wirtschaftlichen Überlegungen geschieht, um im internationalen Wettbewerb sportlich mithalten zu können, was erhöhte finanzielle Anstrengungen erforderlich macht, die in der Rechtsform des eingetragenen Vereins nicht mehr zu bewältigen sind[21]. Das zeigen zumindest die bereits durchgeführten und in Aussicht genommenen Ausgliederungsvorhaben der Lizenzabteilungen auf Tochterkapitalgesellschaften[22]. Die Vereine sind dabei bestrebt und werden nach den Lizenzvorschriften des DFB auch dazu angehalten[23], den maßgeblichen Einfluß auf die Fußballkapitalgesellschaft auszuüben, wofür das o.g. "ADAC-Urteil" des BGH eine ideale Handhabe zu bieten scheint. Die Frage ist jedoch, ob den Gläubigern, als den maßgeblichen Schutzadressaten der Vereinsklassenabgrenzung, mit diesem Schritt wirklich "alle Sicherheiten geboten würden", die mit den Rechtsformen des Kapitalgesellschaftsrechts verbunden sind[24].

K. *Schmidt* hat seine diesbezüglichen Zweifel in den prägnanten Satz gekleidet, welchen Sinn es mache, wenn "wir dem Gläubiger unter Berufung auf Gläubigerschutz statt eines fetten Vereins eine magere Tochtergesellschaft als Schuldnerin vorsetzen"[25]. Der Verfasser möchte aber noch zwei weitere Zitate nicht unerwähnt lassen, weil sie das zu erörternde Problem besonders treffend umschreiben und vor allem einem "gesunden Menschenempfinden" entsprechen könnten, gegenüber dem sich die juristische Fallösung erst einmal behaupten muß. Den Rat seiner Hochschullehrer aus den ersten Vorlesungsstunden des Studiums beherzigend, nämlich in kritischen Rechtsfragen immer auch mal die Meinung der juristisch noch nicht "verbildeten" Oma zu hören, trug er dieser mit zugegeben knappen Worten die Situation um das "Nebenzweckprivileg" im Vereinsfußball vor, als sie wissen wollte, was er denn gerade so mache. Auf die vom BGH vorgeschlagene Lösung der Rechtsformfrage durch Ausgliederung des wirtschaftlichen Geschäftsbetriebes auf beherrschte Tochterkapitalgesellschaften reagierte sie wiederum mit der Frage: "Und wo is dor de Ünnerschet?"[26]. Der beste Studienfreund und leidenschaftliche Zivilrechtler antwortete auf die ebenfalls vorgetragene Problematik juristisch um so greifbarer mit nur einem Wort - "Umgehungsgeschäft".

In der Tat kann man sich fragen, welchen Unterschied es eigentlich macht, ob ein Verein selbst einen wirtschaftlichen Geschäftsbetrieb führt oder diesen,

---

[21] Präsident Niebaum von Borussia Dortmund: "Vor diesem Hintergrund versprüht ein ehrenamtlich geführter, gemeinnütziger Verein den Charme eines Dinosauriers."; Nachweis bei Zacharias, S. 109 Fn. 1.

[22] wenngleich zu bedenken ist, daß dies weniger im Hinblick auf eine etwaige Rechtsformverfehlung mit entsprechenden Konsequenzen für die Rechtsfähigkeit der Vereine geschieht, als vielmehr mit Blick auf die Erschließung neuer Einnahmequellen, um im Wettstreit mit ausländischen Vereinen die nötigen Mittel für den "Spielermarkt" zu erhalten; D. *Mayer*, S. 67, 68.

[23] § 8 Nr. 4 DFB-Satzung.

[24] BGH, NJW 1983, 569, 1. Leitsatz.

[25] K. *Schmidt*, AcP 181, 1, 29.

[26] Aus dem holsteinischen Plattdeutsch übersetzt heißt das soviel wie: "Und wo ist da der Unterschied?".

falls ihm dies untersagt wird, weil die Grenzen des "Nebenzweckprivileges" überschritten sind, auf eine von ihm beherrschte Tochterkapitalgesellschaft ausgliedert. Handelt es sich nicht weiterhin um eine Tätigkeit des Vereins selbst, wenn vom ihm als herrschende Gesellschaft die entscheidenden Impulse in der "Fußballfiliale" ausgehen? Oder rechtfertigt es das *Trennungsprinzip,* die rechtlich getrennten Sphären zwischen Verein und Tochtergesellschaft jeweils als eigene und nur als eigene der jeweiligen juristischen Person anzusehen? Zweifel sind angebracht, wenn man sich vergegenwärtigt, daß der Unterschied in der Haftungsverfassung gerade mal 50.000,- bzw. 100.000,- DM beträgt, und das bei Umsatzvolumina, die die Hürde der Viertelmiliardengrenze längst genommen haben. Bedenkt man weiter, daß die Ausgliederung eines Geschäftszweiges durch einen Einzelunternehmer auf eine Kapitalgesellschaft nach allgemeiner Ansicht nur dem Schutz des Unternehmers und nicht dem der Gläubiger dient[27], ist es überraschend, daß derselbe Vorgang bei einem Verein den Schutz der Gläubiger verbessern soll. Müssen wir am Ende gar feststellen, daß das "Nebenzweckprivileg" nur noch rechtshistorischen Wert hat, weil aus dem ehemaligen *Privileg* zur wirtschaftlichen *Neben*betätigung ein Freibrief zur unternehmerischen Allmacht von Vereinen in Gestalt von Holdingvereinen geworden ist?

Es ist sicher vermessen, diese düsteren Szenarien nur aufgrund der Umstände im Berufsfußball heraufzubeschwören. Es sei jedoch daran erinnert, daß die Fußballvereine nur als vordergründiges Demonstrationsmodell stellvertretend für sonstige Großvereine dienen sollen, die abweichend vom historischen Regelungsbild des BGB erheblichen wirtschaftlichen Einfluß erlangt haben[28]. Nicht zu vergessen ist das Gezerre um den Machterhalt von Unternehmerfamilien, wofür der eingetragene Verein wegen seiner persönlichen und unübertragbaren Mitgliedschaft die ideale Lösung bietet[29]. Die findige Kautelarjurisprudenz hat es seit jeher verstanden, die Zivilrechtsordnung in virtuoser Weise gegen die ordnende Hand des Gesellschaftsrechts auszuspielen und es damit zu einem Instrument in den Händen der Inhaber wirtschaftlicher Macht degeneriert[30]. Das zeigen die erwähnten Beispiele der kapitalistischen KG und KGaA. Gelten jene schon als *mißratene Töchter* des Gesellschaftsrechts, würde den Endpunkt in dieser Entwicklung gewiß die e.V. & Co. KG als dessen *vollendete Mißgeburt* bilden[31]. Die Untersuchung wird zeigen, daß die Argumentation des BGH in seiner "ADAC-Entscheidung" durchaus Grund zu der Sorge gibt, daß diese Gestaltungsform keine Utopie bleiben muß[32]. Das Zivilrecht darf aber nicht zur Durchsetzung parti-

---

27   Vgl. *Reuter*, ZiP 84, 1052, 1061 f.
28   Vgl. *Lettl*, DB 2000, 1449.
29   *Reuter*, AcP 181, 1 ff.; ders., ZIP 84, 1052, 1063; *Erman/Westermann*, § 21 Rn 6.
30   *Großfeld*, S. 9 ff.
31   *K. Schmidt*, RPfl 72, 343, 347; ders., AcP 181, 1, 21 f.
32   Wenngleich unten im 3. Teil B. I. 2. a) cc) (1) (b) (bb) u. dd) aufgezeigt wird, daß eine "idealistische KG/KGaA" durchaus mit dem geltenden Recht zu vereinbaren ist, wenn gewisse Voraussetzungen erfüllt werden, die allerdings wenig praktisch sind.

kularer Interessen zu Lasten der Allgemeinheit mißbraucht werden, es müssen
vielmehr seine Institutionen erhalten bleiben als Strukturelemente einer auf Freiheit und Gleichheit unter Berücksichtigung sozialstaatlicher Forderungen ange-
legten Rechtsordnung[33]. Dazu muß der rechtsfortbildende Jurist auf das Herausar-
beiten systematischer Zusammenhänge bedacht sein, der Darstellung der "großen
Linien" und zugleich dem Suchen nach Vereinfachungen. Eine Rechtspraxis, die
dem "Kult des Raffinierten" verfällt, wird nicht verhindern können, daß das Recht
zum Instrument der wirtschaftlich Mächtigen mißbraucht wird, weil es dann seine
Koordinierungsfunktion nicht mehr wahrnehmen kann[34].

Obwohl die Vereinsklassenabgrenzung nicht nur den Schutz der Gläubiger
- insofern einhellige Auffassung - sondern nach Auffassung vieler auch dem *Mit-*
gliederschutz[35] dient und darüber hinaus einen gewissen *Sozialschutz*[36] gewährlei-

---

[33] *Großfeld*, S. 78 ff.

[34] *Großfeld*, S. 83 ff.

[35] MüKo/*Reuter*, §§ 21, 22 Rn. 13 ff.; ders., ZiP 84, 1052, 1058 f.; *Fuhrmann*, S. 22 ff.;
BVerwG NJW 79, 2261, 2264; *Soergel/Hadding*, §§ 21, 22 Rn. 7, 41; *Menke*, S. 21; *Heckel-
mann*, AcP 179, 1, 34 ff.; *Wagner*, NZG 99, 469, 472 f.; *Segna*, ZiP 97, 1901, 1906 f.;
Schwierkus, S. 89 ff. Dahinter verbirgt sich das Problem, daß die Mitgliedschaft in einem
Idealverein nichtvermögensrechtlicher Natur ist und demzufolge das einzige zwingende
"nackte" Austrittsrecht nach §§ 39, 40 BGB nicht von mit dem Handelsvereinsrecht vergleichbaren zwingenden vermögensrechtlichen Mitgliedschaftsrechten (Kontroll-, Abfindungs- und
Verwertungsrechte) flankiert wird. Die tatsächlich vermögeswerte, rechtlich aber nichtvermö-
gensbezogene Mitgliedschaft in einem wirtschaftlich tätigen Idealverein, führt damit für die
Mitglieder zu einem "goldenen Käfig", weil ihr Austrittsrecht zur leeren Hülse verkommt. I.ü.
ist damit die Entstehung haftungsrechtlich unerwünschter *Haftungsexklaven* bei den Mitgliedern verbunden, weil ihre Privatgläubiger keinen Zugriff auf die faktische vermögenswerte
rechtlich aber höchstpersönliche Mitgliedschaft (§ 38 BGB) haben; *Reuter*, ZiP 84, 1052,
1059; ders., ZfA 79, 537, 544 ff.; *Schwierkus*, S. 174. Insofern müßte ein wirtschaftlich tätiger
Idealverein selbst dann als wirtschaftlicher Verein zu qualifizieren sein, wenn er es aus Gründen des Gläubigerschutzes noch nicht ist; MüKo/*Reuter*, §§ 21, 22 Rn. 17; a.A. *Sprengel*, S.
238 ff., danach sei eine *Gesamtschau* aller Schutzaspekte der Vereinsklassenabgrenzung anzu-
stellen. Gegen den Mitgliederschutz als selbständiges Schutzziel *K. Schmidt*, AcP 181, 1, 15 f.;
ders., Verbandszweck, § 4 I 4, S. 98, Probleme des Mitgliederschutzes seien durch richterliche
Typenverfeinerung zu lösen.

[36] Hierbei geht es u.a. darum, daß Idealvereine nur stark eingeschränkt entsprechenden Publizi-
täts- und Mitbestimmungspflichten unterliegen, die für Kapitalgesellschaften gelten. Bedenkt
man, daß sich die Existenz dieser Sozialschutznormen auf das bei Kapitalgesellschaften im
Gegensatz zu Personengesellschaften oder Einzelunternehmen zurückzuführende "Auseinanderfallen des Gebrauchs des Eigentums und der Verantwortung für diesen Gebrauch"
(BVerfG, NJW 79, 699, 704) rechtfertigt und dieses Auseinanderfallen bei einem Idealverein
wegen der nichtvermögensrechtlichen Mitgliedschaft neben der Stiftung nicht stärker denkbar
ist (*Reuter*, ZiP 84, 1052, 1059), wird deutlich, warum wirtschaftlich fätige Idealvereine auch
insofern problematisch sind. *Reuter*, ZiP 84, 1052, 1063 ist darüber hinaus der Ansicht, daß
das dem geltenden Recht zu entnehmende *Fideikommißverbot* (dazu Däubler, JZ 69, 499 ff.)
eine teleologische Expansionskraft hat, die auch den "idealen Familienvereinskonzern" erfas-
se. Die Bemühungen des Gesetzgebers, wirtschaftlich feudalistische Sozialstrukturen zuküftig
abzuwehren, werde gerade durch das o.g. ADAC-Urteil empfindlich gestört, weil es Unternehmerfamilien den Weg weist, ihr Familienvermögen zu perpetuieren. Bedenken gegen Ver-

sten soll, werden diese Schutzaspekte in dieser Untersuchung ausgeblendet. Sie sind im Zusammenhang mit der Betätigung der Fußballvereine nicht die drängensten Probleme. Hier geht es in erster Linie um den Schutz der Vereinsgläubiger. Es soll aber nicht unerwähnt bleiben, daß die Rechtsprechung des Bundesgerichtshofs im "ADAC-Urteil" über die angestrebten und bereits umgesetzten Strukturen im Berufsfußball hinaus Anlaß zur Sorge bietet. Der nachfolgende Beitrag ist um eine Rückbesinnung auf die tragenden Zusammenhänge zwischen Vereins- und Kapitalgesellschaftsrecht bemüht, um zukünftig einen kritischeren Umgang mit dem Gesellschaftsrecht anzumahnen.

Gang der Untersuchung

Der erste Teil der Arbeit befaßt sich mit der grundsätzlichen Abgrenzung der Vereinsklassen in §§ 21, 22 BGB. Der Suche nach der Leitidee zum sogenannten *Nebenzweckprivileg*, wonach seit Inkrafttreten des BGB den bürgerlichen Vereinen in einem gewissem Umfang eine wirtschaftliche Betätigung gestattet wird, widmet sich der zweite Teil ausführlich. Dabei gilt es zunächst, den tieferen *Geltungsgrund* dieses Rechtsprinzips zu ermitteln. Nur so ist es im Sinne *Großfeld`s* möglich, den "großen Linien" im Vereinsrecht, und zwar sowohl im bürgerlichen als auch handelsrechtlichen Vereinsrecht, auf die Spur zu kommen. Der Verfasser geht nämlich von der Überlegung aus, daß es in beiden Rechtsgebieten einen gemeinsamen Anknüpfungspunkt geben muß, der wertvolle Hinweise für die Abgrenzungsdiskussion liefern könnte. Anderenfalls wäre nämlich nicht zu erklären, warum den Vereinen die wirtschaftliche Betätigung, eine Domäne der Kapitalgesellschaften, nicht kategorisch untersagt, sondern nebenbei erlaubt ist. Damit soll ein gewisser Beitrag dazu geleistet werden, daß es im Gesellschaftsrecht zu den Vereinfachungen kommt, die dringend benötigt werden, um ein weiteres Absinken in das allenfalls noch für Experten zu durchschauende Dickicht der Kautelarjurisprudenz aufzuhalten. Wenn man nämlich wie in bisherigen Arbeiten pauschal auf die Entstehungsgeschichte des BGB[37] und ein unabweisbares Bedürfnis der Vereine nach "ein wenig Ökonomie"[38] verweist, ohne nach der materiellen Rechtfertigung des "Nebenzweckprivileges" zu fragen, darf es nicht verwundern, daß die Argumentation ins "Schwimmen" gerät bei der Lösung der wirklichen Problemfälle, namentlich dann, wenn es um den zulässigen *Geltungsumfang* des "Nebenzweckprivileges" geht. Die Vorgehensweise der Rechtsprechung orientiert sich hierbei immer wieder an den Umständen des Einzelfalls, ohne ein erkennbares Prinzip, das eine sichere Vorhersage im zu entscheidenden

---

einskonzerne lassen sich letztlich auch aus wettbewerbsrechtlicher Sicht anfügen; dazu vgl. *Kübler*, ZHR 147, 454, 456 f.; *Reuter*, ZiP 84, 1052, 1063 f.

[37] Dazu unten 2. Teil A II.

[38] wofür regelmäßig der Restaurationsbetrieb im Vereinsheim angeführt wird.

Fall erlaubt, so daß sich inzwischen eine Art "Case-Law" entwickelt hat. Aber auch die herrschende Ansicht in der Literatur, wonach das "Nebenzweckprivileg" auf sogenannte "Zweckverwirklichungsbetriebe"[39] beschränkt sei, vermag eine sichere Einordnung im Einzelfall kaum zu ermöglichen. Dieses Dilemma soll mit Hilfe der gewonnenen Erkenntnisse zum Geltungsgrund des "Nebenzweckprivileges" beseitigt werden, so daß der Praxis zukünftig handhabbare Kriterien zur Verfügung stehen. Anhand dieser Kriterien ist festzustellen, ob die Bundesligavereine noch zu Recht in der Rechtsform des eingetragenen Vereins am Rechtsverkehr teilnehmen.

Im 3. Teil soll aufbauend auf den Ergebnissen des 2. Teils untersucht werden, ob eine etwaige Rechtsformverfehlung der Bundesligavereine durch Verselbständigung der Lizenzspielerabteilung in einer Kapitalgesellschaft vermieden werden kann. Hierbei wird die in der Praxis favorisierte Gestaltungsform einer Ausgliederung nach § 123 III UmwG auf eine vom Verein beherrschte Tochtergesellschaft umfassend gewürdigt. Es geht dabei um die Frage, ob den Vereinen die externe Wirtschaftätigkeit wegen ihrer maßgeblichen gesellschaftsrechtlichen Beteiligung zuzurechnen ist und ob sich bejahendenfalls der Maßstab für die Auslegung zum "Nebenzweckprivileg" gegenüber der eigenen wirtschaftlichen Betätigung des Vereins verändert. Die Stellungnahme konzentriert sich dabei auf zwei Punkte. Zunächst wird die herrschende "Lehre von der konzernrechtlichen Zurechnung" einer kritischen Untersuchung unterzogen. Des weiteren wird ausführlich der Frage nachgegangen, auf welche Weise die Vorschriften des Kapitalgesellschaftsrechts über das gesetzliche Mindestkapital Gläubigerschutz verwirklichen sollen. Die weitere Untersuchung wird nämlich zeigen, daß das richtige Verständnis um die Institution des Garantiekapitals im Kapitalgesellschaftsrecht Grundvoraussetzung für die sachgerechte Lösung der Zurechnungsproblematik ist. Wegen der grundlegenden Bedeutung dieser Frage wird nicht nur auf rein juristische Argumente zurückgegriffen, sondern darüber hinaus eine ökonomische Analyse des einschlägigen Rechts unternommen.

Darüber hinaus wird auch die Minderheitsbeteiligung von Idealvereinen an Kapitalgesellschaften, die gemeinhin als unproblematisch gilt, einer kritischen Analyse unterzogen.

Als weitere Alternativen zur Rechtsformverfehlung von Idealvereinen wird die Umwandlungsmöglichkeit der *Abspaltung* nach § 123 II UmwG untersucht sowie die Verselbständigung des Geschäftsbetriebes in einer Kapitalgesellschaft mit lediglich schuldrechtlicher Beziehung zum Stammverein.

Vor dem Hintergrund, daß von einer Lösung des Rechtsformproblems nur dann gesprochen werden kann, wenn sich auch die schützenswerten Belange des Berufsfußballs darin wiederfinden, wird abschließend untersucht, ob es zugunsten

---

[39] *K. Schmidt*, RPfl 72, 343, 352; ders., Verbandszweck, § 9 III, S. 189; *Soergel/Hadding*, §§ 21, 22 Rn 36. Gemeint sind Betriebe, die für das Vereinsleben *erforderlich* oder *vernünftigerweise unentbehrlich* sind.

des Sports angebracht erscheint, das Gesellschaftsrecht um sportspezifische Belange zu ergänzen. Hierbei wird auf die Erfahrungen im europäischen Ausland zurückgegriffen.

Auch wenn die Profifußballabteilung der jeweiligen Bundesligavereine der Unterhaltungsindustrie zuzurechnen sind, darf nicht außer acht gelassen werden, daß die Vereine noch über weitere Fußballabteilungen in den unteren Spielklassen des Amateur- und Jugendbereichs verfügen[40] und in aller Regel auch noch Amateur- und Breitensportabteilungen anderer Sportarten betreiben. Die Profisportabteilung einerseits und die Amateur- bzw. Breitensportabteilungen andererseits stehen sich dabei nicht beziehungslos gegenüber. Die Berufssportabteilung profitiert von den Nachwuchsmannschaften, indem dort Talente für die eigene Spitzenmannschaft gefördert werden, wohingegen die Amateur- und Breitensportabteilungen von der Berufssportabteilung materiell durch finanzielle Unterstützung und ideell aufgrund ihrer Vorbildfunktion profitieren, die dem Amateur- und Breitensportabteilungen einen entsprechenden Mitgliederzuspruch verschafft. Sportpolitisch ergibt sich daraus der Anspruch, den Profi- und Amateur- bzw. Breitensport unter einem "Dach" zu belassen[41]. Abschließend soll deshalb der Frage nachgegangen werden, ob den Bundesligavereinen ausnahmsweise eine staatliche Konzession nach § 22 BGB verliehen werden kann, die es ihnen ermöglicht, ihre bisherigen Aktivitäten einheitlich in der Rechtsform des konzessionierten Wirtschaftsvereins fortzuführen.

---

[40] Nach § 7 Abs. 4 LiSpSt sind die Bundesligavereine verpflichtet, einen sportlichen Untbau von mindestens 10 Amateur- und Jugendmannschaften zu unterhalten.

[41] Vgl. *Raupach*, SpuRt 96, S. 241, 245 ff.

1. Teil: Die Vereinsklassenabgrenzung

A. Rechtstatsachen[42]

I. Sportvereine

In Deutschland gibt es nach einer Finanz- und Strukturananlyse des Bundesinstituts für Sportwissenschaft[43] basierend auf den Daten des Jahres 1996 insgesamt 85938 Sportvereine mit zusammen rund 27 Millionen Mitgliedern. Mehr als eine Milliarde Mark geben die Vereine allein für ihr Personal aus und beschäftigen damit rund 26 000 Menschen. Als nächstgrößter Ausgabenblock folgen mit 706 Millionen Mark die Ausgaben für Betrieb und Unterhaltung von Sportanlagen. Die Einnahmen bestehen überwiegend aus Mitgliedsbeiträgen. Knapp zwei Milliarden Mark kommen durch die Beiträge zusammen, die zu drei Vierteln unter 15 Mark im Monat liegen. Spenden sowie Zuschüsse der Länder, Gemeinden und aus Förderprogrammen sind jeweils mit knapp einer halben Milliarde die nächstgrößeren Einnahmequellen. Die mitgliederstärksten Sportarten sind Fußball (6,2 Millionen) und Turnen (4,7 Millionen). Nach einer Studie der Universität Osnabrück[44] beträgt das Bruttoinlandsprodukt des gesamten Sports 1998 mehr als 52 Milliarden Mark, was in etwa der Summe entspricht, die in Deutschland für Körperpflege oder den Kauf von Tabakwaren aufgewandt wird. Der Sport hat sich damit zu einem bedeutenden Wirtschaftsfaktor in Deutschland entwickelt.

---

[42] Die Rechtstatsachenforschung hat sich als erwartungsgemäß schwierig herausgestellt. Eine selektive Umfrage bei verschiedenen Erst- und Zweitligavereinen ist völlig ergebnislos verlaufen, wenn man mal davon absieht, daß sich einige Vereine wenigstens noch die Mühe machten, zumindest ein ablehnendes Antwortschreiben zu versenden. Als positive Ausnahme sind jedoch Bayer 04 Leverkusen, bei dem der Verfasser an einem Workshop zur Ausgliederung von Fußballmannschaften in Kapitalgesellschaften teilnehmen konnte, und der DFB sowie die Ufa-Sports-GmbH zu erwähnen, die jederzeit bereitwillig und informativ den Fragen des Verfassers begegneten, wenngleich letztere als Treuhänder bzw. Vertragspartner der Vereine keine intimen Daten preisgeben konnten. Aus diesem Grunde war der Verfasser überwiegend auf die Lektüre überregionaler Zeitungen und Zeitschriften angewiesen. Dabei stellte er oftmals voneinander abweichende Angaben fest, so daß keine hundertprozentige Gewähr für die Richtigkeit der Daten gegeben werden kann. Jedoch geben sie zumindest die ungefähre Richtung wieder, was für die Zwecke der Untersuchung ausreichen dürfte. Eine gute und aktuelle Übersicht zur tatsächlichen Entwicklung im Fußball findet sich bei *M. Müller*, S. 17 ff. und *Zacharias*, S. 57 ff., der sich neben rechtlichen schwerpunktmäßig den betriebswirtschaftlichen und strategischen Fragen des Going-Public einer Fußballkapitalgesellschaft widmet.

[43] auszugsweise in der FAZ v. 27. 06. 2000.

[44] FAZ v. 01.12 99.

1. Fußball

Der organisierte Fußballsport wird in Deutschland, wie auch in anderen Sportarten, nach einem hierarchischen und monopolistischen Modell[45] in verschiedenen Amateurklassen und in drei obersten Spielklassen, den Lizenzligen, namentlich in den beiden Bundesligen und neuerdings in den Regionalligen[46], ausgeübt. Die Bundesligen werden durch den Deutschen Fußballbund, einem eingetragenen Verein und zugleich der Spitzenverband für den Bereich Fußball in Deutschland, organisiert[47]. Die darunter liegenden Spielklassen unterfallen der Obhut der Regionalverbände und den in ihnen zusammengeschlossenen Landesverbänden[48]. Als Spitzenverband legt der DFB jedoch die auf allen sportlichen Ebenen zu beachtenden Verbandsregeln fest. Er wird hierbei durch das sogenannte "Ein-Platz-Prinzip" abgesichert[49]. An den Spielen in den einzelnen Klassen nehmen fast ausschließlich Mannschaften teil, die in der Rechtsform des eingetragenen Vereins organisiert sind. Die Vereine umfassen in der Regel noch andere Sportarten außer Fußball. Sie sind Mitglieder ihres jeweiligen Landesverbandes, der seinerseits Mitglied des betreffenden Regionalverbandes ist. Die Regional- und Landesverbände sind ordentliche, die Vereine außerordentliche Mitglieder des DFB[50], der seinerseits Mitglied des Europäischen- (UEFA) und des Weltfußballverbandes (FIFA) ist[51]. Ab der Spielzeit 1999/00 hat der DFB für die von ihm organisierten Bundesligen mit Beschluß des DFB-Bundestages vom 24. 10. 1998

---

[45] Siehe dazu *M. Müller*, S. 19 f.

[46] Ab der Saison 2000/01 ist in der nunmehr zweigleisig organisierten Regionalliga (Süd und Nord) als Reaktion auf die steigenden Personalkosten ebenfalls ein Lizenzverfahren eingeführt worden; vgl. Welt v. 24.11.99, FR 06.12.99.

[47] § 4 f DFB-Satzung. Die zentrale Verbandsordnung für die Verwaltung der Bundesligen, die selbst noch keine eigene Rechtspersönlichkeit besitzen, sondern nur Vereinseinrichtungen des DFB sind, stellt das Lizenzspielerstatut dar. Mit der jährlichen Lizenzvergabe an die Vereine nimmt der DFB entscheidenden Einfluß auf die Zusammensetzung der Ligen. Näheres zum Lizenzverfahren bei *Galli*, WP 98, 56 ff; *ders./Ellrott*, WP 2000, 269 ff.

[48] Vgl. § 7 DFB-Satzung und die Rahmenbedingungen des DFB für die Regionalliga und Oberligen. Danach haben die Regionalverbände die alleinige Verantwortung für die Regionalliga. Sie führen insbesondere selbst das Lizenzverfahren für die Regionalligen durch.

[49] Vgl. zur Monopolstellung des DFB und zum "Ein-Platz-Prinzip" *M. Müller*, S. 20; *Hiedl*, SpuRt 98, 191, 192 f. Die internationalen Spitzenverbände der jeweiligen Sportarten, die ihrerseits unter dem Dach des IOC organisiert sind, lassen jeweils nur einen nationalen Fachverband als Mitglied zu, der seinerseits nach den Statuten des internationalen Spitzenverbandes dazu gezwungen wird, die jeweilige Sportart in seinem Land zu beherrschen. Damit soll ausgeschlossen werden, daß sich der Sport regional nach anderen Regeln organisieren könnte, als sie der internationale Verband festgelegt hat.

[50] § 7 Nr. 2, 3 DFB-Satzung.

[51] § 3 DFB-Satzung.

die Teilnahme von Kapitalgesellschaften als außerordentliche Mitglieder des DFB zugelassen[52].

Von dieser Möglichkeit haben nach Auskunft des DFB (Stand April 2002) bisher neun Vereine Gebrauch gemacht, indem sie ihre Lizenzfußballabteilung im Wege der Ausgliederung zur Neugründung nach § 123 III Nr. 2 UmwG auf eine Kapitalgesellschaft übertragen haben. Es handelt sich dabei um Fc Bayern München, Borussia Dortmund[53], Bayer 04 Leverkusen[54], 1. Fc Köln, Vfl. Wolfsburg, MSV Duisburg, Eintracht Frankfurt Hannover 96[55] und Tennis Borussia Berlin[56]. Bei 1860 München, Hertha BSC Berlin und Arminia Bielefeld schwebt das Ausgliederungsverfahren zur Zeit. Favorisierter Zielrechtsträger bei diesen Vereinsumwandlungen ist in der Regel eine Kommanditgesellschaft auf Aktien[57]. Leverkusen und Wolfsburg haben eine GmbH als Rechtsform für die Profiabteilung gewählt, während Bayern München und Frankfurt eine Aktiengesellschaft vorgezogen haben. Der DFB bestimmt in § 8 Nr. 4 der DFB-Satzung, daß die Kapitalgesellschaft nur dann die Lizenz zur Teilnahme an der Bundesliga erhält, wenn

---

[52] Amtliche Mitteilung des DFB Nr. 11/98, S. 18 ff. Auf Anfrage teilte der zuständige Sachbearbeiter des DFB dem Verfasser mit, daß die Tatsache, daß unterhalb der Bundesligen keine Kapitalgesellschaften zur Teilnahme am Spielbetrieb berechtigt sind, auf die Zuständigkeitsverteilung zwischen dem DFB und den Regional- bzw. Landesverbänden zurückzuführen ist. Die für die unteren Spielklassen zuständigen Regional- und Landesverbände würden sich aus drei Gründen mit der Aufnahme von Kapitalgesellschaften schwer tun. Zum einen befürchtet man, daß es den Kommunen gegenüber, die häufig Eigentümer der Sportimmobilien sind, schwer zu vermitteln sei, an den Privilegien insbesondere für die Miete festzuhalten, wenn die Sportvereine als Kapitalgesellschaften organisiert wären. Des weiteren befürchtet man negative steuerrechtliche Auswirkungen im Zusammenhang mit dem Gemeinnützigkeitsprivileg. Im unmittelbaren Zusammenhang damit steht die Tatsache, daß die Landessportbünde nur gemeinnützige Mitglieder anerkennen, was zu Spannungen mit den Fußballverbänden führen könnte, wenn diese Kapitalgesellschaften als deren Mitglieder zuließen. Grundsätzlich dürfte das Bedürfnis für eine Umwandlung in Kapitalgesellschaften in diesen Spielklassen zwar gering sein, praktisch relevant wird die Frage aber dann, wenn eine als Kapitalgesellschaft organisierte Mannschaft aus eine der Bundesligen in die Regionalliga absteigt. Dieses Schicksal hat Tennis Borussia Berlin für die Saison 2000/01 ereilt (siehe SZ und FAZ v. 07.06. 2000).

[53] FAZ v. 29.11.99.

[54] Handelsblatt v. 05.07.99.

[55] FAZ v. 2. u. 22.12.99; FR v. 22.12.99.

[56] FR v. 01.03.99; Kicker Nr. 26 v. 29.03.99. Allerdings hat sich bei TeBe die Umwandlung in eine Kapitalgesellschaft mangels Lizenzerteilung (FAZ u. SZ v. 07.6.00) für die Saison 2000/01 bereits wieder erledigt. Da die Regionalverbände in den Regionalligen noch nicht die Teilnahme von Kapitalgesellschaften vorsehen, ist dort nur der Stammverein spielberechtigt. Weitere Vereine sind mehr oder weniger konkret an einer Ausgliederung interessiert. So etwa der Vfl Wolfsburg (FAZ v. 26.6.00), Hertha BSC Berlin (FR v. 24.06.99), Eintracht Frankfurt (FAZ v. 29.05.00) und der HSV (FAZ v. 24.08.00). Daneben haben viele Vereine bereits einen Teil ihrer wirtschaftlichen Aktivitäten, insbesondere das sogenannte "Merchandising" und "Marketing", in eine selbständige Kapitalgesellschaft verlagert. Als Beispiele seien die FC *Bayern Sport Werbe GmbH* als 100 % Tochter des FC Bayern München (*M. Müller*, S. 75) und die *Marketing-GmbH* des FC St. Pauli (HA v. 21.01.00) genannt.

[57] Siehe dazu *Siebold/Wichert*, SpuRt 2000, S. 177 ff.

der Mutterverein mehrheitlich (über 50 % der Stimmanteile) an der Tochterkapitalgesellschaft beteiligt ist, bzw. bei einer KGaA-Tochter der Verein selbst[58] oder eine von ihm zu 100 % beherrschte Tochtergesellschaft die Stellung des Komplementärs erhält. Von der letzten Möglichkeit haben die o.g. Vereine Gebrauch gemacht, so daß die Fußballkapitalgesellschaften als *GmbH & Co. KGaA* firmieren. Dahinter verbirgt sich die Überlegung, eines Tages nach ausländischem Vorbild zur Beschaffung weiterer Kapitalmittel den Gang an die Börse zu wagen, was mit der Rechtsform der GmbH nicht möglich ist[59].

Der DFB führt gegenüber dem Verfasser als Motiv für die Lizenzvorgaben in der DFB-Satzung an, daß nur durch eine maßgebliche Beteiligung des Stammvereins die Einheit zwischen Mutterverein und Tochtergesellschaft erhalten bleiben könnte. Dies ist einmal erforderlich, um die notwendige Verknüpfung zwischen dem ideellen Fußballamateursport, der weiterhin im Verein betrieben wird, und dem bezahlten Fußball in der Tochtergesellschaft aufrechtzuerhalten. Des weiteren soll aber auch verhindert werden, daß außenstehende Dritte, insbesondere Rechtevermarkter, aber auch konkurrierende Fußballklubs[60], erheblichen Einfluß auf die Fußballgesellschaften erlangen, den sie insbesondere im Falle der Mehrfachbeteiligung zu ihrem wirtschaftlichen Vorteil aber zum Nachteil des sportlichen Wettbewerbs mißbrauchen (feindliche Übernahmen) könnten[61]. Einzig dem Verein Bayer Leverkusen gestattete man die vollständige Übertragung der Fußball-GmbH auf die Bayer AG, weil dort wegen des jahrzehntelangen Engagements des Hauptsponsors keine fußballfeindlichen Absichten befürchtet werden[62].

Die Ausgliederungstendenzen sind insbesondere eine Reaktion auf die unaufhaltsam steigende Kommerzialisierung des Fußballsports. Einen maßgeblichen Beitrag dazu hat nach Ansicht vieler das *"Bosman-Urteil"* des Europäischen Gerichtshofes vom 15.12.1995 geleistet, das in Europa zu enorm gestiegenen Spielergehältern geführt hat[63].

---

[58] was nach der ganz herrschenden Ansicht zur Komplementärfähigkeit von Idealvereinen nicht mit § 21 BGB zu vereinbaren ist. Dazu ausführlich unten 3. Teil B I 2 b.

[59] Erster deutscher Verein an der Börse ist seit dem 31.10.2000 Borussia Dortmund; vgl. FAZ v. 24.10.2000.

[60] Siehe dazu das Beispiel von Ajax Amsterdam. Der Verein, seit 1998 an der Börse, will weltweit zum "Global-Player" im Fußballgeschäft aufsteigen und plant den Kauf von fünf Fußballklubs insbesondere in Südafrika, Ghana und Belgien, die dem Namen "Ajax" zum Markenartikel im Franchise-System verhelfen sollen; *Zacharias,*S. 92 ff.

[61] Vgl. dazu die *"Ufa-Affäre"*. Die Ufa war sowohl in den Entscheidungsgremien des HSV als auch von Hertha BSC Berlin vertreten. Da beide Vereine am letzten Spieltag der Saison 98/99 aufeinandertrafen, befürchtete man beim DFB, daß es im Hinblick auf eine mögliche Champions-League-Teilnahme der Vereine zu manipulativen Einflußnahmen der Ufa kommen könnte und erließ die sogenannte "Lex Ufa", die solcherlei Verflechtungen verbietet; FAZ v. 12., 17., 19., 26.04.99.

[62] § 8 Nr. 4 DFB-Satzung "Lex Leverkusen", die aber auch zugunsten des Vfl Wolfsburg und Volkswagen Anwendung fände, wenn man sich dort zu einer Ausgliederung durchringen würde; FAZ v. 26.06.00.

[63] Dazu ausführlich *M. Müller*, S. 59 ff.

Entscheidend für den Anstieg der Gehälter dürfte aber die Explosion der Fernsehpreise im europäischen Fußballgeschäft sein, die maßgeblich auf den zunehmend erfolgreichen Versuch des australischen Medienmoguls Rupert Murdoch zurückgeführt werden kann, konkurrierende Sender im Bereich des Bezahlfernsehens vom Markt zu drängen[64]. Mit dem von ihm beherrschten englischen Sender BSkyB hat er im Jahre 2000 für 1,1 Mrd. Pfund die bis zum Jahre 2003 befristeten Übertragungsrechte an der obersten englischen Spielklasse, der Premier League, erworben. Damit steht in den Etats der Fußballklubs ein höherer Betrag zur Verfügung, der im Wettbewerb um die weltweit besten Fußballspieler zugunsten höherer Spielergehälter an die Fußballprofis weitergegeben wird. Die von BSkyB gezahlte Summe übertrifft zwar (noch) den Wert der deutschen Übertragungsrechte für die Erste und Zweite Bundesliga, die im Jahre 2000 für die folgenden vier Jahre für etwa 1,5 Mrd. Euro erworben wurden, deutlich. Es ist jedoch zu erwarten, daß deutsche Fußballklubs - wie schon im weiteren europäischen Ausland sichtbar[65] - von den hiesigen Sendeanstalten zukünftig höhere Fernsehgelder verlangen werden, um auf dem Spielermarkt mithalten zu können. Dies hat, wie jüngst beim englischen Pay TV- Kanal ITV Digital und der Kirchgruppe (Premiere) zu beobachten war, zur Folge, daß sich die enormen Kosten für die Fernsehrechte nicht mehr refinanzieren lassen, mit der weiteren Folge, daß die Sendeanstalten nicht mehr in der Lage sind, ihren Verpflichtungen gegenüber den Vereinen nachzukommen, so daß in ihren Etats mehr oder weniger große Löcher je nach Abhängigkeit des jeweiligen Vereins von den Fernseheinnahmen klaffen[66]

Um den Finanzbedarf decken zu können, reichen die Mitgliedsbeiträge der Vereine längst nicht mehr aus. Aus einer Übersicht zur Vereinsvermarktung des HSV durch die Ufa Sports GmbH ergibt sich, welche Aktivitäten von den Vereine inzwischen wahrgenommen werden müssen, um die hohen Kosten ihrer Lizenzfußballabteilung noch decken zu können[67]. Das reicht vom Vertrieb von Fanartikeln (Merchandising)[68], dem Verkauf von Eintrittskarten, Freundschaftsspielen, Online-Rechten und Spielern bis hin zur Vermarktung des Stadions[69]. Der Hauptanteil der Einnahmen stammt jedoch aus Sponsorgeldern und der Vermarktung von Fernsehrechten[70]. In der Champions League wurden für die Saison 99/00 insgesamt knapp eine Milliarde DM aus dem Fernsehtopf an die Teilnehmer aus-

---

[64] FAZ v. 12.04.2002.
[65] Vgl. *Zacharias*, S. 132 ff.
[66] FAZ v. 12.04.2002.
[67] die dem Verfasser von Ufa-Sports zur Verfügung gestellt wurde. Vgl. zu den Vermarktungsformen auch *Zacharias*, S. 121 ff.
[68] Dabei handelt es sich schon längst nicht mehr nur um die obligatorische Fanbekleidung wie Trikot, Schal und Mütze. Der Verfasser konnte sich bei einem Besuch im Fan-Shop von Bayer Leverkusen persönlich davon überzeugen, daß dort wie in einem Supermarkt fast alles von der Zahnbürste bis zum Haarschampoo mit Vereinslogo erstanden werden kann.
[69] Vermarktung der Banden, Anzeigetafeln und Oberränge, sowie Vermietung der Logen und Business Seats.
[70] Vgl. ausführlich *M. Müller*, S. 36 ff.

geschüttet[71]. Für die vom DFB zentral vermarktete Bundesliga wurde ab der Saison 2000/01 ein neuer Fernsehvertrag mit der Kirch-Gruppe in Höhe von 750 Millionen DM jährlich ausgehandelt[72]. Es wird davon ausgegangen, daß in der 1. Bundesliga insgesamt etwa eine Milliarde im Jahr umgesetzt wird[73]. Man muß allerdings berücksichtigen, daß diese Zahlen bei weitem nicht das Potential der Bundesliga widerspiegeln, wenn man bedenkt, daß bei einer Einzelvermarktung der Vereine noch größere Summen freigesetzt werden können[74].

An diesen Zahlen wird deutlich, daß die Fußballvereine längst nicht mehr auf die Beiträge ihrer Mitglieder angewiesen sind. Das gilt selbst für den FC Bayern München als den mit gut 90.000 Mitgliedern größten Verein[75]. Das hat aber auch zur Konsequenz, daß die Vereine kaum noch Rücksicht auf die Belange ihrer Mitglieder nehmen müssen, was besonders deutlich in der Äußerung des Präsidenten des FC Bayern München im Hinblick auf die Interessen der eigenen Schachabteilung zum Ausdruck kommt: "Die Klötzeschieber brauch` mer ned"[76].

Besonders bemerkenswert ist das deshalb, weil die übrigen meist Amateurabteilungen des Vereins das wirtschaftliche Risiko der Fußballprofiabteilung genauso mittragen[77]. Und dieses Risiko ist immens, besonders für die Gläubiger (insbesondere die Spieler), was die vielen Vereinsinsolvenzen in der Regionalli-

---

[71] FAZ v. 05.10.98. Zu den Einnahmen der deutschen Vereine siehe SZ v. 04.11.99 und FAZ v. 05.11.99 u. 24.10.2000.

[72] FAZ v. 02.05.2000.

[73] FAZ v. 11.02.99. Branchenkrösus ist der FC Bayern mit einem Umsatz von nahezu einer viertel Milliarde DM in der Saison 98/99; FAZ v. 18.11.99.

[74] Vgl. dazu die Verhältnisse im europäischen Ausland; FAZ v. 12. 04. 99, 14.06.99; HA v. 26.07.99.

[75] Bei einem angenommenen durchschnittlichen Monatsbeitrag von 15,- DM belaufen sich dort die jährlichen Einnahmen aus Beiträgen auf 14,4 Millionen DM, was bei einem Gesamtumsatz von 250 Millionen DM gerade mal 5,76 % der Gesamteinnahmen ausmacht. Die Vereine lassen sich nur ungern in die Bücher sehen, so daß der Verfasser bei diesen Angaben nicht die volle Gewähr übernehmen kann. Aus vertraulicher Quelle wurde ihm aber bestätigt, daß die von ihm ermittelte Beitragsquote von 5 % in etwa dem Durchschnitt für die gesamte Liga entspricht.
Zum Vergleich: Die Einnahmen des Heimatsportvereins des Verfassers, einem Turnverein mit 1400 Mitgliedern, beliefen sich im Jahre 1999 auf zusammen 208.208, 24 DM, wovon 128.974, 50 DM aus Mitgliederbeiträgen stammen, was 61,95 % entspricht. Der Rest der Einnahmen setzte sich aus Kursgebühren, Spenden, Zuschüssen und dem Verkauf von Getränken und Vereins-T-Shirt`s zusammen.

[76] SZ v. 23.02.00. Vgl. auch die stiefmütterlich anmutende Behandlung der anderen Sportsparten beim FC Bayern München; FAZ v. 04.01.00.

[77] Markantes Beispiel dafür ist die Situation beim Vfb Leipzig. Der Klub hatte sich wie viele Vereine in den seinerzeit noch bestehenden fünf Regionalligen finaziell übernommen, um die für die Qualifikation zur zukünftig zweigleisigen Regionalliga nötigen Spieler verpflichten zu können. Der Verein mußte schließlich den Insolvenzantrag stellen. Zuvor waren die Handballerinnen in einen neu gegründeten Verein geflüchtet. Von entsprechenden Plänen der Basketball- und Volleyballabteilung war ebenfalls die Rede. Vgl. FR v. 19.10.99, 06.12.99.

ga[78], die millionenschweren Fehlinvestitionen in der 2. Bundesliga[79] und 1. Bundesliga[80] verdeutlichen.

In dem Maße, in dem die Abhängigkeit der Fußballvereine gegenüber ihren Mitgliedern geschwunden ist, hat sie jedoch gegenüber außenstehenden Geldgebern zugenommen. Das gilt insbesondere gegenüber Rechtevermarktern[81] und Mäzenen[82] der Vereine, die den Klubs vorzugsweise in Zeiten der Krise[83] viel Geld zur Verfügung stellen, um sich im Gegenzug einen entsprechenden Einfluß auf den Verein zu sichern.

Die Krise um die Kirchgruppe im April 2002 drohte die Bundesligavereine mit in den Strudel zu ziehen, weil für sie jeweils der Verlust zweistelliger Millionenbeträge aus den Fernseheinnahmen auf dem Spiel stand. Je nachdem wie stark die betroffenen Vereine bei der Finanzierung ihrer Etats von den Fernseheinnahmen abhängig waren, wurde befürchtet, daß einige Vereine die Spielergehälter nicht weiter bezahlen könnten[84]. Die Kürzung der Spielergehälter wäre einer Änderungskündigung gleichgekommen, so daß sich die betroffenen Spieler ablösefrei einen neuen, zahlungskräftigen Verein im Ausland hätten suchen können[85]. Dies ist kein Einzelfall. Im Mutterland des Fußballs - England - sah die Situation für 72 Klubs der "Football League", das sind die drei Profi-Spielklassen unterhalb der "Premier League", aufgrund der drohenden Insolvenz des Pay TV Senders ITV Digital sehr viel dramatischer aus. ITV Digital wollte in Konkurrenz zu Murdochs Sender BSkyB ein eigenes Bezahlfernsehen aufbauen und hatte deshalb für die dreijährigen Übertragungsrechte an der Football League etwa 316 Millionen Euro aufgewandt. Nachdem der Abonnementenzuspruch nicht wie beim Konkurrenten BSkyB (knapp sechs Millionen) einsetzte, sondern bei 1,3 Millionen Abnehmern stagnierte, ließ sich das teure Fußball- und daneben betriebene Filmgeschäft nicht mehr finanzieren. Um zu retten, was zu retten war, hat ITV Digital der Football League angeboten, für die letzten zwei Jahre der Vertragslaufzeit nur noch 82

---

78 Vfb Leipzig, FAZ v. 18.04.00; Trier, SZ v. 12.10.99; Stendal, FAZ v. 07.12.99; Zwickau, SZ v. 30.11.99.

79 Hier ist insbesondere die Beziehung zwischen der Göttinger Gruppe und Tennis Borussia Berlin zu nennen. Trotz Millioneninvestitionen durch die Göttinger Gruppe hat TeBe mangels wirtschaftlicher Leistungsfähigkeit die Lizenz für die zweite Liga nicht erhalten und muß deshalb in der Saison 2000/01 in der Regionalliga spielen; FAZ u. SZ v. 07.06.00.

80 Besonders hervorzuheben ist das Schicksal von Borussia Dortmund, die in der Saison 99/00 trotz einer Investition von 55 Millionen DM in neue Spieler beinahe abgestiegen wäre; FAZ v. 14.02.00, 13., 14.04. 00.

81 Zu nennen sind hier *Ufa Sports,* eine Bertelsmann-Tochter, *ISPR,* eine Sportrechteverwertungsgesellschaft der Kirch-Gruppe, *Sport A* eine Sportrechteagentur von ARD und ZDF und die *Sportwelt,* eine Tochtergesellschaft der Kinowelt.

82 Paradebeispiel sind hier die Personen von *Heinz Weisener,* Präsident und Geldgeber des FC St Pauli (Vgl. HA v. 11.02.00), sowie *Michael A. Roth,* Patriarch des 1. FC Nürnberg (FR v. 21.01.00).

83 "Stunde der Vermarkter", FAZ 11.02.99.

84 FAZ v. 5.04.02; 06.04.02; 09.04.02.

85 FAZ v. 06.04.02.

Millionen Euro (etwa 75 % Kürzung) zu zahlen. Nachdem die Vereine der Football League in den vergangenen Jahren dem Gehaltswettlauf der Premier League gefolgt waren, drohten ihre Etats zusammenzubrechen. Bei Vereinen der 1. Division gehen 95 % der Ausgaben für Spielergehälter weg. Wären die Einnahmen aus den TV-Rechten ausgeblieben, war mit dem Zusammenbruch von mindestens 15 Klubs der Football League gerechnet worden. Traditionsklubs wie die Queens Park Rangers, befinden sich bereits in der Insolvenzverwaltung. Nottingham Forest, Europapokalsieger der Jahre 1979 und 1980, konnte dies nur durch den Verkauf fast aller namhaften Spieler abwenden. Es wurde damit gerechnet, daß etwa 900 der 2800 Vollprofis auf der Insel im Sommer 2002 arbeitslos hätte werden können[86].

Bereits das Schicksal der Fußballspieler zeigt, daß Schutzbestimmungen zugunsten der Gläubiger dringend geboten sind. Eine weitere große Gruppe von Gläubigern stellen die Bauunternehmer und Kreditinstitute dar. Nahezu jeder Bundesligaverein, aber insbesondere die Vereine der Ersten Bundesliga planen für die Zukunft oder sind gegenwärtig mit der Modernisierung, dem Um- oder Neubau ihrer Stadien befaßt. Insgesamt belaufen sich allein die Investitionen der Vereine aus den 15 Bewerberstädten für die Fußballweltmeisterschaft 2006 auf 1,7 Milliarden Euro. Dabei bleibt fraglich, wie sich die Investitionskosten, von den Unterhaltungskosten ganz abgesehen, von bis zu 300 Millionen Euro (München) amortisieren sollen bei 18 Heimspielen pro Saison und fraglichen zusätzlichen Einnahmen aus dem Europapokal, aber auch möglichem Abstieg aus der Ersten Bundesliga. "Niemand weiß, woher all die Rockbands und Tenöre kommen sollen, von denen bei der Vorstellung neuer Stadien immer die Rede ist"[87]. Das Schicksal der Baufirmen beim Neubau des Hamburger Volksparkstadions (inzwischen AOL-Arena) dürfte ein warnendes Beispiel sein[88].

In der Fußballbundesliga wird das Finanzgebahren der Vereine alljährlich vom DFB beziehungsweise neuerdings durch die von der Liga gegründete Deutsche Fußballliga-GmbH, deren Alleingesellschafter der Liga-Verband e.V. ist und dem wiederum die 36 Bundesligavereine als Mitglieder angehören, in einem Lizenzverfahren nach dem LiSpSt geprüft[89]. Auffällig ist, daß für die zugesagten Zahlungen der Fernsehgelder seitens der Kirchgruppe keine besonderen Sicherheiten - etwa wie sonst üblich als Bürgschaft - verlangt wurden. Die DFL-GmbH verfügt zur Sicherung des laufenden Spielbetriebes lediglich über eine Rückstel-

---

[86]   Zu alledem FAZ v. 23.03.02; 05.04.02; 06.04.02.

[87]   FAZ v. 12.04.2002.

[88]   Nach einem Bericht der Süddeutschen Zeitung v. 11./12.09.99 warteten mindestens 50 mittelständische Betriebe beim Bau des Hamburger Stadions auf ihr Geld - insgesamt über fünf Millionen DM -, weil durch das Hintereinanderschalten mehrerer Auftraggeber angefangen beim Generalsubunternehmer Greve über Deuteron bis zum HSV nicht klar war, wer die Rechnungen jeweils zu begleichen hatte.

[89]   Näheres siehe unten 2. Teil B I 3.

lung von 41 Millionen Euro, die bei einem Ausbleiben der Fernsehgelder sicher schnell aufgebraucht sein dürften[90]

2. Weitere Sportarten

Die Kommerzialisierung des Sports hat auch vor den weiteren Sportarten nicht haltgemacht. Auch in anderen Sportarten wie Tennis, Basketball, Handball und Eishockey wären die Folgen eines Ausbleibens der Fernsehgelder der Kirchgruppe spürbar[91] Es soll ein kurzer Überblick in ausgesuchten Bereichen gegeben werden.

Die *Deutsche Eishockey Liga Betriebsgesellschaft mbH* (DEL) ist die erste eigenständige Profiliga eines deutschen Sportverbandes, die als juristische Person verselbständigt ist. Anteilsinhaber sind zu 51 % der Deutsche Eishockey Bund (DEB) und zu 49 % die Eishockey-Klubs, die jeweils die Rechtsform einer GmbH aufweisen[92]. Das Rechtsverhältnis zwischen DEB, DEL und DEL-Klubs wird durch einen Kooperationsvertrag im Wege des Franchise geregelt. Die Klubs bekommen die Lizenz zur Teilnahme am Spielbetrieb der Bundesligen nur gegen Entrichtung einer Franchisegebühr, womit der DEB die bei ihm verbliebenen Aufgaben, wie Organisation der Nationalmannschaft, der Ober- und Regionalligen und Nachwuchsförderung, finanzieren kann[93].

Im deutschen *Berufshandball* haben inzwischen alle an der Bundesliga teilnehmenden Vereine ebenfalls Kapitalgesellschaften in der Rechtsform der GmbH mit Mehrheitsbeteiligung des Stammvereins gegründet. Im Gegensatz zur DEL sind jedoch weiterhin die Vereine außerordentliche Mitglieder des Deutschen Handball-Bundes und damit auch Lizenznehmer. Die Kapitalgesellschaften dienen dazu, die wirtschaftlichen Angelegenheiten der Lizenzspielerabteilungen der Vereine zu verwalten[94].

Die *Basketball-Bundesliga* ist weitgehend der DEL gefolgt. Der Spielbetrieb der Basketball-Bundesliga (BBL) wird unter dem Dach des Deutschen Basketball-Bundes (DBB) in einer Liga-GmbH selbständig vermarktet und organisiert. Der DBB ist an der BBL-GmbH zu 26 % beteiligt und die Basketballvereine teilen sich die restlichen 74 %[95].

---

[90] FAZ v. 09.04.2002.
[91] FAZ v. 09.04.2002.
[92] *M. Müller*, S. 127 ff.; *M. Hoffmann*, SpuRt 94, S. 24 f.; ausführlich *Schäfer, B.*, S. 17 ff.
[93] *M. Hoffmann*, aaO.
[94] *M. Müller*, S. 132 ff.
[95] Ausführlich SZ v. 19.11.99.

II. Sonstige Vereine

Außerhalb des Sports machen Vereine insbesondere in ihrer Eigenschaft als Holding- oder konzernleitende Vereine auf sich aufmerksam[96]. Besonders hervorzuheben sind hier der ADAC, der mit über 13 Millionen Mitgliedern verschiedene 100%ige Tochtergesellschaften betreibt, die ihrerseits wiederum an unterschiedlichen Tochtergesellschaften beteiligt sind. Zu erwähnen sind aber auch die karitativen Verbände wie das Deutsche Rote Kreuz oder der Caritas-Verband sowie der EDEKA-Verband, ein genossenschaftlicher Prüfungsverband, aber auch die Sachverständigenorganisation der DEKRA und des TÜV, und nicht zu vergessen sind die verschiedenen Holdingvereine im Familienkonzern[97]. Alle erwähnten Beispiele zeichnen sich dadurch aus, daß die wirtschaftlichen Aktivitäten in Tochterkapitalgesellschaften ausgelagert sind, der maßgebliche Einfluß jedoch auf den jeweiligen Mutterverein zurückzuführen ist.

B. Abgrenzung des wirtschaftlichen vom nichtwirtschaftlichen Verein

Das BGB grenzt die Vereinsklassen in §§ 21, 22 BGB voneinander ab. Nach § 21 BGB wird ein nichtwirtschaftlicher Verein negativ definiert als "ein Verein, dessen Zweck nicht auf einen wirtschaftlichen Geschäftsbetrieb gerichtet ist". Der Verein erlangt seine Rechtsfähigkeit durch Eintragung in das Vereinsregister, nachdem das Registergericht geprüft hat, ob die vereinsrechtlichen Eintragungsvoraussetzungen erfüllt sind[98].

Umgekehrt liegt nach dem positiv formulierten § 22 BGB ein wirtschaftlicher Verein vor, wenn "dessen Zweck auf einen wirtschaftlichen Geschäftsbetrieb gerichtet ist". Er erlangt Rechtsfähigkeit durch staatliche Verleihung, falls ihm eine Betätigung in einer Rechtsform des Handelsvereinsrechts (AG, GmbH, eG) nicht zumutbar ist[99], also "in Ermangelung besonderer reichsgesetzlicher Vorschriften". Ein wirtschaftlicher Verein erlangt damit die Rechtsfähigkeit nur ausnahmsweise durch Verleihung. Vorrangig erwirbt er sie durch Eintragung in das Handelsregister nach den gegenüber dem Vereinsrecht wesentlich strengeren Normativbedingungen des Handelsrechts.

Es ist schon mehrfach darauf hingewiesen worden, daß es dem Gesetzgeber mit seiner Formulierung in den §§ 21, 22 BGB wenig geglückt sei, zum Aus-

---

[96] Umfassende Darstellung bei *Fiedler*, S. 15 ff.; *Sprengel*, S. 30 ff.
[97] Zu den Einzelheiten vgl. *Fiedler* und *Sprengel* je aaO.
[98] System der Normativbestimmungen; vgl. *K. Schmidt*, Verbandszweck, § 3, S. 58 ff.
[99] Konzessionssystem; vgl. *K. Schmidt*, aaO. Zum *Subsidiaritätsprinzip* BVerwG, NJW 1979, S. 2261, 2263 f.; *Soergel/Hadding*, §§ 21, 22 Rn 51; *Reichert*, Rn 207 ff. und unten 3. Teil D I.

druck zu bringen, worauf es bei der Abgrenzung der Vereinsklassen ankommt[100]. Dadurch, daß in diesen Bestimmungen sowohl auf den Zweck - einem subjektiven Element - als auch auf den wirtschaftlichen Geschäftsbetrieb - einem objektiven Element - abgestellt wird, ist seit Bestehen des BGB umstritten, ob es für die Abgrenzung allein auf die Tätigkeit des Vereins, also das Unterhalten eines wirtschaftlichen Geschäftsbetriebes ankommt, oder ob der Zweck der Vereinstätigkeit oder eine Kombination von beidem ausschlaggebend sein soll[101]. Hinzu kommt noch die Uneinigkeit über den Begriff des "wirtschaftlichen Geschäftsbetriebes"[102]. Bei der Vereinsklassenabgrenzung geht es somit um zwei Fragen. Zunächst ist zu klären, nach welcher *Abgrenzungsmethode* die Unterscheidung der Vereinsklassen vorzunehmen ist, ob also subjektive oder objektive Merkmale oder eine Kombination aus beidem ausschlaggebend sein soll. Anschließend ist festzustellen, was unter einem *wirtschaftlichen Geschäftsbetrieb* zu verstehen ist[103].

I. Die Abgrenzungsmethode

1. Subjektive Theorie

Nach der subjektiven Theorie kommt es nicht auf die Tätigkeit des Vereins an, sondern auf seine Zielsetzung. Der Klasse der wirtschaftlichen Vereine ist der Verein danach zuzuordnen, wenn es ihm darauf ankommt, unmittelbare wirtschaftliche Vorteile für sich oder seine Mitglieder zu erzielen. Einem vorhandenen wirtschaftlichen Geschäftsbebtrieb wird lediglich *indizielle* Bedeutung bei der Ermittlung eines wirtschaftlichen oder nichtwirtschaftlichen Zwecks beigemessen[104].

---

[100] *Heckelmann*, AcP 179, 1, 13; *Sauter/Schweyer*, Rn 42; *Larenz/Wolf*, AT, § 10 I, 2; RGRK-*Steffen*, § 21 Rn 2; *Knauth*, S. 33; *Paulick*, S. 24; *K. Schmidt*, RPfl 72, 286 ff., 343 ff. Die Protokolle selbst bezeichnen die Vereinsklassenabgrenzung als "auf unsicherer und schwankender Grundlage" beruhend und als "nicht von der Art, daß sie jeden Zweifel darüber ausschlösse, ob ein Verein der einen oder anderen Kategorie zuzuzählen sei"; *Mugdan*, S. 605. *Levis*, DJZ 1900, 479, behauptet sogar, daß es einen Verein, dessen Zweck auf einen wirtschaftlichen Geschäftsbetrieb gerichtet ist, überhaupt nicht gäbe, weil der Geschäftsbetrieb, sei er nun als wirtschaftlich oder nichtwirtschaftlich zu qualifizieren, nie der Zweck des Vereins, sondern stets nur Mittel zum Zweck sein könne.

[101] Zum Streit vgl. statt vieler *K. Schmidt*, Verbandszweck, § 4, S. 89 ff.

[102] *Heckelmann*, AcP 179, 1, 14; *Hemmerich*, S. 59 ff.

[103] Es sei bereits erwähnt, daß für die Vereinsklassenabgrenzung noch ein drittes hinzukommt. Seit jeher wird den bürgerlichen Vereinen nämlich nebenbei ein wirtschaftlicher Geschäftsbetrieb zugebilligt, obwohl dies eigentlich nur in den Rechtsformen des Handelsrechts zulässig ist. Für die Abgrenzung ist damit letzlich der Geltungsumfang des sogenannten "Nebenzweckprivileges" ausschlaggebend. Dazu ausführlich im 2. Teil B.

[104] Umfangreiche Nachweise aus dem älteren Schrifttum bei *K. Schmidt*, Verbandszweck, § 4 II 1 a, S. 100; MüKo/*Reuter*, §§ 21, 22 Rn 4 ff. Aus dem neueren Schrifttum *Schad*, S. 32; ders., RPfl 98, 185, 186 ff.; ders.; NJW 1998, S. 2411 ff.

2. Objektive Theorie

Die objektive Theorie orientiert sich allein am äußeren Erscheinungsbild des Vereins. Für ihre Vertreter ist entscheidend, ob der Verein unabhängig von seiner Zielsetzung einen wirtschaftlichen Geschäftsbetrieb unterhält oder nicht[105].

3. Gemischte Theorie

Nach einer dritten Ansicht liegt ein wirtschaftlicher Verein vor, wenn er mittels eines wirtschaftlichen Geschäftsbetriebes einen wirtschaftlichen Hauptzweck verfolgt[106]. Voraussetzung ist danach in jedem Fall das Vorhandensein eines wirtschaftlichen Geschäftsbetriebes, so daß diesem Merkmal das Schwergewicht bei der Abgrenzung zukommt. Es kann sich aber trotzdem um einen nichtwirtschaftlichen Verein handeln, wenn der Verein damit einen ideellen Hauptzweck verfolgt[107].

4. Stellungnahme

Für die Heranziehung subjektiver Elemente bei der Methode zur Vereinsklassenabgrenzung spricht zwar die Tatsache, daß der Gesetzgeber in § 21 BGB mit den Begriffen *"Zweck"* und *"gerichtet"* zwei Formulierungen gewählt hat, die eher die Zielsetzung und nicht die Tätigkeit des Vereins in den Vordergrund zu rücken scheinen. Es wurde aber bereits darauf hingewiesen, daß der Gesetzgeber selbst die von ihm vorgenommene Abgrenzung als "unsicher und auf schwankender Grundlage" bezeichnet[108], so daß der Wortlaut nicht als ausschlaggebend angesehen werden kann.

Entscheidend sind vielmehr Systematik und Zweck der Vereinsklassenabgrenzung[109]. Insoweit besteht Einigkeit, daß deren Zweck zumindest im *Gläubigerschutz* besteht[110]. Das folgt aus dem Verweis in § 22 BGB auf die "besonderen *reichs*gesetzlichen Vorschriften". Damit sind die im Hinblick auf den Schutz der

---

[105] Planck, § 21 Anm. 2; *Levis*, DJZ 1901, 479 f.; *Mummenhoff*, S. 104 ff.; *K. Schmidt*, RPfl 72, 343, 351; MüKo/*Reuter*, §§ 21, 22 Rn 6 ff.; *Heckelmann*, AcP 179, 1, 22.

[106] Umfangreiche Nachweise bei *Hemmerich*, S. 41.

[107] Für die Eintragungsfähigkeit soll es im Einzelfall darauf ankommen, ob der Geschäftsbetrieb dem nichtwirtschaftlichen Hauptzweck untergeordnet ist. Damit ist das Problem des Nebenzweckprivileges angesprochen. Vgl. dazu *Hemmerich*, aaO.

[108] *Mugdan*, S. 605.

[109] *K. Schmidt*, RPfl 72, 286 ff., 343 ff.; ders., Verbandszweck, § 4 I 2, S. 90 ff.; *Reuter*, ZGR 81, 364, 366.

[110] *K. Schmidt*, Verbandszweck, § 4 I 3, S. 92 ff.; ders., AcP 182, 1, 13; MüKo/*Reuter*, §§ 21, 22 Rn 6. Umstritten ist dagegen, ob die Vereinsklassenabgrenzung darüber hinaus dem *Mitglieder-* und auch dem *Sozialschutz* dient. Dazu oben in der Einleitung a.E.

Gläubiger weitaus strengeren Normativbedingungen des Handelsvereinsrechts (AG, GmbH, eG) gemeint[111]. Die Funktion des § 22 BGB besteht in einem *Flankenschutz* zugunsten dieser Normativbedingungen, was dadurch erreicht wird, daß sich materiell dem Handelsvereinsrecht zugedachte Vereine aufgrund der Konzessionspflicht nicht den dort vorgesehenen Anforderungen durch Flucht in das BGB-Vereinsrecht entziehen können[112].

Diese Flucht wäre jedoch leicht möglich, wenn man der subjektiven Theorie konsequent folgte. In diesem Fall ließe sich nämlich ein Verein, der umfangreich wirtschaftlich tätig ist, durch idealistische Überhöhung des wirtschaftlichen Gechäftsbetriebes ohne weiteres den nichtwirtschaftlichen Vereinen zuordnen. Bedenkt man jedoch, daß nicht vom verfolgten Zweck, sondern von den konkreten Tätigkeiten die schützenswerten Interessen der Vereinsgläubiger betroffen sind, kann nicht auf den Zweck des Vereins, sondern nur auf dessen Tätigkeit bei der Vereinsklassenabgrenzung abgestellt werden[113]. Im übrigen ist zu beachten, daß die Vertreter der subjektiven Theorie in den Fällen, die die Praxis vor Probleme stellt, selbst stets auf die Tätigkeit der Vereine abstellen, um sie der jeweiligen Vereinsklasse zuzuordnen[114]. Damit ist auch für sie der wirtschaftliche Geschäftsbetrieb nicht nur Indiz, sondern entscheidendes Merkmal der Abgrenzung. Folglich ist der objektiven Abgrenzungsmethode zu folgen.

---

[111] MüKo/*Reuter*, §§ 21, 22 Rn 6. Im Gegensatz zum bürgerlichen Vereinsrecht kennt das Kapitalgesellschaftsrecht nämlich umfangreiche Kapitalaufbringungs- und Erhaltungs- sowie Bilanzierungs- und Publizitätspflichten. Darüber hinaus kann der Umfang der Vertretungsmacht des Vorstandes anders als im Vereinsrecht (§ 26 II 2 BGB) nicht mit Wirkung gegenüber Dritten (insbesondere Gläubigern) beschränkt werden (§§ 82 AktG, 37 II GmbHG, 27 II GenG). Des weiteren ist die insolvenzrechtliche Organpflicht des Vorstandes im Handelsvereinsrecht (§§ 93 V, 401 I Nr. 2 AktG; 64, 84 I Nr. 2 GmbHG, 99 I, 148 I Nr. 2 GenG) straf- und nicht wie im BGB lediglich *Schaden*ersatzbewehrt (§ 42 II BGB).

[112] MüKo/*Reuter*, aaO.

[113] *Levis*, DJZ 1901, 479, 480.

[114] Vgl. *Schad*, RPfl 98, 185, 190 f, wonach Vereine, die Unternehmensträger *sind,* Wirtschaftsvereine darstellen.

II. Der wirtschaftliche Geschäftsbetrieb

Fraglich ist weiter, wie die tatsächlichen Verhältnisse im Verein gelagert sein müssen, damit von einem grundsätzlich eintragungsschädlichen wirtschaftlichen Geschäftsbetrieb auszugehen ist. Hierzu sind im wesentlichen zwei Strömungen festzustellen.

1. Einheitstatbestand

Die einen versuchen, die Vereine mit wirtschaftlichem Geschäftsbetrieb unter einem Einheitstatbestand zusammenzufassen, wobei eine Entwicklung von mehr oder weniger eng umrissenen zu immer weiteren Auslegungsversuchen zu verzeichnen ist.

Inhalt eines wirtschaftlichen Geschäftsbetriebes sei etwa die *Produktion, Fabrikation, Verarbeitung oder der Umsatz von Gütern*[115] oder die *berufsmäßige Teilnahme am wirtschaftlichen Rechtsverkehr*[116]. Bis in die siebziger Jahre galt eine nach außen gerichtete, auf Dauer angelegte, planmäßige Tätigkeit zur Verschaffung von vermögenswerten Vorteilen zugunsten des Vereins oder seiner Mitglieder als maßgeblich. Mit dem Merkmal "nach außen" sollte eine Abgrenzung zur eintragungsunschädlichen Vermögensverwaltung getroffen werden, die nach wie vor gültig ist[117]. Gegenstand lebhafter Diskussion ist jedoch die Frage, ob die Verschaffung vermögenswerter Vorteile bereits bei *Entgeltlichkeit*[118] oder erst bei einer *Gewinnerzielungsabsicht* anzunehmen ist und ob die Vorteile dem Verein selbst, unmittelbar oder mittelbar seinen Mitgliedern oder gar der Allgemeinheit zufließen müssen[119].

Diese Uneinigkeit veranlaßte Stimmen in der Literatur dazu, die Lösung auf einem anderen Weg zu suchen. Danach sei das Merkmal des wirtschaftlichen Geschäftsbetriebes mit dem Begriff des *Handelsgewerbes* in §§ 105, 106, 1 I HBG gleichzusetzen[120].

---

[115] Nachweise bei *Oppenheimer*, JherJb 47, 99, 180.

[116] *Oppenheimer*, aaO., 184.

[117] *Soergel/Hadding*, §§ 21, 22 Rn 40.

[118] RGZ 83, 231 ff. - Kassenärztliche Vereinigung-; RGZ 154, 343 ff. - Sterbeunterstützungskasse-.

[119] Nachweise bei *Heckelmann*, AcP 179, 1, 15; *Soergel/Hadding*, §§ 21, 22 Rn 26 f.

[120] Grundlegend *Sack*, ZGR 74, 179, 186 ff; *Schad*, RPfl 98, 185, 186 ff.; kritisch dazu *K. Schmidt*, ZGR 75, 477, 483 ff.

2. Fallgruppen von Wirtschaftsvereinen

Allen Versuchen einer allgemein gültigen Definition des wirtschaftlichen Geschäftsbetriebes ist jedoch gemeinsam, daß sie die vielfältigen Erscheinungsformen von wirtschaftlichen Vereinen nicht hinreichend sicher erfassen können. Als inzwischen herrschend hat sich deshalb die Ansicht *K. Schmidt's* durchgesetzt, wonach vom Vorhandensein eines wirtschaftlichen Geschäftsbetriebes auszugehen ist, wenn der Verein unter eine der Fallgruppen von Wirtschaftsvereinen fällt, die von ihm orientiert am Schutzzweck der §§ 21, 22 BGB entwickelt wurden[121]. Da die GmbH und AG nicht auf die Organisation wirtschaftlicher Tätigkeiten beschränkt sind (Vgl. § 1 GmbHG) und sie somit durchaus Ersatzformen des Idealvereins sein können, muß man ihre zwingende Domäne von ihrem bloß möglichen Anwendungsbereich absondern. Gleiches gilt im Verhältnis zur Genossenschaft, wenn der Verein die Erwerbs- und Wirtschaftstätigkeit seiner Mitglieder unterstützt[122]. Dafür ist entscheidend, ob die Tätigkeit des Vereins als *unternehmerische* bezeichnet werden kann, weil dies das prägende materielle Merkmal von Kapitalgesellschaften und Genossenschaften ist[123].

Die erste Fallgruppe bezeichnet *K. Schmidt* als *Volltypus des unternehmerisch tätigen Vereins,* der sich durch eine dauerhafte, planmäßige, anbietende, entgeltliche Tätigkeit am Markt auszeichnet[124].

Die zweite Fallgruppe bilden die Vereine mit *unternehmerischer Tätigkeit am inneren Markt,* bei dem die unternehmerische Tätigkeit auf einen Markt beschränkt ist, zu dem nur Vereinsmitglieder Zugang haben[125].

---

[121] Grundlegend *K. Schmidt,* RPfl 72, 286, 288 ff.; ders., AcP 182, 1, 12; ders., Verbandszweck, § 4 II 4, S. 104 ff.; *Heckelmann,* AcP 179, 1, 25 ff.; *Palandt/Heinrichs,* § 21 Rn 3ff.; *Soergel/Hadding,* §§ 21, 22 Rn 24 ff.; *Hemmerich,* S. 63 ff.; *MüKo/Reuter,* §§ 21, 22 Rn 7 ff.; ders., ZIP 84, 1052 ff. mit leichten Abweichungen im Detail, die die Holding- und Vermögensverwaltungsvereine betreffen. Dazu Näheres im 3. Teil B I 2.

[122] *MüKo/Reuter,* §§ 21, 22 Rn 7 m.w.N.; ders., ZGR 81, 364, 366.

[123] *K. Schmidt,* RPfl 72, 286, 288 ff.; *Hemmerich,* S. 66 ff.

[124] *K. Schmidt,* RPfl 72, 286, 291 ff.; ders. AcP 182, 1, 16 f.; ders., Verbandszweck, aaO. *Mummenhoff,* S. 112, 150 sieht auch bei einer rein *nachfragenden* Tätigkeit einen Abgrenzungsbedarf zwischen den Vereinsklassen. Ihm ist zwar zuzugeben, daß auch durch eine bloß nachfragende Tätigkeit die Interessen der Vereinsgläubiger gefährdet werden können, etwa wenn zur Aufrechterhaltung des Vereinsbetriebes kostspielige Einrichtungen beschafft werden. Er verkennt jedoch, daß § 22 BGB nicht schon solche Vereine in das Handelsrecht zwingen will, von denen eine irgendwie geartete Gläubigergefährdung ausgeht. Dann unterhielte nahezu jeder Verein einen eintragungsschädlichen *inneren Geschäftsbetrieb.* Kennzeichnend für den Volltypus des Wirtschaftsvereins ist, daß er am Markt seine Leistungen auch anbietet. Dadurch begiebt er sich in die aus Sicht der Gläubiger besonders gefährliche Situation der Abhängigkeit von so schwer zu kalkulierbaren Faktoren wie Kundengeschmack, Bedarf und Leistungsfähigkeit der Konkurrenz (*Hemmerich,* S. 65 ff.; *Heckelmann,* AcP 179, 1, 29). Somit fallen unter den Volltypus des unternehmerischen Vereins nur solche mit *äußerem Geschäftsbetrieb.*

[125] *K. Schmidt,* RPfl 72, 343, 347; ders.; Verbandszweck, aaO.

Als dritter Vereinstyp wurde die *genossenschaftliche Kooperation* entwikkelt, bei der der Verein ausgelagerte Teilfunktionen der an ihm beteiligten Unternehmen wahrnimmt[126].

3. Subsumtion für die Fußballbundesligavereine

Um festzustellen, ob die Bundesligavereine einen wirtschaftlichen Geschäftsbetrieb unterhalten, ist nach der teleologisch-typologischen Methode danach zu fragen, ob die Tätigkeit der Bundesligavereine unter eine der genannten Fallgruppen fällt. Dabei ist zu beachten, daß sich alle Vereine in zwei Bereiche unterteilen lassen. In die Berufssportabteilung(en) einerseits und die Amateur- und Breitensportabteilungen andererseits[127]. Soweit sich die Vereine im Bereich des Amateur-, Jugend- und Breitensports betätigen, werden sie im Rahmen ihrer satzungsgemäßen ideellen Zwecksetzung wie der Pflege des Sports und der Kameradschaft tätig[128]. Die Berufsfußballabteilung ist dagegen umfangreich auf verschiedenen Märkten wirtschaftlich tätig, um die immensen Kosten der Lizenzspielerabteilung einschließlich des Baus von Stadien und deren Unterhaltung zu decken. Das beginnt beim Verkauf von Eintrittskarten für die Heimspiele an das Publikum[129]. Da Fußball die Fernsehsportart schlechthin ist, wird der Großteil der Einnahmen jedoch aus dem Verkauf von Übertragungsrechten an die TV- und Rundfunkanstalten erzielt[130]. Darüber hinaus vermarkten die Vereine ihren "good will" in Form von Trikot- und Bandenwerbung sowie den Fanartikelverkauf

---

[126] *K. Schmidt*, aaO.; zu den Fallgruppen *Soergel/Hadding*, §§ 21, 22 Rn 25 ff.

[127] § 7 Nr. 4 LiSpSt verlangt, daß von den Vereinen ein sportlicher Unterbau von mindestens zehn Amateur- und Jugendmannschaften unterhalten wird. Die meisten Vereine sind jedoch nicht nur reine Fußballvereine sondern widmen sich auch noch anderen Sportarten wie Leichtathletik, Basket-, Hand-, Volleyball, Hockey bis hin zu Schach.

[128] *Fuhrmann*, S. 44. Allerdings darf nicht verkannt werden, daß gerade im Fußballamateursport infolge der Kommerzialisierung auch in den unteren Spielklassen erhebliche Gelder - insbesondere Gehälter an die Spielervertragsamateure - fließen, was den DFB dazu veranlaßte, ab der Spielzeit 2000/2001 in der dann zweigeteilten Regionalliga Nord und Süd ebenfalls ein Lizenzverfahren einzuführen (*Fuhrmann*, S. 47, Fn 222). Insofern darf bezweifelt werden, daß im Amateurbereich ausschließlich ideelle Tätigkeiten stattfinden.

[129] *Heckelmann*, AcP 179, 1, 40.

[130] *Fuhrmann*, S. 45. Gegenstand heftiger Diskussionen zwischen dem DFB und den Vereinen ist hier die Zentralvermarktung der Fernsehrechte durch den DFB gemäß § 3 Nr. 3 LiSpSt. Der BGH hat 1996 die zentrale Vermarktung der Europapokalspiele durch den DFB als unvereinbar mit dem Wettbewerbsrecht bezeichnet. Zum Schutz der zentralen Vermarktung auf nationaler Ebene wurde mit Wirkung vom 1.1.99 § 31 GWB eingeführt. Ob diese Norm mit europäischem Recht zu vereinbaren ist, wird bezweifelt. Auf nationaler Ebene hat man sich nach Zugeständnissen an die Vereine auf eine Verlängerung der zentralen Vermarktung einigen können. Die Einnahmen aus den europäischen Wettbewerben fließen den Vereinen jedoch direkt zu.

(Merchandising) und nutzen inzwischen auch das Internet als Werbeplattform[131]. Hohe Summen verschlingen auch die mit dem Bosman-Urteil gestiegenen Transferzahlungen auf dem Spielermarkt. Die Fußballabteilungen der Vereine bieten damit eine Dienstleistung (Unterhaltung), aber auch in großem Umfang Sachleistungen (Fanartikelverkauf) gegen Entgelt an einem äußeren Markt planmäßig und auf Dauer an. Sie unterfallen somit dem *Volltypus eines unternehmerischen Vereins* und stellen deshalb einen wirtschaftlichen Geschäftsbetrieb dar[132]. In den Muttervereinen der Bundesligaklubs werden folglich eintragungsschädliche wirtschaftliche Geschäftsbetriebe unterhalten, so daß sie grundsätzlich als wirtschaftliche Vereine i. S. v. § 22 BGB zu qualifizieren sind[133].

2. Teil: Das Nebentätigkeitsprivileg

Nachdem festgestellt wurde, daß die Bundesligavereine einen wirtschaftlichen Geschäftsbetrieb unterhalten, müßte daraus konsequenterweise die Schlußfolgerung gezogen werden, daß ihnen eine Eintragung in das Vereinsregister durch § 22 BGB versperrt ist, beziehungsweise die Verwaltungsbehörden nach § 43 II BGB verpflichtet sind, den Vereinen die Rechtsfähigkeit zu entziehen[134]. Ein Verbleib der Bundesligavereine in der Rechtsform des eingetragenen Vereins läßt sich allenfalls nach dem sogenannten *Nebenzweckprivileg* rechtfertigen[135], das, nachdem man sich von der subjektiven beziehungsweise gemischten Abgrenzungstheorie verabschiedet hat, treffender als *Nebentätigkeitsprivileg zu* bezeichnen ist, da die Zuordnung der Vereine zu einer der Vereinsklassen - für die letztlich die Beurteilung nach dem Nebentätigkeitsprivileg entscheidend ist - allein aufgrund deren Tätigkeit vorgenommen wird und nicht anhand der von ihnen verfolgten

---

[131] *Fuhrmann*, S. 45; *Menke*, S. 46; *Sprengel*, S. 30 ff.; *Fiedler*, S. 18 ff. Zu den weiteren Aktivitäten s. o. 1 Teil A I 1.

[132] *Menke*, aaO; *Kebekus*, S. 47.

[133] Für die Abgrenzung der Vereinsklassen ist es zunächst unerheblich, daß nur in den Berufssportabteilungen der Vereine ein wirtschaftlicher Geschäftsbetrieb unterhalten wird und diesem Betrieb obendrein auch noch eine Finanzierungsfunktion für den ideellen Bereich zukommen kann (Vgl. *Fuhrmann*, S. 48 f.). Dies ist vielmehr eine Frage des Nebentätigkeitsprivileges. Dazu sogleich.

[134] Zum Streit über die Frage, ob der Verwaltung ein Ermessensspielraum zusteht oder die Entscheidung obligatorischer Natur ist, vgl. *K. Schmidt*, AcP 182, 1,47 ff.; ders., NJW 1993, 1225 ff. Das Bundesverwaltungsgericht hat im Scientology-Urteil klargestellt, das grds. eine Plicht zum Einschreiten besteht; BVerwG, NJW 1998, S. 1166 mit zustimmender Anmerkung von K.Schmidt, NJW 1998, S. 1124 ff.

[135] Zu diesem Rechtsinstitut vgl. *Erman/Westermann*, § 21 Rn 3; *Soergel/Hadding*, §§ 21,22 Rn 33 ff.; *MüKo/Reuter*, §§ 21, 22 Rn 8; *Jauernig/Jauernig*, § 21 Rn 4; *Palandt/Heinrichs*, § 21 Rn 5; *K. Schmidt*, Verbandszweck, S. 183 ff; RGZ 83, 231, 237; BGHZ 15, 315, 319.

Zwecke[136]. Im Gegensatz zur subjektiven Sichtweise wird damit nicht mehr nach dem Hauptzweck des Vereins gefragt[137], es geht vielmehr darum, festzustellen, ob nach Prüfung der Vereinstätigkeiten eine für sich als eintragungsschädlich erkannte Vereinstätigkeit im Ergebnis vernachlässigt werden kann, weil die Schutzziele von §§ 21, 22 BGB nicht bedroht sind[138].

A. Geltungsgrund

Immer wieder wird betont, daß die Anerkennung des Nebentätigkeitsprivilegs unter dem Gesichtspunkt des Gläubigerschutzes eine einschneidende und keineswegs unbedenkliche Inkonsequenz sei und man sich deshalb seiner nicht *so recht froh* werden könne[139], weil das Nebentätigkeitsprivileg eine Durchbrechung des Prinzips bedeute, daß eine Vereinigung, die am wirtschaftlichen Erwerbsleben teilnimmt, im Interesse der Gläubiger strengeren Normativbestimmungen unterworfen werden müßte, als sie für Idealvereine gelten würden[140].

I. Ablehnung des Nebentätigkeitsprivilegs

Eine kleine Gruppe von Autoren lehnt das Nebentätigkeitsprivileg deshalb auch völlig ab[141], so daß sich ihrer Ansicht nach jeder Verein mit wirtschaftlichem Geschäftsbetrieb in der Rechtsform eines wirtschaftlichen Vereins organisieren muß. Zur Begründung wird angeführt, das Nebentätigkeitsprivileg lasse sich weder mit dem Wortlaut von §§ 21, 22 BGB vereinbaren, da in diesen Vorschriften nicht nach Haupt- oder Nebenzweck differenziert wird[142], noch könne es mit den Zwecken der Vereinsklassenabgrenzung in Einklang gebracht werden. Es mache nämlich keinen Unterschied, ob ein wirtschaftlicher Geschäftsbetrieb als Haupt- oder Nebenbetrieb unterhalten wird, denn die Tatsache, daß eine wirtschaftliche Tätigkeit nur als Nebentätigkeit ausgeübt werde, begründe keine höhere Sicherheit für den Geschäftsverkehr und für die Gläubiger keine geringere Gefahr, zumal der Nebenbetrieb eines großen Vereins umfangreicher sein könne als

---

[136] Zur Terminologie vgl. *Hemmerich*, S. 78; ebenso *Jauernig/Jauernig*, § 21 Rn 4; *Menke*, S. 25; *Soergel/Hadding*, §§ 21,22 Rn 33; *K. Schmidt*, Verbandszweck, S. 110, 183 hält ein Umdenken in der von ihm geprägten Terminologie für "durchaus erwägenswert" und benutzt die Zwecke des Vereins lediglich als *Maßstab* bei der Abwägung nach dem Nebentätigkeitsgedanken, wohingegen *Gegenstand* der Abwägung dessen Tätigkeiten sind.
[137] so noch *Knauth*, JZ 78, 339 ff.; RGZ 83, 231, 233 ff.; BGHZ 15, 315, 319.
[138] *K. Schmidt*, Verbandszweck, S. 110; ders., RPfl 1972, 343, 350 *Staudinger/Weick*, § 21 Rn 14.
[139] *K. Schmidt*, Verbandszweck, aaO.; ders. RPfl, aaO.
[140] *Staudinger/Weick*, § 21 Rn 14; *Menke*, S. 26.
[141] *Sachau*, ZHR 56, 444, 468 f; *Nitschke*, S. 124; *Sack*, ZGR 1974, 179, 194 f.
[142] *Sack*, ZGR 1974, 179, 193 f.

der Hauptbetrieb eines kleinen Wirtschaftsvereins und nicht ersichtlich sei, warum die Gläubigerbelange hier weniger hoch zu bewerten sein sollten[143].

Hinzu komme, daß der wirtschaftlich tätige Idealverein nicht den Anforderungen des Handelsrechts genüge, was sich am deutlichsten am Beispiel der Vertretungsmacht zeige. Die Vertretungsbefugnis der organschaftlichen Vertreter und der bevollmächtigten Vertreter kann gegenüber Dritten in den Rechtsformen des Handelsvereinsrechts inhaltlich nicht eingeschränkt werden (§§ 50, 54 III, 126 II HGB, 82 AktG, 37 II GmbHG, 27 II GenG) im Gegensatz zur Vertretungsmacht des Vereinsvorstandes (§ 26 II 2 BGB)[144]. Ein Idealverein, der wirtschaftlich tätig ist - und sei es nur im Umfang des von der Gegenansicht befürworteten Nebentätigkeitsprivilegs - müsse genauso wie die sonstigen wirtschaftlich tätigen Vereinigungen den handelsrechtlichen Vertretungsregeln genügen. Das gebiete der Schutz des Rechtsverkehrs.

II. Anerkennung des Nebentätigkeitsprivilegs

Demgegenüber wird von der ganz überwiegenden Meinung das Nebentätigkeitsprivileg dem Grunde nach anerkannt[145]. Es könne nach dem Wortlaut von §§ 21, 22 BGB keinesfalls angenommen werden, daß eine wirtschaftliche Betätigung absolut inakzeptabel sei. Wenn es in § 21 BGB heiße, daß der Zweck des eintragungsfähigen Vereins nicht auf einen wirtschaftlichen Geschäftsbetrieb *gerichtet* sein darf, dann werde damit bereits angedeutet, daß der nichtwirtschaftliche Charakter des um Eintragung ersuchenden Vereins nur sein dominierendes nicht aber ausschließliches Merkmal sei[146]. Im übrigen sei anerkannt, daß auch andere zweckbeschränkte Rechtsformen neben dem Hauptzweck einen Nebenzweck verfolgen dürfen; dies sei ein allgemeiner verbandsrechtlicher Grundsatz[147].

---

[143] *Nitschke*, S. 124;*Sack*, ZGR 1974, 179, 193 f, der jedoch ein Minderkaufmannsprivileg für eingetragene Vereine anerkennt (S. 206).

[144] *Nitschke*, S. 125 f.

[145] RGZ 154, 351; BGHZ 85, 93; *K. Schmidt*, Verbandszweck, S. 183; *Palandt/Heinrichs*, § 21 Rn 5; *Soergel/Hadding*, §§ 21, 22 Rn 33 ff.; *Staudinger/Weick*, § 21 Rn 12 ff.

[146] *Hemmerich*, S. 80.

[147] *Hemmerich*, S. 79 unter Hinweis auf Versicherungsvereine, eingetragene Genossenschaften, bergrechtliche Gewerkschaften.

Ausschlaggebend sei jedoch die Entstehungsgeschichte zu §§ 21, 22 BGB[148]. In den Protokollen heißt es, daß es

"... für die Entscheidung der Frage, ob ein Verein unter die Vorschrift des Abs. 1 oder Abs. 2 (heutige §§ 21, 22 BGB[149]) falle, lediglich darauf ankomme, worin der von dem Vereine verfolgte Hauptzweck zu suchen ist. Bilde ein wirthschaftlicher Geschäftsbetrieb den ausschließlichen oder den Hauptzweck, so falle der Verein unter den Abs. 2 (§ 22 BGB). Dagegen könne die Eintragung in das Vereinsregister auch ein solcher Verein erlangen, der neben seinen idealen Hauptzwecken ein wirthschaftliches Geschäft betreibe, um sich hierdurch die zur Erreichung jener Zwecke erforderlichen Mittel zu verschaffen."[150]

Der Abgeordnete *von Strombeck* hat in der zweiten Lesung des Reichstages ausgeführt:

" Wir wissen, daß zur Zeit, als dieses Gesetz gemacht worden ist, allen ... bekannt war, daß unter diesen in § 21 der Regierungsvorlage genannten ... Vereinen sich auch solche finden, die nebenbei einen kleinen wirtschaftlichen Betrieb haben. Es wird ... festgestellt, daß der Gesetzgeber solche Vereine auf Grund des § 21 hat zulassen wollen ..."[151].

Im übrigen müsse es nach Sinn und Zweck von §§ 21, 22 BGB im Kontext mit der Ausstrahlungswirkung von Art. 9 GG den "Idealvereinen" ermöglicht werden, das durch ihren idealen Zweck vorgegebene Aktionsfeld voll zu erfassen, so daß ihnen ein Recht auf *funktionsgerechte Betätigung* zuzugestehen sei, wozu in gewissem Umfang auch eine wirtschaftliche Betätigung gehöre[152]. Teilweise wird sogar von einer gewohnheitsrechtlichen Anerkennung des Nebentätigkeitsprivilegs gesprochen[153].

---

[148] *Hemmerich*, S. 78 ff. m.w.N.

[149] Anmerkung des Verfassers.

[150] *Mugdan*, S. 604.

[151] *Mugdan*, S. 997.

[152] M/D- *Scholz*, Art. 9 Rn 43; *Aldermann*, S. 27; *Hemmerich*, S. 81 ff. Dazu gehört etwa der Betrieb eines Vereinsheims, der Verkauf von Eintrittskarten, die Herausgabe einer Vereinszeitung, der entgeltliche Krankentransport des DRK.

[153] *Hemmerich*, S. 87 f; *K. Schmidt*, RPfl 1972, 343, 350; ders. Verbandszweck, S. 111, der darauf hinweist, daß sich das Nebentätigkeitsprivileg sogar aus dem Gesetz erhärten ließe. Nach § 63 b I GenG müssen genossenschaftliche Prüfungsverbände die Rechtsform des eingetragenen Vereins haben, obwohl sie neben ihrem obligatorischen Vereinszweck, der in der Prüfung der Vereinsmitglieder, also der Genossen, besteht, erhebliche wirtschaftliche Hilfstätigkeiten, wie etwa die Wahrnehmung der Interessen der Mitglieder und ihre sonstige Betreuung und Förderung, wahrnehmen können. Vehement gegen die Anerkennung als Gewohnheitsrecht *Schwierkus*, S. 57 ff, der die in der Rechtspraxis häufig geradezu ausufernde Anerkennung des Nebentätigkeitsprivilegs nicht auf eine "opinio juris", sondern auf ein gewisses Trägheitsmoment in der Verwaltung zurückführt; ebenso zurückhaltend *Heckelmann*, AcP 179, 1, 25 unter Hinweis auf die Konturenlosigkeit dieses Instituts.

Im Hinblick auf den von *Nitschke* heraufbeschworenen Konflikt mit dem Handelsrecht würde das Vereinsrecht indes nicht vor unlösbare Probleme gestellt. Denn es sei seit langem anerkannt, daß eine vollkaufmännische Nebentätigkeit eines Idealvereins den Verein organisationsrechtlich dazu verpflichtet, einen hauptamtlichen Repräsentanten mit umfassender Vertretungsmacht für den Geschäftsbetrieb als besonderen Vertreter nach § 30 BGB zu bestellen, was im Falle der Nichtbestellung den Dritten dazu berechtige, den Verein so zu behandeln, als sei der tatsächliche Leiter des Geschäftsbetriebes entsprechend bestellt, da der Partner eines Rechtsgeschäfts vor Rechtsnachteilen zu schützen sei, die infolge einer Vereinsorganisation eintreten, mit der er in vergleichbaren Fällen nicht zu rechnen braucht[154].

III. Stellungnahme

Die Beantwortung der Frage nach der Anerkennung oder Nichtanerkennung des Nebentätigkeitsprivilegs soll sich angesichts der Ambivalenz des Wortlauts von §§ 21, 22 BGB und trotz des insofern eindeutigen Willens des Gesetzgebers in erster Linie am Sinn und Zweck der vereinsrechtlichen Vorschriften orientieren.

So eindeutig nämlich die Materialien für dessen Zulässigkeit sprechen, so wenig aussagekräftig sind sie und die sonstigen Begründungen in Rechtsprechung und Wissenschaft für dessen tiefere Rechtfertigung. Denn was alles zu einer *"funktionsgerechten Betätigung"* eines Vereins erforderlich ist und ob dazu auch ein wirtschaftlicher Geschäftsbetrieb welchen Ausmaßes auch immer gehört, läßt sich positiv nur schwer bestimmen. Diese Arbeit versucht nach folgender Methode eine systematische Begründung für die Anerkennung des Nebentätigkeitsprivileges zu liefern:

Wenn der oberste Grundsatz der Vereinsklassenabgrenzung der Gläubigerschutz ist, kann mit der Sperrfunktion des § 22 BGB nur dann *jegliche* wirtschaftliche Nebentätigkeit eines Vereins ausgeschlossen sein, wenn das BGB-Vereinsrecht keinerlei Sicherungsmechanismen für die wirtschaftliche Betätigung von Idealvereinen vorsieht. In diesem Fall müßte die Sperrfunktion des § 22 BGB absolut restriktiv gehandhabt werden. Sollte umgekehrt das BGB-Vereinsrecht einen Schutzmechanismus zugunsten der Gläubiger im Hinblick auf die Gefahren vorsehen, die von einem wirtschaftlichen Geschäftsbetrieb ausgehen, ist weiter danach zu fragen, ob dieser ausreicht, um eine wirtschaftliche Nebentätigkeit des Vereins zu rechtfertigen. Dabei wird es insbesondere darum gehen, festzustellen, ob es im bürgerlichen Vereinsrecht einen mit dem Handelsvereinsrecht vergleichbaren Schutzmechanismus zugunsten der Gläubiger gibt. Denn wenn nach den Wertungen des Gesetzgebers wirtschaftliche Unternehmen grundsätzlich nur in

---

[154] MüKo/*Reuter*, §§ 21, 22 Rn 22, Fn 63; ders., ZIP 1984, 1052, 1062.

den Rechtsformen des Handelsrechts betrieben werden dürfen, müßte eine wirtschaftliche Nebentätigkeit in der Rechtsform des Idealvereins jedenfalls dann zulässig sein, wenn es gewisse Gemeinsamkeiten im Gläubigerschutz gibt.

1. Parallelen im Gläubigerschutz zwischen Vereins und Kapitalgesellschaftsrecht

a) Insolvenzrechtliche Organpflicht

Ein die wirtschaftliche Nebenbetätigung der Vereine rechtfertigendes Schutzinstrument könnte aus der schadensersatzbewehrten Insolvenzantragspflicht des Vorstandes gemäß § 42 II BGB folgen. Hierbei handelt es sich zweifelsohne um ein Instrument präventiven Gläubigerschutzes, daß sich bis zur Einführung von §§ 130 a, b und 177 a HBG sogar der GmbH & Co. KG gegenüber als überlegen erwies[155].

Diese insolvenzrechtliche Organpflicht[156] ließe indes nur dann zwingend einen Schluß auf die Zulässigkeit des Nebentätigkeitsprivilegs zu, wenn Gläubigerinteressen erst aufgrund einer wirtschaftlichen Betätigung des Vereins berührt werden und nicht auch schon durch dessen ideelle Ambitionen gefährdet werden könnten. Das ist jedoch nicht der Fall. *Mummenhoff* hat bereits darauf hingewiesen, daß es auch bei einem Verein, der sich nur auf einen *inneren Geschäftsbetrieb* verlegt, allein durch seine nachfragende Tätigkeit zu einer nachhaltigen Gläubigergefährdung kommen kann, wenn er zur Herstellung und Aufrechterhaltung des Vereinsbetriebes kostspielige Vereinseinrichtungen beschafft[157]. Es ist nicht auszuschließen, daß gerade im Hinblick auf diese in jedem Verein notwendigerweise durchzuführenden Investitionen die insolvenzrechtliche Organpflicht in § 42 II BGB geschaffen wurde.

Das würde auch erklären, warum diese Antragspflicht des Vereinsvorstandes im Gegensatz zum Handelsvereinsrecht lediglich *Schad*ensersatz- und nicht strafbewehrt[158] ist. Denn die Interessen der Gläubiger sind bei der rein nachfragenden Tätigkeit eines inneren Geschäftsbetriebes weitaus weniger gefährdet als bei einer anbietenden Tätigkeit, die prägendes Merkmal des wirtschaftlichen Geschäftsbetriebes ist, da erst letztere infolge der nur schwer kalkulierbaren Faktoren wie Kundengeschmack, Bedarf und Leistungsfähigkeit der Konkurrenz ein ernstzunehmendes unternehmerisches Risiko begründet. Demgegenüber ist ein Geschäftsbetrieb, der lediglich nachfragende Tätigkeiten erfordert, wesentlich überschaubarer, da der Bedarf anhand der Mitgliederzahlen ablesbar ist. Unwäg-

---

[155] *K. Schmidt*, AcP 182, 1, 13.
[156] Terminus nach *K. Schmidt*, ZIP 1980, 328 ff.
[157] *Mummenhoff*, S. 112, 150 und oben 1. Teil B. II 2, Fn 99.
[158] Vgl. §§ 401 I Nr. 2 AktG, 84 GmbHG, 148 I Nr. 2 GenG.

barkeiten in der Kalkulation könnte es allenfalls aufgrund schwankender Mitgliederzahlen geben. Hierbei sind die Schwankungen jedoch weitaus geringer einzustufen als die Wanderungsbewegungen auf dem freien Markt. Schon wegen dieses geringeren geschäftlichen Risikos erscheint eine schadensersatzbewehrte Insolvenzpflicht zum Schutz der Gläubigerinteressen als ausreichend.

Vor allem ist jedoch zu bedenken, daß bei einem Verein trotz wirtschaftlicher Nebentätigkeit der Vorstand vor allem von ideellen Interessen geleitet wird, die der Vereinsgründung zugrundeliegen, und nicht von wirtschaftlichen Überlegungen[159], die typischerweise bei Kapitalgesellschaften überwiegend vorhanden sind. Da überwiegende wirtschaftliche Interessen eher zu einer Verzögerung des Insolvenzantrages verführen als ideelle Interessen, soll der Vorstand einer Kapitalgesellschaft durch eine strafbewehrte Insolvenzantragspflicht diszipliniert werden.

§ 42 II BGB vermag somit nicht zu begründen, weshalb auch einem Idealverein in gewissem Umfang eine wirtschaftliche Tätigkeit zuzugestehen ist.

b) Die handelsrechtliche Mindestkapitalausstattung und ihre Wirkung

Im Hinblick auf Parallelen bzw. Unterschiede im Gläubigerschutz zwischen den Vereinsklassen ist das Hauptaugenmerk auf die Vorschriften über Aufbringung und Erhaltung eines gesetzlichen Mindestkapitals zu richten[160]. Die GmbH und die AG haben nach §§ 5 GmbHG bzw. 7 AktG ein satzungsgemäßes Garantiekapital in Höhe von mindestens 25.000 bzw. 50.000 Euro aufzubringen, was durch strenge Kapitalaufbringungs- und Erhaltungsregeln abgesichert wird[161].

Zunächst ist zu untersuchen, welche Schutzwirkung der Gesetzgeber im Interesse der Gläubiger mit der Pflicht zur Aufbringung des Mindestkapitals erreichen will, um dann zu der Frage überzuleiten, ob es trotz fehlender gesetzlicher Mindestkapitalpflicht auch im BGB-Vereinsrecht eine vergleichbare Schutzwirkung gibt, die den Schluß auf das Nebentätigkeitsprivileg zuläßt. Soweit man das Mindestkapital zum Schutz der Gläubiger für erforderlich hält[162], wird hinsichtlich seiner Wirkungsweise in zwei Ansichten unterschieden.

---

[159] Näheres unten 2. Teil B II. 2.

[160] Während dies für die Gründung eines BGB-Vereins nicht vorgesehen ist, sieht das Gesetz bei der GmbH gemäß § 5 I GmbHG ein als Stammkapital und bei der AG gemäß §§ 1 II, 6, 7 AktG ein als Grundkapital bezeichnetes Mindestkapital vor. Im folgenden wird einheitlich der Begriff des Mindestkapitals oder Garantiekapitals verwendet.

[161] Zu nennen sind die Pflicht zur effektiven Einlageleistung, Ausschüttungsverbote und das Verbot der Unterkapitalisierung insbesondere Unterpariemission; vgl. *K. Schmidt*, GesR, § 18 IV 1 a) bb).

[162] Dies wird zunehmend bestritten. Vgl. *Wiethölter*, S. 16: "groteske autoritär paternalistische Fürsorge der Obrigkeit", *Kübler*, WM 1990, 1853 ff.; *Bauer*, S. 99 ff. meint, ein Vergleich mit dem amerikanischen Gesellschaftsrecht, das nie ein Mindestnennkapital in relevanter Höhe vorgeschrieben hat, verdeutliche, daß eine bestmögliche Allokation des Kapitals auch ohne ein

aa) Haftungsgrundlage

Für die einen stellt das Mindestkapital lediglich eine *Haftungsgrundlage* im Sinne eines *Garantiefonds*[163]bzw. *Haftungsfonds*[164] dar, wodurch bei Beachtung der Bilanzierungsvorschriften die Gewähr geboten würde, daß im Konkurs der Gesellschaft eine hinreichende Haftungsmasse ohne korrespondierende Rückzahlungspflicht vorhanden sei, so daß die Forderungen der Gläubiger gesichert sind oder wenigstens eine Mindestaussicht auf Befriedigung bestehe[165].

Zur Begründung wird auf die umfangreichen Schutzvorkehrungen zugunsten der gesetzlichen Mindestkapitalausstattung hingewiesen, wie etwa die Pflicht zur effektiven Kapitalaufbringung gemäß § 7 I, II GmbHG und das Einlagenrückzahlungsverbot nach §§ 30 I GmbHG, 57 I AktG. Diese Kautelen hinsichtlich des Garantiekapitals machten nur Sinn, wenn der Gesetzgeber damit sicherstellen wollte, daß den Gläubigern im Falle der Zahlungsunfähigkeit der Gesellschaft ein Garantievermögensstock zur Befriedigung ihrer Ansprüche bereitstehe[166]. Als *Korrelat* für die fehlende persönliche Haftung der Gesellschafter stehe damit wie bei Einzelunternehmern auch bei Kapitalgesellschaften den Gläubigern in jedem Fall ein *Befriedigungsobjekt* aus dem Vermögensbereich der letztlich für die Gesellschaft Verantwortlichen zur Verfügung[167].

bb) Steuerungsfunktion

Dagegen wendet sich insbesondere *Reuter*. Nach seiner Auffassung kann diese Haftungsfunktion schon angesichts der Höhe des gesetzlichen Mindestkapitals nur dessen vordergründige Wirkung sein, um ein direktes Durchschlagen von Unternehmensverlusten auf die Gläubiger zu verhindern[168]. Wollte der Gesetzge-

---

gesetzliches Mindestkapital erreicht werden könne. Das strenge Nennkapitalsystem beschränke den Unternehmer nur unnötig in seiner Handlungsfreiheit, zumal ein effektiver Gläubigerschutz von willkürlich, weil nicht auf den individuellen Finanzbedarf des Unternehmens abgestimmt, festgesetzten pauschalen Mindestkapitalziffern nicht zu erwarten sei. Ähnlich *Klose-Mokroß*, S. 62 ff, 168 ff. Die weitere Untersuchung wird jedoch zeigen (unten 3. Teil B I 2 a) cc) (2)), daß man bei der Frage der Abschaffung des Mindestkapitals zwischen dessen beiden Funktionsweisen unterscheiden muß, nämlich die einer *Haftungsgrundlage* und die eines *Steuerungsmittels* zugunsten der Gläubiger (dazu sogleich) und anschließend fragt, ob auf jede dieser beiden Funktionen zum Schutz der Gläubiger verzichtet werden kann.

[163] *Schulze zur Wiesche*, GmbHR 1988, 31; *Sonnenberger*, NJW 1969, 2033, 2034.
[164] *Baumbach/Hueck*, § 3 Rn 16; *Lutter*, ZGR 79, 31, 59; *Wiedemann*, S. 556 f.; *Winkler*, BB 1969, 1202, 1205.
[165] *K. Schmidt*, JZ 1985, 301; *Fabricius*, ZHR 144, 628; BGHZ 85, 84 = NJW 83, 509, 571; *Hemmerich*, S. 129; *Kahler*, BB 85, 1429, 1434.
[166] *Fabricius*, aaO; *Winkler*, aaO.
[167] *Fabricius*, ZHR 144, 628.
[168] *Reuter*, ZIP 84, 1052, 1056.

ber dem Mindestkapital nämlich die Funktion einer Haftungsgrundlage für die Ansprüche der Gläubiger zubilligen, hätte er keine starren Größen vorgeschrieben, sondern ein den jeweiligen Verlustrisiken angepaßtes Eigenkapital vorgesehen[169]. Im Kern erschöpfe sich die obligatorische Mindestausstattung vielmehr darin, eine Art Zugzwang für die Gesellschafter zu erzeugen, was sich im Ergebnis auch zum Vorteil der Gläubiger auswirke. Durch seine mit der Einlage verbundene *vermögensmäßige* Bindung an die Gesellschaft werde nämlich ein Interesse des Gesellschafters für das Wohl und Wehe des Unternehmens und damit an der Vermeidung von Verlusten erzeugt, was zu einer *partiellen Interessenidentität* zwischen Gesellschaftern und Gläubigern führe[170]. Damit erzeuge die Pflicht zur Mindestkapitalausstattung ihre Gläubigerschutzwirkung lediglich durch verhaltenssteuernde Beteiligung der für die Unternehmenspolitik letztlich Verantwortlichen, indem sie aus Sorge um die Werthaltigkeit ihrer Beteiligung auf eine rationale risikoangemessene Unternehmenspolitik hinwirken, was letztlich auch den Gläubigern zugute komme[171].

Dafür spreche auch, daß die Gläubiger von Einzelkaufleuten und Personengesellschaften nicht durch eine gesetzliche Mindestkapitalausstattung geschützt sind. Da es von Rechts wegen auch *Habenichtsen* nicht verwehrt ist, ein Unternehmen zu betreiben[172], könne die persönliche unbeschränkte Haftung auch hier nicht die Funktion einer Haftungsgrundlage einnehmen. Die unbeschränkte Haftung diene lediglich dazu, eine allzu riskante Unternehmenspolitik mit ihren Gefahren für die Gläubiger zu verhindern, indem sie den Einzel- bzw. Mitunternehmer durch die Aussicht, sich dauerhaft verschulden zu können, zu mäßigen versuche. Genau dies und nicht mehr müsse auch die Funktion der Mindestkapitalgarantie im Kapitalgesellschaftsrecht als *Surrogat* für die fehlende unbeschränkte persönliche Haftung sein[173].

cc) Stellungnahme

Es ist zunächst festzustellen, daß es im hier erörterten Zusammenhang nicht darauf ankommt, ob einer der beiden vorgenannten Ansichten zur Wir-

---

[169] *Reuter*, ZIP 84, 1052, 1056. Die Anhänger der Haftungsfondstheorie sprechen deshalb dem gesetzlichen Mindestkapital auch nur *symbolische* Bedeutung zu (*Winkler*, BB 1969, 1202, 1205) oder halten es für eine *Ideologie* (*Fabricius*,GmbHR 1970, 137, 140; *Sonnenberger*, NJW 1969, 2033, 2034).

[170] Vgl. MüKo/*Reuter*, Vor § 21 Rn 75, §§ 21, 22 Rn 11; ders., ZIP 84, 1052, 1056 f.; ders., ZGR 81, 364, 366; ebenso *Roth*, ZGR 86, 371, 378.

[171] Zu diesem Zusammenhang *Reuter*, ZIP 1984, 1052, 1056 f.

[172] obwohl sie in dieser Rechtsform wesentlich häufiger anzutreffen sein dürften wegen der insofern hinderlichen Mindestkapitalpflichten im Kapitalgesellschaftsrecht.

[173] *Reuter*, aaO; ders., ZHR 151, 237, 247; Vgl. auch *Pflug*, NJW 1971, 345, 350; *Wiesener*, ZHR, 148, 56, 63 f.

kungsweise des gesetzlichen Mindestkapitals das größere Gewicht im Hinblick auf den Gläubigerschutz im Kapitalgesellschaftsrecht zukommt. An dieser Stelle sollen nur mögliche Parallelen im Gläubigerschutz zwischen Vereins- und Handelsvereinsrecht ermittelt werden, wofür der Nachweis ausreicht, daß dem Mindestkapital überhaupt die vorgenannten Funktionen zukommen. Das kann indes nicht bezweifelt werden. Schon der Gesetzgeber hat in seinem Entwurf zum GmbHG sowohl auf die Funktion des Mindestkapitals als *Haftungsgrundlage* als auch dessen *Steuerungsfunktion* hingewiesen. Danach würde das Gesellschaftskapital einerseits "...ein bestimmtes *Befriedigungsobjekt* für die Gesellschaftsgläubiger..." bilden und andererseits geboten sein, "... um ein *gewisses Interesse* der Teilnehmer an den *Schicksalen* des gemeinsamen Unternehmens zu gewährleisten"[174]. Des weiteren ist darauf hinzuweisen, daß die Mindestkapitalgarantie, wenn sie ein Ausgleich für die fehlende persönliche und unbeschränkte Haftung darstellen soll, wie von den widerstreitenden Ansichten angemerkt wird, auch annähernd die gleichen Wirkungen wie diese aufweisen muß. Insofern ist anerkannt, daß sie sowohl der *Leistungserzwingung*, also der Vollstreckungsmöglichkeit für die Gläubiger (Haftungsgrundlage), als auch der *Verhaltenskontrolle* des letztlich in einer Gesellschaft Verantwortlichen im Hinblick auf seine unternehmerischen Sorgfaltpflichten (Steuerungsfunktion) dient[175]. Die Wirkung des gesetzlichen Mindestkapitals ist somit sowohl in seiner Funktion als *Haftungsgrundlage* als auch in seiner *Steuerungsfunktion* zugunsten der Gläubiger zu sehen.

Das wird von den genannten gegenteiligen Ansichten auch nicht in Abrede gestellt. Bestritten wird jeweils nur, daß der von der jeweiligen Gegenansicht herausgearbeiteten Funktion die Hauptwirkung des gesetzlichen Mindestkapitals zukommt[176]. Diese Problematik soll hier aber nicht weiter interessieren; ihr wird an anderer Stelle ausführlich auf den Grund gegangen[177]. Dabei wird auch der Frage

---

[174] Entwurf, S. 39 bzw. 50. Hervorhebungen durch den Verfasser

[175] *Wiedemann*, GesR I, § 10 III 1a, bb; bestätigend K.Schmidt, GesR, § 18 IV 2a, S. 540; ders, JZ 1985, 301, 302.

[176] *Reuter*, ZIP 84, 1052, 1056, spricht von "vordergründiger Wirkung" des Garantiekapitals als Haftungsgrundlage. Hemmrich, BB 83, 26, 27, meint, daß wirtschaftliche Eigeninteresse der Gesellschafter komme den Gläubigern allenfalls "reflexartig" zugute.

[177] Falls die bisherige wirtschaftliche Betätigung der Bundesligavereine mit dem Nebentätigkeitsprivileg nicht vereinbar ist (dazu unten 2. Teil B III.), stellt sich im 3. Teil die Frage, wie die Rechtsformverfehlung von den Vereinen beseitigt werden kann. Dabei bieten sich u.a. eine Ausgliederung nach § 123 III UmwG an. Sieht man den Schwerpunkt beim Mindestkapital in seiner Funktion als Haftungsfonds, scheint mit der Ausgliederung die Rechtsformverfehlung beseitigt, da auch ein eingetragener Verein in der Lage ist, das Mindestkapital für eine GmbH- oder AG-Gründung aufzubringen. Ganz anders könnte es sich verhalten, wenn man die Funktion des Mindestkapitals hauptsächlich in einer verhaltenssteuernden Beteiligung der Gesellschafter erblickt. In diesem Fall könnte eine Ausgliederung nach § 123 III UmwG, wie sie in der Praxis favorisiert wird (siehe 1. Teil A I 1), und bei der im Extremfall der Verein Alleingesellschafter ist (vgl. §§ 2 AktG, 1 GmbHG), problematisch sein, da die einzigen natürlichen

nachzugehen sein, ob die Diskussion um die genaue Funktionsweise des gesetzlichen Garantiekapitals nicht den Blick vor den eigentlichen Problemen verschließt. Etwa deshalb, weil Gläubigerschutz im Kapitalgesellschaftsrecht überhaupt gar nicht oder nur in vernachlässigenswerter Weise durch die Kapitalsicherungsvorschriften erzeugt wird, sondern vielmehr durch die Institution der Kaptitalgesellschaft selbst, gleichsam *"aus sich selbst heraus"*[178].

c) Vergleichbare Schutzwirkung im BGB-Vereinsrecht

Nachdem festgestellt wurde, daß die gesetzliche Mindestkapitalausstattung im Kapitalgesellschaftsrecht sowohl der *Verhaltenssteuerung* der Gesellschafter als auch der Schaffung eines *Haftungsfonds* dient, ist weiter zu fragen, ob es im Recht des bürgerlichen Vereins einen vergleichbaren Schutzmechanismus zugunsten der Gläubiger gibt. Da keine Pflicht zur Aufbringung eines Mindestkapitals bei der Gründung eines Vereins besteht, kann der Sinn des gesetzlichen Mindestkapitals im Handelsvereinsrecht nicht direkt auf den bürgerlichen Verein übertragen werden. Es fragt sich aber, ob beim nichtwirtschaftlichen Verein auf andere Weise für die Errichtung eines Haftungsfonds gesorgt und eine verhaltenssteuernde "Beteiligung" ermöglicht wird, die dessen wirtschaftliche Nebentätigkeit rechtfertigen könnten.

aa) Beitragsaufkommen als Haftungsgrundlage

Zunächst könnte man daran denken, der Summe des durch Mitgliedsbeiträge aufgebrachten Vermögens eines Vereins, ähnlich dem durch Kapitaleinlagen bei den Handelsvereinen erworbenen Vermögen, die Funktion eines Haftungsfonds zuzuweisen[179]. Zu beachten ist jedoch, daß der Gesetzgeber selbst für den Wirtschaftsverein nach § 22 BGB keine Pflicht zur Leistung von Zahlungen der Mitglieder normiert hat[180]. Zum Beitrag trifft er lediglich in § 58 Nr. 2 BGB die Regelung, daß diesbezüglich eine Bestimmung über das "Ob" und das "Wie" der

---

Trägerpersonen dieses Gebildes die Vereinsmitglieder sind, die sich jedoch lediglich mit einem Beitrag am Mutterverein "beteiligen".

[178] Eine entsprechende Anmerkung hierzu findet sich bei *Reuter*, ZIP 1984, 1052, 1057, und gründet sich auf dem rechtstatsächlichen Befund, daß die AG weitaus höhere finanzielle Stabilität aufweist als die *"Gläubigerfalle"* der GmbH, obwohl beide Rechtsformen der gesetzlichen Mindestkapitalpflicht unterliegen.

[179] Vgl. BGHZ 105, 306 ff. wo der Fall eines als eingetragener Verein gegründeten Spitzenverbandes der Kreditgenossenschaften behandelt wird, dessen Zweck u. a. auch in der Errichtung und Verwaltung von Einrichtungen zur Sicherung des genossenschaftlichen Kreditwesens liegt und wozu jährlich Beiträge von seinen Mitgliedern zur Einrichtung eines Garantiefonds erhoben werden.

[180] *Reichert*, Rn. 579 ff.

Beitragsleistung in die Vereinssatzung aufzunehmen ist, was freilich primär zur Erfüllung registerrechtlicher Ordnungspflichten und dem Schutz der Mitglieder vor überraschenden vermögensrechtlichen Pflichten dient und nicht zum Schutz der Gläubiger des Vereins vorgesehen ist[181]. Damit ist es dem Verein freigestellt, ob er Beiträge von seinen Mitgliedern erhebt und wenn ja, in welcher Form[182], so daß ein durch Beiträge aufgebrachtes Vereinsvermögen gar nicht vorhanden zu sein braucht. Ein vollkommen vermögensloser und damit auf Beiträge verzichtender Verein ist jedoch allenfalls im ausschließlich geselligen Bereich etwa als Skatclub e. V. denkbar, so daß die meisten Vereine Beiträge erheben, worauf sie auch angewiesen sind, um die für ein funktionsfähiges Vereinsleben erforderliche Infrastruktur zu entwickeln und zu erhalten. Da nur solche Vereine irgendwann einmal während ihres Bestehens auf Fremdmittel angewiesen sein könnten, stellt sich die Frage, ob die von den Mitgliedern erhobenen Beiträge zumindest auch dazu dienen, eine Vermögenssubstanz zu bilden, die den Gläubigern in ähnlicher Weise wie das Garantiekapital im Handelsvereinsrecht als Haftungsgrundlage dienen könnte und ob damit das Nebentätigkeitsprivileg zu rechtfertigen ist.

In gewisser Weise erscheint die bei den meisten Vereinen bestehende faktische Beitragspflicht sogar in noch stärkerem Maße der Bildung einer Haftungsmasse zu dienen, als dies mit den Kapitalaufbringungsregeln im Handelsvereinsrecht der Fall ist. Die Vereinsmitgliedschaft ist im Gegensatz zur Mitgliedschaft in Handelsvereinigungen eine nicht vermögensrechtliche Position[183]. Sie vermittelt somit keinen wertmäßigen Anteil am Vereinsvermögen[184] mit der Folge, daß die Mitglieder keinen Anspruch auf Abfindung bei Austritt aus dem Verein haben[185].

---

[181] *MüKo/Reuter*, § 58 Rn 1.
[182] *Reichert*, aaO; *Sauter/Schweyer*, Rn. 120: Beiträge sind alle Leistungen der Mitglieder, die sowohl in einem Tun als auch einem Unterlassen (§ 241 BGB) bestehen können und der Erreichung des Vereinszwecks dienen. Beiträge im weiteren Sinne können somit auch Arbeitspflichten sein.
[183] *Reuter*, ZHR 145, 273, 275.
[184] Die Wertrechte des Vereinsmitglieds schrumpfen im Gegensatz zum Handelsvereinsrecht grundsätzlich auf Teilhabe und Nutzung des Vereinsvermögens zusammen und selbst das wird oft aus Rücksicht auf die steuerliche Gemeinnützigkeit ausgeschlossen (*MüKo/Reuter*, § 38 Rn. 29).
[185] Das ist bei den Kapitalgesellschaften aufgrund der Ablehnung des "Open-end-Prinzips" genauso, hier können die Mitglieder ihr Wertrecht jedoch durch Verkauf ihres Anteils verwerten. Der Rechtsnatur nach ist der Beitrag nichts weiter als ein *"verlorener Zuschuß"*, worunter man Geldleistungen versteht, die nicht zurückzuzahlen sind (Maurer, § 17 II 1 a). Man könnte ihn auch als Entgelt für eine Vereinsleistung ansehen. So etwa *K. Schmidt*, RPfl 72, 343, 349; vgl. auch *Hemmerich*, S. 70 f., die zumindest dem Teil des Beitrages Entgeltqualität beimißt, der besonderen Leistungen des Vereins entspricht; dagegen Reinhardt, S. 3, 7. Nach richtiger Ansicht kann auch die Satzung den Mitgliedern keine Abfindungsrechte einräumen, wie von der herrschenden Meinung jedoch unter der Voraussetzung angenommen wird, daß deren Ausübung im Hinblick auf den aus § 57 I BGB folgenden Vorrang der Rechtsfähigkeit des Vereins nicht zu einer Überschuldung des Vereins führt (grundlegend *Ballerstedt*, 1, 15 ff.; *Soergel/Hadding*, § 39 Rn. 9; *Flume*, § 8 IV 1; *K. Schmidt*, GesR, § 24 IV 1). Zum

Führt man sich vor Augen, daß die Summe des Mindestkapitals, wie es im Handelsrecht vorgesehen ist, bei vielen Gesellschaften aufgrund von unvermeidlichen Anlaufverlusten schon nach kürzester Zeit aufgebraucht sein dürfte, wohingegen Idealvereine ihre Eigenkapitalbasis laufend durch die wiederkehrenden Beitragsleistungen ihrer Mitglieder verbessern können[186], scheint die These von der faktisch viel stärkeren Rolle des Beitragsaufkommens als Haftungsgrundlage zum Schutz der Gläubiger im Gegensatz zum Mindestkapital der Handelsvereine nicht übertrieben. Allein aufgrund der tatsächlichen Zwänge im bürgerlichen Vereinsrecht ist somit mit der Erhebung von Mitgliedsbeiträgen zumindest ein der Mindestkapitalausstattung im Handelsvereinsrecht vergleichbares Instrument zum Schutz der Gläubiger i. S. e. Haftungsfonds faktisch vorhanden.

Daraus läßt sich jedoch nicht der Schluß ziehen, die Erhebung von Vereinsbeiträgen sei ein Umstand, der die Zulassung des Nebentätigkeitsprivileges rechtfertigt. Es ist nämlich zu bedenken, daß die Beitragspflicht der Mitglieder eines Vereins lediglich fakultativer Natur ist im Gegensatz zur gesetzlichen Einlage- bzw. Übernahmepflicht der Gesellschafter/Aktionäre im Handelsvereinsrecht. Vereine müssen keine Beiträge erheben, um eine Haftungsgrundlage zugunsten der Gläubiger zu schaffen. Tun sie es dennoch, dient dies in erster Linie dazu, den Verein mit dem nötigen Betriebskapital zu versorgen und nicht der Absicherung der Gläubiger. Dies mag im Einzelfall ein willkommener Reflex der Beitragserhebung sein, der aber keiner gesetzlichen Pflicht entspricht. Hinzu kommt, daß die Beiträge nicht wie die Einlagen der Gesellschafter bereits in der besonders heiklen Phase der Gründung des Vereins als Haftungsfonds zur Verfügung stehen, sondern erst im Laufe der Vereinstätigkeit durch laufende Beitragserhebung für eine

einen würde ein Abfindungsrecht die definitionsgemäße Unabhängigkeit des Vereins von seinen Mitgliedern gefährden, weil er befürchten muß, daß ihm das aus Beiträgen erworbene Vermögen, welches dauernd zur Verfügung stehen soll, um die Vereinszwecke zu verfolgen, entzogen wird (RGZ 143, 212, 213; *Staudinger/Weick*, § 39 Rn. 11, § 54 Rn. 81). Die Anerkennung eines Abfindungsanspruchs beschwört darüber hinaus einen Konflikt im Hinblick auf die Vereinsklassenabgrenzung herauf, da eine vermögensrechtliche Ausgestaltung der Mitgliedschaft grundsätzlich nur dem Handelsrecht geläufig ist und das aus gutem Grund, weil nur dort der Mitgliederschutz auf die vermögensmäßige Mitgliedschaft abgestimmt ist (MüKo/*Reuter*, § 38 Rn. 30; *Hemmerich*, S. 52). Der zwingende Mitgliederschutz im bürgerlichen Verein beschränkt sich auf das Austrittsrecht gemäß § 39 BGB. Es entspricht gesellschaftsrechtlichen Grundsätzen, daß dieses Austrittsrecht nicht über § 39 II hinaus erschwert werden darf, um das Postulat von der *Freiwilligkeit der Mitgliedschaft* nicht zu konterkarieren. Genau das wäre aber der Fall, wenn dem Mitglied seine Abfindungsrechte unter den Vorbehalt der mangelnden Überschuldung gestellt werden, weil es dann ggf. dem Zwang ausgesetzt sein kann, seinen Austritt aufzuschieben, bis er mangels drohender Verschuldung des Vereins infolge seines Austritts in den vollen Genuß der Abfindung kommt.

[186] Ein Verein mit 1 000 Mitgliedern erreicht schon nach fünf Monaten bei einen Monatsbeitrag von 10,-- DM das Mindestkapital der GmbH. Hinzu kommt, daß Vereine mit kapitalintensiven Tätigkeiten zusätzlich noch eine Aufnahmegebühr verlangen. Bei einer Kapitalgesellschaft verbessert sich die Eigenkapitalbasis abgesehen von thesaurierten Gewinnen nur im Falle einer formellen Kapitalerhöhung.

mit dem Kapitalgesellschaftsrecht vergleichbare Eigenkapitalausstattung gesorgt wird. Im bürgerlichen Vereinsrecht ist somit kein gesetzlich verankerter Schutzmechanismus vorhanden, der wie im Kapitalgesellschaftsrecht durch einen finanziellen Beitrag des Mitgliedes Gläubigerschutz im Sinne einer *Haftungsgrundlage* verwirklicht. Insofern kann nicht von einer mit dem Handelsvereinsrecht vergleichbaren Schutzwirkung gesprochen werden, um deren Suche es hier zur Rechtfertigung des Nebentätigkeitsprivileges geht.

bb) Instrumente der Verhaltenssteuerung

Zu prüfen ist jedoch, ob im Vereinsrecht ebenso wie im Kapitalgesellschaftsrecht ein Instrument der *Verhaltenssteuerung* im Sinne *Reuters* zur Verfügung steht, das den Schutz der Gläubiger auch im Falle der wirtschaftlichen Nebenbetätigung des Vereins in einer mit dem Handelsvereinsrecht vergleichbaren Weise sicherstellt. Dann müßte es auch im Vereinsrecht einen vergleichbaren partiellen Interessengleichlauf zwischen Vereinsmitgliedern und Vereinsgläubigern im Hinblick auf die Vermeidung von Verlusten aus einem wirtschaftlichen Geschäftsbetrieb geben.

(1) Der Vereinsbeitrag

Zunächst könnte man daran denken, dem Vereinsbeitrag die gleiche *Steuerungsfunktion* zuzuweisen wie sie der Kapitalbeteiligung eines Gesellschafter im Kapitalgesellschaftsrecht zukommt. Dann müßte folgende These zutreffen: Das beitragszahlende Mitglied wird *mit Rücksicht auf sein Vermögensopfer* ein gewisses Interesse an einer rationalen Vereinspolitik haben, so daß sichergestellt ist, daß wirtschaftliche Betätigungen des Vereins einen risikoangemessenen Rahmen nicht überschreiten, was letztlich auch zum Wohle der Gläubiger ist. In diesem Fall würde der Vereinsbeitrag genauso wie die Kapitaleinlage eines Gesellschafters im Handelsvereinsrecht ein Risikoempfinden der Mitglieder zum Schutz der Gläubiger vermitteln.

Entscheidend gegen diese Sichtweise spricht jedoch schon die bloß fakultative Erhebung des Vereinsbeitrages. Wenn nach dem bürgerlichen Vereinsrecht nicht wie im Handelsvereinsrecht zwingend eine wirtschaftliche Interessenverknüpfung bei den natürlichen Trägerpersonen zum Schutz der Gläubiger vorgesehen ist, kann schwerlich von einem vergleichbaren Gläubigerschutz gesprochen werden. Aber selbst wenn faktisch ein Mitgliedsbeitrag erhoben wird, weil dies in jedem größeren Verein üblich ist, kann auch insofern nicht von einem mit dem Handelsvereinsrecht vergleichbaren partiellen Interessengleichlauf zwischen den Mitgliedern und Gläubigern gesprochen werden. Dagegen spricht nämlich die Rechtsnatur des Mitgliedsbeitrages. Wie bereits festgestellt wurde, steht das Vereinsmitglied in einem nichtvermögensrechtlichen Rechtsverhältnis zum Verein[187]. Dem Mitglied ist somit bewußt, daß sein Kapitalaufwand in einem *"verlorenen Zuschuß"* besteht, da es die Beiträge an den Verein "á fonds perdu", d. h. zur Verwirklichung eines idealen Zweckes leistet und nicht, um materielle Werte zu erlangen[188]. Kann das Mitglied das von ihm aufgewandte Kapital somit ohnehin abschreiben, wird es nicht aus Rücksicht auf eben dieses eine verantwortungsvolle Unternehmenspolitik einfordern. Das unterscheidet das Vereinsmitglied von einem Gesellschafter, der die Kapitaleinlage mit der Hoffnung verbindet, daraus einen wirtschaftlichen Gewinn zu erzielen[189]. Das Vereinsmitglied wird allenfalls insofern ein vermögensmäßig vermitteltes Interesse an einer umsichtigen Vereinspolitik haben, als es seinen finanziellen Beitrag nicht zwecklos "im Sande verrinnen sehen möchte", denn grundsätzlich wird niemand gerne Geld, und sei es nur als verlorenen Zuschuß, in eine hoffnungslose Sache investieren wollen. Dieses psychologische Moment kann somit im gewissen Maße eine Risikosteuerung erzeugen, die aber weit weniger ausgeprägt ist als bei einer vermögensmäßigen Mitgliedschaft. Aus einer satzungsmäßigen Pflicht, einen Vereinsbeitrag leisten zu müssen, kann somit nur in stark eingeschränktem Maße eine Verhaltenssteuerung zugunsten der Gläubiger abgeleitet werden, weil es den Mitgliedern nicht um die Verwirklichung materieller, sondern vielmehr ideeller Vereinsziele geht. Zur Rechtfertigung des Nebentätigkeitsprivileges reicht dies nicht aus.

(2) Die ideelle Zweckverfolgung als Anreiz im Gläubigerinteresse

Die ideell ausgerichtete Motivation der Mitglieder könnte jedoch einen Steuerungsmechanismus im Verein auslösen, der tendenziell in vergleichbarer Weise zu einem Schutz der Gläubiger führt, wie es die vermögensmäßige Mitgliedschaft im Handelsrecht bewirkt.

Der Antrieb zum Vereinsbeitritt ergibt sich daraus, ein Hobby, eine Leidenschaft, also irgendein Interesse, das nicht oder nicht in erster Linie wirtschaftlicher Art ist, zu verfolgen, welches man zwar ggf. auch privat, aber mit erheblich höherem Aufwand[190] oder nicht so effektiv[191] oder sogar gar nicht[192] betreiben kann. Der Drang zur organisierten Ausübung des jeweiligen Interesses ist bei den verschiedenen Vereinsmitgliedern als unterschiedlich stark ausgeprägt anzusehen.

---

[187] 2. Teil A III 1 b) aa). *Reuter*, ZHR 145, 273, 275; *Hemmerich*, S. 51.

[188] *Hemmerich*, aaO. Allenfalls im Falle der Liquidation des Vereins fällt sein Vermögen nach § 45 III BGB vorbehaltlich einer anderweitigen Satzungsbestimmung den Mitgliedern zu gleichen Teilen an.

[189] Sei es in Form einer Gewinnbeteiligung oder eines Anspruchs auf das Auseinandersetzungsguthaben gemäß § 738 BGB ggfs. i.V.m.§§ 105 III, 161 II HGB bzw. eines Gewinns beim Verkauf des/der Gesellschaftsanteils/Aktie.

[190] Wer Tennis spielen möchte, müßte dafür im privaten Rahmen viel Geld aufwenden, sei es für den Bau eines eigenen Platzes oder zumindest für die regelmäßige Platzmiete.

[191] Lohnsteuerfragen lassen sich privat sicher auch lösen, effektiver aber mit Hilfe von entsprechenden Lohnsteuerhilfevereinen.

[192] Wer Wettkampfsport treiben will, kann das nur in einem organisierten Sportverein.

Zumindest die Überzeugten unter ihnen werden alles daran setzen, die ideelle Zwecksetzung des Vereins nicht aufs Spiel zu setzen und damit darauf hinwirken, daß eine den Bestand des Vereins gefährdende Geschäftsführung unterbleiben wird. Unter diesen Vorzeichen erscheint auch eine wirtschaftliche Betätigung des Vereins aus Sicht potentieller Gläubiger verkraftbar, weil die um ihr ideelles Ziel besorgten Mitglieder darauf hinwirken werden, daß es nicht zu einer Überschuldung des Vereins infolge der wirtschaftlichen Tätigkeit kommen wird. Die aus Sicht der Gläubiger notwendige Risikoempfindlichkeit der für den Geschäftsbetrieb letztlich verantwortlichen Mitglieder wird somit durch die potentiellen negativen Rückwirkungen des wirtschaftlichen Geschäftsbetriebes auf die ideellen Ziele des Vereins vermittelt[193]. Ähnlich wie beim Wirtschaftsverein die wirtschaftliche Zweckverfolgung der Gesellschafter einen Interessengleichlauf zwischen Gläubiger und Gesellschafter auslöst, wird dies durch die ideelle Zweckverfolgung der Mitglieder beim Idealverein erreicht. In beiden Fällen vermag die Sorge vor persönlichen Verlusten, sei es solche finanzieller Art beim Wirtschaftsverein, sei es im Hinblick auf die Ausübung ideeller Tätigkeiten im eingetragenen Verein, die Entscheidungsträger hinsichtlich einer risikoangemessenen Geschäftspolitik zu disziplinieren, was letztlich auch den Gläubigern zugute kommt[194].

Das nötige verhaltenssteuernde Risikoempfinden wird beim Verein somit weniger im Hinblick auf persönliche Vermögensverluste als vielmehr durch die Sorge der Mitglieder um die Weiterverfolgung der ideellen Vereinsziele vermittelt. Im Bewußtsein, daß allzu riskante Geschäfte negative Rückwirkungen auf die ideellen Vereinsziele haben können, werden die Mitglieder bei den Entscheidungsträgern auf eine risikoangemessene Geschäftspolitik hinsichtlich der wirtschaftlichen Aktivitäten hinwirken, was letztlich auch zum Wohle der Gläubiger ist. Insofern ist eine vergleichbare Schutzwirkung bei den Handelsvereinen und bürgerlichen Vereinen gegeben.

(3) Ausreichende Rechtfertigung für das Nebentätigkeitsprivileg?
Es fragt sich, ob diese festgestellte Parallele im Gläubigerschutz zwischen Handelsvereinsrecht und bürgerlichem Vereinsrecht ausreicht, um eine wirtschaftliche Nebenbetätigung des Idealvereins zu rechtfertigen.

Das könnte schon deshalb problematisch sein, weil auch die ausschließlich ideelle Betätigung eines Vereins Gefahren für die Gläubiger mit sich bringt, so daß möglicherweise für die festgestellte Parallele im Gläubigerschutz zwischen den Vereinsklassen nicht ausgeschlossen werden kann, daß sie lediglich Ausdruck eines insofern nötigen Gläubigerschutzes ist und eine darüber hinausgehende wirtschaftliche Tätigkeit nicht zu rechtfertigen vermag. Insofern wird eine ausreichende Steuerung zum Schutz der Gläubiger und des Vereins aber bereits durch die

---

[193] Vgl. dazu *Reuter*, ZIP 84, 1052, 1061.
[194] *Reuter*, aaO.

drohende *Schad*ensersatzverpflichtung zu Lasten des handelnden Vorstandes gewährleistet.

Ob darüber hinaus das ideelle Interesse der Mitglieder ähnlich wie das
wirtschaftliche Interesse von Gesellschaftern handelsrechtlicher Unternehmen den
Gläubigern Schutz vor überriskanten Geschäften des wirtschaftlichen Nebenbe-
triebes bietet, könnte insofern bedenklich sein, als daß das Risikobewußtsein der
Mitglieder hinsichtlich negativer Auswirkung auf die ideellen Ziele des Vereins
möglicherweise weitaus geringer ist, als das Risikoempfinden vermögensmäßig
beteiligter Gesellschafter wegen drohender finanzieller Verluste. Dafür ließen sich
zwei Gründe anführen. Zum einen erscheint es auf den ersten Blick leichter verkraftbar, auf die ideelle Zweckverfolgung mit Hilfe des organisierten Vereins zu
verzichten als auf eine Vermögenseinlage des Gesellschafters, so daß der Verein
unter Umständen viel eher seinem Schicksal überlassen wird, als es den potentiellen Gläubigern eines wirtschaftlichen Geschäftsbetriebes lieb sein kann. Zum
anderen könnte der persönliche ideelle Verlust des Vereinsmitgliedes dadurch
kompensiert werden, daß es einem neuen Verein beitritt oder gar zusammen mit
Gleichgesinnten einen neuen Verein gründet, um dem verfolgten ideellen Zweck
wieder nachzugehen. Wohingegen der Gesellschafter einer Kapitalgesellschaft im
Falle ihres Ruins zwar auch einer neuen Gesellschaft beitreten kann, aber nur um
den Preis seiner Vermögenseinlage bei der alten. Diesen Preis zahlt das ent-
täuschte Mitglied eines Idealvereins nicht, da er das von ihm aufgewandte Kapital
bereits mit der Zahlung an den Verein als *"verlorenen Zuschuß"* abgeschrieben
hat.

Dagegen läßt sich jedoch anführen, daß das Risikoempfinden des ideell
mit dem Verein verbundenen Mitgliedes keineswegs geringer einzustufen ist, weil
etwa die Mitgliedschaft für ihn keinen mit einer vermögensmäßigen Beteiligung
vergleichbaren Wert hat. Ganz im Gegenteil, die ideelle Betätigung kann sogar
noch viel wertvoller sein, jedenfalls für jene, die einer ideellen "Rendite" höhere
Wertschätzung beimessen als einer finanziellen Gewinnerzielung. Hinzu kommt,
daß wegen der Monopolstellung vieler Vereine gerade im Sportbereich[195] und
ihrer langjährigen Tradition ein Vereinswechsel gar nicht in Frage kommt und
auch eine Neugründung deshalb und wegen des Gründungsaufwandes[196] eher
theoretisch ist. Wem somit etwas an der vom Verein organisierten ideellen Tätigkeit liegt, wird allzu riskanten Geschäftsgebahren des Vorstandes durch seinen

---

[195] Zum "Ein-Platz-Prinzip" s.o. 1. Teil A I 1. Häufig gibt es gerade im ländlichen Bereich nur
einen Verein am Ort, der die bevorzugte Sportart anbietet. Wer etwa Wettkampfsport treiben
will, ist wohl oder übel gezwungen, dem Heimatverein beizutreten, wenn er nicht lange Fahr-
zeiten zu benachbarten Vereinen in Kauf nehmen will. Aber auch in anderen Bereichen, wie z.
B. beim ADAC, ist eine vergleichbare ideelle Betätigung ohne den Verein gar nicht möglich.
Insofern läßt sich die ideelle Betätigung in anderer Form als in dem eigenen Heimatverein
auch nicht "erkaufen", wie es beim wirtschaftlichen Verein durch ein neues finanzielles Engagement jederzeit möglich wäre.

[196] U.a. sieben Gründer gemäß § 56 BGB.

Einfluß in der Mitgliederversammlung einen Riegel vorzuschieben versuchen, um schädliche Rückwirkungen auf die ideellen Vereinsziele abzuwehren, was letztlich auch den Gläubigern zugute kommt.

Im Einzelfall kann damit das ideelle Interesse des Mitgliedes durchaus ein dem finanziellen Engagement des Gesellschafters/Aktionärs entsprechendes Risikoempfinden vermitteln. Im übrigen ist zu bedenken, daß es für die Rechtfertigung des Nebentätigkeitsprivileges nicht darum geht, einen dem Handelsvereinsrecht *entsprechenden* Gläubigerschutz beim Idealverein festzustellen. Ausreichend aber erforderlich ist es, einen *vergleichbaren* Gläubigerschutz beim nichteingetragenen Verein nachzuweisen, da der Verein nach dem Willen des Gesetzgebers allenfalls nur *nebenbei* einen wirtschaftlichen Geschäftsbetrieb betreiben darf. Dieser vergleichbare Schutz besteht in dem durch die Sorge um die ideelle Zweckverfolgung erzeugten partiellen Interessengleichlauf zwischen Mitgliedern und Gläubigern im Hinblick auf die Vermeidung von Verlusten.

Der ideelle Anreiz für die Vereinsmitglieder wird sie nicht nur im Hinblick auf ihren inneren Geschäftsbetrieb, der das Vereinsleben ermöglichen und aufrechterhalten soll, sondern gerade auch im Hinblick auf wirtschaftliche Nebentätigkeiten hinreichend sensibilisieren. Denn gerade der ideellen Betätigung wegen ist der Verein schließlich gegründet worden und nicht wegen des Strebens nach wirtschaftlichen Vorteilen. Wäre das gewollt, hätte man eine vermögensmäßige Beteiligung gewählt. Man kann sogar behaupten, daß ein wirtschaftlicher Geschäftsbetrieb, solange er nur einen Nebenbetrieb zur ideellen Zweckerreichung des Idealvereins darstellt (dazu sogleich), als solcher nirgends besser aufgehoben ist, als im "Schoß" eines Idealvereins. Es wäre nämlich geradezu paradox, wenn der Verein wegen eines wirtschaftlichen Geschäftsbetriebes seine eigentlichen ideellen Ziele in Gefahr bringen würde. Solange der wirtschaftliche Geschäftsbetrieb nur Nebensache des Vereins bleibt, vermittelt somit die Sorge der Vereinsmitglieder um ihr primär verfolgtes ideales Ziel ein Risikoempfinden, das einen ebenso effektiven Gläubigerschutz zu vermitteln vermag, wie die vermögensmäßige Beteiligung an einer Kapitalgesellschaft.

Dieses Ergebnis läßt sich ergänzend auch mit einer ökonomischen Analyse des Rechts begründen[197]. Die Unterhaltung eines wirtschaftlichen Geschäftsbetriebes wird von der Rechtsordnung dann toleriert, wenn es zu einer Risikoteilung bezüglich der unternehmerischen Risiken zwischen Unternehmern und Gläubigern kommt. Beim Idealverein ist das wegen der nichtvermögensrechtlichen Mitgliedschaft grundsätzlich nicht der Fall, weil das *finanzielle* Risiko eines wirtschaftlichen Geschäftsbetriebes dort aufgrund der totalen Haftungsbeschränkung der Mitglieder einseitig von den Gläubigern zu tragen ist. Deshalb ist es einem Idealverein auch prinzipiell verwehrt, einen wirtschaftlichen Geschäftsbetrieb zu unterhalten. Die systemfremde Tolerierung eines wirtschaftlichen Geschäftsbetriebes im Nebentätigkeitsprivileg läßt sich jedoch damit rechtfertigen, daß es beim ein-

---

[197] Dazu ausführlich unten 3. Teil B I 2 a) cc) (2) (c).

getragenen Verein auf eine andere Weise als im Handelsrecht zu einer Risikoteilung zwischen den natürlichen Trägerpersonen der Vereinigung und ihren Gläubigern kommt. Dem *"finanziellen Verlustrisiko"* der Gläubiger steht auf der anderen Seite ein *"ideelles Verlustrisiko"* der Mitglieder gegenüber, das zu einer mit dem Handelsrecht vergleichbaren Risikoteilung führt. Der Gesetzgeber geht jedoch von der hier nicht in Frage zu stellenden Wertung aus, daß die Gläubiger eines Unternehmens besser geschützt sind, wenn die Trägerpersonen einen *finanziellen Anreiz* statt nur einen *ideellen Anreiz* zur risikoangemessenen Geschäftspolitik haben. Deshalb zwingt er Wirtschaftsvereine unter die Normativbedingungen des Handelsvereinsrechts und läßt wirtschaftliche Geschäftsbetriebe bei Idealvereinen nur im Nebentätigkeitsprivileg zu.

2. Ergebnis

Nicht nur die gewachsene Gerichtspraxis[198] und die eindeutige Entstehungsgeschichte des BGB erlauben somit einen Rückschluß auf die Zulässigkeit des Nebentätigkeitsprivileges. Entscheidend für dessen Anerkennung spricht die Tatsache, daß es im Vereinsrecht einen mit dem Kapitalgesellschaftsrecht vergleichbaren Schutzmechanismus zugunsten der Gläubiger eines wirtschaftlichen Geschäftsbetriebes gibt. Bei Kapitalgesellschaften wird durch die finanzielle Beteiligung der Eigenkapitalgeber ein Risikoempfinden der natürlichen Trägerpersonen im Hinblick auf die Vermeidung von Unternehmensverlusten erzeugt. Beim bürgerlich-rechtlichen Verein fehlt es zwar an einer vermögensmäßigen Beteiligung und zwar selbst dann, wenn die Mitglieder einen Beitrag entrichten müssen, da es sich hierbei lediglich um einen "verlorenen Zuschuß" handelt. Gleichwohl gibt es auch beim Idealverein einen Anreiz für die natürlichen Trägerpersonen, das Entstehen von übermäßigen Verlusten aus dem wirtschaftlichen Geschäftsbetrieb zu verhindern. Dieser Anreiz besteht in dem verfolgten ideellen Ziel, dessen Realisierung nicht durch verlustträchtiges Finanzgebahren des Vereins gefährdet werden soll. Durch diesen Anreizmechanismus bei Kapitalgesellschaften und Idealvereinen wird ein partieller Interessengleichlauf zwischen den natürlichen Trägerpersonen der Gesellschaft und ihren Gläubigern im Hinblick auf die Vermeidung von Unternehmensverlusten erzeugt, der sich tendenziell in einer risikoangemessenen Unternehmenspolitik bei den letztlich entscheidenden Mitgliedern niederschlägt, was nicht nur ihnen im Hinblick auf ihr finanzielles bzw. ideelles Interesse, sondern auch den Gläubigern im Hinblick auf ihr finanzielles Risiko zugute

---

[198] Nach *Larenz*, Methodenlehre, Kapitel 6 Nr. 5 kann eine langjährige Rechtsprechungspraxis einen Vertrauenstatbestand schaffen, der zu einem "rechtsethischen Durchbruch" und damit zu einer Bindung führt, ohne daß erst die Bildung von Gewohnheitsrecht abgewartet werden müsse. Nach *Hemmerich*, S. 87 ff., ist das nach 80 Jahren (nunmehr fast 100 Jahren) Rechtspraxis auch für das Nebentätigkeitsprivileg anzunehmen.

kommt. Der Gesetzgeber geht von der Wertung aus, daß vom finanziell vermittelten Risikoempfinden der Kapitalgesellschafter eine stärkere Anreizwirkung zum Schutz der Gläubiger ausgeht als vom ideellen "Verlustrisiko" der Mitglieder eines Vereins. Deshalb darf die wirtschaftliche Betätigung eines Vereins nicht zu dessen Hauptsache werden. Solange die Vereinsführung jedoch hinsichtlich der Tätigkeiten des Vereins, wozu in gewissem Umfang auch wirtschaftliche Aktivitäten gehören, durch deren ideellen Anreiz ausreichend zum Schutz der Gläubiger diszipliniert werden kann, ist ein Verweis des Vereins in das Kapitalgesellschaftsrecht nicht geboten. Das ist der innere Grund für die Rechtfertigung des Nebentätigkeitsprivileges.

B. Geltungsumfang

Nachdem festgestellt wurde, daß den Bundesligavereinen eine wirtschaftliche Betätigung durch ihre Lizenzsportabteilungen nicht als Rechtsformverfehlung angelastet werden kann, soweit sie nur eine Nebentätigkeit darstellt, stellt sich die ungleich schwerer zu beantwortende Frage, ob die Vereine den zulässigen Umfang der wirtschaftlichen Nebentätigkeit überschreiten. Diese Frage dürfte der eigentliche Grund dafür sein, warum man sich des Nebentätigkeitsprivileges nicht *so recht froh* werden kann und sein Dasein am liebsten in die "Giftküche" der Jurisprudenz verbannen würde. Das Dilemma ist im wesentlichen darauf zurückzuführen, daß sich der Gesetzgeber trotz seines eindeutigen Bekenntnisses zum Nebentätigkeitsprivileg überaus sparsam zum Umfang der wirtschaftlichen Nebentätigkeit äußert und das nicht einmal im Gesetz, sondern lediglich in den Protokollen, wo es heißt:

"... dagegen könne die Eintragung in das Vereinsregister auch ein solcher Verein erlangen, der neben seinen idealen Hauptzwecken ein wirthschaftliches Geschäft betreibe, um sich hierdurch die zur Erreichung jener Zwecke erforderlichen Mittel zu verschaffen."[199]

Im Rahmen der Beratung des Vereinsrechts im Reichstag wurde diese Textstelle durch die Äußerungen der Abgeordneten *von Strombeck*

"... unter diesen in § 21 ... genannten ... Vereinen sich auch solche zu finden, die nebenbei einen *kleinen* wirthschaftlichen Betrieb haben. Es wird ... festgestellt, daß der Gesetzgeber solche Vereine aufgrund des § 21 hat zulassen wollen, daß sie infolge eines solchen *nebensächlichen, geringfügigen* wirthschaftlichen Geschäftsbetriebs nicht etwa unter .... § 21 a fallen."[200]

---

[199] *Mugdan*, S. 604.
[200] *Mugdan*, S. 982 ff., 997. Hervorhebungen durch den Verfasser.

und *Enneccerus*, der es als unschädlich ansah, wenn der Verein

"*...nebenher* seine Thätigkeit auf das wirthschaftliche Gebiet ausdehnt[201],

"präzisiert". Aus den sparsamen Formulierungen folgt, daß die Frage des Geltungsumfangs des Nebentätigkeitsprivileges Rechtswissenschaft und Praxis überlassen worden ist, wo in der Vergangenheit verschiedene mal mehr, mal weniger erfolgversprechende Versuche unternommen wurden[202], um dem Problem Herr zu werden.

I. Meinungsstand

Die diskussionswürdigen Ansätze zur Bestimmung des zulässigen Umfangs wirtschaftlicher Nebentätigkeit lassen sich im wesentlichen in drei Strömungen einteilen. Die einen wollen die Konturenlosigkeit der gesetzgeberischen Motive durch die Festschreibung *quantitativer* Kriterien beseitigen (dazu unter 1.), andere sehen die Lösung in einer *qualitativen* Verknüpfung von ideeller und wirtschaftlicher Tätigkeit (dazu unter 2.). Nach einem neueren Ansatz (dazu unter 3.) ist die Festlegung des Geltungsumfangs des Nebentätigkeitsprivileges danach zu bestimmen, ob im Einzelfall keine Gläubigergefährdung eintreten kann, weil vom Umfang des Geschäftsbetriebes keine Gefahren für die Gläubiger drohen oder diesen Gefahren trotz eines unzulässigen Geschäftsumfanges auf andere Weise als durch Verweis auf die Rechtsformen des Handelsvereinsrechts vorgebeugt werden kann[203].

1. Quantitative Betrachtung

Die Anhänger der quantitativen Betrachtung sind der Ansicht, daß die durch das Nebentätigkeitsprivileg ausgelösten Rechtsunsicherheiten Folge der Konturenlosigkeit einer relativen Methode zur Beurteilung seines Umfangs sei, wie sie von den Anhängern der qualitativen Verknüpfung angewandt wird. Dies

---

[201] *Mugdan*, S. 999. Hervorhebung durch den Verfasser.
[202] zu den weniger erfolgversprechenden Versuchen gehört der Vorschlag, man solle sich den Geschäftsbetrieb hinwegdenken und sehen, ob dann noch ein Idealverein übrig bleibt ;*Schweyer*, RPfl 69, 297, 298; *Füllgraf*, DB 81, 2267, 2268. Die Praxis entscheidet nach Daumenregeln, ohne genau herauszustellen, was womit in welche Art Relation gesetzt wird ;*K. Schmidt*, Verbandszweck, § 9 I, S. 183; *Hemmerich*, S. 90; *Schwierkus*, 204 f. Ebenso unbrauchbar ist die Suche nach dem Hauptzweck des Vereins, da es nur auf dessen Tätigkeit ankommen kann; Vgl. *K. Schmidt*, Verbandszweck, § 4 II 6, S. 109 f.
[203] *Aldermann*, S. 30 ff.

könne nur durch objektive Größenkriterien beseitigt werden[204]. Den Materialien sei "eindeutig" zu entnehmen, daß der Gesetzgeber in jedem Fall einen für sich besehen umfangreichen Geschäftsbetrieb als mit der Rechtsform des Idealvereins unvereinbar angesehen hat, und zwar selbst dann, wenn er relativ betrachtet auf die gesamten Aktivitäten des Vereins nur einen untergeordneten Stellenwert einnimmt. Wie sonst sei es zu deuten, wenn *von Strombeck* von Vereinen sprach, die *ganz nebenbei* auch einen *kleinen* wirtschaftlichen Geschäftsbetrieb haben und *ein wenig Ökonomie* betreiben oder einen *unbedeutenden* Restaurationsbetrieb *nebenbei* haben dürfen[205]. Wie diese objektive Grenze des Nebentätigkeitsprivileges zu ziehen ist, wird jedoch unterschiedlich beurteilt.

Nach *Heckelmann* ist ein wirtschaftlicher Geschäftsbetrieb nur solange im Rahmen des Nebentätigkeitsprivileges zu tolerieren, als er eine absolut geringe Größenordnung einnimmt und mittelbar den ideellen Zweck fördert[206]. Dem Leser wird allerdings vorenthalten, wann ein Geschäftsbetrieb konkret als absolut gering anzusehen ist.

Dieses Versäumnis hat *Mummenhoff* aufgegriffen. Nach ihm ist die wirtschaftliche Nebentätigkeit des Idealvereins solange nicht eintragungshindernd, als die aus der ideellen Haupttätigkeit folgende Vermutung der wirtschaftlichen Harmlosigkeit nicht durch eine bestimmte konkrete Gefährdung widerlegt werde, was unter Rückgriff auf spezialgesetzliche Vorschriften festzustellen sei. Bei Vereinen mit Binnenmarkt[207] löse eine Bilanzsumme von einer Million DM (heute zwei Millionen Euro) analog § 53 I 2 GenG die konkrete Gefährlichkeit aus. Bei solchen mit Außenmarkt käme es analog §§ 33 III 3 GenG, 4 und 2 HGB auf Art und Umfang des Geschäftsbetriebes an.

Um eine weitere Konkretisierung der objektiven Grenze des Nebentätigkeitsprivileges ist der Lösungsvorschlag von *Schwierkus* bemüht. Danach müsse sich zunächst ein "ideeller Hauptzweck" des Vereins feststellen lassen, dessen wirtschaftliche Tätigkeit sich keinesfalls auf Versicherungsgeschäfte und/oder ein vollkaufmännisches Handelsgewerbe beziehen dürfe. Im übrigen seien die Größenkriterien zur Beurteilung der Eintragungsfähigkeit aus §§ 157 a VAG und 65 AO zu entnehmen. Analog § 157 a VAG sei ein wirtschaftlicher Geschäftsbetrieb unschädlich, sofern er in den Grenzen einer Gemeinde liege und keinen höheren Jahresumsatz als die von *Schwierkus* seinerzeit zugrundegelegten 10 000 DM erziele und außerdem müsse der Geschäftsbetrieb entsprechend § 65 Nr. 1 AO dazu dienen, die ideellen Aufgaben des Vereins selbstlos zu fördern und zu unterstützen[208].

---

[204] *Heckelmann*, AcP 179, 1, 22 ff.; *Mummenhoff*, S. 130 ff.; *Schwierkus* S. 243 ff.; *Knauth*, S. 87; ders., JZ 78, 339, 341 ff.

[205] *Heckelmann*, AcP 179, 1, 23 ff.

[206] *Heckelmann*, AcP 179, 1, 25, 55.

[207] *Mummenhoff*, S. 110, 150 hält auch die rein nachfragende Tätigkeit für eintragungsschädlich.

[208] *Schwierkus*, S. 176 ff., 240, 243 ff.

Diese Objektivierungsversuche sehen sich trotz ihres begrüßenswerten Anliegens, die allseits bedauerte bedenkliche Konturenlosigkeit des Nebentätigkeitsprivileges zu überwinden, tiefgreifenden Bedenken ausgesetzt. In methodischer Hinsicht ist fraglich, warum sich die objektive Grenze des Nebentätigkeitsprivileges gerade aus Spezialvorschriften des VAG oder GenG ableiten lassen soll. Das deutsche Unternehmensrecht weist eine Fülle von Größenkriterien auf, die in den verschiedenen Gesetzen auf Spezialprobleme zugeschnitten sind. Ein Abstellen auf einige dieser Normen wirkt jedoch, so verlockend der Ansatz auch ist, geradezu willkürlich, solange aus diesen Normen nicht ein allgemeines Prinzip herausgearbeitet werden kann[209]. Im übrigen sei doch sehr zweifelhaft, ob die §§ 33 und 53 GenG Ausdruck einer konkreten - weil in Wahrheit doch wieder abstrakten - Gefährlichkeit seien, so daß durch sie die Vermutung abstrakter Ungefährlichkeit des Idealvereins im konkreten Fall gar nicht widerlegt werden könne[210].

Neben diesen dogmatischen Bedenken werden aber auch inakzeptable praktische Probleme angeführt. Die starren schematischen Grenzen führten einerseits zu einer Benachteiligung und letztlich gar zum Aussterben von Großvereinen, die sich nicht mehr funktionsgerecht betätigen könnten, weil sie keinen größeren Geschäftsbetrieb unterhalten dürften, als ein mittelgroßer Verein, dessen Geschäftsbetrieb sich gerade noch in den absoluten Grenzen des Nebentätigkeitsprivileges bewegt[211]. Auf der anderen Seite blieben die Befürworter einer absoluten Grenze des Nebentätigkeitsprivileges eine plausible Erklärung dafür schuldig, warum bei Kleinvereinen - zu denken ist etwa an einen siebenköpfigen Kegelclub - mit einem wirtschaftlichen Geschäftsbetrieb, dessen Bilanzsumme sich auf knapp 1 Million DM beläuft, Gläubigerinteressen weniger schützenswert seien als bei Großvereinen mit einer die absolute Grenze gerade überschreitenden Bilanzsumme[212].

Letztlich müsse auch die historische Analyse *Heckelmanns* auf Ablehnung stoßen. Zum einen sei den Materialien keineswegs eindeutig eine Beschränkung auf einen objektiv geringfügigen Geschäftsbetrieb zu entnehmen, weil nicht nur die Reichstagsdebatte, sondern auch die Diskussion in den Kommissionen, wonach auch eine relative Deutung vorgenommen werden könne, zu berücksichtigen

---

[209] *Menke*, S. 29 f.; *Kebekus*, S. 38; *K. Schmidt*, Verbandszweck, § 9 II 1, S. 185, der anmerkt, daß die Herleitung absoluter Grenzen des Nebentätigkeitsprivileges in die Hand des Gesetzgebers gehört.

[210] *K. Schmidt*, aaO.

[211] *Menke*, S. 29; *Hemmerich*, S. 93 ff.; *Aldermann*, S. 26, die darin einen Verstoß gegen Art. 3 I GG erblickt; *Reuter*, ZIP 84, 1052, 1061; *Soergel/Hadding*, §§ 21, 22 Rn. 35.

[212] *Aldermann*, S. 26; das von *Heckelmann*; AcP 179, 1, 34 vorgetragene Argument, bei kleineren Geschäftsbetrieben könnten Schulden ggf. durch außerordentliche Beitragsleistungen der Mitglieder aufgefangen werden, überzeugt nicht, weil derartige Umlagen nur zulässig sind, wenn es eine entsprechende Satzungsregelung gibt, was nicht der Regelfall sein dürfte, widerspräche sie doch dem Wesen der juristischen Person, wonach die Mitglieder von jeder Haftung freizuhalten sind.

sei[213]. Selbst wenn man den Äußerungen *von Strombecks* das höhere Gewicht beimessen wollte, ist zu beachten, daß der Wille des historischen Gesetzgebers nur Ausgangs-, nicht Endpunkt der Gesetzesinterpretation sei[214]. Als das Bürgerliche Vereinsrecht geschaffen wurde, hat sich der Gesetzgeber einen überschaubaren, vorwiegend geselligen oder wohltätigen Personenkreis vorgestellt, der mit den heutigen Größenordnungen in einigen Vereinen nicht mehr zu vergleichen ist[215]. Man könnte freilich erwägen, daß der Gesetzgeber gerade diese Entwicklung vermeiden wollte, indem er nur den *gemeinnützigen, wohltätigen,* geselligen Verein, der *ganz nebenbei* auch einen *kleinen* wirtschaftlichen Geschäftsbetrieb unterhält, anerkennt. Dagegen spricht jedoch, daß der Gesetzgeber den Wandel in den tatsächlichen Verhältnissen gar nicht vorhersehen konnte[216]. Daher sind, selbst wenn ursprünglich nur ein absolut geringfügiger Geschäftsbetrieb zugelassen werden sollte, diese Vorstellungen aufgrund der gewandelten Verhältnisse nicht mehr verbindlich für die Auslegung der §§ 21, 22 BGB.

Dieser Kritik an den absoluten Größenkriterien versucht *Knauth* auf einem anderen Wege entgegenzuwirken. Nach seinem Konzept greift das Nebentätigkeitsprivileg nur solange ein, wie die *Ausgaben* für das ideelle Engagement die *Ausgaben* für die unternehmerischen Aktivitäten überwiegen[217]. Nur so sei gewährleistet, daß die nicht wirtschaftliche Zweckverfolgung des Vereins den Vorrang vor dessen wirtschaftlichen Aktivitäten einnehme[218], da es dem Verein unmöglich gemacht wird "den idealen Zweck nur nebenbei, quasi mit Alibifunktion, zu verfolgen und seine Haupttätigkeit auf die Teilnahme am Wirtschaftsverkehr zu verlagern"[219]. Bevor der Verein seinen wirtschaftlichen Geschäftsbetrieb ausweiten könne, sei er nach diesem Konzept zunächst gezwungen, die Mittel für die ideellen Zwecke zu erhöhen.

Wie für alle vorausgegangenen quantitativen Methoden spricht für dieses Konzept die Tatsache, daß sich eine Überschreitung des Nebentätigkeitsprivileges leicht feststellen läßt. Gegenüber der Einführung von absoluten Größenkriterien erweist es sich zudem als wesentlich flexibler, da nicht auf absolute Zahlen abgestellt wird, so daß eine Benachteiligung von Großvereinen vermieden werden kann[220]. Dennoch sieht sich auch dieser Versuch dem Vorwurf ausgesetzt, zu schematisch vorzugehen, da er nicht allen legitimen Bedürfnissen eines Idealver-

---

[213] *Reuter*, ZIP 84, 1052, 1061; ders., §§ 21, 22 Rn. 24.
[214] *Reuter*, ZIP 84, 1052, 1061.
[215] *Hemmerich*, S. 95; *Reuter*, aaO; ders., MüKo, §§ 21, 22 Rn. 24.
[216] *Hemmerich*, S. 95; MüKo/*Reuter*, §§ 21, 22, Rn. 21. Großvereine wie der ADAC, Gewerkschaften und Parteien mit teilweise mehreren Millionen Mitgliedern waren damals nicht denkbar.
[217] *Knauth*, S. 74 ff.; ders., JZ 78, 339, 343.
[218] *Knauth*, aaO.
[219] *Knauth*, S. 87.
[220] *Menke*, S. 30.

eins nach wirtschaftlicher Betätigung gerecht wird[221]. Denn die Ausgaben und Umsätze allein könnten nur wenig über die Schwerpunkte der Vereinstätigkeit aussagen, dafür sei vielmehr mitentscheidend, ob der wirtschaftliche Geschäftsbetrieb mit den nichtwirtschaftlichen Vereinszielen in irgendeinem Zusammenhang steht, was für Knauth ohne Belang ist[222]. Den quantitativen Merkmalen könne allenfalls eine Indizwirkung zukommen[223].

2. Qualitative Betrachtung

Diese Unzulänglichkeiten der quantitativen Betrachtung sind nach Ansicht weiter Kreise in der Literatur nur dadurch zu lösen, indem man die wirtschaftliche Betätigung des Vereins zu dessen idealer Zweckverfolgung in Beziehung setze und losgelöst von absoluten Zahlen nach der relativen Bedeutung des wirtschaftlichen Geschäftsbetriebes fragt. Entscheidend sei dabei, daß die ideelle Tätigkeit dem Verein das *Gepräge* verleiht, was nur der Fall wäre, wenn sich die wirtschaftliche Tätigkeit der ideellen Betätigung des Vereins unterordnet[224]. Wann man von einer derartigen Unterordnung ausgehen kann, wird jedoch unterschiedlich beurteilt.

a) Finale Verknüpfung

Nach der einen Ansicht ist es erforderlich aber auch ausreichend, wenn der Geschäftsbetrieb dem idealen Hauptzweck nützlich ist und sei es, weil er dem *Verein bloß die finanziellen Grundlagen für seine ideellen Aktivitäten beschafft*[225]. Das wird damit begründet, daß es dem Verein überlassen werden müsse, ob er die zur funktionsgerechten Betätigung benötigten Geldmittel aus Beiträgen oder einem wirtschaftlichen Geschäftsbetrieb aufbringt, solange sich das Verhältnis von Hauptsache und Nebensache nicht zugunsten der Wirtschaftstätigkeit und zu La-

---

[221] *Hemmerich*, S. 92; *Menke*, S. 31; MüKo/*Reuter*, §§ 21, 22, Rn. 19; *Kebekus*, S. 38.

[222] *Hemmerich*, S. 92; *Menke*, S. 30 f., der zudem die mangelnde Praktikabilität dieses Ansatzes im Eintragungsverfahren beklagt, da zu diesem Zeitpunkt gar nicht absehbar sei, wie sich die Zahlen entwickeln würden ;ebenso *Kebekus*, S. 38 f.; *K. Schmidt*, Verbandszweck, § 9 II 1, S. 186. *Menke* räumt aber ein, daß sich dieses Problem über §§ 159, 142 FGG bzw. § 43 Abs. 2 BGB lösen ließe. Des weiteren erscheint ihm das Konzept insofern als zu großzügig, als der Geschäftsbetrieb in keiner Weise durch die Zwecksetzung des Vereins bedingt ist und somit auch nur zur Erzielung von Einnahmen dienen könnte. Auf dieses Problem wird unten noch einzugehen sein.

[223] *Menke*, S. 32.

[224] MüKo/*Reuter*, §§ 21, 22 Rn 8; *K. Schmidt*, RPfl 72, 343, 352; ders., Verbandszweck, § 9 I, S. 183; *Menke*, S. 31 ff.; *Hemmerich*, S. 97 ff.; BGHZ 85, 84, 93.

[225] MüKo/*Reuter*, §§ 21, 22 Rn. 8; ders., ZIP 84, 1052, 1061; *Hemmerich*, S. 106 ff.

sten der ideellen Aktivitäten umkehrt[226]. Nur darauf komme es im Hinblick auf den Gläubigerschutz an. Solange weder bei abstrakter noch konkreter Betrachtung Gläubigerinteressen durch den wirtschaftlichen Geschäftsbetrieb kaum oder überhaupt nicht gefährdet seien, wäre ein Verweis in das Handelsrecht nicht erforderlich, und zwar unabhängig davon, ob der Verein auf den Gechäftsbetrieb angewiesen ist oder ihn lediglich benutzt, um seine Gelder ertragbringend anzulegen[227]. Dies werde auch durch die Entstehungsgeschichte unterstützt, indem es einem Idealverein nach den Protokollen erlaubt ist, "neben seinen ideellen Hauptzwekken ein wirtschaftliches Geschäft (zu) betreibe(n), um sich hierdurch die zur Erreichung jener Zwecke erforderlichen Mittel zu verschaffen"[228].

b) Konditionelle Verknüpfung

Demgegenüber ist man der Ansicht, das Nebentätigkeitsprivileg sei eine strenge Ausnahme zur grundsätzlich eintragungsschädlichen wirtschaftlichen Tätigkeit und müsse deshalb sehr viel enger ausgelegt werden als nach der Gegenansicht[229]. Danach sei eine wirtschaftliche Tätigkeit in der Rechtsform des eingetragenen Vereins nur zulässig, wenn

- der Geschäftsbetrieb *"erforderlich"* sei, um die zur Verfolgung des idealen Hauptzwecks nötigen Mittel zu beschaffen[230]

- oder der Geschäftsbetrieb *"vernünftigerweise nicht entbehrt"* werden kann, um die nicht unternehmerische Tätigkeit zu ermöglichen[231].

Ein nur über die *Finanzierungsfunktion* mit dem ideellen Vereinszweck verbundener Geschäftsbetrieb - wie es nach der vorgenannten Meinung ausreichen soll - sei mit dem Schutzzweck von §§ 21, 22 BGB im Regelfall[232] nicht in Einklang zu

---

[226] *Reuter*, aaO; *Hemmerich*, aaO.

[227] *Hemmerich*, S. 107; *Reuter*, ZIP 84, 1052, 1061.

[228] *Reuter*, ZIP 84, 1052, 1061; *Mugdan*, S. 604.

[229] *Soergel/Hadding*, §§ 21, 22 Rn. 36.

[230] *K. Schmidt*, RPfl. 72, 343, 352; *Soergel/Hadding*, aaO; Hervorhebung durch den Verfasser.

[231] *Soergel/Hadding*, aaO; *Menke*; S. 32 ff.;*K. Schmidt*, aaO, der dort allerdings meint, es handelte sich hierbei lediglich um eine finale Verknüpfung. In Wirklichkeit ist sie aber ebenso konditioneller Art, wenn auch in abgeschwächter Form.

[232] *Menke*, S. 34 ff., will allerdings dann eine Ausnahme von der strengen funktionalen Unterordnung des wirtschaftlichen Geschäftsbetriebes unter die ideelle Zweckverfolgung des Vereins zulassen, wenn es sich um einen *relativ geringfügigen Geschäftsbetrieb* handelt, weil eine Gefährdung der Vereinsgläubiger dann unter jedem Gesichtspunkt ausgeschlossen ist. Die relative Geringfügigkeit ist zu ermitteln, indem die Finanzkraft (Aktivbestand des Vereinsvermögens, regelmäßige Einnahmen) des Vereins den potentiellen wirtschaftlichen Risiken des Geschäftsbetriebes gegenübergestellt wird. "Ergibt diese Gegenüberstellung, daß Vermögen und Wirtschaftskraft des Vereins die Risiken des Geschäftsbetriebes um ein Vielfaches überstei-

bringen, da damit dem Verein die Aufnahme beliebiger kaufmännischer Aktivitäten zur Beschaffung von Geldmitteln ermöglicht würde. Eine verselbständigte, mit dem eigentlichen Vereinsziel nur noch über die Gewinnverwendung verbundene unternehmerische Tätigkeit, könne aber durch das Nebentätigkeitsprivileg nicht mehr gerechtfertigt sein[233], weil dieses Recht des Vereins wegen der dem bürgerlichen Verein mangelnden Gläubigersicherungssysteme des Handelsrechts eine eng begrenzte Ausnahme bleiben müsse, die nach allgemeiner Meinung den Vereinen *als Privileg* nur dafür zu gewähren sei, daß sie keine eigenwirtschaftlichen Zwecke verfolgen. Eine Abwägung der Belange des Rechtsverkehrs auf der einen Seite mit den Interessen des Vereins an einer effektiven Zweckverfolgung auf der anderen Seite ergebe, daß ein wirtschaftlicher Geschäftsbetrieb nur solange zu tolerieren sei, als er für die nichtwirtschaftlichen Ziele des Vereins zwingend erforderlich ist[234].

3. Pragmatische Lösung *Aldermanns*

Nach einem von *Aldermann* speziell für den Berufsfußball entwickelten Ansatz [235] sind die Grenzen des Nebentätigkeitsprivileges weder durch absolute Größenkriterien noch durch eine wie auch immer geartete Zweck-Mittel-Relation zu bestimmen. Da der Gläubigerschutz das tragende Prinzip der Vereinsklassenabgrenzung bilde, sei vielmehr eine wirtschaftliche Betätigung des Idealvereins solange statthaft, als eine Gläubigergefährdung nicht zu befürchten sei. Davon sei auszugehen, wenn *entweder schon vom Umfang des Betriebes her keine Gläubigergefährdung eintreten könne oder trotz des Umfangs auf andere dem Recht der Kapitalgesellschaften vergleichbare Weise der Gläubigergefährdung vorgebeugt werden könne*[236]. Eine andere dem Handelsrecht vergleichbare Schutzwirkung könne durch untergesetzliche Bestimmungen erzielt werden, die von einem Dachverband selbst gesetzt werden und denen sich die Vereine unterwerfen[237].

---

gen", handelt es sich um einen relativ geringfügigen Geschäftsbetrieb, der unabhängig von seinem Erfordernis für die Zweckverfolgung des Vereins zulässig ist.
[233] *K. Schmidt*, Verbandszweck, § 9 III 1, S. 190.
[234] *Menke*, S. 33 f.
[235] *Aldermann*, S. 30 ff., die allerdings nur die Verhältnisse im Berufsfußfall untersucht, deren Ergebnisse jedoch auf andere Bereiche übertragbar sein dürften.
[236] *Aldermann* S. 30. Bei der Prüfung, ob die Bundesligavereine von ihrem Umfang her die Grenze des Nebentätigkeitsprivileges überschreiten, will sie auf relative Kriterien zurückgreifen, wobei nebulös bleibt, welche das genau sein sollen (S. 95 ff.). Ähnlich *Kebekus*, S. 157.
[237] *Aldermann*, S. 31, 96 ff., stellt fest, daß die Bundesligavereine aufgrund des Umfangs ihres Geschäftsbetriebes die Grenzen des Nebentätigkeitsprivileges überschreiten. Eine untergesetzliche mit dem Kapitalgesellschaftsrecht vergleichbare Bestimmung sei im Berufsfußball das Lizenzspielerstatut des DFB, das lediglich bezüglich der Pflicht zur Erstellung eines Bilanzanhangs, der Publizitätspflicht, der strafrechtlichen Sanktion im Hinblick auf die Konkursantragspflicht und der Unwirksamkeit der Beschränkung der Vertretungsmacht hinter dem Han-

Zur Begründung wird angeführt, daß weder die absoluten Kriterien zur Begrenzung des Nebentätigkeitsprivileges aus den o. g. Gründen noch ein relativer Maßstab eine befriedigende Lösung böten[238]. Eine funktionsbezogene Begrenzung des Nebentätigkeitsprivileges führe einerseits im Einzelfall zur Zulassung eines Geschäftsbetriebes, der Größenordnungen annehmen könne, die mit dem Gläubigerschutz nicht mehr zu vereinbaren wären. Andererseits führe dies zu konturenlosen Ergebnissen, weil keine klare Aussage über den zulässigen Umfang des Geschäftsbetriebes getroffen werde[239]. Deshalb müsse im Einzelfall geprüft werden, ob eine Gläubigergefährdung tatsächlich eintreten könne. Ist dies aber wegen des Umfangs des Geschäftsbetriebes oder wegen selbst gesetzter gläubigerschützender untergesetzlicher Bestimmungen nicht oder zumindest nicht in stärkerem Maße zu befürchten als im Handelsrecht, könnten Gründe des Gläubigerschutzes auch nicht die Verweisung von Idealvereinen in das Handelsrecht gebieten[240].

Darüber hinaus zeichne sich diese Methode auch durch ihre Überlegenheit gegenüber der Alternativlösung, namentlich der Auslagerung der Lizenzsportabteilungen in Kapitalgesellschaften, aus. Das zeige sich schon daran, daß es nicht zu der aus Gläubigersicht wenig wünschenswerten und von *K. Schmidt* heraufbeschworenen Konstellation "der fetten Mutter und der mageren Tochter" komme, weil so der Geschäftsbetrieb in der Organisation des "fetten" Muttervereins verbleibe[241].

Der These *Aldermann's* kann sowohl für den Berufsfußball als auch im allgemeinen aus mehreren Gründen nicht gefolgt werden. Es ist schon zu bezweifeln, daß selbstgesetzte Verbandsnormen überhaupt gläubigerschützende Wirkung entfalten können bzw. dürfen. Das aus der Verbandsautonomie folgende Recht zur Verfassungsgebung bezieht sich nämlich nur auf die *eigenen inneren Rechtsverhältnisse* des Verbandes[242]. Sofern das LiSpSt Regelungen über den Nachweis der wirtschaftlichen Leistungsfähigkeit durch die Fußballvereine enthält, ist dies nur für die internen Angelegenheiten des DFB von Bedeutung, namentlich das Interesse an der Aufrechterhaltung des Spielbetriebes in den Lizenzligen[243]. Die Kraft

---

delsrecht zurückbleibe (S. 125). Im übrigen würde dies aber sogar verschärfte Anforderungen aufstellen, indem z. B. gemäß § 8 Ziff. 2 c LiSpSt, Anhang Nr.3 den Erstligaclubs die Lizenz zur Teilnahme am Spielbetrieb nur gegen eine Kaution von 800 000 DM (bei Fußballkapitalgesellschaften muß gemäß § 8 Nr. 9 LiSpSt ein gezeichnetes Kapital von mindestens 5 Mio bestehen) erteilt wird. Im Ergebnis ebenso mit ausführlicher Beschreibung des Lizenzverfahrens *Galli*, WP 98, 56, 63; ders., SpuRt 98, 18, 19; ders./*Ellrott*, WP 2000, 269 ff.

[238] *Aldermann*, S. 26 ff.
[239] *Aldermann*, S. 30.
[240] *Aldermann*, S. 125.
[241] *Aldermann*, S. 88. Zu dieser Problematik s. u. 3. Teil B I 2 a).
[242] *Baecker*, S. 18; *Lukes*, FS *Westermann*, S. 325; Staudinger, Vor, §§ 21 ff. Rn. 23;*Steinbeck*, S. 22 f.; *Westermann*, Sport als Arbeit, S. 35, 39 ff.
[243] Nach *Galli*, WP, 98, 56, 62; ders./*Ellrott*, WP 2000, 269, 270; *Aldermann*, S. 134 dient das Lizenzverfahren dazu, daß der Spielbetrieb in den Lizenzligen nicht durch den wirtschaftlichen

der Verbandsautonomie selbstgesetzten Verbandsregeln mögen gleichsam als *Rechtsreflex* einen gewissen drittwirkenden Gläubigerschutz entfalten, eine darüberhinausgehende materiellrechtliche Wirkung zugunsten der außenstehenden Gläubiger wird aber mangels diesbezüglicher Rechtsetzungsmacht des DFB nicht erzeugt[244]. Ein Überschreiten des Nebentätigkeitsprivileges kann somit durch selbstgesetztes Verbandsrecht nicht kompensiert werden. Im übrigen ist zu fragen, welchen Sinn die Vereinsklassenabgrenzung überhaupt noch hätte, wenn Idealvereine in beliebigem Umfang wirtschaftlich tätig sein könnten und sich durch Unterwerfung unter ein System freiwilliger Selbstregulierung weitesgehend den Normativbedingungen des Handelsvereinsrechts entziehen könnten[245].

Über diese dogmatischen Bedenken hinaus ist insbesondere im Berufsfußball zu bezweifeln, daß mit dem selbstgesetzten LiSpSt ein dem Handelsvereinsrecht vergleichbarer Gläubigerschutz erreicht werden kann. Das zeigt sich besonders auffällig im Bereich der Publizitätspflichten[246]. Während Kapitalgesellschaften gemäß §§ 325 ff. HGB zur Offenlegung ihres Jahresabschlusses und gegebenenfalls zu erweiterten Pflichten nach dem Publizitätsgesetz verpflichtet sind, trifft dies für Vereine der Bundesliga nicht, auch nicht nach dem LiSpSt zu[247]. Im übrigen ist sehr fraglich, ob sich der DFB als gläubigerschützende Kontrollinstanz überhaupt eignet, weil er nur eine Interesse an einem geordneten Spielbetrieb hat, so daß ihn außenstehende Gläubigerbelange nicht berühren[248]. Als Beleg läßt sich die Regelung über die Verwendung der von jedem Verein gemäß § 8 Nr. 2 c LiSpSt aufzubringenden Kaution von 800.000 DM anführen. Nach Ziff. 3, 4 Anhang Nr. 3 zum LiSpSt sollen damit nämlich nur solche Verbindlichkeiten der Vereine bereinigt werden, die sich " im Zusammenhang mit dem Spielbetrieb in der Lizenzliga ergeben", wozu z.B. nicht die Ansprüche von Bauunternehmern zur Errichtung einer Geschäftsstelle gehören[249].

Desweiteren ist zu berücksichtigen, daß die Fußballverbände im Hinblick auf ihr Interesse an der Aufrechterhaltung des Spielbetriebes von den Vereinen

---

Kollaps des einen oder anderen Vereins während der Saison ins Stocken gerät und dadurch eine Ergebnisverzerrung eintritt.

[244] Nach *Kirchhof*, S. 285 ff., sind Verbandsregeln mit Außenrechtsfolge nur in begrenztem, gesetzlich besonders aufgeführtem Umfang zulässig. Zu nennen sind etwa die satzungsmäßigen Vertretungsregeln nach §§ 26 II 2, 30 BGB; vgl. auch Vieweg, S. 144 ff.

[245] *Menke*, S. 170, sieht in *Aldermann's* Vorschlag einen Verstoß gegen den gesellschaftsrechtlichen Typenzwang.

[246] Zur Bedeutung der Publizitätspflichten im Hinblick auf den Gläubigerschutz vgl. *Kübler*, GesR, § 18 II, S. 257 ff.; *K. Schmidt*, HR, § 15 I 2.

[247] *Aldermann*, S. 112, meint dieser Mangel sei durch bloße Änderung der DFB-Statuten zu tilgen. *Menke*, S. 168, fragt zu recht, warum man sich auf zähe Verhandlungen mit den Vereinen einlassen sollte, wenn das geltende Handelsrecht für unternehmerisches Handeln bereits entsprechende Regeln enthält.

[248] *Aldermann*, S. 132 ff. geht davon aus, weil der DFB wegen seiner besonderen Sachnähe und dem Interesse an einem geordneten Spielbetrieb geeigneter sei als eine staatliche Stelle.

[249] *Aldermann*, S. 117 f.

abhängig sind, was eine effektive Durchsetzung außenstehender Gläubigerinteressen kaum erwarten läßt[250]. Im Zweifel wird nämlich das Drittinteresse der Gläubiger an risikobewußtem unternehmerischen Handeln der Vereine durch das Eigeninteresse des Verbandes an einem geordneten Spielbetrieb überlagert werden[251]. Die Lizenzvorschriften sollen nämlich nur den Spielbetrieb für die jeweils laufende Saison sichern. Ein nachhaltiger Gläubigerschutz ist damit nicht zu erwarten. Vereine, die in den folgenden Spielzeiten die wirtschaftlichen Voraussetzungen nicht mehr erfüllen, erhalten keine Lizenz mehr und verschwinden in den Niederungen des Amateurfußballs, wo die Gläubiger das Nachsehen haben. Dem Spielbetrieb schadet das nicht, weil in die jeweils betroffene Liga sportlich eigentlich nicht qualifizierte Vereine nachrücken.

Selbstgesetzte Verbandsnormen können somit für sich eine wirtschaftliche Betätigung von Idealvereinen im Nebentätigkeitsprivileg nicht rechtfertigen.

II. Stellungnahme

Entscheidend für den Umfang des Nebentätigkeitsprivileges ist aus Sicht der Gläubiger, daß sich der wirtschaftliche Geschäftsbetrieb der ideellen Zweckverfolgung unterordnet, denn nur in diesem Fall ist sichergestellt, daß die über die Vereinspolitik letztlich entscheidenden Vereinsmitglieder im Hinblick auf die ideellen Vereinsziele das nötige Risikoempfinden walten lassen, was allzu große Risiken durch den wirtschaftlichen Nebenbetrieb sowohl für ihr ideelles Engagement als auch für die Vereinsgläubiger ausschließt[252]. Fraglich ist jedoch, ob das Verhältnis von Geschäftsbetrieb und ideeller Zweckverfolgung rein finaler Natur i. S. einer *Finanzierungsfunktion* sein darf oder ob vielmehr eine wirtschaftliche Nebentätigkeit des Vereins nur zulässig ist, wenn sie zur Verfolgung des ideellen Hauptzwecks *"erforderlich"* ist oder *"vernünftigerweise nicht entbehrt"* werden kann (*konditionale Verknüpfung*).

---

[250] Vgl. z.B. die auf eine eigene Europaliga abzielenden Sezessionsdrohungen der in der "G14" zusammengeschlossenen europäischen Spitzenvereine, die die UEFA zu immer neuen Zugeständnissen zwingen (FAZ v. 5.10.98 und 14.09.99, Zeit Nr. 44/98, S. 41.) und die Drohgebärden des Fc Bayern München und Borussia Dortmund im Lizenzverfahren für die Saison 2000/01 hinsichtlich der dezentralen TV-Vermarktung (FAZ v. 14. u. 16.07.99, FR v. 19.07.99).

[251] Vgl. *Heckelmann*, AcP 179, 1, 4ff. Zwar verweigert der DFB hin und wieder mal einem Bewerber die Lizenz (FAZ v. 7.6.2000 - TeBe Berlin), zu einer kollektiven Lizenzverweigerung wird es jedoch im Hinblick auf den Spielbetrieb nicht kommen.

[252] Zu diesem Kriterium als Rechtfertigung des Nebentätigkeitsprivileges s.o. 2. Teil A III 1 c) bb) (2).

1. "Erforderlichkeit" des Geschäftsbetriebes oder nur ein Mittel zur Erlangung der "erforderlichen" Mittel?

Die Materialien scheinen der Theorie von der *konditionellen Verknüpfung* recht zu geben, wenn es dort heißt, daß

"...die Eintragung in das Vereinsregister auch ein solcher Verein erlangen könne, der neben seinen idealen Hauptzwecken ein wirthschaftliches Geschäft betreibe, um sich hierdurch die zur Erreichung jener Zwecke **erforderlichen** Mittel zu verschaffen."[253]

Bemerkenswerterweise verweist die Gegenansicht, die bereits einen Geschäftsbetrieb mit reiner *Finanzierungsfunktion* unter das Nebentätigkeitsprivileg fassen will, zu ihrer Verteidigung auf dieselbe Textstelle in den Materialien zum BGB[254]. Fraglich ist, zu wessen Gunsten dieser Widerspruch aufgelöst werden kann.

Bei der Interpretation der Textstelle ist maßgeblich, welche Bedeutung dem Begriff der "Erforderlichkeit" zukommt. Sicher haben die an der Gesetzgebung Beteiligten damit zum Ausdruck bringen wollen, daß mit Hilfe des Geschäftsbetriebes nicht in *unbegrenztem* sondern nur im *erforderlichen* Umfang finanzielle Mittel innerhalb des Vereins erwirtschaftet werden sollen, weil eine Gewinnerzielungsabsicht mit den ideellen Zielen des Vereinsrechts unvereinbar ist. Die Textstelle ist somit jedenfalls so zu verstehen, daß durch den wirtschaftlichen Geschäftsbetrieb für den Gesamtverein unter dem Strich keine Gewinne anfallen dürfen, während durch ihn erzielte Gewinne solange zulässig sind, als sie zur Deckung der sonst ungedeckten Ausgaben des Idealvereins "erforderlich" sind. Fraglich ist jedoch, ob die Formulierung in einem noch engeren Sinne etwa so zu verstehen ist, daß ein Verein mittels eines wirtschaftlichen Geschäftsbetriebes nur dann Gewinne zur Deckung seiner sonst ungedeckten Ausgaben erzielen darf, wenn er diese *sonst nicht decken* könnte (etwa durch Beiträge), so daß der Geschäftsbetrieb deshalb "erforderlich" ist oder "vernünftigerweise nicht entbehrt" werden kann, um eine funktionsgerechte ideelle Betätigung des Vereins zu ermöglichen (konditionelle Verknüpfung). Dagegen spricht jedoch der Wortlaut der Textstelle. Denn wenn die Gesetzesväter gewollt hätten, daß nur Zweckverwirklichungsbetriebe zulässig sind, hätten sie formuliert:

"der Idealverein darf neben seinen ideellen Hauptzwecken ein wirtschaftliches Geschäft betreiben, **wenn dies erforderlich ist**, um sich die zur Erreichung jener Zwecke *erforderlichen* Mittel zu verschaffen".

---

[253] *Mugdan*, S. 604. Hervorhebung durch den Verfasser.
[254] Vgl. *Reuter*, ZIP 84, 1052, 1061.

Statt dessen ist es ihrer Ansicht aber bereits dann mit dem bürgerlichen Vereinsrecht zu vereinbaren, wenn der Verein neben seinen idealen Hauptzwekken ein wirtschaftliches Geschäft betreibt, *um sich* hierdurch die zur Erreichung jener Zwecke *erforderlichen Mittel* zu verschaffen. Eine konditionelle Verknüpfung von Geschäftsbetrieb und Zweck ist daraus nicht zu entnehmen. Wie der Verein die benötigten Geldmittel aufbringt, ob aus Beiträgen oder einem wirtschaftlichen Geschäftsbetrieb, unterliegt seiner durch die Vereinsautonomie gedeckten Entscheidung. Diese Wahlfreiheit endet jedoch dann, wenn die Art der Vereinstätigkeit übergeordnete Gläubigerinteressen gefährdet, namentlich wenn sich das Verhältnis von Haupt- und Nebensache zugunsten der Wirtschaftstätigkeit und zu Lasten der ideellen Aktivitäten umkehrt. In diesem Fall wird durch die allgemeine Rechtsordnung (das Handelsvereinsrecht) die Entscheidungsfreiheit des Vereins begrenzt[255]. Es ist keine Grundlage dafür ersichtlich, daß das Interesse an bloßer Geldbeschaffung kein ausreichendes Motiv für den wirtschaftlichen Geschäftsbetrieb eines Vereins darstellt. Das wird auch durch andere Quellen belegt. In der Denkschrift heißt es:

"Hiernach sind insbesondere auch Berufsvereine ... eintragungsfähig, sofern sie nicht den *Charakter* von Produktivgenossenschaften ... an sich tragen"[256].

Die Weichenstellung zwischen BGB und Handelsvereinsrecht soll hiernach also danach zu stellen sein, was den Vereinigungen ihren "Charakter", also ihr Gepräge, verleiht. Es ist aber nicht ersichtlich, warum nur solche Vereine, deren wirtschaftlicher Geschäftsbetrieb zur funktionsgerechten ideellen Betätigung zwingend erforderlich ist, nicht den Charakter eines Wirtschaftsvereins annehmen, wohingegen eine lediglich finanzierende wirtschaftliche Nebentätigkeit genau das Gegenteil bewirken soll. Den Charakter eines Wirtschaftsvereins nimmt dieser doch wohl erst dadurch an, daß die Finanzierung der Aktivitäten durch den wirtschaftlichen Geschäftsbetrieb zur Hauptsache des Vereinsengagements aufsteigt[257].
Neben den historischen Bedenken gegen die Zweckverwirklichungstheorie ist auch noch auf einige gravierende Widersprüche hinzuweisen. Nach *Flume* soll die Abgrenzung von Ideal- und Wirtschaftsverein danach vorzunehmen sein, ob dessen *"Haupttätigkeiten"* wirtschaftlicher Natur sind[258]. An dieser Stelle ist nicht die Rede davon, daß der wirtschaftliche Geschäftsbetrieb durch die ideelle Zweckverfolgung des Vereins *bedingt* sein muß. Er verlangt lediglich, daß die wirtschaftlichen Aktivitäten nicht zur Haupttätigkeit des Vereins würden. In diesem Punkt stimmen *Flume* und *Reuter* jedoch überein. Danach dürfte auch eine wirtschaftli-

---

[255] *Reuter*, aaO.
[256] *Mugdan*, Denkschrift, S. 827 (Hervorhebung durch Verfasser).
[257] Vgl. MüKo/*Reuter*, 33 21, 22 Rn. 19 a.E.
[258] *Flume*, § 4 II 1, S. 106.

che Nebentätigkeit, die lediglich der Finanzierung der ideellen Vereinsbetätigung dient, nicht eintragungsschädlich sein[259].

Widersprüchlich ist die Argumentation der herrschenden Meinung auch insoweit, als sie die bloße Beteiligung eines Vereins an einer Kapitalgesellschaft unabhängig davon für eintragungsunschädlich hält, ob jene für die ideelle Zweckverfolgung *zwingend erforderlich* ist oder *vernünftigerweise nicht entbehrt* werden kann[260]. Dies dürfte im Einzelfall auch schwer nachweisbar sein. Selbst wenn es sich im Falle der Minderheitsbeteiligung nach herrschender Ansicht nur um reine Vermögensverwaltung und nicht um eine wirtschaftliche Tätigkeit handelt[261], ist nicht ersichtlich, warum sie zur Finanzierung der ideellen Vereinsziele zulässig, ein wirtschaftlicher Nebenbetrieb jedoch aus demselben Grund unzulässig sein soll.

Aus dem Vereinsrecht ist somit eine Beschränkung des Nebentätigkeitsprivileges auf konditionell mit dem ideellen Vereinszweck verknüpfte Geschäftsbetrieb nicht abzulesen. Sachgerechtere Lösungen sind zu erwarten, wenn man sich vor Augen führt, daß es im Vereinsrecht genauso wie im Kapitalgesellschaftsrecht mit dem partiellen Interessengleichlauf von Vereinsmitgliedern und - gläubigern hinsichtlich der Vermeidung von Verlusten einen Schutzmechanismus zugunsten der Gläubiger gibt, wenngleich dieser wegen der ideellen Anreizstruktur von geringerer Intensität ist als bei einem finanziellen Anreiz wie er im Kapitalgesellschaftsrecht besteht. Deshalb ist die wirtschaftliche Betätigung von Idealvereinen genauso natürlich wie die von Wirtschaftsvereinen, nur mit dem Unterschied, daß sie wegen des vom Gesetzgeber unterstellten geringeren Interesses der Mitglieder an der Vermeidung von Verlusten nicht zur Hauptsache werden darf. Dieser Sichtweise zur Begrenzung des Nebentätigkeitsprivileges ist bisher gar keine oder nicht die gebührende Aufmerksamkeit geschenkt worden.

2. Übergewicht der ideellen Aktivitäten

Es wurde festgestellt, daß es Idealvereinen deshalb erlaubt ist, in gewissem Umfang wirtschaftlich tätig zu sein, weil die Gläubiger des Vereins ähnlich wie die Gläubiger einer Kapitalgesellschaft durch das Interesse der Mitglieder an der Vermeidung von Verlusten wegen der davon ausgehenden Gefahr für die ideelle Zwecksetzung des Vereins vor überriskantem Geschäftsgebahren geschützt wer-

---

[259] Auf diesen Widerspruch weist *Reuter*, ZIP 84, 1052, 1061, hin.
[260] statt vieler *K. Schmidt*, Verbandszweck, § 5 III 2.
[261] Richtigerweise sollte auch sie als wirtschaftliche Tätigkeit angesehen werden (3. Teil B I 2 b)). Denn wenn man die Mehrheitsbeteiligung nach heute wohl herrschender Ansicht als wirtschaftliche Tätigkeit dem Verein zurechnet(dazu im 3. Teil B I 2 a), muß das grundsätzlich auch für die Minderheitsbeteiligung gelten, weil der Anknüpfungspunkt, namentlich die Beteiligung an einer Kapitalgesellschaft, derselbe ist. Letztere ist nur in der Regel (zu möglichen Ausnahmen 3. Teil B I 2 b) im Rahmen des Nebentätigkeitsprivileges zu tolerieren.

den. Nachdem sich weiter gezeigt hat, daß die Reichweite des Nebentätigkeitsprivileges nicht davon abhängig sein kann, ob der Geschäftsbetrieb für die ideelle Zweckerreichung zwingend erforderlich ist, stellt sich die Frage, wie der Umfang des wirtschaftlichen Geschäftsbetriebes zu begrenzen ist, wenn es ausreicht, daß er allein durch seine Finanzierungsfunktion mit der ideellen Betätigung des Vereins verknüpft ist.

Ausgangspunkt muß auch insofern der o. g. partielle Interessengleichlauf zwischen den Mitgliedern und den Gläubigern des Vereins, namentlich das aus den unterschiedlichen Motiven bestehende Verlustvermeidungsinteresse, sein. Es ist zu untersuchen, wieviel wirtschaftliche Betätigung gerade noch erlaubt ist, damit dieser maßgebliche Gläubigerschutzmechanismus beim bürgerlichen Verein noch wirksam ist.

Die Grenze ist dort zu ziehen, wo das ideelle Interesse der Vereinsmitglieder im Verhältnis zu den wirtschaftlichen Interessen noch überwiegt. Solange dies der Fall ist, ist sichergestellt, daß sich der wirtschaftliche Geschäftsbetrieb gegenüber der ideellen Zwecksetzung des Vereins unterordnet[262]. Soweit das ideelle Interesse überwiegt, werden die Mitglieder vorrangig gegenüber dem Erreichen möglicher wirtschaftlicher Ziele bestrebt sein, Gefahren die den ideellen Zwecken des Vereins aus riskanten wirtschaftlichen Geschäften drohen, einen Riegel vorzuschieben. Überwiegen umgekehrt die wirtschaftlichen gegenüber den ideellen Interessen, ist nicht zu erwarten, daß die Mitglieder riskanten Geschäften entgegenträten. Zum einen deshalb, weil sie negative Rückwirkungen auf die ideellen Vereinsziele im Falle des wirtschaftlichen Mißerfolges wegen überwiegender wirtschaftlicher Interessen gleichsam in Kauf nähmen. Es ist aber auch nicht davon auszugehen, daß sich aus dem vorrangig empfundenen wirtschaftlichen Interesse Impulse gegenüber überriskantem Geschäftsgebahren regen würden. Dazu bedürfte es neben den wirtschaftlichen Motiven, die die Mitglieder zu den riskanten Geschäften anreizen, ebenfalls wirtschaftlicher Motive, die sie vor dem Eingehen unvertretbarer Risiken bewahren, da die untergeordneten ideellen Motive kein geeignetes Regulativ sind oder - bei gewachsenem Geschäftsbetrieb - nicht mehr sind. Bei vorrangig empfundenen wirtschaftlichen Interessen fehlt es bei einem Idealverein an dem zum Schutz der Gläubiger notwendigen Ausgleich zwischen den Motiven, die die natürlichen Trägerpersonen des Vereins zur Vornahme riskanter Geschäfte antreiben und denen, die sie davon abhalten. Denn die nötigen wirtschaftlichen Gegenmotive können sich mangels vermögensmäßiger Beteiligung der Vereinsmitglieder im Gegensatz zu anderen handelsrechtlichen Organisationsformen[263] nicht bilden. Es mag zwar faktisch angehen, daß auch die Mit-

---

[262] MüKo/*Reuter*, §§ 21, 22 Rn. 19 ff.

[263] Der Einzelunternehmer hat genauso wie der Personengesellschafter wegen seiner persönlichen unbeschränkten Haftung ein wirtschaftliches Gegenmotiv ggü. riskanten Geschäften. Zur Förderung gesamtwirtschaftlich erwünschter innovativer aber auch riskanter Geschäfte sind Kapitalgesellschaften entwickelt worden, bei denen die zwingende vermögensmäßige Beteiligung der Gesellschafter einen gewissen Ausgleich für die volle Haftung des Einzelunternehmers

glieder eines wirtschaftlich tätigen Idealvereins im Laufe der Zeit wirtschaftliche Vorteile aufgrund der Mitgliedschaft erworben haben[264], deren möglicher Verlust ein Anreiz darstellt, sie von überriskanten Geschäften zurückzuhalten. Dabei ist jedoch zu bedenken, daß sich derlei wirtschaftliche Gegenmotive nicht aus dem gesetzlichen Haftungssystem des bürgerlichen Vereins ergeben im Gegensatz zum Handelsvereinsrecht mit der gesetzlichen Pflicht zur wirtschaftlichen Risikobeteiligung der natürlichen Trägerpersonen, und zwar mit Recht, da das Entstehen dieser wirtschaftlichen Vorteile zumindest, wenn sie die Mitgliedschaft prägen, Folge einer rechtsformfehlerhaften Vereinsbetätigung sind.

Ökonomisch ausgedrückt bedeutet dies: Hat der Entscheidungsträger eines Unternehmens einen hohen Anreiz zum wirtschaftlichen Handeln, aber keinen wirtschaftlichen Verlustanreiz, kommt es zu einer Fehlsteuerung der Risikoanreize, weil eine hohe Bereitschaft zu überdurchschnittlich riskanten Geschäften entsteht, während der mögliche Nutzen aus diesen Geschäften die Risiken nicht rechtfertigt[265].

Bleibt die Frage, worin es sich äußert, daß die ideellen Interessen der Vereinsmitglieder ein Übergewicht über schädliche wirtschaftliche Interessen haben. Da von den bloßen wirtschaftlichen Interessen der Mitglieder keinerlei Gefahren für die Gläubiger ausgehen, sondern erst von der Umsetzung dieser Ziele in die Realität, ist auf die entsprechenden *Aktivitäten* abzustellen. Das Nebentätigkeitsprivileg kann deshalb solange eingreifen, wie die durch das ideelle Interesse der Mitglieder ausgelösten ideellen Aktivitäten die wirtschaftlichen Aktivitäten *überwiegen*[266]. Solange die ideelle Betätigung dem Idealverein nach innen und außen das *Gepräge* gibt, bedarf es des Notbehelfs der gesetzlichen Mindestkapitalgarantie zum Schutz der Gläubiger des wirtschaftlichen Geschäftsbetriebes nicht, weil er nur untergeordnete, dienende Funktion hat[267]. Kommt es jedoch zu einem Übergewicht der wirtschaftlichen Aktivitäten, werden auch die dahinterstehenden wirtschaftlichen Interessen die ideellen Interessen der Mitglieder überwiegen, so daß von letzteren nicht mehr die nötigen Gegenmotive zum Schutz der Gläubiger ausgehen können. Die beim Idealverein anzutreffende Konkurrenz verschiedener Normativbedingungen - BGB-Vereinsrecht für den primär ideell tätigen Verein, Handelsvereinsrecht für den überwiegend wirtschaftlich tätigen Vereins - ist somit danach zu entscheiden, was die Hauptaktivitäten des Vereins ausmacht. Das auf die Nebentätigkeit bezogene Normativsystem muß zugunsten des für die Haupt-

---

zum Zwecke einer verantwortungsbewußten Geschäftspolitik bietet. Dazu eingehender unten 3. Teil, B. I. 2. a) cc) (2).

[264] zu denken ist etwa an verbilligte Rechtschutzversicherungen, Reisen, Benutzung von Fitneßgeräten usw.

[265] Zur ökonomischen Analyse s.u. 3. Teil B. I. 2. a) cc) (2) (c).

[266] MüKo/*Reuter*, §§ 21, 22 Rn 19.

[267] MüKo/Reuter, §§ 21, 22 Rn. 8, 19 ff.; ders., ZiP 84, 1052, 1061 f.; Balzer, ZiP 2001, 175, 181; *Staudinger/Weick*, § 21 Rn. 14.

aktivität maßgebenden zurückgedrängt werden[268]. Das muß unabhängig davon gelten, ob der wirtschaftliche Geschäftsbetrieb zur ideellen Zweckerreichung *erforderlich* oder *vernünftigerweise unentbehrlich* ist. Mehr braucht aber auch nicht verlangt zu werden, wenn der Geschäftsbetrieb den ideellen Zielen des Vereins lediglich im Sinne einer Finanzierungsfunktion dient.

3. Indizien

Die abstrakten Ausführungen zum Nebentätigkeitsprivileg sind wenig hilfreich, wenn die Registergerichte und die Verwaltungsbehörden keine brauchbaren Kriterien zur Hand haben, um im Einzelfall bei der Entscheidung über die Eintragung bzw. Entziehung der Rechtsfähigkeit feststellen zu können, ob die ideellen oder wirtschaftlichen Aktivitäten dem Verein das Gepräge verleihen. Für die Rechtspraxis stellt sich zunächst und gerade bei den Fußballvereinen das Problem, zwischen ideellen und wirtschaftlichen Aktivitäten zu unterscheiden. Läßt sich alles, was in der Fußballprofiabteilung geschieht ausschließlich dem wirtschaftlichen Sektor zuschreiben, etwa auch das reine Fußballspiel, während dies in der Breitensport- oder Amateursportabteilung eine ideelle Betätigung darstellt? Es kann auch nicht bei einem Verein, der mehrere Sportabteilungen in verschiedenen Ligen (Bundesliga, Regionalliga, Amateurligen, Nachwuchsligen) unterhält, irgendwo etwa auf der Ebene zwischen Regional- und Verbandsliga eine Grenze gezogen werden und alle Aktivitäten, die oberhalb der Grenze durchgeführt werden, dem wirtschaftlichen Sektor zugeordnet werden und alles was unterhalb geschieht, per se dem ideellen Bereich zugeordnet werden. Auch auf unterster Ebene können wirtschaftliche Aktivitäten durchgeführt werden, wie etwa der Betrieb eines offenen Vereinsheim, die für sich genommen eintragungsschädlich sind.

Die Abgrenzung der Aktivitäten ist streng anhand der teleologisch begründeten Typenbildung *Karsten Schmidt's*[269] zu orientieren. Alle Aktivitäten, die dazu dienen, daß an einem äußeren Markt planmäßig und dauerhaft Leistungen gegen Entgelt angeboten werden[270], sind dem wirtschaftlichen Sektor zuzurechnen, und zwar unabhängig davon, auf welcher Ebene die Betätigung ausgeübt wird. Der Verkauf etwa von Eintrittskarten für Spiele der Amateurmannschaften stellt somit genauso eine wirtschaftliche Betätigung dar, wie der Eintrittskartenverkauf der Profisportabteilung der 1. oder 2. Bundesligamannschaft. Alle übrigen Aktivitäten sind dem ideellen Sektor zuzurechnen. Um festzustellen, ob hiernach die wirtschaftlichen die ideellen überwiegen und dem Verein das Gepräge geben,

---

[268] MüKo/*Reuter*, §§ 21, 22 Rn. 20.

[269] s.o. 1. Teil B II. 2.

[270] Volltypus des unternehmerischen Vereins als für die Bundesligavereine maßgebliche Fallgruppe, 1. Teil B. II. 3.

so daß das Nebentätigkeitsprivileg nicht mehr eingreift, bieten sich folgende Indizien an:

Zeitlicher Anteil der jeweiligen Aktivitäten

Zunächst ist festzustellen, wie hoch der zeitliche Anteil der wirtschaftlichen Aktivitäten im Verhältnis zu den ideellen Aktivitäten im gesamten Verein ist. Dies könnte durch eine Unternehmensanalyse seitens eines unabhängigen Wirtschaftsprüfer vorgenommen werden[271]. Sollte sich dabei ergeben, daß die wirtschaftlichen die ideellen Aktivitäten nach ihrem zeitlichen Aufwand überwiegen, ist uneingeschränkt von einem wirtschaftlichen Verein auszugehen. Umgekehrt kann aus einem zeitlichen Überwiegen der ideellen Aktivitäten nicht zwingend auf einen Idealverein mit zulässigem wirtschaftlichen Nebenbetrieb geschlossen werden. Der wirtschaftliche Betrieb kann dem Verein dennoch nach innen und außen das Gepräge geben; es sind deshalb zusätzlich weitere Kriterien heranzuziehen.

Verhältnis der Einnahmen und Ausgaben für den ideellen und wirtschaftlichen Bereich

Desweiteren bietet es sich an, die Einnahmen und Ausgaben für den ideellen und wirtschaftlichen Bereich ins Verhältnis zueinander zu setzen. Zu den Einnahmen des ideellen Bereichs zählen im wesentlichen die Mitgliedsbeiträge, aber auch Spenden und öffentliche Zuschüsse. Überwiegen die Einnahmen aus dem wirtschaftlichen Geschäftsbetrieb, wie etwa der Verkauf von Fernsehrechten, dem Fanartikelverkauf oder dem Betrieb eines Hotels, ist das zwar nicht ausschlaggebend, jedoch ein starkes Indiz dafür, daß der wirtschaftliche Geschäftsbetrieb dem Verein nach innen und außen das Gepräge gibt[272]. Nach innen deshalb, weil die Finanzierung des Vereins im wesentlichen von den Einnahmen des wirtschaftlichen Geschäftsbetriebs abhängig ist und nicht etwa von den Mitgliedsbeiträgen. Die Vereinsführung wird in diesem Fall bemüht sein, sich das Wohlwollen externen Geldgeber (Sponsoren, Banken, usw.) zu erhalten. Das hat zur Folge, daß die Einflußmacht der Mitglieder auf die Vereinsführung schwindet. Die Funktionäre des Vereins müssen bei ihren Entscheidungen weniger auf das jederzeite freiwillige Austrittsrecht unzufriedener Mitglieder gemäß § 39 BGB und dem damit verbundenen Verlust von Einnahmen durch Beiträge Rücksicht nehmen[273].

---

[271] Die Kosten dafür hätte der Verein zu tragen, da er für die Tatsachen, die die Eintragungsfähigkeit betreffen, beweispflichtig ist .

[272] *Balzer*, ZiP 2001, 175, 181;*Staudinger/Weick*, § 21 Rn. 15; *Lettl*, DB 2000, 1449, 1452; *Schleder*, S. 90 Rn. 423 ff. bezogen auf das Problem der steuerrechtlichen Gemeinnützigkeit

[273] Zum Kontroll- und Steuerungsinstrument der unabdingaben *Freiwilligkeit der Mitgliedschaft* im Vereinsrecht vgl. *Staudinger/Weick*, § 39 Rn. 1; *Soergel/Hadding*, § 39 Rn. 2; *Erman/Westermann*, § 39 Rn. 1; MüKo/*Reuter*, § 39 Rn. 1; ders., Perpetuierung, S. 68 ff.; *Teubner*, S. 26 ff., 185 ff.; *Kübler*, § 33 II, S. 425.

Wenngleich zu beachten ist, daß die Neutralisation der Steuerungs- und Kontroll-funktion von § 39 BGB eher ein Problem der Massenvereine ist, bei denen die Mitglieder am Vereinsleben nicht teilnehmen und ihre Unzufriedenheit statt durch Abwahl durch Austritt zum Ausdruck bringen[274]. Jedoch kann bei Vereinen wie dem Fc Bayern München mit etwa 90.000 Mitgliedern von einem Massenverein gesprochen werden. Vor allem aber ist die Tatsache, daß ein Verein hauptsächlich aus den Einnahmen des wirtschaftlichen Geschäftsbetriebes finanziert wird, ein Indiz dafür, daß auch bei den Mitgliedern wirtschaftliche Interessen die Oberhand gewinnen, anderenfalls hätten sie entsprechende Finanzgebahren der Vereinsfüh-rung schon aus Sorge vor der Abhängigkeit externer Geldgeber gar nicht zuge-stimmt. Mit steigender Abhängigkeit des Vereins von den wirtschaftlichen Ein-nahmen schwindet die Möglichkeit, daß die Mitglieder ihr ideelles Verlustrisi-koempfinden unseriösen wirtschaftlichen Geschäften entgegenhalten und das, ob-wohl bei steigender wirtschaftlicher Abhängigkeit das Risiko für die ideelle Zwecksetzung ebenfalls steigt.

Ein Überwiegen der Einnahmen aus dem wirtschaftlichen Betrieb prägt einen Verein aber auch nach außen, weil er in hohem Maße durch das Angebot von Leistungen am Markt in Erscheinung tritt, während seine ideellen Tätigkeiten zunehmend weniger wahrgenommen werden.

Ähnlich verhält es sich mit den Ausgaben. Bei einem Verein, bei dem das Interesse nach ideeller Betätigung überwiegt, werden tendenziell die Aufwendun-gen für den ideellen Bereich höher ausfallen als für untergeordnete wirtschaftliche Aktivitäten. Überwiegen demgegenüber die Ausgaben für den wirtschaftlichen Geschäftsbetrieb, spricht das dafür, daß eher die wirtschaftlichen Interessen im Verein die Oberhand haben[275]. Auf diesen Aspekt hatte bereits *Knauth* hingewie-sen[276]. Ihm wird entgegengehalten, daß die Ausgaben nur wenig über die Schwer-punkte der Vereinstätigkeit aussagen könnten[277]. Zu berücksichtigen ist jedoch, daß für *Knauth* das Verhältnis der Ausgaben das einzige Kriterium zur Begren-zung des Nebentätigkeitsprivileges ist, während es nach der hier vorgeschlagenen Lösung nur eins unter mehreren ist, dem eine gewisse Indizwirkung zukommt[278]. Es unterliegt keinem Zweifel, daß die Ausgabenverteilung im Verein ein Spiegel-bild der Interessenverteilung seiner Mitglieder darstellt. Genauso wie die Ausga-benverteilung in einem Staatshaushalt die Handschrift einer konservativen, sozia-len, liberalen oder ökologischen Regierung trägt.

---

[274] Vgl. Teubner, aaO.

[275] Das Problem von "gemischten Ausgaben", die sowohl für den ideellen als auch wirtschaftli-chen Bereich anfallen, soll hier nicht vertieft werden. Zu denken ist etwa an den Bau, die Un-terhaltung und Miete von Trainingsplätzen, die sowohl von den Amateur- als auch Profimann-schaften genutzt werden.

[276] *Knauth*, S. 74 ff.; ders. JZ 78, 339, 343.

[277] s.o. 2. Teil B. I. 1. a.E.

[278] Insofern anerkennend *Menke*, S. 32.

So wie die das Verhältnis der Ausgaben als Gradmesser für die interne Interessenverteilung des Vereins zumindest tendenziell geeignet ist, beeinflußt es auch seine Außendarstellung. Je mehr die Investitionen für den wirtschaftlichen Bereich überwiegen, desto eher wird dieser zu Lasten des ideellen Bereichs von außen wahrgenommen.

Repräsentation in den Entscheidungsgremien

Ein weiteres Indiz dafür, daß der Verein insbesondere nach innen durch den ideellen oder wirtschaftlichen Betrieb geprägt ist, ergibt sich daraus, wie die Entscheidungsgremien besetzt sind. Weisen diese ein personelles Übergewicht aus dem wirtschaftlichen Bereich auf, deutet das darauf hin, daß die wirtschaftlichen Interessen im Verein dominieren, weil sich die Führungsgremien hauptsächlich aus diesem Bereich rekrutieren.

Mitgliederstruktur

Bedeutsam ist auch die Zusammensetzung der Vereinsmitglieder. Besteht der Verein vorwiegend aus Mitgliedern, die selbst entsprechend dem ideellen Vereinsziel im Verein *aktiv* sind, spricht dies dafür, daß ein starkes ideelles Interesse im Verein besteht, daß die Mitglieder gegenüber unseriösen Finanzgebahren des Geschäftsbetriebes zum Schutz ihrer ideellen Betätigung aber auch der Gläubiger durchsetzen werden. Weist der Verein vorwiegend Mitglieder auf, die dem Verein in erster Linie wegen selektiver wirtschaftlicher Anreize angehören[279], ist nicht zu erwarten, daß unseriösen Geschäften des Geschäftsbetriebes aufgrund drohender schädlicher Rückwirkungen auf die ideelle Vereinsbetätigung ein Riegel vorgeschoben wird.

Keines der genannten Kriterien vermag für sich die Grenze des Nebentätigkeitsprivileges trennscharf zu markieren. Es handelt sich bei den genannten Kriterien lediglich um Indizien, die dem Rechtsanwender im Einzelfall einen Orientierungsrahmen geben sollen. So bedauerlich es für die Rechtssicherheit im Einzelfall ist, es bleibt nichts anderes übrig, als eine gewisse Grauzone hinzunehmen, um die genannten Kriterien im konkreten Fall flexibel handhaben zu können. Je mehr der Kriterien, die nach ihrer Bedeutung mit dem gewichtigsten beginnend aufgezählt sind, zugunsten einer wirtschaftlichen Betätigung erfüllt sind, um so eher ist davon auszugehen, daß der wirtschaftliche Geschäftsbetrieb dem Verein das Gepräge gibt, so daß die zulässige Grenze des Nebentätigkeitsprivileges überschritten ist.

---

[279] MüKo/*Reuter*, Vor § 21 Rn. 67 weist etwa auf das verbilligte Angebot von Reisen für Vereinsmitglieder hin.

4. Ergebnis

Für den Umfang des Nebentätigkeitsprivileges ist entscheidend, daß sich der wirtschaftliche Geschäftsbetrieb des Vereins der ideellen Zweckverfolgung unterordnet, weil dem Vereinsrecht ein speziell auf wirtschaftliche Aktivitäten zugeschnittener Schutzmechanismus zugunsten der Gläubiger fremd ist. Als mit dem Handelsrecht vergleichbares Schutzelement ist jedoch das Interesse der Vereinsmitglieder an der Vermeidung von Verlusten im Hinblick auf die Aufrechterhaltung der ideellen Zweckverfolgung anzuführen. Dadurch ist bei ihnen ähnlich wie durch die vermögensmäßige Beteiligung der Gesellschafter im Handelsrecht eine Risikoempfinden vorhanden, das sich tendenziell auf eine rücksichtsvolle Vereinspolitik auswirkt, so daß auch die Gläubiger vor überriskanten Aktivitäten geschützt sind. Die Sorge der Mitglieder vor negativen Rückwirkungen auf die ideelle Zweckerreichung des Vereins kann jedoch nur dann als Regulator gegenüber unangemessenen wirtschaftlichen Bestrebungen fungieren, wenn das ideelle Interesse der Mitglieder gegenüber dem wirtschaftlichen Interesse an der Mitgliedschaft überwiegt. In diesem Fall werden die Mitglieder vorrangig bestrebt sein, den ideellen Vereinsbetrieb zu erhalten und wirtschaftlich riskante Geschäfte zu unterlassen. Überwiegen demgegenüber wirtschaftliche Interessen bei den Mitgliedern, sind überriskante wirtschaftliche Aktivitäten zu erwarten, da das nachrangig empfundene ideelle Interesse nicht mehr bremsend auf die Vereinspolitik einzuwirken vermag. Aber auch ein zu erwartender wirtschaftlicher Fehlschlag vermag sich mangels eigener wirtschaftlicher Beteiligung der Mitglieder nicht regulierend auf die Geschäftspolitik auszuwirken. Erhebliche Moral-Hazard-Probleme sind die Folge[280]. In diesem Fall würde das Risiko des wirtschaftlichen Geschäftsbetriebes einseitig auf die Gläubiger des Vereins abgewälzt[281].

Von einem entsprechenden Interessenungleichgewicht ist auszugehen, wenn die wirtschaftlichen Aktivitäten dem Verein das Gepräge geben. Solange die Hauptaktivitäten jedoch ideeller Natur sind, kann der Verein nach seinem Belieben wirtschaftlich tätig sein, um sich dadurch die zur Erreichung seiner Zwecke *"erforderlichen"* Mittel zu verschaffen. Es ist nicht erforderlich, daß der Verein zwingend auf den wirtschaftlichen Betrieb angewiesen ist, um den ideellen Zweck zu erreichen. Im Gegenteil, bei einer derartigen Begrenzung des Nebentätigkeitsprivileges könnten im Einzelfall wegen idealistischer Überhöhung des Vereinszwecks wirtschaftliche Geschäftsbetriebe in einem Umfang möglich sein, die mit dem Haftungssystem des bürgerlichen Vereins nicht mehr vereinbar sind.

---

[280] Hierzu im Kapitel "Ökonomische Analyse des Rechts" 3. Teil B. I. 2. a) cc) (2) (c) (cc).

[281] Ökonomisch spricht man von der *Externalisierung* von Kosten, weil diese nicht derjenige trägt, der sie eigentlich zu tragen hat, weil er sie durch sein Verhalten verursacht; s.u. im 3. Teil B. I. 2. a) cc) (2) (c) (bb).

III. Subsumtion für die Fußballbundesligavereine

Zu prüfen ist, ob die Fußballbundesligavereine danach noch zu Recht als Idealvereine eingetragen sind. Die bisherige Einschätzung in der Literatur fällt unterschiedlich aus, wenngleich sich inzwischen die Stimmen, die für eine Rechtsformverfehlung plädieren, durchgesetzt haben dürften[282]. Dabei ist jedoch zu berücksichtigen, daß die Kontroverse größtenteils auf die von der Theorie der *konditionellen Verknüpfung* hervorgerufene Rechtsunsicherheit zurückgeführt werden kann. Wenn man nämlich den Fußball in all seinen Erscheinungsformen, also auch auf höchster Spielebene, als ideelles Betätigungsfeld

---

[282] Ganz überwiegende Ansicht vgl. *Wagner*, NZG 99, 469, 472; *Menke*, S. 43 ff.; Müko/*Reuter*, §§ 21, 22 Rn. 43; *Schwierkus*, S. 319; *Heckelmann*, AcP 179, 1, 39 ff.; *Hemmerich*, S. 109; *Kebekus*, S. 47 ff.; *Kübler*, § 33 I 1 d, S. 423; *Segna*, ZIP 97, 1901, 1903. Vor dem Problem kapitulierend *Staudinger/Weick*, § 21 Rn. 15: Einerseits würden die Bundesligavereine nur zu einem Bruchteil aus Mitgliederbeiträgen finanziert, andererseits unterhielten sie aber auch Amateurabteilungen in beträchtlichem Umfang. Eine ernsthafte Lösung sei deshalb nur auf dem Weg der Gesetzgebung, die auch Großvereine erfassen müßte, zu erwarten. Für die Einhaltung des Nebentätigkeitsprivilegs *Aldermann*, S. 95 ff., die im Lizenzverfahren des DFB einen mit dem Handelsvereinsrecht vergleichbaren Gläubigerschutzmechanismus erblickt (s. o.); sowie *Füllgraf*, DB 81, 2267, 2268. Seiner Ansicht nach stellt die Förderung des Berufssports genauso einen nicht wirtschaftlichen Zweck dar, wie die des Amateursports, nur mit dem Unterschied, daß ersterer ein Full-time-Job ist, der ohne entsprechenden finanziellen Aufwand nicht zu betreiben wäre. Im übrigen ließe sich die passende Rechtsform immer noch mit der Kontrollfrage "Was bleibt ohne den wirtschaftlichen Betrieb?" lösen, weil dann nur noch die rein sportliche Betätigung übrig bliebe. Zur Kritik an dieser Ansicht *Menke*, S. 48 ff. *Schleder*, Rn. 427 ist der Ansicht, daß auch ein Sportverein, der den Großteil seiner Einnahmen durch die steuerpflichtigen Veranstaltungen der Bundesliga erzielt, gemeinnützig sein könne, wenn das Schwergewicht seiner Tätigkeiten im gemeinnützigen Bereich liegt, weil er zahlreiche Amateur- und Jugendmannschaften unterhält. *Erman/Westermann*, § 21 Rn. 2, 5, hält die Geschäftstätigkeit der Bundesligavereine dann für mit dem Nebentätigkeitsprivileg vereinbar, wenn die Vereine in unlösbarem Zusammenhang mit ihrer nichtwirtschaftlichen Zielsetzung wirtschaftliche Mittel benötigen, die einen entsprechenden wirtschaftlichen Betrieb erfordern, und solang ein System von Auf- und Abstieg aufrechterhalten werde, weil "eine aus dem ideellen Grundzweck des Vereins herausgewachsene, bei sportlichem Mißerfolg auch wieder an Bedeutung verlierende Profiabteilung wegen ihrer vielleicht nur vorübergehend prägenden Wirkung stets vom Nebenzweckprivileg erfaßt wird". Dieser Ansatz versagt jedoch in der Praxis. Für die großen Fußballvereine, wie den FC Bayern München, existiert de facto kein System des Auf- und Abstiegs. Der HSV ist seit Gründung der Bundesligen ohne Unterbrechung im Oberhaus vertreten. Von einer nur vorübergehend prägenden Wirkung der Profiabteilung kann bei ihnen jedenfalls nicht die Rede sein. Im übrigen würde ein Abstieg aus der ersten in die zweite Bundesliga aus vereinsrechtlicher Sicht nur ein Wechsel vom "Regen in die Traufe" bedeuten. *K. Schmidt*, Verbandszweck, 188, 203 f.; ders., AcP 182, 1, 29, hält die Betätigung der Bundesligavereine in der Rechtsform des eingetragenen Vereins im Hinblick auf die alternativ ausgelösten Rechtsfolgen für vertretbar, weil es seiner Ansicht nach für die Gläubiger wenig dienlich sei, ihnen unter Berufung auf den Gläubigerschutz statt eines "fetten Vereins eine magere Tochtergesellschaft" im Wege der Ausgliederung als Schuldnerin vorzusetzen.

ansieht[283], ließe sich argumentieren, daß für die Ausübung des Sports auf diesem Niveau ein umfangreicher wirtschaftlicher Geschäftsbetrieb, wie er in der Bundesliga anzutreffen sei, nun mal *zwingend erforderlich* ist, um den entsprechenden Vereinsbetrieb zu finanzieren und damit im nationalen und internationalen Geschäft mithalten zu können.

Entscheidend ist jedoch, ob die Fußballvereine durch ihr ideelles oder wirtschaftliches Betätigungsfeld nach innen und außen geprägt sind.

Alle Vereine verfügen neben der Bundesligamannschaft noch über mehrere Fußballmannschaften in unteren Spielklassen und Jugendmannschaften[284] und viele über weitere Mannschaften der unterschiedlichsten Sportarten. In den Fußballbundesligaabteilungen werden ausschließlich wirtschaftliche Tätigkeiten ausgeübt, wie etwa der Verkauf von Fernsehrechten und Eintrittskarten, Handel mit Fanartikeln, Vermietung von Werbeflächen und Trikotwerbung. Dazu gehören auch fußballfremde Betätigungsfelder wie etwa der Betrieb von Hotels, Freizeitzentren, Reisebüros, Museen, Vermietung des Stadions für sonstige Veranstaltungen, um die Abhängigkeit vom nur schwer planbaren wirtschaftlichen Erfolg der reinen Fußballabteilung zu verringern[285]. Aber auch alle Tätigkeiten, die nicht unmittelbar darauf gerichtet sind, eine Leistung am Markt anzubieten (Personalverwaltung, Training, Platzpflege), sind als wirtschaftliche Tätigkeiten zu qualifizieren, weil sie für die originär wirtschaftliche Betätigung der Bundesligaabteilung dienende Funktion haben.

Demgegenüber dürften in den untergeordneten Fußball- und sonstigen Sportabteilungen, sofern dort nicht ebenfalls Berufssport betrieben wird, die ideellen Tätigkeiten überwiegen.

Für den Verfasser ist nicht mit Sicherheit feststellbar, ob die wirtschaftlichen Aktivitäten des jeweiligen Gesamtvereins überwiegen. Wegen der ständig steigenden Anforderungen an den wirtschaftlichen Geschäftsbetrieb im Fußballgeschäft, insbesondere auch durch das Ausweichen auf mehr oder weniger fußballnahe Geschäftsfelder, hat der Anteil der wirtschaftlichen Tätigkeiten in den Fußballvereinen in der Vergangenheit immens zugenommen, während nicht ersichtlich ist, daß sich der Aufwand für den ideellen Sektor wesentlich verändert haben könnte. Es kann deshalb selbst in Vereinen mit einem umfangreichen Angebot an Amateur- und Breitensportabteilungen davon ausgegangen werden, daß inzwischen die wirtschaftlichen Aktivitäten die ideellen in Fußballvereinen der 1. und 2. Bundesliga überwiegen.

Diese Tendenz wird durch einen Blick auf die Einnahmen und Ausgaben der Vereine bestätigt. Die Vereine der beiden Fußballbundesligen haben in der

---

[283] Vgl. *Füllgraf*, aaO.

[284] Hierzu werden die Vereine nach § 7 Abs. 4 des LiSpSt angehalten, wonach jeder Bundesligaverein die Spielberechtigung nur erhält, wenn er mindestens 10 Amateur- und Juniorenmannschaften als sportlichen Unterbau unterhält.

[285] FAZ v. 4. u. 5.04.01 zu den Geschäftsfeldern von Schalke 04; FAZ v. 29.09.01 zu denen von Borussia Dortmund.

Saison 2000/01 zusammen einen Umsatz von etwa 2,2 Milliarden DM erwirtschaftet. Branchenkrösus ist mit einem Umsatz von knapp 350 Millionen DM und einem Gewinn von über 50 Millionen DM der Fc Bayern München[286]. Haupteinnahmequelle sind dabei die Fernsehhonorare. Dank eines neuen Fernsehvertrages mit der Kirch-Gruppe und eines solidaren Verteilungsschlüssels erhielt jeder Verein der 1. Bundesliga einen Sockelbetrag von 15,55 Millionen DM. Aufgrund eines ausgetüftelten Systems von Leistungsprämien beliefen sich die TV-Einnahmen des Fc Bayern München allein aus der Bundesliga allein auf 46,54 DM[287]. Hinzu kommen für die Münchener dank des Erfolges in der Champions League noch Einnahmen in Höhe von 90,1 Mio. DM[288]. Zu diesen Einnahmen kommen noch die Erlöse aus dem Verkauf von Eintrittskarten, Merchandising und Sponsoring. Allein aus der Trikotwerbung nahmen die 18 Erstligavereine in der Saison 2000/01 130 Millionen DM ein; der Fc Bayern allein 30 Millionen[289]. Aus Mitgliedsbeiträgen nimmt etwa der Fc Bayern bei einer Mitgliederzahl von 91.000 und einem angenommenen durchschnittlichen Beitrag von 200 DM im Jahr etwa 18 Millionen DM ein, so daß der Verein nur zu etwa 5 % aus den dem ideellen Bereich zuzuordnenden Mitgliedsbeiträgen finanziert wird.

Den größten Ausgabenblock bilden die Personalkosten der Vereine und gegenwärtig wegen der bevorstehenden Fußballweltmeisterschaft die Investitionen in neue Stadien. Borussia Dortmund hat aus dem Emissionserlös in Höhe von 300 Millionen DM beim Börsengang allein 75 Millionen DM für den Kauf der beiden Stürmer Amoroso und Koller ausgegeben. Löhne für Spieler und Gehälter für das Managment machten bei den Dortmundern etwa 100 Millionen DM aus[290]. Der Fc Bayern München und der TSV 1860 München planen bis zur WM 2006 den Bau einer Fußballarena für etwa 500 Millionen DM[291]. Der Fc Schalke 04 hat für 350 Millionen DM eine Multifunktionsarena errichtet, für die jährlich 21,5 Millionen an Tilgungsdienst und 7 Millionen DM an Betriebskosten anfallen[292].

Die Zahlen zeigen, daß bei den Fußballvereinen das Hauptaugenmerk auf dem wirtschaftlichen Geschäftsbetrieb liegt.

Das zeigt sich auch in der Außendarstellung der Vereine. Während die Fußballmannschaft des Fc Bayern München dank ihrer Erfolge zu einer Marke mit Weltruf aufgestiegen ist und auch andere Spitzenklubs zumindest national einem

---

[286] FAZ v. 14.02.2002.

[287] Zu den Bilanzen der Bundesligavereine siehe FAZ v. 31.07.01.

[288] FAZ v. 20.07.01.

[289] FAZ v. 02.08.01.

[290] FAZ v. 29.09.01. Das Beispiel der Dortmunder, die inzwischen als Kapitalgesellschaft organisiert sind, wird nur zum Vergleich herangezogen, weil von anderen Vereinen mangels Publizitätspflicht - ein weiterer Aspekt, der nach Ansicht einiger wirtschaftlich tätige Vereine unter die Normativbedingungen des Handelsrechts zwingt; MüKo/*Reuter*, §§ 21, 22 Rn. 17 f. - weniger verläßliche Daten vorliegen. Es kann aber davon ausgegangen werden, daß bei anderen Spitzenvereinen schon aus Wettbewerbsgründen ähnliche Summen anfallen.

[291] FAZ v. 12.11.01.

[292] SZ v. 28.07.99, FAZ v. 15.09.01.

breiten Publikum wegen ihrer Fußballmannschaft bekannt sind, dürfte nur intimen Vereinskennern bekannt sein, daß diese Vereine auch über Schach-, Leichtathletik- und sonstige Amateurabteilungen verfügen. Ähnlich präsentieren sich die Vereine nach innen. Mitgliederversammlungen werden zugunsten des Profifußballs wie die Hauptversammlungen großer Aktiengesellschaften inszeniert oder von Fußballmäzenen und Rechtevermarktern beherrscht[293]. Die Amateurabteilungen sind in ihrem wirtschaftlichen Überleben auf das Wohlwollen der Fußballabteilungen angewiesen, während diese sich zunehmend in die Abhängigkeit außenstehender Rechtehändler begeben[294]. Da der gesamte Verein mit der Profiabteilung steht und fällt, bleibt den Mitgliedern bei Beschlüssen kaum eine andere Wahl, als sich den Zielen der Profiabteilungen anzuschließen, in der Hoffnung, dadurch auch für die eigene Abteilung zu profitieren. Verschlimmert wird die Situation dadurch, daß ein Großteil der Mitglieder gar nicht aktiv am Vereinsleben teilnimmt, sondern nur als Fan dem Verein angehört. Ihnen geht es nur darum, ihre Bundesligamannschaft siegen zu sehen. Die Fußballvereine werden damit durch das wirtschaftliche Sonderinteresse der Profiabteilung bestimmt. Dementsprechend finden sich auch in den Gremien der Vereine vorwiegend Vertreter der Profiabteilungen.

Die Verhältnisse zeigen, daß in den Fußballvereinen der Bundesligen die wirtschaftlichen Geschäftsbetriebe der Profimannschaften prägend für die Vereine sind. Vom ursprünglich dominierenden ideellen Interesse der Vereinsmitglieder kann damit nicht mehr im ausreichenden Maße Risikobewußtsein gebündelt werden, um riskanten Geschäften des Berufsfußballs einen Riegel vorzuschieben. Da es bei den Fußballvereinen an der Verknüpfung zwischen persönlichem Risiko und wirtschaftlichem Handeln fehlt, ist es nicht verwunderlich, daß die Verschuldung der Bundesligavereine in den letzten Jahren Größenordnungen angenommen hat, die jedes vernünftige wirtschaftliche Handeln vermissen lassen.

Die Bundesligavereine betreiben damit wirtschaftliche Geschäftsbetriebe, die nicht mehr vom Nebentätigkeitsprivileg gedeckt sind. Ihnen müßte somit eigentlich die Rechtsfähigkeit nach § 43 II BGB von der zuständigen Verwaltungsbehörde entzogen werden[295]. Aus Gründen der Verhältnismäßigkeit, wäre den Vereinen jedoch eine angemessene Übergangsfrist zu setzen, um die Rechtsformverfehlung durch geeignete Umstrukturierungsmaßnahmen auszuräumen[296].

---

[293] Vgl. FAZ v. 24.11.99 zur HSV-Mitgliederversammlung; FAZ v. 26.u.29.11.99 zur Dortmunder Mitlieverversammlung; HA v. 08., 10.12.15.11.99 zur Einflußmacht der Familie Weisener beim Fc St. Pauli; FR v. 21.01.00 zum Einfluß des Unternehmers und Präsidenten *Roth* beim 1. Fc Nürnberg.

[294] Focus Nr. 37/99; FAZ v. 11.02.99;HA v. 18.11.99 "Selbstverständlich gibt es eine Abhängigkeit gegenüber der Ufa". Aussage des sportlichen Leiters des HSV; FAZ v. 28.10.98 "Tennis Borussia Berlin ist völlig fremdbestimmt durch die Göttinger Gruppe".

[295] Vgl. BVerwG, NJW 98, 1166, 1168.

[296] *Fuhrmann*, S. 58 f.

Anders ist die Situation beim Deutschen Fußballbund als dem Dachverband des Fußballs in Deutschland zu sehen. Er ist zwar auch durch die Vermarktung der Nationalelf in gewissem Umfang wirtschaftlich tätig. Überwiegend widmet er sich jedoch der Organisation des Fußballsports einschließlich der Förderung des Nachwuchses, so daß hier der ideelle Bereich noch im Vordergrund seiner Aktivitäten steht[297].

3. Teil: Konsequenzen aus der Rechtsformverfehlung

Nachdem festgestellt wurde, daß die wirtschaftliche Betätigung der Fußballbundesligavereine mit dem Nebentätigkeitsprivileg nicht mehr in Einklang zu bringen ist, fragt sich, wie die Rechtsformverfehlung in der Fußballbundesliga beseitigt werden kann.

Es sollen zunächst Gestaltungsformen untersucht werden, bei denen die Berufssportabteilung vereinsextern fortgeführt wird. Hierbei sind drei Wege zu untersuchen, nämlich der Formwechsel des Gesamtvereins in einen Wirtschaftsverein (unter A), die Auslagerung der Profiabteilung unter Beteiligung der Vereine (unter B) und die Verselbständigung der Profiabteilung in einer Kapitalgesellschaft, die nur noch durch ein schuldrechtliches Band mit dem Stammverein verbunden ist (unter C). Insbesondere soll auf die Möglichkeiten für Vereine nach dem neuen UmwG in Gestalt des Formwechsels und der Spaltung eingegangen werden. Die sonstigen Umwandlungsmöglichkeiten, namentlich die Verschmelzung und die Vermögensübertragung kommen nicht in Betracht. Eine Vermögensübertragung gemäß § 174 UmwG ist schon deshalb ausgeschlossen, weil sich bürgerliche Vereine daran gemäß § 175 UmwG nicht beteiligen können. Des weiteren sind eingetragene Vereine zwar grundsätzlich verschmelzungsfähig[298], jedoch dürfte dies in den hier untersuchten Fällen wenig praktisch werden[299].

---

[297] MüKo/*Reuter*, §§ 21,22 Rn. 43. Der DFB-Präsident hat jüngst angekündigt, daß der DFB-Bundestag auf am 3. Mai 2002 über ein neues Jugendförderungskonzept in Höhe von 10 Millionen Euro entscheiden will; FAZ v. 12.04.2002.

[298] Vgl. §§ 3 I Nr. 4, 99 ff. UmwG.

[299] Zum einen führt die Verschmelzung zum Untergang des Restvereins (§ 2 UmwG). Zu den daraus folgenden Problemen siehe unten 3. Teil A II. Zum anderen bedarf es immer eines weiteren Rechtsträgers, der sich an der Verschmelzung beteiligt und der somit noch gegründet werden müßte, weil die Vereine in der Regel keine Vorratsgesellschaften halten. In diesem Fall sind jedoch die Spaltungsformen nach §§ 123 ff UmwG vorzuziehen.

A. Formwechsel

Nach dem neuen UmwG sind auch rechtsfähige Vereine gemäß § 191 I Nr. 4 UmwG als formwechselnde Rechtsträger anerkannt und können damit einen identitätswahrenden Rechtsformwechsel in eine Kapitalgesellschaft gem. §§ 272 - 282 UmwG vornehmen. Nach der Begründung zum Regierungsentwurf sollte damit insbesondere dem bei wirtschaftlichen Vereinen i. S. v. § 22 BGB hervortretenden praktischen Bedürfnis Rechnung getragen werden, das Gesetz beschränkt den Formwechsel aber nicht auf diese Fälle, sondern läßt auch den Formwechsel von Idealvereinen zu[300]. Der Ablauf des Formwechsels eines Vereins in eine Kapitalgesellschaft ergibt sich aus den allgemeinen Vorschriften gem. §§ 190 - 213 und den besonderen Vorschriften in §§ 273 - 282 UmwG[301].

I. Vermeidung der Rechtsformverfehlung

Die Wirkung des Formwechsels eines Vereins in eine Kapitalgesellschaft ergibt sich aus §§ 202 Abs. 1 Nr. 1, 2, 280 UmwG. Mit der Eintragung der Gesellschaft neuer Rechtsform in das Handelsregister wird der Formwechsel wirksam, so daß der ehemalige bürgerliche Verein in der vorgesehenen Rechtsform weiterbesteht und die Vereinsmitglieder nunmehr an der neuen Kapitalgesellschaft nach den für die neue Rechtsform geltenden Vorschriften beteiligt sind. Die ehedem nicht vermögensrechtliche Mitgliedschaft im Verein wandelt sich damit in eine vermögensmäßige Beteiligung der ehemaligen Vereinsmitglieder an dem Rechtsträger neuer Rechtsform um. Die für unternehmerisches Handeln unzureichende Haftungsverfassung des Idealvereins wird somit ersetzt durch die Normativbedingungen des Handelsvereinsrechts, so daß den Gläubigern zukünftig alle Sicherheiten geboten werden, die das Recht für eine wirtschaftliche Betätigung vorsieht.

II. Bedenken an der praktischen Durchführbarkeit

Als in der Praxis schwer zu überwindende Hürde ist § 275 Abs. I UmwG anzusehen. Danach bedarf der Umwandlungsbeschluß der Mitgliederversammlung des Vereins der Zustimmung **aller**, auch der nicht erschienenen Mitglieder, wenn der Zweck des Rechtsträgers geändert werden soll[302]. Eine Zweckänderung ist

---

[300] *Lutter/Krieger*, UmwG, § 272 Rn. 3.
[301] Zu den Einzelheiten vgl. *Krieger*, aaO, Rn. 8.
[302] *Krieger*, aaO, § 275 Rn. 4, 5. Auf diese Weise soll eine Umgehung von § 33 I 2 BGB verhindert werden. Das gilt gemäß § 1 III 1 UmwG auch dann, wenn die Vereinssatzung für Zweckänderungen abweichend von § 33 I 2 BGB (vgl. § 40 BGB) eine Ausnahme vom Einstimmigkeitserfordernis vorsieht.

insbesondere dann anzunehmen, wenn der Verein zukünftig ein Handelsgewerbe betreibt[303]. Aus den dem Verfasser vorliegenden Satzungen von Bayer 04 Leverkusen, dem ersten deutschen Fußballverein, der seine Lizenzmannschaftsabteilung in eine Kapitalgesellschaft umgewandelt hat[304], ergibt sich, daß Unternehmensgegenstand der Fußball-GmbH u.a. "die Verwertung von Rechten in Medien aller Art, wie z. B. Printerzeugnissen, Rundfunk, Fernsehen, Internet und sonstigen elektronischen Datenträgern sowie von Marketingrechten aller Art und der Vertrieb von Fanartikeln sowie alle damit in Zusammenhang stehenden sonstigen Geschäfte" ist[305].

Zweck der Fußball-GmbH ist somit der Betrieb eines Handelsgewerbes i. S. v. § 1 I HGB im Bereich der Fußballunterhaltung, wohingegen Zweck des Vereins nur die ideelle Förderung der Gesundheit der Mitglieder ist, so daß der Umwandlungsbeschluß in der Mitgliederversammlung wegen der Zweckänderung der Einstimmigkeit nach § 275 I UmwG bedürfte[306]. Die Zustimmung aller Vereinsmitglieder dürfte praktisch kaum zu erreichen sein, weil der Formwechsel zum Untergang des Stammvereins und damit verbundener Privilegien führen würde[307]. Hierbei ist insbesondere an den Verlust von Steuervorteilen nach dem Gemeinnützigkeitsrecht gemäß §§ 51 S. 1, 52 II Nr. 2, 55, 56 AO zu denken. Allerdings darf ein Verlust von Steuerprivilegien kein Argument gegen den Formwechsel eines Idealvereins darstellen[308], wenn sich dadurch das Rechtsformproblem lösen läßt. Andererseits stellt eine Umwandlungsform, die praktisch am Widerstand der Mitglieder des Vereins scheitert, keine echte Problemlösung dar, zumal möglicher-

---

[303] *Krieger*, aaO, § 275 Rn. 4. Die Umwandlung des Vereins in eine Kapitalgesellschaft begründet für sich noch keine Zweckänderung, wie sich aus §§ 275 I, II UmwG ergibt

[304] Bayer 04 Leverkusen hat allerdings nicht den Weg des Formwechsels nach §§ 272 ff., sondern den einer Ausgliederung auf eine GmbH nach § 123 III Nr. 3 UmwG gewählt. Die Umwandlung ist nach den dem Verfasser vorliegenden Registerauszügen zum 15.04.1999 wirksam geworden.

[305] § 2 des Gesellschaftsvertrages der Bayer Leverkusen Fußball-GmbH.

[306] Dies wäre auch bei allen anderen Fußballvereinen der Bundesligen so, weil einerseits die Satzungen der Vereine im wesentlichen identisch sind und andererseits der Unternehmensgegenstand der Profifußball ebenso identisch durch die Branche festgelegt ist. Die Umwandlung der Fußballabteilung von Bayer 04 Leverkusen bedurfte jedoch gem. §§ 125 i. V. m. 103 UmwG nur einer 3/4-Mehrheit der anwesenden Mitglieder, weil sie im Wege der Ausgliederung vollzogen wurde, bei der eine Umgehung von § 33 I 2 BGB nicht droht, da der Zweck des Restvereins bei dieser Umwandlungsart unangetastet mit diesem bestehen bleibt.

[307] Nicht einmal die Ausgliederung der Profiabteilung bei Bayer Leverkusen, zumal nur bei 275 Anwesenden in der Mitgliederversammlung von insgesamt etwa 10 000 Mitgliedern, konnte einstimmig beschlossen werden, obwohl in diesem Fall der Restverein von der Regelung unangetastet geblieben ist. Zur aus der Treuepflicht ggfs. folgenden Zustimmungspflicht der Mitglieder vgl. *Lettl*, DB 2000, 1449, 1454.

[308] So argumentieren jedoch *Menke/Steinbeck*, NJW 98, 2169, 2170, Fn 5 unter Hinweis auf *Stobbe*, DStZ 96, 298, 301; ebenso *Erman/Westermann*, § 21 Rn 5 hinsichtlich einer Ausgliederung.

weise andere, weniger einschneidende Lösungsmöglichkeiten zur Verfügung stehen[309].

B. Auslagerung der Profiabteilungen unter Beteiligung der Vereine

Als weniger einschneidende Lösungsmöglichkeit kommt die häufig vorgeschlagene[310] und in der Praxis vereinzelt schon vollzogene[311] Auslagerung der Berufssportabteilungen auf eine selbständige Kapitalgesellschaft unter Fortbestand des Stammvereins, der sich an der neugegründeten Gesellschaft beteiligt, in Betracht. Die Auslagerung der Berufssportabteilungen auf eine Personengesellschaft soll hier aus zwei Gründen nicht betrachtet werden. Zum einen dürfte diese Gestaltung wegen der unbeschränkten persönlichen Haftung der OHG-Gesellschafter und Komplementäre einer Kommanditgesellschaft angesichts des hohen betriebswirtschaftlichen Risikos im Berufssport eine lediglich theoretische Konstruktion bleiben[312]. Zum anderen ist es ganz herrschende Meinung, daß Vereinen, die als Gesellschafter einer Unternehmensverbindung genauso haften wie als Alleinunternehmer, zum Schutz der Vereinsgläubiger die OHG-Beteiligung bzw. die Beteiligung als Komplementär wie eine eigene Unternehmensträgerschaft zuzurechnen ist, so daß sich an der Rechtsformverfehlung nichts ändern würde[313]. Ledig-

---

[309] Gegen einen Formwechsel spricht darüber hinaus, daß das imense wirtschaftliche Risiko des Berufssports weiterhin unmittelbar mit dem Schicksal des restlichen Amateur- und Berufssports verknüpft wäre, was in der Praxis als sehr störend empfunden wird. Nach Aussage von Frau Bernard aus der Konzernrechtsabteilung der Bayer AG war u. a. auch dies ein Motiv für die Ausgliederung der Profiabteilung aus dem Verein Bayer 04 Leverkusen. Vgl. auch die Situation beim VfB Leipzig, wo sich Handball- und Volleyballabteilung wegen des finanziellen Fiaskos der Fußballabteilung vom Verein lossagten; FR v. 19.10.99.

[310] *Knauth*, S. 153 f., *Heckelmann*, AcP 179, 1, 47 f.; *Hemmerich*, S. 124 ff.; dies. BB, 83, 26 ff.; *Soergel/Hadding*, §§ 21, 22 Rn. 38 ff.; *Doberenz*, S. 123 ff.; *Mummenhoff*, S. 153 f.; *Menke*, S. 173 ff.; *Schick/Rüd*, S. 45 ff., *Kebekus* S. 100 ff.

[311] S. o. 1. Teil A I 1. Bei fast jedem Verein findet sich aber auch die Auslagerung sonstiger Geschäftsbereiche in Kapitalgesellschaften, wie Merchandising, Betrieb des Stadions.

[312] Allenfalls die Mischform der GmbH &Co. KG bietet eine angemessene Risikobegrenzung für die beteiligten natürlichen Personen.

[313] Statt vieler *K. Schmidt*, Verbandszweck, § 5 III 4 a, S. 125; ders., RPfl 72, 343, 347; ders. AcP 182, 1, 21 je m. w. N. Er weist darauf hin, daß sich sonst schon lange zu der "mißratenen Tochter" des Gesellschaftsrechts - der GmbH & Co. KG - eine "vollendete Mißgeburt" in Gestalt der e. V. & Co. KG als Schwester gesellt hätte, weil bei ihr sogar die Aufbringung von 50 000 DM Stammkapital entbehrlich wäre. Trotzdem soll es wohl vier solcher Fälle im Handelsregister des Amtsgerichts Stuttgart geben. A.A. *Reuter*, ZiP 84, 1052, 1057 a.E.;*Schick/Rüd*, S. 42 f., wonach die Beteiligung als Vollhafter genauso wie das unmittelbare Betreiben eines wirtschaftlichen Geschäftsbetriebes nach dem Nebentätigkeitsprivileg zu beurteilen ist; siehe dazu Näheres unten 3. Teil B I 2. a) cc) (1) (b) (bb) u. dd). . Im hier zu beurteilenden Zusammenhang würde sich danach aber auch nichts anderes ergeben, weil die wirtschaftliche Betätigung in der oHG mangels Risikominderung für die Vereinsgläubiger natürlich in vollem Um-

lich die Beteiligung eines eingetragenen Vereins als Kommanditist ist dagegen nach ganz herrschender Meinung zulässig[314], die jedoch wegen des damit verbundenen Machtverlustes des Vereins auf der einen Seite und der Tatsache, daß es wegen des angesprochenen hohen Betriebsrisikos auf der anderen Seite kaum möglich sein wird, jemanden zur Übernahme der persönlichen Haftung zu gewinnen, nur von theoretischer Bedeutung ist.

Bei der Auslagerung der Berufssportabteilung unter Beteiligung des eingetragenen Vereins ist im wesentlichen auf zwei Gestaltungsmöglichkeiten nach dem UmwG einzugehen, namentlich auf die in der Praxis favorisierte Spaltungsform der *Ausgliederung* nach § 123 III UmwG und die *Abspaltung* nach § 123 II UmwG[315]. Die Auslagerung wird weiterhin unter dem Aspekt der *Mehrheits-* und *Minderheitsbeteiligung* des Vereins untersucht.

I. Ausgliederung gemäß § 123 III UmwG

Für die in der Praxis bisher favorisierte Ausgliederung werden im wesentlichen fünf tragende Motive angeführt. Zunächst stand der Gedanke im Vordergrund, auf diese Weise die seit langem beklagte Rechtsformverfehlung zu beseitigen[316]. Angesichts der bisherigen Untätigkeit der Verwaltungsbehörden kann dies aber kaum als tragendes Motiv angesehen werden. Maßgeblich sind nunmehr wirtschaftliche Überlegungen. Damit die deutschen Vereine im Wettstreit mit ausländischen Klubs um die Gunst internationaler Spitzenspieler nicht das Nachsehen haben, ist man nach Ansicht der Verantwortlichen gezwungen, das den "Charme eines Dinosauriers versprühende Rechtskleid des ideellen Vereins" abzulegen[317], um den erhöhten Kapitalbedarf langfristig wie die ausländischen Konkurrenten durch einen Gang an die Börsen zu decken[318]. Hierfür sei des weiteren

---

fange zuzurechnen ist und damit das Nebentätigkeitsprivileg genauso überschritten wäre, wie bei einer eigenen wirtschaftlichen Betätigung des Vereins.

314 *Schick/Rüd*, S. 43, *Soergel/Hadding*, §§ 21, 22 Rn. 40; *K. Schmidt*, Verbandszweck, § 5 III 2; *Reichert*, Rn. 110 ff.; RGRK/*Steffen*, § 21 Rn. 6. Dabei handelt es sich nämlich um eine grundsätzlich unproblematische Vermögensverwaltung. Jedoch kann sich auch insofern das Problem der Minderheitsbeteiligung stellen. S. u. 3. Teil B I 2 b.

315 Die Aufspaltung nach § 123 I UmwG ist im wesentlichen genauso zu beurteilen wie der Formwechsel nach §§ 272 ff. UmwG und bedarf deshalb keiner weiteren Erörterung. Zwar gilt hier nach der Verweisung in § 125 auf § 103 UmwG nur ein Mehrheitserfordernis von drei Viertel der erschienenen Mitglieder für den Aufspaltungsbeschluß in der Mitgliederversammlung. Da mit einer Aufspaltung genauso wie beim Formwechsel ebenfalls der Untergang des Stammvereins verbunden ist, dürfte es aber ebenso schwierig sein, die entsprechenden Mehrheiten für einen Aufspaltungsbeschluß zu bekommen, wie für einen Beschluß über einen Formwechsel.

316 *Segna*, ZiP 97, 1901, 1903; *Balzer*, ZiP 2001, 175; *Zacharias*, S. 118.

317 Aussage von *Niebaum*, Präsident von Borussia Dortmund, Nachweis bei *Zacharias*, S. 109, Fn. 1.

318 *Balzer*, aaO. ; *Segna*, aaO., S. 1901 f.; *Zacharias*, S. 111.

eine Professionalisierung der Führungs- und Entscheidungsgremien erforderlich, was in der Rechtsform des Idealvereins nicht möglich sei, weil qualifizierte Führungskräfte nur schwer zu gewinnen seien, wenn das Präsidium "in trunkener Wirtshausstimmung" einer Mitgliederversammlung gewählt würde[319]. Weiterhin verspricht man sich von der Trennung des ideellen Vereinsbetriebs vom wirtschaftlichen Bereich Vorteile, weil die bisher bestehende Verpflechtung des ideellen und wirtschaftlichen Bereiches immer wieder zu Reibungspunkten führt[320]. Schließlich erwarten die Befürworter eines späteren Börsenganges der Profifußballabteilung einen "Spill-over-Effekt" - ausgehend vom Image der Aktie - auf das Image des Fußballteams und umgekehrt, weil die mit einem Going Public verbundene Publizität zu einer Stärkung des Markennamens und zur Erhöhung des internationalen Bekanntheitsgrades und damit zur Steigerung der Attraktivität des Fußballunternehmens führen dürfte[321].

1. Modus der Ausgliederung

Die Bundesligavereine haben bei der Ausgliederung ein zweifaches Wahlrecht. Ihnen steht zunächst die Möglichkeit der Ausgliederung nach den allgemeinen Regeln des BGB im Wege der Einzelrechtsnachfolge offen, sie können sich aber als spaltungsfähige Rechtsträger (§§ 124, 3 I Nr. 4 UmwG) auch für eine Ausgliederung nach dem UmwG entscheiden[322]. Darüber hinaus können die Vereine zwischen einer Ausgliederung zur Aufnahme oder einer Ausgliederung zur Neugründung gemäß § 123 III Nr. 1, 2 UmwG wählen.

Für eine Ausgliederung nach dem UmwG spricht zum einen der rechtstechnische Vorteil der *partiellen Gesamtrechtsnachfolge*, weil gemäß § 131 I Nr. 1 UmwG mit deren Eintragung in das Vereinsregister die im Spaltungs- und Übernahmevertrag (§ 126 I Nr. 9 UmwG) bzw. Spaltungsplan (§ 136 UmwG) bezeichneten Gegenstände als Gesamtheit auf die übernehmende Kapitalgesellschaft übergehen, wohingegen bei der Ausgliederung nach dem BGB der sachenrechtliche *Spezialitätsgrundsatz* zu beachten ist[323]. Darüber hinaus bietet die Son-

---

[319] *Segna*, aaO. ; S. 1902 f.; *Zacharias*, S. 114 f.

[320] *Zacharias*, S. 116 f.; *Raupach*, SpuRt 95, 241, 247 ff.

[321] *Zacharias*, S. 118 f.

[322] *Menke*, S. 176; *Feddersen/Kiem*, ZIP 94, 1078, 1079; *Dehmer*, § 131 Rn. 4 ff.; *Trölitzsch*, WiB 97, 795, 796, der jedoch darauf hinweist, daß die Grenze der Wahlfreiheit dort liegt, wo mit der Umwandlung nach dem UmwG Formvorschriften des allgemeinen Rechts umgangen werden sollen. Was dann angenommen werden kann, wenn nur ein Vermögensgegenstand ausgegliedert werden soll; vgl. *Goutier*, § 123 Rn. 12. Dies ist bei den Bundesligavereinen jedoch nicht der Fall, da nicht nur einzelne Vermögensgegenstände, wie etwa nur das Stadion, sondern ein ganzer Betriebsteil Gegenstand der Ausgliederung ist.

[323] *Menke*, S. 174 ff., favorisiert dennoch die Einzelrechtsnachfolge, weil diese lediglich eine Sache des Vereinsvorstandes sei und nicht der Mitwirkung der Mitgliederversammlung bedürfe (vgl. §§ 125 S. 1 i.V.m. 13 I, 103 UmwG). Jedoch wird man bei einer Ausgliederung die

derrechtsnachfolge nach dem UmwG den steuerrechtlichen Vorteil, daß eine Aufdeckung *stiller Reserven* vermieden werden kann[324].

Im Hinblick auf den Zielrechtsträger einer Ausgliederung ihrer Berufssportabteilung haben die Vereine grundsätzlich eine Wahlfreiheit zwischen den in diesem Zusammenhang in Betracht kommenden Rechtsformen des Kapitalgesellschaftsrechts, also der GmbH, der Aktiengesellschaft und der Kommanditgesellschaft auf Aktien[325]. Der Vorteil einer Ausgliederung auf eine GmbH besteht vor allem in der geringeren Satzungsstrenge[326], wohingegen sich jedoch im Hinblick auf die angestrebte zusätzliche Kapitalbeschaffung die mangelnde Fungibilität der GmbH-Geschäftsanteile gemäß § 15 III GmbHG nachteilig auswirkt, weshalb die Gründung einer börsennotierten Aktiengesellschaft angestrebt wird[327], was wegen der Unabhängigkeit des Vorstandes gemäß § 76 I AktG auch einer Professionalisierung der Klubführung entgegenkäme[328].

Die in der Praxis favorisierte Rechtsform ist jedoch die Kommanditgesellschaft auf Aktien i. S. v. § 278 AktG[329]. Da der Verein nicht Komplementär der Kommanditgesellschaft auf Aktien werden kann, weil er dann wie ein Alleinunternehmer haften würde[330], wird auf den juristischen Kunstgriff der "kapitalistischen" KGaA zurückgegriffen, bei der als Komplementär eine 100%ige Tochter des Vereins in der Rechtsform einer GmbH fungiert[331]. Die Vorzüge dieser Ge-

---

Bundesligavereine prägenden Lizenzfußballabteilung im Wege der Einzelrechtsnachfolge nach den Grundsätzen der "Holzmüller-Entscheidung" auch einen Mitgliederbeschluß benötigen; *Segna*, ZIP 97, 1901, 1909; D. *Mayer*, S. 67, 82 f.

[324] Vgl. *Kübler*, GesR, § 26 I 2; *Kraft/Kreutz*, B VI, S. 75; *Lutter/Priester*, § 136 Rn 10 stille Reserven können, müssen aber nicht aufgedeckt werden.

[325] Nach *Hopt*, BB 91, 778, 780 kommt eine GmbH & Co. KG schon wegen der gefährlichen Haftungsrisiken für die Kommanditisten gem. §§ 172 IV, 172 a, 173, 176 HGB nicht in Betracht.

[326] Vgl. § 3 GmbHG gegenüber § 23 V AktG. Dazu *Hüffer*, § 23 Rn 34 ff.

[327] Zu den Aussichten eines Börsenganges vgl. *Segna*, ZIP 97, 1901 ff.; *Fuhrmann*, S. 180 ff.; M. *Müller*, S. 173 ff.

[328] Vermeidung der oft beklagten "Biersaalatmosphäre" auf Mitgliederversammlungen. Zu den Vorzügen der Aktiengesellschaft im Profifußball vgl. ausführlich *Hopt*, BB 91, 778 ff.; D. *Mayer*, S. 67, 71 f.

[329] *Doberenz*, S. 135 f.; *Siebold/Wichert*, SpuRt 98, 138 ff.; D. *Mayer*, S. 67, 76 f.; *Habel/Strieder*, NZG 98, 929 ff.; s. o. 1. Teil A I 1.

[330] Vgl. § 278 II AktG i. V. m. §§ 161 II, 128 HGB. Zur Problematik der unbeschränkten Gesellschafterhaftung des Vereins s. o. 3. Teil B. Zur ausnahmsweisen Zulässigkeit der Komplementärstellung eines Vereins s. u. 3. Teil B I 2 a) cc) (1) (b) (bb), dd).

[331] *Siebold/Wichert*, SpuRt 98, 138, 141. Vgl. auch die Ausgliederungsmodelle der Bundesligavereine Borussia Dortmund, Tennis Borussia Berlin u. Hannover 96 im 1. Teil A I 1. Über die gesellschaftsrechtliche Zulässigkeit der "kapitalistischen" KGaA neben dem gesetzlichen Leitbild einer "personalistischen" KGaA hat es einen jahrzehntelangen - teilweise erbittert geführten - Streit gegeben. Vgl. dazu *Hennerkes/May*, BB 88, 2393 ff.; *Binz/Sorg*, BB 88, 2041 ff.; *Priester*, ZHR 160, 250 ff.; K. *Schmidt*, ZHR 160, 265 ff.; ders., GesR, § 32 III 2. *Reuter/Körnig*, ZHR 140, 494, 517 f. aus mitbestimmungsrechtlicher Sicht. Seinen Abschluß fand er mit der anerkennenden Entscheidung des BGH, NJW 97, 1923. Vgl. *Overlack*, GesR 97,

staltungsform lassen sich auf folgende Kurzformel zusammenfassen: Sie verbindet in idealer Weise die Anonymität der aktienrechtlichen Kapitalbeteiligung mit der Intimität und Flexibilität der Kommanditgesellschaft und führt damit zu einer Trennung zwischen den Finanziers und den Unternehmern[332].

Hat sich der jeweilige Verein für einen Zielrechtsträger entschieden, sind für das Verfahren der Ausgliederung gemäß § 125 S. 1 UmwG im wesentlichen die Vorschriften über die Verschmelzung zu beachten[333].

2. Vermeidung der Rechtsformverfehlung oder Zurechnung externer Wirtschaftstätigkeit ?

Nachdem zunächst die technischen Voraussetzungen einer Ausgliederung der Lizenzmannschaften auf Kapitalgesellschaften beschrieben worden sind, wird nunmehr der entscheidenden Frage nachgegangen, ob die Ausgliederung unter Beteiligung des Muttervereins zu einer Vermeidung der oben festgestellten Rechtsformverfehlung beim eingetragenen Stammverein führt. Dabei wird zwischen einer maßgeblichen (sogleich unter a) und einer unmaßgeblichen Beteiligung (unter b) des Stammvereins unterschieden. Bevor in die Diskussion zu diesem Thema eingeführt wird, die sich in Wissenschaft und Rechtsprechung insbesondere am ADAC-Urteil des BGH entzündet hat[334], sei darauf hingewiesen, daß grundsätzlich Einigkeit darüber besteht, daß die bloße gesellschaftsrechtliche Beteiligung eines Idealvereins an einer Kapitalgesellschaft als solche eintragungsunschädlich ist[335]. Begründet wird dies damit, daß es sich bei der bloßen Beteiligung

237, 247 ff.; *D. Mayer*, GesR 97, 263, 267 ff.; resigniert nunmehr *K. Schmidt*, JbFSt 97/98, S. 241 ff. Die Zulässigkeit der GmbH & Co. KGaA soll hier nicht in Frage gestellt werden, wenngleich sie im Hinblick auf die Steuerungsfunktion der persönlichen und unbeschränkten Haftung äußerst problematisch ist;

[332] *Wagner*, NZG, 99, 469, 476; *K. Schmidt*, ZHR 160, 265, 267, der in der GmbH & Co. KGaA die oft vom Gesetzgeber verlangte Deregulierung des AktG sieht; *Overlack*, GesR 97, 237, 238; *Hennerkes/May*, BB 88, 293 ff.; *Priester*, ZHR 160, 250, 252 f; *Haase*, GmbHR 97, 917, 919.

[333] Zu den Einzelheiten und Folgeproblemen *Heermann*, ZIP 98, 1249, 1250 ff.; *D. Mayer*, S. 67, 79 ff. Als besonders problematisch erweist sich die Bewertung der auszugliedernden Lizenzabteilung, weil nach dem *Bosman*-Urteil das Herzstück der Bundesligavereine, namentlich der Spielerkader, mangels garantierter Ablösesummen nur eingeschränkt aktiviert werden kann; vgl. *Heermann*, aaO; *Chr. Müller*, S. 107 ff. Hinzukommt, daß weitere vermögenswerte Positionen der Vereine, wie etwa der Markenname, aufgrund ihrer Abhängigkeit vom sportlichen Erfolg starken Schwankungen unterliegen, was ihre Bewertung erschwert. Zur Bewertung von Bundesligaklubs *Littkemann/Sunderdiek*, BBK 98, S. 457 ff.

[334] BGHZ 85, 84 = NJW 83, 569 ff.; *Reuter*, ZIP 84, 1052 ff.; *K. Schmidt*, NJW 83, 543 ff.; Urteilsanmerkung von *Hemmerich*, BB 83, 328 ff.

[335] *Soergel/Hadding*, §§ 21, 22 Rn. 40; RGRK/*Steffen*, § 21 Rn. 6; *K. Schmidt*, Verbandszweck, § 5 III 2; *Reichert*, Rn. 110 ff.; *Schick/Rüd*, S. 45; MüKo/*Reuter*, §§ 21, 22 Rn. 8, 34; ders., ZIP 84, 1052, 1057 f., 1061, der allerdings eine bloße Minderheitsbeteiligung dann als eintra-

an einer Gesellschaft nicht um eine wirtschaftliche Tätigkeit des Vereins handelt, die den im ersten Teil unter B II 2 genannten Fallgruppen wirtschaftlich tätiger Vereine zuzurechnen ist, sondern um eine eintragungsunschädliche Verwaltung des Eigenvermögens[336]. Dazu muß auch ein Verein berechtigt sein, denn es kann ihm im Hinblick auf eine funktionsgerechte Betätigung nicht verwehrt werden, sein Vermögen möglichst ertragbringend anzulegen[337].

Über diesen Fall der bloßen Beteiligung hinaus besteht jedoch Uneinigkeit darüber, ob eine Verselbständigung der wirtschaftlichen Aktivitäten eines Vereins in einer Kapitalgesellschaft zur Beseitigung der Rechtsformverfehlung führt. Dabei geht es um die Frage, ob trotz der prinzipiellen Trennung zwischen dem nichtwirtschaftlichen Geschäftsbetrieb des eingetragenen Vereins auf der einen Seite und dem wirtschaftlichen Geschäftsbetrieb der Kapitalgesellschaft auf der anderen Seite deren Wirtschaftstätigkeit dem eingetragenen Mutterverein nach dem Schutzzweck von §§ 21, 22 BGB zuzurechnen ist[338]. Durch die Ausgliederung der Lizenzspielerabteilung auf eine selbständige juristische Person verliert der Verein zwar zunächst einmal seinen eigenen wirtschaftlichen Geschäftsbetrieb an die Berufssportgesellschaft und ist damit je nach Umfang der Ausgliederung selbst nicht mehr oder nur noch in eingeschränktem Umfang wirtschaftlich tätig. Wie aber bereits erwähnt, besteht bei den Vereinen aus sportpolitischen Gründen ein elementares Interesse daran, die Verbindung zum Berufssport nicht völlig zu verlieren. Der Zugriff auf die Lizenzspielerabteilung soll deshalb durch einen maßgeblichen gesellschaftsrechtlichen Einfluß seitens des Vereins auf die Sportgesellschaft gesichert werden, sei es durch eine Mehrheitsbeteiligung, sei es durch den Kunstgriff einer "kapitalistischen" KGaA mit personeller Verflechtung[339]. Damit erhebt sich die Frage, ob ein Verein, dem selbst das Betreiben einer Lizenzfußballabteilung nach dem Vereinsrecht nicht erlaubt ist, dadurch, daß er diesen Geschäftsbetrieb zunächst auf eine Kapitalgesellschaft ausgliedert und sodann auf diese Gesellschaft einen maßgeblichen Einfluß ausübt und damit faktisch - trotz aller formalen Selbständigkeit der Tochtergesellschaft - die Fußballabteilung mittels der Vereinstochter betreibt, nicht einen Umgehungstatbestand hinsichtlich der

---

gungsschädlich ansieht, wenn sich der Verein im Hauptberuf der Verwaltung von Unternehmensbeteiligungen widmet (dazu im 3. Teil B I 2 b); des weiteren *Flume*, § 4 I, S. 106 f.; *Schwierkus*, S. 175.

[336] *Soergel/Hadding*, §§ 21, 22 Rn 27, 40.

[337] *Reuter*, ZIP 84, 1052, 1061.

[338] MüKo/*Reuter*, §§ 21, 22, Rn. 36 ff.; ders., ZIP 84, 1052, 1055 ff.; ders., ZHR 151, 237, 250 f.; *K. Schmidt*, Verbandszweck, § 5 III, S. 122 ff.; ders., AcP 182, 1, 20 ff.; ders., NJW 83, 543 ff.; BGHZ, 85, 84; *Soergel/Hadding*, §§ 21, 22 Rn. 38 ff.; *Menke*, S. 177 ff.; ders./*Steinbeck*, SpuRt 98, 226, 227 ff.; *Hemmerich*, S. 124 ff.; dies., BB, 83, 26, 27 ff.; *Flume*, § 4 II, S. 106 f., 112 f. Das Problem gar nicht behandelnd: *Mumenhoff*, S. 153 f.; *Knauth*, S. 153 f.; *Hekkelmann*, AcP 179, 1, 47 f.; *Nitschke*, S. 127 Fn. 53.

[339] Dabei handelt es sich nicht nur um ein eigenes Interesse der Vereine, sondern auch um eine verbandsrechtliche Vorgabe des DFB im Rahmen der Lizenzerteilung zugunsten der Sportkapitalgesellschaft (vgl. § 8 Nr. 4 DFB-Satzung).

Normativbedingungen des Gesellschaftsrechts darstellt. Es darf aber nicht übersehen werden, daß eine unmaßgebliche Beteiligung von Vereinen an Kapitalgesellschaften zumindest nach der Ansicht von der *Steuerungsfunkton* des Mindestkapitals nicht unproblematisch ist. Denn auch der nicht maßgeblich beteiligte Gesellschafter einer Kapitalgesellschaft trägt durch Ausübung seiner Rechte, insbesondere durch den Widerstand gegenüber gesellschaftsfremden Sonderinteressen der Mehrheit, zum Schutz der Gläubiger bei, so daß auch in seiner Person ein Risikoempfinden mittels persönlicher Betroffenheit zum Wohle der Gesellschaft und damit deren Gläubiger, erforderlich sein könnte[340].

a) Maßgebliche Beteiligung des Stammvereins

Zunächst soll im Hinblick auf eine maßgebliche Beteiligung eines Vereins an einer Kapitalgesellschaft untersucht werden, ob deren Wirtschaftstätigkeit dem Stammverein zugerechnet werden kann. Unter einer maßgeblichen Beteiligung ist eine rechtliche und tatsächliche Beziehung zwischen dem Stammverein und der Kapitalgesellschaft zu verstehen, die es diesem ermöglicht, seine Ziele in der Kapitalgesellschaft weitestgehend durchzusetzen. Eine solche Beziehung ist in erster Linie dann gegeben, wenn der Verein mehr als 50 % der Anteile an der Kapitalgesellschaft hält. Angesichts der üblichen Hauptversammlungspräsenz in einer Aktiengesellschaft kann von einer maßgeblichen Beteiligung aber auch schon bei einem deutlich geringeren Anteil gesprochen werden.

Im Zusammenhang mit der Beantwortung der Frage, inwiefern der auf die Kapitalgesellschaft ausgegliederte wirtschaftliche Geschäftsbetrieb dem maßgeblich beteiligten Idealverein zugerechnet werden kann, prallen im wesentlichen zwei unterschiedliche Ansichten aufeinander. Nach dem einen maßgeblich von *Karsten Schmidt* und *Hannelore Hemmerich* begründeten Ansatz könnte die ausgelagerte wirtschaftliche Tätigkeit dem Verein, im Hinblick auf den Gläubigerschutz aufgrund von konzernrechtlichen Haftungsrisiken, die u.U. mit dem beherrschenden Einfluß des Vereins verbunden sind, zuzurechnen sein ("konzernrechtliche Zurechnung")[341].

Nach Ansicht von *Reuter* bietet die Ausgliederung des wirtschaftlichen Geschäftsbetriebes auf eine beherrschte Kapitalgesellschaft keine Lösung des Rechtsformproblems, weil die gläubigerschützende Steuerungsfunktion des nunmehr in der Kapitalgesellschaft zwar vorhandenen Grund- bzw. Stammkapitals gleichsam *neutralisiert* sei, wenn es nicht von Geldgebern mit einem entsprechenden Verlustrisikoempfinden, sondern von einem Verein mit dahinterstehenden

---

[340] So *Reuter*, ZIP 84, 1052, 1056 f. Näheres unten 3. Teil B I 2 b.
[341] *K. Schmidt*, AcP 182, 1, 22 ff.; ders., Verbandszweck, S. 125 ff.; *Hemmerich*, S. 129 ff.; dies., BB 83, 26, 27 ff.

natürlichen Personen aufgebracht werde, die keinen vermögenswerten Beitrag erbringen[342].

aa) Lehre von der konzernrechtlichen Zurechnung

Die Lehre von der konzernrechtlichen Zurechnung geht grundsätzlich davon aus, daß im Falle einer Ausgliederung des wirtschaftlichen Geschäftsbetriebes auf eine Tochtergesellschaft die wirtschaftlichen Aktivitäten dem Idealverein nach dem gesellschaftsrechtlichen *Trennungsprinzip* nicht mehr zugerechnet werden können[343]. Dem Gläubigerschutz sei in diesem Fall hinreichend gedient, weil Vertragspartner der Gläubiger fortan nicht mehr der Idealverein, sondern die Tochtergesellschaft mit allen ihren handelsrechtlichen Gläubigersicherheiten sei[344]. Der wirtschaftlichen Betätigung in der Tochtergesellschaft sei damit das risikoangemessene Haftungsregime gegenübergestellt, wohingegen die rein ideelle Tätigkeit im Rahmen der dafür angemessenen Haftungsverfassung des bürgerlichen Vereins verbleibt. Eine Durchbrechung dieses Trennungsgrundsatzes zum Zwecke der Zurechnung der wirtschaftlichen Betätigung in der Kapitalgesellschaft zum Idealverein bedürfe einer besonderen Begründung[345]. Davon sei aber erst dann auszugehen, wenn die Beteiligung eines Idealvereins an einer Kapitalgesellschaft zur Außerkraftsetzung unverzichtbarer Prinzipien des Unternehmensrechts, wozu insbesondere die Gläubigerschutzgarantien gehören, führte[346]. Der Gläubiger eines Idealvereins vertraut darauf, daß dieser lediglich ideell tätig ist, anderenfalls wäre er angesichts der unzureichenden Gläubigerschutzbestimmungen der §§ 21 ff. BGB keinen Vertrag mit diesem eingegangen, oder zumindest zu anderen Konditionen[347]. Der Gläubiger einer Kapitalgesellschaft vertraut darauf, daß ihm die Gläubigerschutzbestimmungen des Handelsvereinsrechts die nötige Sicherheit geben.

Dieses Vertrauen könnte jeweils dadurch enttäuscht werden, daß die Beziehung zwischen Idealverein und Kapitalgesellschaft konzernrechtliche Haf-

---

[342] MüKo/*Reuter*, §§ 21, 22 Rn. 11; ders., ZIP 84, 1052, 1056 ff.; ders., ZHR 151, 237, 246 f.; ders., ZHR 151, 355, 360 ff.

[343] *Soergel/Hadding*, §§ 21, 22 Rn. 38; *Menke*, S. 177 f.; ders./*Steinbeck*, SpuRt 98, 226, 228; *Hemmerich*, 129 ff.; dies., BB 83, 26, 27; *K. Schmidt*, Verbandszweck, § 5 III; *Wagner*, NZG 99, 469, 473 f.; *Habersack*, S. 45, 48 ff.; *Heermann*, ZIP 98, 1249, 1257 f.; *Segna*, ZIP 97, 1901, 1905 ff.; *Erman/Westermann*, § 21 Rn. 6; *Knauth*, S. 153 ff.; *Heckelmann*, AcP 179, 1, 48, 56; *Mummenhoff*, S. 153 f.; *Nitschke*, S. 127 Fn. 53; BGH, NJW 83, 569, 570 ff.

[344] *Hemmerich*, BB 83, 26, 27; BGH aaO., S. 571.

[345] *Menke*, S. 178; vgl. dazu *Kübler*, § 23 I 2, S. 312.

[346] *K. Schmidt*, Verbandszweck, § 5 III 3, S. 124.

[347] *Segna*, ZIP 97, 1901, 1906; *Soergel/Hadding*, §§ 21, 22 Rn. 41; *Emmerich/Sonnenschein*, § 37 III 2.

tungsfolgen i. S. v. §§ 302 ff. bzw. 317 AktG auslöst[348]. Denn im Falle einer konzernrechtlichen Haftung des Idealvereins für seine Tochterkapitalgesellschaft würde sein Vermögen für wirtschaftliche Zwecke in Anspruch genommen, womit die Gläubiger des grundsätzlich nur ideell tätigen Vereins gerade nicht rechnen müssen. Auf der anderen Seite veranlaßt der Mutterverein aufgrund seiner starken Stellung gegenüber der Tochtergesellschaft möglicherweise nachteilige Rechtsgeschäfte (faktischer Konzern) beziehungsweise es besteht ihr gegenüber eine ständige und umfassende Beeinflussung (qualifiziert faktischer oder Vertragskonzern). Dies kann sich nachteilig auf den Schutz der Gläubiger der Tochterkapitalgesellschaft auswirken, weil im Konzern gemäß § 291 III AktG die Kapitalbindung der Tochtergesellschaft aufgehoben ist. Zum Ausgleich dafür könnte die Tochterkapitalgesellschaft gegebenenfalls vom Stammverein Schadensersatz gemäß § 317 I AktG verlangen, der gemäß §§ 317 IV i. V. m. 309 IV Satz 3 AktG auch von ihren Gläubigern geltend gemacht werden kann (faktischer Konzern), bzw. wegen mangelnden Nachteilsausgleichs gemäß § 302 AktG (analog) Verlustübernahme verlangen (qualifiziert faktischer Konzern/Vertragskonzern)[349]. In diesem Fall nützt es den Gläubigern wenig, daß sie sich als Vertragspartner eine Kapitalgesellschaft mit entsprechenden Gläubigerschutzbestimmungen ausgesucht haben, da ihre Befriedigungsaussichten von der Muttergesellschaft abhängen, bei der als Idealverein entsprechende Kautelen, insbesondere ein garantiertes Mindestkapital, fehlen[350]. Unter dem Gesichtspunkt des Gläubigerschutzes könnte damit die Ausgliederung die Rechtsformproblematik möglicherweise nur auf eine andere Ebene verlagern, ohne das Übel an seiner Wurzel zu fassen[351]. Innerhalb der Lehre von der konzernrechtlichen Zurechnung ist umstritten, ob diese potentiellen Haftungsfolgen eine Zurechnung der ausgegliederten Wirtschaftstätigkeit erforderlich machen.

(1) Organhaftung als Äquivalent der Mindestkapitalgarantie

Der I. Senat des BGH ist im Anschluß an ein Privatgutachten von *Ulmer* und eine Arbeit von *Hemmerich* in der vieldiskutierten ADAC-Entscheidung[352]

---

[348] Handelt es sich bei der Tochtergesellschaft nicht um eine Aktiengesellschaft, wie in §§ 291 ff. AktG vorausgesetzt, sondern um eine GmbH, ergeben sich die Haftungsfolgen ggf. aus einer analogen Anwendung der §§ 302 ff. AktG bzw. aus den Grundsätzen der Verletzung der gesellschaftsrechtlichen Treuepflicht; vgl. dazu *Hemmerich*, S. 132 ff.; *Grunewald*, JA 92, 11, 16 ff.

[349] Diesen Anspruch können die Gläubiger der abhängigen Gesellschaft pfänden und sich überweisen lassen; *Geßler*, § 302 Rn 2. Zur Haftung im Vereinskonzernrecht im einzelnen *Sprengel*, S. 113 ff.; *Grunewald*, aaO.; *Fiedler*, S. 25 ff.; *Menke*, S. 193 ff.

[350] Insofern dienen die §§ 21, 22 BGB nicht nur dem Schutz der Gläubiger des Idealvereins, sondern auch dem Schutz der Gläubiger von Tochtergesellschaften. Vgl. *Wagner*, NZG 99, 469, 474; *Menke*, S. 183.

[351] *Kebekus*, S. 104; *Segna*, ZIP 97, 1901, 1906; *Hemmerich*, S. 132 ff.; dies., BB 83, 26, 28 ff.; *Habersack*, S. 45, 50.

[352] BGHZ 85, 84 ff. = NJW 83, 569 ff. Die auf den ersten Blick überraschende Zuständigkeit des Kartell- und Wettbewerbs- und nicht des Gesellschaftsrechtssenats beruhte damals darauf, daß

der Auffassung, daß ein *faktisches Konzernverhältnis* zwischen Verein und Tochtergesellschaft keine Zurechnung der wirtschaftlichen Aktivitäten in der Tochtergesellschaft zu Lasten des Vereins erforderlich mache[353]. Verantwortlichkeiten, die den Verein als herrschendes Unternehmen aus § 317 I AktG treffen könnten, seien kein Grund für eine Durchbrechung des Trennungsprinzips, weil die fehlende gesetzliche Mindestkapitalausstattung der Idealvereine "weitgehend dadurch *ausgeglichen* werde, daß die Ansprüche der Gläubiger der abhängigen (Gesellschaft) gegen den Verein als herrschendes Unternehmen *ergänzt* würden durch die persönliche und gesamtschuldnerische Haftung des Vorstandes des herrschenden Unternehmens (§ 317 III AktG) und der Vorstands- und ggf. Aufsichtsratsmitglieder des abhängigen" Unternehmens, wenn sie sich einem schädigenden Einfluß des herrschenden Unternehmens nicht widersetzen (§ 318 I, II, IV AktG)[354]. Im übrigen stünden die Gläubiger der abhängigen Gesellschaft im Falle der Organhaftung des herrschenden Vereins nicht schlechter, im Hinblick auf die Mehrzahl der persönlich und gesamtschuldnerisch Haftenden in einem Vorstand eines Vereins stünden sie vielfach sogar besser, nämlich gegenüber den Fällen, in denen herrschendes Unternehmen ein einzelkaufmännischer Betrieb sei[355]. Der BGH ersetzt damit die Haftmasse des herrschenden Unternehmens durch die Haftmasse der persönlich haftenden Organwalter. Dieses Denken in "Haftungsmassekategorien" hat in der Rechtsprechung Tradition. Schon das Reichsgericht hat in seiner vielkritisierten Entscheidung zur GmbH & Co. KG gemeint, die Komplementärfähigkeit der GmbH sei nicht bedenklich, weil sie in Wirklichkeit sehr häufig

---

[353] konkurrierende Rechtsschutzversicherer von der ADAC-Rechsschutzversicherungs-AG, einer 100%igen Tochter des ADAC e. V., Unterlassung wegen unlauterer Konkurrenz u. a. aufgrund von Rechtsformmißbrauch verlangten. Das Obsiegen des ADAC wird von den Gegnern dieser Entscheidung zumindest teilweise auch auf diese etwas unglückliche Geschäftsverteilung zurückgeführt, da es bei der Kernfrage des Prozesses, namentlich einem möglichen Wettbewerbsvorsprung durch Rechtsformverstoß, in Wirklichkeit nicht um eine kartellrechtliche Problematik ging, sondern darum, die Weichen in einem zentralen gesellschaftsrechtlichen Zusammenhang zu stellen; *Reuter*, ZHR 151, 355, 361 f.
[353] BGH, aaO. Ob der BGH seine Ansicht zum faktischen Konzern auch für den qualifiziert faktischen bzw. Vertragskonzern, die im wesentlichen in ihren Rechtsfolgen gleich behandelt werden, vertreten hätte, ist offen. Diese Frage brauchte in BGHZ 85, 84 nicht entschieden zu werden. Skeptisch *Lettl*, DB 2000, 1449, 1450. Er führt die Entscheidung des BGH auf die seinerzeit völlig unklare vereins-, wirtschafts- und steuerrechtliche Situation zurück.
[354] *Hemmerich*, S. 134 f.; dies., BB 83, 26, 28; BGH, NJW 83, 569, 571. Ergänzend weist der BGH insbesondere auf die Aufsicht des Bundesaufsichtsamtes für das Versicherungswesen hin, was den Gläubigern im zu entscheidenden Fall zusätzliche Sicherheit gebe. Große Ähnlichkeit hierzu weist die Argumentation von *Priester*, ZHR 160, 250, 266 zur Zulässigkeit der "kapitalistischen" KGaA auf. Seiner Ansicht nach wird die mangelnde unbeschränkte persönliche Haftung des Komplementärs in Gestalt einer natürlichen Person zumindest teilweise durch die Geschäftsführerhaftung nach §§ 43 GmbHG, 93 AktG kompensiert.
[355] BGHZ 85, 84 = NJW 83, 569, 571; ebenso *Hemmerich*, S. 134 f.; dies., BB 83, 26, 28. Das Konzernrecht setzt ja keine bestimmte Rechtsform für das herrschende Unternehmen voraus, so daß auch ein einzelkaufmännischer Betrieb als Konzernspitze in Frage kommt, bei dem dann nur eine natürliche Person mit ihrem gesamten Vermögen haftet.

zahlungsfähiger als der einzelne Kaufmann sei[356]. Der BGH begründet die Zulässigkeit der "kapitalistischen" KGaA u.a. damit, daß nicht die persönliche Haftung des Komplementärs, sondern das von den Kommanditaktionären aufgebrachte Grundkapital die maßgebliche *Haftungsgrundlage* zum Schutz der Gläubiger darstelle[357].

Menke folgt hinsichtlich des faktischen Konzerns dem BGH, wenn auch mit einer im Detail abweichenden Begründung[358]. Er ist der Auffassung, daß die Situation zwischen einem Verein als Konzernspitze nicht mit der einer natürlichen Person oder Personenhandels- bzw. Kapitalgesellschaft in der Weise verglichen werden könne, wie es der BGH tue. Es bestehe nämlich zwischen einem Verein einerseits und einem Einzelkaufmann bzw. den Handelsgesellschaften andererseits insofern ein Unterschied, als natürliche Personen als Inhaber eines einzelkaufmännischen Unternehmens oder als Gesellschafter einer Personenhandelsgesellschaft bzw. Kapitalgesellschaft unmittelbar von konzernrechtlichen Haftungsrisiken in ihrem eigenen Vermögen betroffen seien, was beim Verein mangels kapitalmäßiger Beteiligung der Mitglieder nicht der Fall sei[359]. Diese mangelnde persönliche Betroffenheit der Vereinsmitglieder in ihrem Vermögen werde jedoch durch die *persönliche Haftung* der Organmitglieder des Vereinsvorstandes *ausgeglichen*, was eine Zurechnung der Wirtschaftstätigkeit entbehrlich mache[360]. Nach *Menke* findet damit im Falle eines bürgerlichen Vereins an der Spitze eines faktischen Konzerns keine Kompensation der mangelnden Mindestkapitalausstattung des Vereins durch *Austausch der Haftungsmassen*[361], sondern durch *Austausch der Adressaten persönlicher Betroffenheit* statt[362].

Hemmerich geht noch einen Schritt weiter. Ihrer Ansicht nach folge aus der Organhaftung des Vereinsvorstandes als Äquivalent der fehlenden Mindestkapitalausstattung nicht nur die Vereinbarkeit von Idealvereinen als herrschende Unternehmen in einem faktischen Konzern, sondern auch im qualifiziert faktischen und sogar im Vertragskonzern[363]. Die Gläubigergefährdung nehme in diesen Fällen zwar zu, weil die Vermögensbindung zum Schutz des aufgebrachten Ei-

---

[356] RGZ 105, 101, 104
[357] BGH, NJW 97, 1923, 1925.
[358] *Menke*, S. 185, 195 ff., für den eine Zurechnung der wirtschaftlichen Tätigkeit jedoch im qualifiziert faktischen und Vertragskonzern wegen der aus § 302 AktG folgenden vollständigen Verlustübernahmepflicht geboten ist.
[359] *Menke*, S. 185.
[360] *Menke*, S. 201.
[361] Statt der Haftungsmasse der zumindest mit einem gesetzlichen Mindestkapital ausgestatteten Kapitalgesellschaft steht die private Haftungsmasse der persönlich haftenden Vorstandsmitglieder zur Verfügung (so der BGH).
[362] Statt dem Einzel- bzw. der Mitunternehmer bei einem einzelkaufmännischen Unternehmen bzw. einer Personenhandelsgesellschaft und den Anteilseignern bei einer Kapitalgesellschaft stünden nunmehr beim bürgerlichen Verein die Vorstandsmitglieder als Adressaten der persönlichen Betroffenheit zur Verfügung.
[363] *Hemmerich*, S. 134 ff.; dies., BB 83, 26, 28 ff.

genkapitals (§§ 57, 58, 60 AktG) gemäß § 291 III AktG aufgehoben sei[364]. Hinzu-komme, daß den Verein als herrschendem Unternehmen eines qualifiziert fakti-schen oder Vertragskonzerns zum Ausgleich für die weggefallene Vermögensbin-dung stets eine Verlustausgleichspflicht nach § 302 AktG treffe. Im Gegensatz zum faktischen Konzern (vgl. § 317 II AktG) ist hier die Haftung des herrschen-den Unternehmens nämlich nicht an die Organhaftung des Vorstandes gekoppelt. Wenn die Vorstandsmitglieder des Idealvereins bei der Erteilung von Weisungen an die Tochtergesellschaft ihre Pflichten nicht verletzt haben, kommt somit auch keine Haftung der Organmitglieder in Betracht, so daß in diesen Fällen eine Schutzlücke klaffe, weil für die fehlende Mindestkapitalausstattung des Idealver-eins im Vertragskonzern kein vollständiges Äquivalent in Form einer persönlichen gesamtschuldnerischen Haftung des Vereinsvorstandes zur Verfügung stehe[365]. Im Vergleich zum Einzelkaufmann könne hier von einer Besserstellung der Gläubiger also nicht die Rede sein. Beziehe man auch noch Kapitalgesellschaften in die Be-trachtung als herrschendes Unternehmen mit ein, so erweise sich hier die fehlende Mindestkapitalausstattung des Vereins im Hinblick auf die Verlustaus-gleichspflicht nach § 302 AktG als weitere Schutzlücke. Ob man aus diesen Gründen jedoch die Wirtschaftstätigkeit in der Tochtergesellschaft dem Verein zurechnen müsse, sei letztlich eine *Frage der Wertung*[366]. Wer den Gläubiger-schutz als striktes Gebot auffasse, müsse bereits bei bloßer Abhängigkeit i. S. v. § 17 AktG die Zurechnung der externen Wirtschaftstätigkeit zum bürgerlichen Ver-ein bejahen. Es sei jedoch im Hinblick auf das Nebentätigkeitsprivileg ganz all-gemeine Meinung, daß nicht jede irgendwie geartete Gläubigergefährdung bei Idealvereinen ihre Einordnung in die Klasse der Wirtschaftsvereine rechtfertige. Das zeige sich auch schon daran, daß ganz überwiegend die bloß nachfragende Tätigkeit trotz nicht zu leugnender Gläubigerrisiken unerheblich für die Klassi-fizierung eines Vereins sei. Unter diesen Umständen erscheine es als *"übermäßige Reaktion"*, wenn man wegen der möglichen Schadensersatzpflicht aus § 317 AktG bzw. der Verlustausgleichspflicht gemäß § 302 AktG eine Zurechnung der Wirt-schaftstätigkeit zuließe. Ausschlaggebend sei jedoch, daß die Zurechnung *"vom Ergebnis her unerwünscht wäre"*, weil anderenfalls die ohnehin im Verhältnis zum faktischen Konzern selten praktizierten Vertragskonzerne eines weiteren Anwendungsfeldes beraubt würden[367]. Angemessener erscheine damit eine Lö-sung, bei der das den Gläubigern drohende Restrisiko parallel zu deren Risiko bei einer nur nachfragenden Tätigkeit hingenommen werde. Diese Parallele zum Gläubigerrisiko bei bloß nachfragender Tätigkeit eines Vereins sei jedoch auch

---

[364] *Hemmerich*, S. 137, erkennt damit an, daß in diesem Fall das Argument für die vereinsrechtli-che Zulässigkeit der Ausgliederung, nämlich daß den Gläubigern mit der Trennung des wirt-schaftlichen Geschäftsbetriebes in eine selbständige Kapitalgesellschaft alle mit dieser Rechts-form verbundenen Sicherheiten geboten würden, nicht mehr zutrifft.

[365] *Hemmerich*, aaO.

[366] *Hemmerich*, BB 83, S. 26, 28.

[367] *Hemmerich*, S. 139; dies. BB 83, 26, 30.

dann gegeben, wenn der Verein als Konzernspitze, sei es in einem faktischen oder Vertragskonzern, fungiere, weshalb in diesen Fällen eine Zurechnung der wirtschaftlichen Tätigkeit in der Tochtergesellschaft unterbleiben müsse[368].

(2) Organhaftung lediglich "zusätzliche" Haftung

Das Lager derer, die der Frage der Rechtsformverfehlung trotz Auslagerung des Geschäftsbetriebes in Kapitalgesellschaften unter dem Aspekt der *konzernrechtlichen Zurechnung* nachgehen, spaltet sich in eine zweite Gruppe, die eine derartige Zurechnung insbesondere aufgrund der konzernrechtlichen Haftungsrisiken annimmt. Dem BGH wird zwar grundsätzlich darin zugestimmt, daß die rechtliche Trennung zwischen Verein und verselbständigter Kapitalgesellschaft es verbiete, die wirtschaftliche Betätigung der Tochtergesellschaft als eigene des Vereins zu betrachten. Dieses Trennungsprinzip könne jedoch nicht mehr gelten, wenn die Mechanismen zum Schutz der Gläubiger des Vereins als auch der Gläubiger der Tochtergesellschaft durch die Unternehmensverbindung außer Kraft gesetzt würden. Dies sei indes der Fall, weil die Ansprüche der Gläubiger der abhängigen Gesellschaft durch negative Einflußnahmen des Vereins wirtschaftlich entwertet werden könnten und zudem auch die Gläubiger des herrschenden Vereins um ihre Befriedigungsaussichten fürchten müßten, weil das Vereinsvermögen durch Abflüsse an die Tochtergesellschaft, sei es im Rahmen konzerntaktischer Überlegungen oder als Folge der Konzernhaftung, gefährdet sei[369]. Dem BGH wird im wesentlichen entgegengehalten, daß die Haftung des Vereinsvorstandes nach § 317 III AktG gar kein Ausgleich zum Schutz der Gläubiger für die fehlende Mindestkapitalausstattung des Vereins sein könne, weil diese Haftung nach dem Gesetz nicht als Ausgleichs-, sondern als *zusätzliche* Haftung zur Haftung des herrschenden Unternehmens ausgestaltet sei[370]. Es besteht jedoch keine Einigkeit, ab welchem Einflußgrad dem Verein die Betätigung in der Tochtergesellschaft zuzurechnen ist.

K. Schmidt ist der Ansicht, daß eine *Abhängigkeit* i. S. v. § 17 AktG zwischen Verein und Tochtergesellschaft für die Zurechnung ausreichen müsse, weil damit bereits unternehmensrechtliche Schadensersatzpflichten ausgelöst werden könnten, die einen entsprechenden unternehmensrechtlichen Gläubigerschutz erforderlich machten[371]. Erforderlich wäre danach also ein unmittelbar oder mittel-

---

[368] *Hemmerich*, aaO.

[369] *Soergel/Hadding*, §§ 21, 22 Rn. 43; *Segna*, ZIP 97, 1901, 1906; *Kebekus*, S. 106 f.

[370] *Flume*, § 4 II 2, S. 114, der von einer "wunderlichen Argumentation" des BGH spricht; *Habersack*, S. 51; *Kebekus*, S. 106; *K. Schmidt*, AcP 182, 1, 22 ff.; ders., Verbandszweck, 124 ff.; 190 ff.; ders., NJW 83, 543, 545, gibt dem BGH jedoch unter Hinweis auf das Nebentätigkeitsprivileg Recht. Ebenso *Flume*, § 4 II 2, S. 113; *Soergel/Hadding*, §§ 21, 22 Rn. 43. Näheres dazu im 3. Teil B I 2 a) dd).

[371] *K. Schmidt*, AcP 182, 1, 23; ders., Verbandszweck, § 5 III 4 b) cc), S. 128.

bar beherrschender Einfluß des Vereins, der bei einem Mehrheitsbesitz vermutet wird[372].

Die überwiegende Ansicht fordert jedoch die Ausübung von Leitungsmacht durch den Verein i. S. v. § 18 AktG[373]. Die Unterschiede sind nur marginal, wie sich aus § 18 I 3 AktG ergibt. Danach wird von einem abhängigen Unternehmen vermutet, daß es mit dem ersten Unternehmen einen Konzern bilde, also unter einheitlicher Leitung zusammengefaßt ist.

Menke sieht den Zurechnungstatbestand erst beim Vorliegen eines Vertrags- bzw. qualifiziert faktischen Konzerns als erfüllt an, weil hier der Verein gemäß § 302 AktG (analog) umfassend am Verlustrisiko der Tochterkapitalgesellschaft beteiligt sei[374]. Damit trage letztlich der Verein in vollem Umfang das unternehmerische Risiko des wirtschaftlichen Geschäftsbetriebes in der Tochterkapitalgesellschaft, so daß seine Position als Spitze eines Vertragskonzerns bzw. qualifiziert faktischen Konzerns genauso unvereinbar mit den Schutzzwecken von §§ 21, 22 BGB sei, wie wenn der Verein den wirtschaftlichen Geschäftsbetrieb selbst führte[375].

bb) Mangelnde partielle Interessenidentität von Gläubigern und Gesellschaftern als Indikator für die Zurechnung

Unter den Autoren, die sich mit der Problematik der Ausgliederung wirtschaftlicher Geschäftsbetriebe aus Idealvereinen befassen, wendet sich - soweit ersichtlich - nur *Reuter* gegen die Konzeption der Zurechnung der ausgegliederten Wirtschaftstätigkeit auf der Grundlage einer konzernrechtlichen Betrachtung[376].

---

[372] Damit wäre der Zurechnungstatbestand nach den verbandsrechtlichen Vorgaben des DFB stets erfüllt; vgl. § 8 Nr. 4 DFB-Satzung.

[373] *Soergel/Hadding*, §§ 21, 22 Rn. 42; *Flume*, § 4 II 2, S. 114; *Emmerich/Sonnenschein*, § 37 III 2.

[374] *Menke*, S. 194 ff., 203 ff.

[375] Nach *Menke*, S. 205, kann darüber auch nicht das Nebentätigkeitsprivileg hinweghelfen.

[376] *Fiedler*, S. 126 ff. weist jedoch ebenfalls darauf hin, daß eine Ansicht, die die Zurechnungsfrage nur mit der konzernrechtlichen Haftung identifizieren wolle, zu kurz gegriffen sei, weil die Interessen der Vereinsgläubiger auch in anderen Fällen als dem Vorliegen eines Konzernhaftungstatbestandes berührt sein können. Etwa dann, wenn sich der Verein als Mehrheitsgesellschafter für die Tochtergesellschaft verbürgt oder ihr auf freiwilliger Basis Verlustausgleich leistet. Entscheidend für die Zurechnung ist seiner Ansicht nach vielmehr eine "Interessenidentität im Konzern". Davon sei im Anschluß an *K. Schmidt* beim Vorliegen eines Abhängigkeitsverhältnisses i.S.v. § 17 AktG auszugehen, ohne daß es auf die Unternehmenseigenschaft des Vereins ankomme. Ausschlaggebend für die Zurechnung sei nämlich, daß eine gläubigerrelevante Gesellschaftsverbindung vorliegt. Dies sei nicht nur beim Eingreifen eines Konzernhaftungstatbestandes der Fall, sondern schon dann, wenn die Tochtergesellschaft vom Verein abhängig ist. Als handhabbare Größe wäre von einer 50 %igen Beteiligung des Vereins auszugehen. Ähnlich *Sprengel*, S. 274 ff., der die Methode der konzernrechtlichen Zurechnung ab-

Er ist der Ansicht, daß im Hinblick auf den Gläubigerschutz als dem zentralen Anliegen der Vereinsklassenabgrenzung nicht ein potentielles konzernrechtliches Haftungsrisiko beim ohne mit einem garantierten Mindestkapital ausgestatteten herrschenden Verein eine Zurechnung des ausgegliederten Geschäftsbetriebes erfordert[377]. Ganz unabhängig vom konzernrechtlichen Unternehmensbegriff als Voraussetzung einer konzernrechtlichen Haftung[378] und damit Zurechnung sei vielmehr zu fragen, warum die Gläubiger eines wirtschaftlichen Geschäftsbetriebes ausreichend geschützt werden, wenn ihnen eine Kapitalgesellschaft mit entsprechender Mindestkapitalpflicht gegenüberstehe und ob dies auch noch der Fall sei, wenn das Mindestkapital von einem Idealverein im Wege der Ausgliederung aufgebracht werde. Dazu müsse man sich nämlich fragen, auf welche Weise der Gesetzgeber mit dem gesetzlichen Mindestkapital Gläubigerschutz verwirklichen will. *Reuter* ist unter Hinweis auf das Bundesverfassungsgericht der Auffassung, daß der Gesetzgeber bei Kapitalgesellschaften soziale Auflagen einschließlich des Mindestkapitals aufgrund des nur dort anzutreffenden "Auseinanderfallens des Gebrauchs des Eigentums und der Verantwortung für diesen Gebrauch" geregelt hat[379]. Wegen des Prinzips der Fremdorganschaft gebrauchen das Eigentum der juristischen Person Unternehmensleiter, die persönlich keine Verantwortung für den Verlust des Eigentums übernehmen[380]. Damit daraus keine negativen Folgen für die Gläubiger aus überriskanten Geschäftsgebahren der Geschäftsführer entstehen, verpflichte der Gesetzgeber die letztlich für die Unternehmenspolitik verantwortlichen natürlichen Trägerpersonen einer Kapitalgesellschaft (Aktionäre/Gesellschafter)[381] durch ein persönliches Vermögensopfer in Form einer Einlage bzw. Übernahme von Aktien dazu, zur Aufbringung des gesetzlichen Mindestkapitals beizutragen. Da die juristische Person als bloße Fiktion selbst kein vermögensmäßiges Interesse entwickeln könne, komme es erst durch die vermögensmäßige Beteiligung der Gesellschafter zu einer partiellen Interessenidentität zwischen ihnen und den Gläubigern im Hinblick auf die Vermeidung von Unternehmensverlusten, was tendenziell wie die persönliche und unbeschränkte Haftung des Einzel- oder Mitunternehmers auf eine gläubigerfreundliche Unternehmenspolitik hinwirke[382].

---

lehnt, weil seiner Anicht nach konzernrechtliche Maßstäbe nur Mindestvoraussetzung einer Zurechnung sein könnten.
[377] MüKo/*Reuter*, §§ 21, 22 Rn. 11; ders., ZIP 84, 1052, 1056 ff.; ders., ZHR 151, 237, 246 ff.; ders., ZHR 151, 355, 360 f.
[378] Näheres unten 3. Teil B 2 a) cc) (1) (a).
[379] *Reuter*, ZIP 84, 1052, 1059 unter Hinweis auf BVerfG, NJW 79, 699 ff.
[380] Abgesehen von der Unternehmensleiterhaftung für pflichtwidriges Verhalten.
[381] Sie bestellen bei einer GmbH die Geschäftsführer (§ 46 Nr. 5 GmbHG) und bei einer AG den Aufsichtsrat (§ 101 AktG), der wiederum den Vorstand bestellt (§ 84 AktG) und üben in der Gesellschafter-/Hauptversammlung die Kontrollrechte aus.
[382] *Reuter*, ZIP 84, 1052, 1057.

Die Funktion der Mindestkapitalgarantie könne somit nicht im Sinne des BGH darin gesehen werden, eine *Haftungsgrundlage* zugunsten der Gläubiger zur Verfügung zu stellen[383]. Das könne nur ihre vordergründige Wirkung sein, um vor Beginn der werbenden Tätigkeit einer Kapitalgesellschaft ein direktes Durchschlagen von Verlusten auf die Gläubiger zu verhindern[384]. Anderenfalls wäre nämlich nicht zu erklären, warum die entsprechenden Summen so gering ausfallen und vor allem für den Einzelkaufmann oder die Personengesellschaften nicht ebenfalls Mindesthaftungssummen festgelegt werden. Und das, obwohl von Rechts wegen auch "Habenichtse" ein Unternehmen gründen könnten, so daß vom Standpunkt der Haftungsfondtheorie zum Schutz der Gläubiger auch bei ihnen die Unternehmensgründung von der Aufbringung eines Mindestkapitals abhängig zu machen sein müßte[385]. Da es hier nicht zu einem Auseinanderfallen des Gebrauchs des Eigentums und der Verantwortung für diesen Gebrauch komme, vertraue der Gesetzgeber vielmehr darauf, daß die unbeschränkte persönliche Haftung eine allzu riskante Unternehmenspolitik mit ihren Gefahren für die Gläubiger verhindere[386]. Der Sinn des Garantiekapitals erschöpfe sich somit darin, als *Surrogat* für die fehlende unbeschränkte persönliche Haftung den Schutz der Gläubiger durch verhaltenssteuernde *Beteiligung* der für die Unternehmenspolitik Verantwortlichen am *unternehmerischen Verlustrisiko* zu erzeugen[387].

Ein Idealverein würde sich folglich nicht schon deshalb in eintragungsschädlicher Weise betätigen, weil er als beherrschender Gesellschafter Pflichtverletzungen mit Schadensersatzfolgen begehen kann[388]. Die Zurechnung der ausgegliederten Wirtschaftstätigkeit als eigene des Vereins sei vielmehr deshalb erforderlich, weil bei einer Unternehmensverbindung mit maßgeblicher Beteiligung eines Idealvereins an einer Kapitalgesellschaft die gläubigerschützende Steuerungsfunktion des Grund- bzw. Stammkapitals *neutralisiert* werde. Im Ergebnis sei das Mindestkapital für die Ausübung des wirtschaftlichen Geschäftsbetriebes zwar vorhanden, nämlich in der durch Neugründung errichteten Tochterkapitalgesellschaft, ohne daß es jedoch zu einer entsprechenden Rückkoppelung mit einem persönlichen unternehmerischen Verlustrisiko bei den natürlichen Trägerpersonen käme. Denn die unternehmerischen Entscheidungen in der Tochtergesellschaft sind wegen der maßgeblichen Beteiligung des Vereins durch diesen (insbesondere bei personeller Verflechtung) gelenkt. Die natürlichen Trägerpersonen des Vereins sind jedoch die vermögensmäßig unbeteiligten Mitglieder, so daß die Geschicke in der Tochtergesellschaft von Personen bestimmt würden, die keinerlei unternehme-

---

[383] Vgl. BGH, NJW 83, 569, 571.

[384] *Reuter*, ZIP 84, 1052, 1056.

[385] *Reuter*, ZIP 84, 1052, 1056 f.

[386] *Reuter*, aaO.

[387] *Reuter*, aaO.

[388] *Reuter*, ZIP 84, 1052, 1056, wonach allenfalls die Pflicht zum Verlustausgleich nach § 302 AktG (analog) eine "konzernrechtliche Zurechnung" rechtfertige.

risches Verlustrisiko trügen[389]. Schlimmer noch, nicht einmal das bei Idealvereinen wenigstens bedingt zur Gläubigersicherung dienende Steuerungsinstrument des "ideellen Verlustrisikos" der Mitglieder würde bei einer Auslagerung des wirtschaftlichen Geschäftsbetriebes auf eine Tochtergesellschaft erhalten bleiben[390]. Denn nach einer Ausgliederung des wirtschaftlichen Geschäftsbetriebes würden die Gefahren, die den ideellen Hauptzwecken des Vereins aus einer überriskanten Unternehmenspolitik drohten, minimiert[391]. Ist bei den Vereinsmitgliedern schon wegen der Rechtsnatur der Vereinsmitgliedschaft kein vermögensmäßiges Risikoempfinden vorhanden, um einen partiellen Interessengleichlauf zu den Gläubigern des Vereins zu gewährleisten, so fiele mit der Ausgliederung auch noch das durch die Gefahr von schädlichen Rückwirkungen auf den verfolgten ideellen Hauptzweck vermittelte Risikoempfinden weg[392]. Zu Recht frage *Karsten Schmidt* deshalb, welchen Sinn es im Hinblick auf den Gläubigerschutz mache, den Gläubigern statt des "fetten Vereins eine magere Tochter" vorzusetzen[393]. Genauso wie die Verselbständigung eines einzelkaufmännischen Geschäfts als GmbH bzw. Aktiengesellschaft allein der Risikobegrenzung des Kaufmanns und nicht dem Gläubigerschutz diene, bewirke die Verselbständigung des wirtschaftlichen Geschäftsbetriebes eines Idealvereins nicht zusätzlichen Gläubigerschutz, sondern zu Lasten der Gläubiger geringere Schuldnerverantwortlichkeit[394]. Die Dinge würden deshalb geradezu auf den Kopf gestellt, wenn man einem Verein, dem es selbst nicht erlaubt ist, den wirtschaftlichen Geschäftsbetrieb zu führen, erlaubt, diesen in eine Kapitalgesellschaft zu verselbständigen[395]. Im Ergebnis würde damit nämlich nichts weiter bewirkt, als eine einseitige Überwälzung des unternehmerischen Verlustrisikos auf die Tochterkapitalgesellschaft und ihre Gläubiger, so daß die Wirtschaftstätigkeit noch mehr als ohnehin zu einem "risikolosen Hobby von Funktionären" verkomme[396].

---

[389] Sofern die Vereinsmitglieder überhaupt Mitspracherechte haben, fehlt bei ihnen das nötige Risikoempfinden, weil sie mit dem Vereinsbeitrag nur einen "verlorenen Zuschuß" an den Verein geleistet haben. Genauso verhält es sich bei den Vorstandsmitgliedern des Vereins, die allenfalls als Unternehmensleiter haften könnten.

[390] *Reuter*, aaO, S. 1062 f. Siehe auch oben zur Rechtfertigung des Nebentätigkeitsprivileges 2. Teil A III 1 c) bb) (2).

[391] Viele Vereine führen u. a. gerade dies als Motiv für die Ausgliederung ihres Profibetriebes an, namentlich die Befreiung des Restvereins von den wirtschaftlichen Risiken des Profibereichs.

[392] MüKo/*Reuter*, §§ 21, 22 Rn. 24; ders., ZIP 84, 1052, 1057.

[393] Wegen der vom DFB nach § 8 Nr. 9 LizSpSt geforderten Mindestkapitalausstattung von Fußballkapitalgesellschaften in Höhe von 5 Mio. DM ist die Tochterkapitalgesellschaft tatsächlich nicht ganz so mager, wie nach der Gesetzeslage befürchtet werden müßte.

[394] *Reuter*, ZIP 84, 1052, 1061 f.

[395] *Reuter*, aaO., S. 1063.

[396] *Reuter*, ZIP, 1052, 1057. Damit könne auch das Nebentätigkeitsprivileg die grundsätzlich als eintragungsschädlich zu qualifizierende Ausgliederung des wirtschaftlichen Geschäftsbetriebes nicht rechtfertigen, wie es teilweise nach der Gegenansicht angenommen wird. Da nämlich das ideell vermittelte Steuerungsinstrument der Vereinsmitgliedschaft durch die Ausgliederungslösung geschwächt werde, stelle man die Verhältnisse geradezu auf den Kopf, wenn man mit Hil-

Über diese grundsätzlich verschiedenen Auffassungen zur Funktionsweise der gesetzlichen Mindestkapitalausstattung im System des Gläubigerschutzes hinaus weist *Reuter* jedoch noch auf einen weiteren wesentlichen Punkt in der Argumentation des BGH und seiner Anhänger hin. Wenn ihrer Ansicht nach die Frage der Zurechnung der Wirtschaftstätigkeit eine Frage der Wertung sei, dann dürfe der BGH bei Beantwortung dieser Wertungsfrage nicht auf halbem Wege stehen bleiben, sondern müsse neben dem Gläubigerschutz auch noch weitere Wertungsgesichtspunkte wie etwa den *Mitglieder-* und *Sozialschutz* (Publizität, Mitbestimmung) in die Vereinsklassenabgrenzung einbeziehen[397]. Sie seien gleichsam notwendige Ergänzungen des Gläubigerschutzes, beides wäre aber bei einem Verein gar nicht vorhanden oder nur schwach ausgeprägt[398]. Einziges zwingendes Mitgliedschaftsrecht im herrschenden Verein sei das "nackte" Austrittsrecht gemäß § 39 BGB[399]. Daneben könne mit Hilfe eines Idealvereins als herrschendem Unternehmen ein mitbestimmungsfester Großkonzern errichtet werden, indem das Konzernunternehmen in viele Kapitalgesellschaften unterhalb der Mitbestimmungsgrenze von 2 000 Arbeitnehmern gemäß § 1 I Nr. 2 MitbestG atomisiert würde, dessen Konzernspitze sich zudem der Konzernpublizität entziehen könnte und obendrein die Lenkung des ganzen Gebildes dem "risikolosen Hobby von Funktionären" überlassen bliebe[400]. Damit wären alle sozialen Auflagen, deren Legitimität das BVerfG gerade auf die bei juristischen Personen anzutreffende "Auseinanderfallen des Gebrauchs des Eigentums und der Verantwortung für diesen Gebrauch" zurückführt, außer Kraft gesetzt[401].

Darüber hinaus sei das ADAC-Urteil des BGH geeignet, anderweitige Bemühungen von Gesetzgebung und Rechtsprechung des II. Senats nachhaltig zu konterkarieren, namentlich höferechtlichen und fideikommißrechtlichen Tendenzen der Kautelarpraxis entgegenzutreten[402]. Mit einem Idealverein als herrschendem Unternehmen könne ein idealer Familienkonzern errichtet werden, bei dem etwa der Verein mit geschlossener, auf Angehörige der Unternehmerfamilie be-

---

fe der Ausgliederung das Nebentätigkeitsprivileg erweitern wolle ; *Reuter*, ZIP 84, 1052, 1062 f. Dazu unten 3. Teil B I 2 a) dd).

[397] *Reuter*, ZIP 84, 1052, 1054 und 1062; BVerwG, NJW 79, 2261, 2264; *Soergel/Hadding*, §§ 21, 22 Rn 7 f.

[398] MüKo/*Reuter*, §§ 21, 22 Rn. 13 ff.; ders., ZIP 84, 1052, 1058 f.; ebenso *Soergel/Hadding*, §§ 21, 22 Rn. 41; *K. Schmidt*, AcP 181, 1, 22 f., der die Problematik zwar anerkennt, aber Zweifel hegt, ob die Vereinsklassenabgrenzung an Sozialschutzkriterien orientiert werden sollte. Der BGH geht in seinem ADAC-Urteil weder auf Mitglieder- noch auf Sozialschutzbelange ein; ebensowenig *Menke*. *Hemmerich* befaßt sich in BB 83, 26, 30 f. zumindest mit dem Mitgliederschutz, ohne jedoch darin ein Hindernis für die Ausgliederung zu sehen.

[399] *Reuter*, ZIP 84, 1052, 1054.

[400] Vgl. *K. Schmidt*, AcP 182, 1, 22; *Reuter*, ZIP 84, 1052, 1063.

[401] BVerfG, NJW 79, 699, 704; *Reuter*, ZIP 84, 1052, 1059 auch unter Verweis auf die Parallelproblematik bei der Unternehmensträgerstiftung vgl. dazu MüKo/*Reuter*, Vor § 80 Rn. 7 ff. und 24 ff.; *Staudinger/Rawert*, Vor §§ 80 ff. Rn 83 ff.; *Mestmäcker*, S. 342 ff.

[402] *Reuter*, ZIP 84, 1052, 1063 unter Verweis auf BGHZ 68, 225, 239.

schränkter Mitgliedsfähigkeit das Familienunternehmen über mehrere GmbH-Töchter betreibt, deren Geschäftsführer vom Verein bestellt, mit Weisung versehen und abberufen werden[403]. Die nicht vermögensrechtliche Mitgliedschaft des Idealvereins ermögliche damit eine Disziplinierung der Familienmitglieder unter das Familienwohl in einer Weise, die selbst die großzügigste personengesellschafts- oder GmbH-rechtliche Typendehnung bzw. -mischung übertreffe[404]. Folge man dem BGH, so könnte sich z.b. der ADAC unter dem idealen Etikett der Förderung der Interessen der motorisierten Verkehrsteilnehmer völlig in einen Autoservicekonzern incl. Autohandel oder gar Autoproduktion verwandeln, ohne effektiven Publikumsschutz zugunsten der mehrere Millionen umfassenden ADAC-Mitglieder[405].

Nach alledem sei dem Idealverein mit maßgeblicher Beteiligung an einer Kapitalgesellschaft deren Wirtschaftstätigkeit in eintragungsschädlicher Weise zuzurechnen, sei es deswegen, weil es bei Ausübung von Leitungsmacht durch einen Verein nicht zu der für den Gläubigerschutz notwendigen partiellen Interessenidentität zwischen den natürlichen Trägerpersonen und den Gläubigern hinsichtlich der Vermeidung von Verlusten komme, sei es, weil ein Idealverein als Konzernspitze eines wirtschaftlichen Unternehmens einen Umgehungstatbestand hinsichtlich ergänzender Mitglieder- und Sozialschutznormen des Handelsvereinsrechts darstelle.

cc) Stellungnahme

Die Frage der Zurechnung der ausgegliederten Wirtschaftstätigkeit stellt angesichts der oben festgestellten Rechtsformverfehlung der Bundesligavereine und der aktuell diskutierten Ausgliederungsvorhaben vieler Fußballvereine das Hauptproblem im Rahmen des zulässigen Umfangs wirtschaftlicher Nebenbetätigung von bürgerlichen Vereinen dar. Sie soll deshalb umfassend gewürdigt werden.

Nach dem Wortlaut der §§ 21, 22 BGB ist jede Betätigung in der Rechtsform des eingetragenen Vereins zulässig, die *nicht auf einen wirtschaftlichen Geschäftsbetrieb* **gerichtet** *ist*. Man könnte die Ansicht vertreten, daß nach einer Ausgliederung nur die Tätigkeit der Fußballkapitalgesellschaft und nicht mehr die

---

[403] *Reuter*, aaO.; *K. Schmidt*, Verbandszweck, § 5 III 4 a, S. 124 ff. Vgl. die Aussage von Gerd Niebaum, Präsident von BVB Dortmund, auf der Mitgliederversammlung anläßlich des Beschlusses zur Ausgliederung der Lizenzabteilung. Seiner Ansicht nach wäre die kapitalistische KGaA der geeignete Zielrechtsträger, weil so die Bundesligamannschaft im Kreis der "BVB-Familie" bliebe, was mit der KGaA als der Rechtsform für Familieunternehmen gewährleistet sei (FAZ v. 29.11.99).

[404] *Reuter*, aaO. Zum Negativbeispiel der Typendehnung bzw. Typenmischung und ihren Folgeproblemen in der GmbH & Co. KG vgl. *Kübler*, GesR, § 21; ders., NJW 84, 1857, 1860.

[405] *Reuter*, aaO; *Kübler*, GesR, § 26 III.

des Vereins als ihres Mehrheitsgesellschafters auf einen wirtschaftlichen Geschäftsbetrieb gerichtet ist. Dieser Betrachtung würde jedoch die maßgebliche Beteiligung des eingetragenen Vereins an der Fußballkapitalgesellschaft zu sehr außer acht lassen. Es ließe sich nämlich ebenso vertreten, daß die Tätigkeit des herrschenden Vereins dank der Einflußnahme auf die wirtschaftlichen Aktivitäten in der Tochtergesellschaft in Wirklichkeit, wenn auch mittelbar, auf einen wirtschaftlichen Geschäftsbetrieb gerichtet ist. Mangels entsprechender Äußerungen im Rahmen der Gesetzesberatungen kann auch eine historische Interpretation keine Klarheit in der Frage bringen.

Auf einen interessanten systematischen Aspekt weist *Segna* hin. Nach §§ 149 I, 124, 3 I Nr. 4 UmwG hat der Gesetzgeber eingetragenen Vereinen die Möglichkeit der Ausgliederung eröffnet. Daraus könnte der Schluß zu ziehen sein, daß der Gesetzgeber mit der Anerkennung eines Idealvereines als übertragenden Rechtsträger einer Ausgliederung den Streit über die Zulässigkeit ihrer Beteiligung an Kapitalgesellschaften positiv entschieden hat. Denn immerhin erhält ja der Verein im Rahmen der Ausgliederung per definitionem gemäß § 123 III UmwG die Anteile am neugegründeten Rechtsträger, was auf die Anerkennung von Holdingvereinen hindeuten könnte[406]. Als Beleg könnte auch noch die Gesetzesbegründung dienen, wonach ein Bedürfnis für eine Umwandlung gerade für solche Vereine anzuerkennen sei, "die sich im Laufe der Zeit zu einem wirtschaftlichen Verein entwickelt haben .... oder eine nach wirtschaftlichen Grundsätzen betriebene Abteilung *ausgliedern* möchten, wie .... z. B. für die Lizenzabteilung eines Fußballvereins..."[407].

Jedoch ist zu beachten daß sich hieraus keine Angaben über die zulässige Höhe der Beteiligung des umwandelnden Idealvereins an der durch die Ausgliederung entstehenden Gesellschaft ablesen lassen. Aus der Tatsache, daß der Gesetzgeber Vereinen die Ausgliederung von wirtschaftlichen Geschäftsbetrieben ermöglicht hat, kann nicht auf die Anerkennung von Mehrheitsbeteiligungen von Idealvereinen an Kapitalgesellschaften geschlossen werden. Es ist auch zu berücksichtigen, daß der Gesetzgeber an anderer Stelle seiner Gesetzesbegründung (nämlich zu § 124 UmwG) im Zusammenhang mit der Abtrennung von Berufssportabteilungen insbesondere von einem Bedürfnis für die *Abspaltung* i.S.v. § 123 II UmwG und nicht mehr von einer Ausgliederung spricht[408]. Damit wird deutlich, daß der Gesetzgeber den Idealvereinen für ihr Bedürfnis nach Abtren-

---

[406] *Segna*, ZIP 97, 1901, 1907.
[407] BT-Drucks. 12/6699, S. 73. Hervorhebung vom Verfasser.
[408] BT-Drucks. 12/6699, S. 116. Dies ist um so bemerkenswerter, weil sich bei einer Abspaltung nach § 123 II UmwG das Problem des Holdingvereins nicht mehr stellt, weil nicht der Verein, sondern dessen Mitglieder Anteilseigner des neuen Rechtsträgers werden, und zwar durch eine vermögensmäßige Beteiligung. Dazu siehe unten 3. Teil B II.

nung der Berufssportabteilungen zwei Gestaltungsmöglichkeiten gleichberechtigt nebeneinander zur Verfügung stellen wollte[409].

Gerade dieses Nebeneinander von *Abspaltung* und *Ausgliederung* macht deutlich, daß der Gesetzgeber nur die *technischen* Voraussetzungen der Umwandlung regeln wollte, ohne damit eine *materiell-rechtliche* Vorfrage zu entscheiden[410]. Die technische ist jedoch von der vereinsrechtlichen Seite der Ausgliederung zu unterscheiden. Das UmwG regelt lediglich, wie die Vereine ihre Berufssportabteilungen abtrennen können. Indem es dafür neben der Auf- und Abspaltung auch die Ausgliederung vorsieht, wird lediglich insofern eine materiell-rechtliche Vorfrage vom UmwG übernommen, als daß sich ein eingetragener Verein überhaupt an einem anderen Rechtsträger beteiligen kann. Die bloße Beteiligung ist vereinsrechtlich jedoch unstreitig zulässig[411]. Darüber hinaus besagt die Eröffnung der Ausgliederungsmöglichkeit für Vereine durch das UmwG überhaupt nichts über die zulässige Höhe der Vereinsbeteiligung. Aus dem Nebeneinander der Spaltungsmöglichkeiten des § 123 UmwG folgt vielmehr, daß die Vereine ihre Spaltungsabsichten nur in Einklang mit dem allgemeinen Zivilrecht verwirklichen können, so daß aus den §§ 149 I, 123 III UmwG kein Rückschluß auf die Legalisierung von Holdingvereinen gezogen werden kann.

Die Problemlösung hängt somit entscheidend vom Sinn und Zweck der Sperrvorschrift des § 22 BGB ab. Es ist unumstritten, daß der Flankenschutz des § 22 BGB zugunsten des Handelsvereinsrechts in erster Linie dem Gläubigerschutz dient, weil es zum Schutz der Gläubiger im Recht der Wirtschaftsvereine Kauteln gibt, die dem Bürgerlichen Vereinsrecht fremd sind[412]. In der Auseinandersetzung über die Art und Weise, mit der das Handelsvereinsrecht den höheren Anforderungen nach Gläubigerschutz gerecht wird, liegt der Schwerpunkt der Diskussion ganz wesentlich auf der vom Gesetzgeber geschaffenen Institution des Garantiekapitals.

Der Streit um die Institution des Garantiekapitals entzündet sich an der Frage, auf welche Weise durch die Aufbringung und Erhaltung eines Mindestkapitals Gläubigerschutz verwirklicht werden soll. Während der BGH und die ganz herrschende Meinung davon ausgehen, daß die Funktion des Garantiekapitals darin besteht, eine *Haftungsgrundlage* zugunsten der Gläubiger bereitzustellen, die verhaltenssteuernde Vermögensbeteiligung der Gesellschafter jedoch allenfalls ein psychologischer Rechtsreflex, aber keinesfalls Motiv der gesetzlichen Regelung ist[413], steht gerade die *Steuerungsfunktion* des Mindestkapitals im Zentrum

---

[409] Bei der dritten Möglichkeit der Aufspaltung nach § 123 Abs. I UmwG stellt sich das Problem des Holdingvereins schon deshalb nicht, weil der Stammverein ohne Abwicklung untergeht.

[410] Vgl. *Lutter/Hadding*, vor § 149 Rn. 2; *Segna*, ZIP 97, 1901, 1907.

[411] S. o. 3. Teil B I 2 und zu evtl. Ausnahmen unten 3. Teil B I 2 b).

[412] *K. Schmidt*, Verbandszweck, § 4 I 3, S. 92 ff.; ders., AcP 181, 1, 13 f.; *Menke*, S. 20; *Hemmerich*, S. 45 f.

[413] BGH, NJW 84, 569, 571, *Hemmerich*, BB 83, 26, 27; *Röhricht*, JbFSt 97/98, 243, 245 und *Wagner*, NZG 99, 469, 478 sehen in der persönlichen Verlustbeteiligung gar ein Hindernis für

der Überlegungen *Reuters*, wohingegen er der Funktion des Mindestkapitals als Haftungsgrundlage nur eine vordergründige Wirkung zuschreibt[414]. Im Kern ist es dieser Streit über die Funktionsweise des Garantiekapitals, der die unterschiedliche Beurteilung hinsichtlich der Zurechnung der ausgegliederten Wirtschaftstätigkeit zum Stammverein bewirkt. Denn aus der Argumentation des BGH geht ganz klar hervor, daß es ihm für den Schutz der Gläubiger im Hinblick auf die Kapitalausstattung der Gesellschaft allein darauf ankommt, *daß* eine Haftungsmasse vorhanden ist. Ob diese nun in Form eines Mindestkapitals seitens der Gesellschafter vorliegt oder in Form eines privaten Vermögens einer oder mehrerer natürlicher Personen gegeben ist, die im Wege der Organhaftung für die Verbindlichkeiten des herrschenden Unternehmens einzustehen haben, ist für ihn ohne Belang. Nur so läßt sich erklären, daß die mangelnde Mindestkapitalausstattung des Vereins seiner Auffassung nach durch die Organhaftung des Vorstandes ausgeglichen werden kann. Nach *Reuter* gründet sich die Rechtsformverfehlung bei einer beherrschenden Stellung eines BGB-Vereins auf die mangelnde vermögensmäßige Interessenverbundenheit der Vereinsmitglieder im Hinblick auf die Vermeidung von Verlusten durch den wirtschaftlichen Geschäftsbetrieb. Dieser Zustand kann seiner Auffassung nach nur durch Überführung des wirtschaftlichen Geschäftsbetriebes in ein System bereinigt werden, bei dem die natürlichen Trägerpersonen des Unternehmens durch vermögensmäßige Beteiligung gerade dieses Interesse entwickeln. Das ist bei der vorgeschlagenen und praktizierten Ausgliederungslösung der Bundesligavereine aber nicht der Fall, weil die natürlichen Trägerpersonen der gesellschaftsrechtlichen Verbindung weiterhin die Vereinsmitglieder sind.

Die Frage, ob Holdingvereine eintragungsschädlich sind, steht und fällt somit mit dem Verständnis von der Funktionsweise des gesetzlichen Mindestkapitals. Es ist deshalb dessen Wirkungsweise eingehend zu untersuchen, wobei neben juristischen auch ökonomische Überlegungen angestellt werden sollen. Bei aller Zerstrittenheit um diesen Punkt darf aber die Frage nicht außer acht bleiben, ob Kapitalgesellschaften ihren Gläubigern nicht vielmehr "aus sich heraus" unabhängig von der gesetzlichen Mindestkapitalausstattung die nötige Sicherheit bieten. Es geht also um die Frage, ob der gesetzlichen Mindestkapitalausstattung zuviel Bedeutung i. S. d. Gläubigerschutzes beigemessen wird, so daß der Streit dar-

---

eine gläubigerfreundliche Unternehmenspolitik, weil die persönliche Haftung zu Ängstlichkeiten führe (dort zur "kapitalistischen" KGaA).

[414] *Reuter*, ZIP 84, 1052, 1056. Es sei ein Mißverständnis, wenn *Hemmerich* (S. 129) glaube, das von ihm entworfene Konzept zum Gläubigerschutz durch partiellen Interessengleichlauf sei nur ein *zusätzlicher* Aspekt im System des Gläubigerschutzes, denn in Wirklichkeit sei es das einzig wesentliche; MüKo/*Reuter*, §§ 21, 22, Rn 12 Fn. 31. Dies gelte zumindest dann, wenn man aus den verschiedenen Kautelen zum Schutz der Gläubiger die Pflicht zur Aufbringung und Erhaltung eines gesetzlichen Mindestkapitals auf seine Wirkungsweise untersucht. Selbstverständlich wird der Gläubigerschutz auch durch weitere Bestimmungen, wie etwa unbeschränkbare Vertretungsmacht und Publizitätspflichten, flankiert.

um müßig ist. Bevor jedoch auf diese Punkte eingegangen wird[415], soll die vom BGH und der ganz herrschenden Meinung verfolgte Methode der *konzernrechtlichen Zurechnung* kritisch gewürdigt werden.

(1) Kritik an "konzernrechtlicher" Zurechnung

(a) Unternehmensbegriff
Grundvoraussetzung für eine konzernrechtliche Haftung nach §§ 302 ff. AktG ist, daß Mutterverein und Fußballkapitalgesellschaft *verbundene Unternehmen* i. S. v. §§ 15 ff. AktG bilden, wobei die Betonung weniger auf "verbunden" liegt, als vielmehr auf dem Begriff "Unternehmen". Eine Konzernhaftung setzt zwar keine besondere Rechtsform des leitenden Unternehmens, wohl aber zwingend dessen Unternehmenseigenschaft, und zwar im konzernrechtlichen Sinne, voraus[416].

Ein Unternehmen in diesem Sinne liegt entsprechend dem Schutzzweck des Konzernrechts nach ganz überwiegender Meinung nur dann vor, wenn eine natürliche oder juristische Person oder Personenvereinigung sich, abgesehen von ihrer Beteiligung an einer Gesellschaft, anderweitig wirtschaftlich betätigt, sei es selbst oder durch Beteiligung an weiteren Gesellschaften, und damit abweichende wirtschaftliche Interessen verfolgt als die Gesellschaft, an der sie beteiligt ist[417]. In diesem Fall besteht nämlich die Möglichkeit von Interessenkonflikten beim Mehrheitsgesellschafter, mit der Folge, daß er seinen Einfluß auf die abhängige Gesellschaft zu seinem Vorteil und zu deren Nachteil ausnutzt, wofür das Konzernrecht Vorkehrungen zum Schutz der Tochtergesellschaft in den §§ 291 ff. AktG vorsieht.

Dieses Erfordernis will *Karsten Schmidt* für die Zurechnungsproblematik bei der Ausgliederung von Geschäftsbetrieben aus Idealvereinen jedoch ausdrücklich ausblenden[418]. Seiner Ansicht nach reicht für die konzernrechtliche Zurechnung allein das Merkmal der *Abhängigkeit* i. S. v. § 17 AktG, da es im hier zu untersuchenden Fragenkreis "nicht um konzernrechtliches Schutzrecht gegenüber einem herrschenden Unternehmen geht, sondern um Zurechnung der Unternehmenstätigkeit von unten"[419]. Damit ist seine Argumentation jedoch widersprüch-

---

[415] Zum Gläubigerschutz "aus sich heraus" unten 3. Teil B 2 a) cc) (2) (b).

[416] *Menke*, S. 189 ff.; *Habersack*, S. 45, 52; *Hemmerich*, S. 130 ff.; *Heermann*, ZIP 98, 1249, 1258; *Wagner*, NZG 99, 469, 474; *Segna*, ZIP 97, 1901, 1906; vgl. MüKo/*Reuter*, §§ 21, 22 Rn. 38; ders., ZIP 84, 1052, 1056; *M. Müller*, S. 195 ff.

[417] *Sprengel*, S. 91 ff.; *Hemmerich*, S. 130 f.; *Segna*, ZIP 97, 1901, 1906; *Kübler*, § 28 II 1 b; *Fiedler*, S. 30 f.; *Grunewald*, JA 92, 11, 12; BGHZ 69, 334, 337; *Emmerich/Sonnenschein*, § 2 II 1.

[418] *K. Schmidt*, AcP 182, 1, 22; ders., Verbandszweck, § 5 III 4 b) cc), S. 128.

[419] Hintergrund seiner Überlegungen ist es u. a. mit Hilfe der konzernrechtlichen Haftungsfolgen ein Merkmal zu entwickeln, das einem Verein die Eigenschaft eines Unternehmens verleiht, so daß er damit unter eine von ihm entwickelten Fallgruppen des § 22 BGB fällt. Das setzt zwingend voraus, daß bei Prüfung der konzernrechtlichen Haftungsfolgen nicht vom Unter-

lich. Denn wenn die wirtschaftliche Tätigkeit der Tochtergesellschaft dem herrschenden - bisher nicht als Volltypus des Unternehmens zu qualifizierenden - Verein wegen "der daraus resultierenden Haftungsrisiken zuzurechnen"[420] sei und er damit zum Wirtschaftsverein würde, setzte dies zwingend die Unternehmenseigenschaft des Vereins voraus, weil anderenfalls gar keine Haftungsrisiken nach dem Konzernrecht drohten. Ohne eine Erweiterung des konzernrechtlichen Unternehmensbegriffs[421], gerät die Auffassung von *K. Schmidt* zu einem circulus virtuosus[422]. Er selbst gibt zu, daß der Ausdruck "konzernrechtliche Zurechnung" eher unpräzise sei[423]. Sein Ansatz soll trotz seiner Widersprüchlichkeiten nicht völlig unbeachtet bleiben, zeigt er doch eines, nämlich daß die Zurechnung der wirtschaftlichen Tätigkeit der Tochtergesellschaft zum Idealverein möglicherweise unabhängig vom Vorliegen einer konzernrechtlichen Gefährdungslage vorzunehmen sein könnte[424].

Folgt man dem klassischen konzernrechtlichen Unternehmensbegriff, ist umstritten, welchen Umfang die beim Restverein verbliebenen wirtschaftlichen Aktivitäten einnehmen müssen, um einen entsprechenden konzerntypischen Interessenkonflikt hervorzurufen.

Hemmerich geht davon aus, daß jeder beim Restverein verbleibende wirtschaftliche Geschäftsbetrieb diesen ohne weitere Voraussetzung als Unternehmen i. S. v. §§ 15 ff. AktG qualifiziert, so daß zwischen Mutterverein und Tochtergesellschaft in der Regel ein Herrschaftsverhältnis i. S. v. § 17 AktG besteht, weil kaum ein Verein ohne jeglichen wirtschaftlichen Geschäftsbetrieb auskommt[425]. Dagegen wird von *Menke* eingewandt, daß ein konzernrechtlicher Interessenkonflikt zwischen Mutter- und Tochtergesellschaft nur auftreten könne, wenn der ei-

---

[420] nehmensbegriff ausgegangen werden kann, da dies erst das Ergebnis der Überlegungen zur "konzernrechtlichen Zurechnung" ist.
Allein diese haftungsrechtliche Komponente ist für K.Schmidt ausschlaggebend (AcP 182, 1, 23; ders., Verbandszweck, aaO.) für die "konzernrechtliche Zurechnung", worauf auch *Sprengel*, S. 275, ausdrücklich hinweist.

[421] Wie sie teilweise vertreten wird, vgl. *Hemmerich*, S. 132, die auf entsprechende Überlegungen der Unternehmensrechtskommission hinweist, wonach die Ausübung von Leitungsmacht allein schon für eine Konzernhaftung ausreichen soll. Siehe auch den VW-Beschluß des BGH, ZIP 97, 887, der sich jedoch auf öffentlich-rechtliche Körperschaften bezieht, die lediglich ein privatrechtliches Unternehmen beherrschen und dennoch §§ 15 ff. AktG unterfallen. Dazu *Heermann*, ZIP 98, 1249, 1258. Nach *Habersack*, S. 45, 52, verbietet sich jedoch bei den Fußballvereinen eine Parallele zu einer öffentlich-rechtlichen Körperschaft als herrschendem Unternehmen.

[422] MüKo/*Reuter*, §§ 21, 22 Rn. 38.

[423] *K. Schmidt*, AcP 182, 1, 22.

[424] *Fiedler*, S. 126 ff. und *Sprengel*, S. 274 ff. greifen bei der Zurechnungsfrage auch auf konzernrechtliche Maßstäbe, namentlich wie K.Schmidt auf das Merkmal der *Abhängigkeit* i.S.v. § 17 AktG zurück, jedoch nicht im Hinblick auf konzernrechtliche Haftungsrisiken, weil sich ihrer Ansicht nach die Zurechnungsfrage eben nicht nur mit der konzernrechtlichen Haftung identifizieren ließe.

[425] *Hemmerich*, S. 131 f.; *Kebekus*, S. 105 Fn 295.

gene Geschäftsbetrieb des Vereins im Verhältnis zu der Beteiligung an der Tochtergesellschaft *von einigem Gewicht* sei, weil nicht zu befürchten sei, daß ein im Berufssport engagierter Verein der von ihm beherrschten Fußballkapitalgesellschaft einen Nachteil zufügen werde, nur um dadurch etwa seiner Vereinsgaststätte einen irgendwie gearteten Vorteil zukommen zu lassen[426].

Die Auffassung von Hemmerich erscheint insofern vorzugswürdig, als danach Abgrenzungsprobleme vermieden werden können. Die Position des klassischen Unternehmensbegriffs gerät jedoch ins Schwanken, wenn der Mutterverein selbst nicht anderweitig wirtschaftlich tätig ist, weil er den Geschäftsbetrieb zur Vermeidung einer Konzernhaftung auf eine zwischengeschaltete Holdinggesellschaft ausgegliedert hat und mittels der Holding mehrere Tochtergesellschaften verwaltet. In diesem Fall ist äußerst umstritten, ob den Verein eine konzernrechtliche Haftung treffen kann[427].

Nach einer Ansicht könne von der Unternehmenseigenschaft der Zwischenholding nicht auf die des Vereins als Spitzenholding geschlossen werden, weil außerhalb der Zwischenholding nach der VEBA/Gelsenberg-Doktrin keine wirtschaftliche Betätigung vorliege[428]. Nach der Gegenansicht wird diese Gestaltung als unzulässige Umgehung konzernrechtlicher Haftungstatbestände angesehen[429]. Eine konzerntypische Gefährdungslage sei nämlich keineswegs auszuschließen, weil die bloß formale Einschaltung einer Zwischenholding nichts daran ändere, daß der Verein die Enkelgesellschaften und damit den gesamten Konzern weiterhin steuern könne[430].

Aber selbst dann, wenn sich der Beteiligungsbesitz des Vereins in einer einzigen Tochtergesellschaft ohne Enkelgesellschaften erschöpft, kann die Unternehmenseigenschaft des Vereins nicht als geklärt angesehen werden. Die herrschende Ansicht verweist hier wiederum auf die VEBA/Gelsenberg-Doktrin, wo-

---

[426] *Menke*, S. 191.

[427] Vgl. zum Streitstand *Sprengel*, S. 94 f.; *Fiedler*, S. 40; *Heermann*, ZIP 98, 1249, 1258.

[428] *Stimpel*, ZGR 91, 144, 157 empfiehlt die Einschaltung einer Zwischenholding ausdrücklich, um eine konzernrechliche Haftung auszuschalten. Er meint, die Unternehmenseigenschaft des Eigners der Holding wäre dann kaum noch zu begründen, was aber auch nicht erforderlich wäre, weil die geltenden Kapitalsicherungsvorschriften und die strenge Konkursantragspflicht für die Holding die Haftungsbeschränkung rechtfertige. Im übrigen muß die Spitzenholding die Zwischenholding ausreichend mit Kapital zur Bewältigung ihrer konzernrechtlichen Ausgleichspflichten ausstatten, um nicht doch einer unbeschränkten Durchgriffshaftung wegen Unterkapitalisierung ausgesetzt zu sein. Mit diesem Argument einer unzulässigen Durchgriffshaftung hält *Priester*, ZIP 86, 137, 144 f. die konzernrechtliche Inanspruchnahme des Vereins für unzulässig. Diese Gestaltungsmöglichkeit als Umgehung konzernrechtlicher Tatbestände für zulässig erachtet BGH, AG 1980, 342; OLG Saarbrücken, AG 1980, 26, 28.

[429] Insbesondere *Emmerich/Sonnenschein*, § 2 II 3; *Sonnenschein/Holdorf*, JZ 92, 715, 724 mit dem Argument, daß bei der Konzernspitze (also dem Verein) trotz formal nur einfacher Beteiligung nach wie vor die gleichen Interessenkonflikte bestehen, die sich durch ihren Einfluß auf die Zwischenholding zum Nachteil dieser bzw. der Beteiligungsgesellschaften auswirken können.

[430] Zum Streitstand *Sprengel*, S. 95; *Fiedler*, S. 40; *Sonnenschein*, aaO.

114

nach ohne anderweitige wirtschaftliche Interessenbindung keine konzerntypischen Gefahren entstehen können. Dagegen wird eingewandt, daß diese Sichtweise nur als Abgrenzungsmerkmal zum typischen Privataktionär geeignet sei, weil regelmäßig nur bei diesem ein mit der Beteiligungsgesellschaft gleichlaufendes Interesse vorhanden wäre. Das sei bei einem Verein jedoch anders. Hier können nämlich durch den satzungsgemäßen ideellen Zweck, der sich von der wirtschaftlichen Zielsetzung der Tochtergesellschaft unterscheidet, konzerntypische Interessenkonflikte hervorgerufen werden[431].

Fraglich ist jedoch, ob die konzernrechtliche Haftung des Vereins bei einer Ausgliederung auf eine "kapitalistische" KGaA mit 100%iger Beteiligung des Vereins an einer Komplementär-GmbH, wie sie für die Fußballbundesliga favorisiert wird, ebenso problematisch ist. In einem Punkt ergibt sich nämlich ein Unterschied zu den eben behandelten Fällen. Die Komplementär-GmbH ist selbst dann, wenn ihr vom Verein anderweitige wirtschaftliche Aktivitäten übertragen wurden, als sie in der KGaA ausgeübt werden, nicht als Unternehmen im konzernrechtlichen Sinne anzusehen, weil dies wegen der personenhandelsrechtlichen Außenhaftung der GmbH nach §§ 278 II AktG i. V. m. 128, 161 II HGB bedeutungslos wäre[432]. Ob dem Verein als Konzernspitze in diesem Fall ohne anderweitige wirtschaftliche Aktivitäten eine Konzernhaftung droht, dürfte ebenso problematisch sein wie in den o.g. Fällen. Zum einen wird man die Komplementär-GmbH - wenn auch nicht im konzernrechtlichen Sinne - aber wenigstens wegen ihrer personengesellschaftsrechtlichen Außenhaftung als wirtschaftliches Unternehmen ansehen müssen, so daß sich zum Tatbestand einer Zwischenholding nichts ändert. Und im übrigen macht es für die Gefahr von Interessenkonflikten keinen Unterschied, ob der Verein selbst an der KGaA beteiligt ist, oder durch eine zwischengeschaltete GmbH auf die Unternehmenspolitik in der KGaA einwirken kann.

Die Ausführungen haben gezeigt, daß die Zurechnung der Wirtschaftstätigkeit in der letztlich vom Verein beherrschten Fußballkapitalgesellschaft zum Stammverein nach der Lehre von der "konzernrechtlichen Zurechnung" bereits im Hinblick auf den Anwendungsbereich des Konzernrechts äußerst problembehaftet ist.

(b) Sonstige Widersprüche

Weitaus gravierender als die Probleme hinsichtlich des Unternehmensbegriffs sind jedoch die Bedenken gegen die nach dem Konzept der "konzernrechtlichen Zurechnung" entstehenden Schutzlücken, wenn man *allenfalls* aufgrund po-

---

[431] *Sprengel*, S. 96 hält solche Konflikte für vorprogrammiert und verweist auf die Parallelproblematik öffentlicher Unternehmen, die sich an Kapitalgesellschaften beteiligen. Da hier öffentliches und privates Interesse kollidieren, wird teilweise eine analoge Anwendung des Konzernrechts bejaht (Vgl. "VW"-Beschluß des BGH, ZIP 97, 887; weitere Nachweise bei *Sprengel*, S. 97 Fn 107). Ähnlich sei es mit der Kollision ideeller und wirtschaftlicher Interessen. Diese Parallele wird von *Habersack*, S. 45, 52, abgelehnt.

[432] *K. Schmidt*, ZHR 160, 265, 284.

tentieller konzernrechtlicher Haftungsrisiken zugunsten der Gläubiger eine Zurechnung der externen Wirtschaftstätigkeit erwägt, diese aber andererseits trotz mangelnder Mindestkapitalausstattung des Vereins abgelehnt wird, weil die Organhaftung des Vereinsvorstandes als Äquivalent diene. Diese Schutzlücken gründen sich zum einen darauf, daß nach diesem Modell eine Zurechnung von vornherein nur möglich ist, wenn der eingetragene Verein als *Unternehmen* zu qualifizieren ist, also neben der maßgeblichen Beteiligung anderweitig wirtschaftlich tätig ist. Wo das nicht der Fall ist, kommt eine Zurechnung nach dieser Auffassung nicht in Betracht, weil keine Sanktionen aus dem Recht der verbundenen Unternehmen gem. §§ 291 ff. UmwG drohen. Daß dies im Hinblick auf den Gläubigerschutz bedenklich ist, zeigt sich daran, daß der Verein in der Tochtergesellschaft die Unternehmenspolitik bestimmt, ohne daß damit ein persönliches wirtschaftliches Risiko verknüpft ist. Die Tochtergesellschaft verfügt zwar über alle Sicherheiten, die das Handelsvereinsrecht den Gläubigern zur Verfügung stellt. Aus ihrer Sicht ist dies jedoch wenig tröstlich, wenn die Unternehmenspolitik von Personen bestimmt wird, die selbst nicht an entsprechende Schutzbestimmungen gebunden sind. Denn auch bei einem nicht unternehmerisch tätigen Verein ist nicht ausgeschlossen, daß der Tochtergesellschaft zur Finanzierung einer kostspieligen ideellen Betätigung des Vereins Gelder zum Nachteil der Gläubiger von den risikolos handelnden "Hobbyfunktionären" des Vereins entzogen werden[433]. Die Mindestkapitalausstattung der Tochtergesellschaft ist dann nämlich wenig wert, weil 50 000 bzw. 100 000 DM der Höhe nach nur wenig Sicherheit bieten können. *Fiedler*[434] weist zu Recht darauf hin, daß die Lehre von der konzernrechtlichen Zurechnung zu kurz greift, weil es nicht nur auf der Grundlage einer *Unternehmens*verbindung sondern auch auf sonstiger rechtsgeschäftlicher oder tatsächlicher Basis zu gläubigerrelevanten Vermögensverschiebungen zwischen dem Verein und seiner Tochtergesellschaft kommen kann.

Aber selbst wenn man eine Konzernhaftung des Vereins zum Schutz der Gläubiger annimmt, ist die Argumentation des BGH und *Hemmerich* schon deshalb bedenklich, weil den Gläubigern nicht einmal formal alle Sicherheiten des Handelsvereinsrechts geboten werden. Zumindest im Vertragskonzern werden gemäß § 291 III AktG die Kapitalerhaltungsregeln der §§ 57, 58, 60 AktG aufgehoben[435]. Damit trifft das entscheidende Argument für eine Lösung der Rechtsformverfehlung durch Ausgliederung des Geschäftsbetriebes auf eine Kapitalgesellschaft, daß den Gläubigern nämlich alle Sicherheiten des Handelsvereinsrechts geboten würden, selbst vom Standpunkt der *Haftungsfondtheorie* nicht zu[436]. Als Ausgleich für die aufgehobene Kapitalbindung sieht das Gesetz die Haftung des

---

[433] Vgl. *Sprengel*, S. 97.

[434] *Fiedler*, S. 126 f.

[435] *Hemmerich*, BB 83, 26, 29, meint, daß insofern kein großer Unterschied zum faktischen Konzern bestehe, weil dort durch nachteilige Weisungen im Rahmen des Herrschaftsverhältnisses ebenfalls nachteilige Auswirkungen auf das garantierte Kapital möglich seien.

[436] Dies erkennt auch *Hemmerich*, aaO, an.

herrschenden Unternehmens vor (§ 302 AktG)[437]. Wenn es sich dabei um einen BGB-Verein handelt, ändert sich jedoch nichts an der Rechtsformverfehlung, weil jener kein garantiertes Mindestkapital aufweist. Im Vereinskonzern wäre damit die Mindestkapitalpflicht faktisch aufgehoben. Das Gesetz geht keineswegs davon aus, daß die Organhaftung des Vereinsvorstandes, zumal auch bei jeder Kapitalgesellschaft vorhanden, die Haftung des herrschenden Vereins kompensieren könnte. Denn die Organhaftung greift ja nur bei einer *Pflichtverletzung* der jeweiligen Organmitglieder ein (§§ 309 II, 310 I, III, §§ 317 II, III, 318 I, II AktG), die mangels eines objektiven Maßstabes über die Richtigkeit unternehmerischen Handelns nur in den wenigsten Fällen nachweisbar ist[438]. Demgegenüber tritt die Haftung des mit dem gesetzlichen Mindestkapital ausgestatteten herrschenden Unternehmens unabhängig von einer Pflichtverletzung der Organmitglieder ein. Dies gilt zumindest beim qualifiziert faktischen Konzern und beim Vertragskonzern wo das herrschende Unternehmen gemäß § 302 AtkG (analog) unabhängig von einem Organverschulden stets zum Verlustausgleich gegenüber der abhängigen Gesellschaft verpflichtet ist.[439]. Dabei kommt es nicht einmal darauf an, ob die Verluste in der abhängigen Gesellschaft durch Eingriffe des herrschenden Unternehmens verursacht wurden oder überhaupt mit der Konzernbildung im Zusammenhang stehen. Es sind sogar solche Verluste auszugleichen, die durch schlechtes Management bei der abhängigen Gesellschaft entstanden sind oder aus sonstigen Gründen, etwa einer ungünstigen Marktentwicklung, herrühren. Die Verantwortlichkeit des herrschenden Unternehmens stellt im Gegensatz zur Organhaftung eine *Pauschalhaftung* dar[440].

Es mag zwar sein, daß die Organhaftung des herrschenden Unternehmens in ihrer absoluten Höhe von höherem Gewicht sein kann als die Haftung mit dem gesetzlichen Mindestkapital und in der Regel auch sein wird wegen der gesamtschuldnerischen unbeschränkten Haftung des Vorstands[441]. Gesetzlich garantiert ist dies jedoch nicht, weil nach der gesetzlichen Ausgestaltung auch "Habenichtse" Organwalter sein können, wohingegen Vermögenswerte in Höhe des gesetzlichen Mindestkapitals auf jeden Fall in der Gesellschaft vorhanden sein müssen. Rechtstechnisch vermag somit die Organhaftung mangels garantierter Haftsumme die Haftung des mit einem Mindestkapital ausgestatteten herrschenden Unternehmens nicht einmal im vom BGH behandelten faktischen Konzern zu kompensie-

---

[437] *Hüffer*, § 302 Rn 3 m.w.N.
[438] Vgl. *Reuter*, Perpetuierung, S. 21; ders.; ZFA 79, 537, 541. Abgesehen davon begibt man sich so zusätzlich zu den Problemen um den Unternehmensbegriff auch noch auf das äußerst umstrittene Feld der Unternehmensleiterhaftung. Vgl. dazu *Fiedler*, S. 72 m.w.N.
[439] Beim faktischen Konzern ist die Haftung des herrschenden Unternehmens jedoch nach § 317 II an ein pflichtwidriges Verhalten des Vorstandes geknüpft.
[440] *Fiedler*, S. 45; *Emmerich/Sonnenschein*, § 20 IV 4 b. Insofern hat sich auch bei qualifiziert faktischen und Vertragskonzernen innerhalb und außerhalb des Aktiengesetzes die *"Konzernzustandshaftung"* durchgesetzt.
[441] BGH, NJW 83, 569, 571; *Hemmerich*, S. 134 f.

ren, obwohl dort die Haftung des Unternehmens und des Organs nach § 317 II AktG miteinander gekoppelt sind. Wer also meint, die Organhaftung des Vereinsvorstandes sei ein Äquivalent der fehlenden Mindestkapitalausstattung im Verein, unterliegt damit einem elementaren Mißverständnis hinsichtlich des Haftungssystems im Konzern- und Gesellschaftsrecht.

Mindestkapital und Organhaftung sind nicht Haftinstrumente, die sich gegenseitig irgendwie kompensieren könnten, sondern Schutzbestimmungen, die *gemeinsam* einen Ausgleich für die fehlende unbeschränkte persönliche Haftung des Einzel- bzw. Mitunternehmers im Personengesellschaftsrecht darstellen[442]. Der Gesetzgeber hat die Doppelhaftung in der juristischen Person damit als Gesamtheit der fehlenden unbeschränkt-persönlichen Haftung natürlicher Personen als Äquivalent gegenübergestellt. Wenn Organhaftung und Haftung der Organisation aber gemeinsam Teil eines Ganzen sind, kann nicht das eine - hier die Organhaftung des Vereinsvorstandes - ein Äquivalent für das fehlende andere - hier die Mindestkapitalausstattung des eingetragenen Vereins - sein. Zu Recht fragt *Reuter* deshalb, welchen Sinn eine Organhaftung überhaupt habe, wenn man die Haftung der juristischen Person für entbehrlich hält, weil die Organwalter persönlich haften[443]. Genausogut kann man aber auch fragen, welchen Sinn die Haftung der juristischen Person mit ihrem Mindestkapital haben soll, wenn nach Auffassung des BGH und *Hemmerich* die Organhaftung des Vorstandes die Haftung der Gesellschaft entbehrlich macht.

(aa) Begriffliche Leerformeln und -Wertungen

Abgesehen von den beschriebenen Schutzlücken müssen die begrifflichen Leerformeln, mit denen der BGH und *Hemmerich* eine "konzernrechtliche Zurechnung" der externen Wirtschaftstätigkeit ablehnen, als wenig überzeugend angesehen werden. Danach werde die fehlende Mindestkapitalausstattung des Idealvereins "*weitgehend*"[444] durch die Organhaftung ausgeglichen; die Frage der Zurechnung sei im übrigen eine "*Frage der Wertung*"[445] und im Hinblick darauf, daß ein Idealverein auch sonst bei einer irgendwie gearteten Gläubigergefährdung, sei es im Rahmen des Nebentätigkeitsprivileges, sei es bei bloß nachfragender Tätigkeit, nicht gleich als Wirtschaftsverein qualifiziert werde, gar eine "*übermäßige Reaktion*"[446]. Im Anschluß daran meint *Menke*, daß Schädigungspotential, welches aufgrund pflichtwidrigen Verhaltens des Vereinsvorstandes in einem faktischen Konzern bestehe, könne durchaus mit den Haftungsrisiken verglichen werden, die sich auch aus normalem rechtsgeschäftlichen Handeln und deliktischem Verhalten

---

[442] Vgl. *Reuter*, ZIP 84, 1052, 1056, der darauf hinweist, daß die im Falle der juristischen Person zur Doppelhaftung führenden Haftungsgründe des Organwalters für das Handeln und der Organisation für die Nutznießung beim Einzelkaufmann zusammentreffen.

[443] *Reuter*, ZIP 84, 1052, 1056.

[444] BGH, NJW, 83, 569, 571; *Hemmerich*, BB 83, 26, 28.

[445] *Hemmerich*, aaO.

[446] *Hemmerich*, aaO.; dies.; S. 139.

(§§ 823 ff, 31 BGB) ergeben und rechtfertige keine Zurechnung der ausgegliederten Wirtschaftstätigkeit[447]. Die steigenden Gläubigergefahren, die von einem Vertragskonzern gegenüber einem faktischen Konzern ausgingen, seien darüber hinaus *"nicht so erheblich"*, daß sie eine unterschiedliche Behandlung rechtfertigten und im übrigen *"vom Ergebnis her unerwünscht"*, was letztlich ausschlaggebend sei[448].

Entweder wird die fehlende Mindestkapitalausstattung beim eingetragenen Verein durch die Organhaftung im Vereinskonzern ausgeglichen, oder sie wird es eben nicht. Wenn sie nur *weitgehend* ausgeglichen wird, bleiben schon sprachlich Unsicherheiten, die zwangsläufig Rechtsunsicherheiten nach sich ziehen müssen. Daß die Zurechnung der ausgegliederten Wirtschaftstätigkeit wegen der daraus resultierenden Risiken im Vergleich zur sonst beim eingetragenen Verein anzutreffenden Gläubigergefährdung eine *übermäßige Reaktion* darstellen soll, kann überhaupt nicht nachvollzogen werden. Das Schädigungspotential, das aus sonstigem Fehlverhalten des Vereinsvorstandes resultiert, ist in keiner Weise mit dem Schädigungspotential zu vergleichen, das aus einer Unternehmensverbindung folgt. Allgemein ist das Haftungsrisiko nämlich begrenzt durch die einem Idealverein grundsätzlich nur erlaubte ideelle Tätigkeit[449]. Dieses Haftungspotential wird aber deutlich überschritten, wenn der Verein als Spitze eines Konzerns auftritt, weil dann auch noch Haftungsrisiken aus unternehmerischen Tätigkeiten entstehen, die zwar nicht direkt im Verein ausgeübt werden, aber einer von ihm beherrschten Tochtergesellschaft. Die Risiken, die für die Gläubiger des eingetragenen Vereins und für die Gläubiger der Tochtergesellschaft aus der Unternehmensverbindung folgen, sind damit weitaus höher einzuschätzen als bei einer wirtschaftlichen Nebentätigkeit bzw. nur nachfragenden Tätigkeit eines lediglich ideell tätigen Vereins.

Ebenso unklar bleibt, warum eine Zurechnung der externen Wirtschaftstätigkeit im Vertragskonzern unterbleiben müsse, weil andernfalls das *unerwünschte Ergebnis* eintrete, daß die ohnehin selten praktizierten Vertragskonzerne noch mehr an Attraktivität verlören. Es sei die Frage erlaubt, warum gerade ein Idealverein als Konzernmutter dafür herhalten soll, die Unattraktivität des Vertragskonzerns zu beseitigen. Viel sinnvoller erscheint es, nach den Ursachen zu suchen. Soweit die Gründe in der höheren Haftungsverpflichtung des herrschenden Unternehmens liegen sollten, ist zumindest sehr zweifelhaft, ob ein Idealverein mangels gesetzlicher Mindestkapitalausstattung das richtige Mittel zur Aufwertung der Vertragskonzerne ist.

Sehr zweifelhaft dürfte auch sein, ob die Frage der Zurechnung dem Bereich juristischer Sachargumente entzogen und dem überaus unsicheren Feld von Wertungen anvertraut werden sollte. Da sich über den richtigen Wertungsmaßstab

---

[447] *Menke*, S. 201; ähnlich *Schick/Rüd*, S. 47.

[448] *Hemmerich*, aaO., S. 30.

[449] Zu den entsprechend geringen Gläubigerrisiken *Heckelmann*, AcP 179, 1, 28 ff.

trefflich streiten läßt, kann dieses Vorgehen wenig Gutes verheißen, zumal es auf wertungsmäßiger Ebene genauso einleuchtend ist, dem eingetragenen Verein die ausgegliederte Wirtschaftstätigkeit zuzurechnen. Denn welchen wertungsmäßigen Unterschied macht es schon, ob der Verein als oHG-Gesellschafter oder Komplementär einer KG bzw. KGaA tätig ist[450], oder lediglich eine Komplementär-GmbH mit persönlicher Verflechtung zwischenschaltet bzw. in die Rolle eines Mehrheitsaktionärs schlüpft, um auf diese Weise die Tochterpersonen- bzw. -kapitalgesellschaft zu beherrschen. Gewiß könnte man den Unterschied in der mit einem Einzelunternehmer vergleichbaren Haftung sehen, die dem eingetragenen Verein eine entsprechende Beteiligungsform versagt und die ihn als herrschenden Gesellschafter in einer Kapitalgesellschaft wegen der Haftungsbeschränkung zunächst nicht trifft. Kommt es jedoch zu einer Verlustausgleichspflicht gemäß § 302 AktG bzw. zum Schadensersatz nach § 317 Abs. 1 AktG, ist es um die Haftungsbeschränkung geschehen und es fragt sich, ob die Haftungssituation wirklich noch wertungsmäßig so verschieden von der eines oHG-Gesellschafters bzw. Komplementärs ist[451].

(bb) Wegbereiter für "idealistische" KG/KgaA ?
   Bedenklicher als die durch die o.g. Leerformeln erzeugte Rechtsunsicherheit sind jedoch die Folgen, die sich aus der vom BGH und *Hemmerich* verwandten Argumentation für das Gesellschaftsrecht ergeben könnten. Wenn es ihnen im Vereins*konzern*recht entscheidend darauf ankommt, daß die Organwalter des Vereins persönlich haften, fragt es sich konsequenterweise, welche Einwände überhaupt noch gegen die Komplementär- oder oHG-Fähigkeit eines eingetragenen Vereins bestehen. In diesem Fall wäre dann neben der *"mißratenen Tochter"* des Gesellschaftsrechts - der GmbH & Co. KG[452] die von *Karsten Schmidt* antizipierte *"vollendete Mißgeburt"* in der Gestalt der e.V. & Co. KG zu beklagen[453].
   Man könnte freilich einwenden, daß in diesem Fall der eingetragene Verein als persönlich haftender Gesellschafter *unmittelbar* wie ein Alleinunternehmer gemäß §§ 128 ggf. i. V. m. 161 II HGB bzw. 278 II AktG haftet, was mit den mangelnden Gläubigerschutzbestimmungen des Bürgerlichen Vereinsrechts nicht zu vereinbaren sei[454]. Wohingegen die Haftung des Vereins aus einer Konzernbeziehung auf Schadensersatz wegen mangelnden Nachteilsausgleichs gemäß § 317 I AktG bzw. seine Verlustausgleichspflicht gemäß § 302 AktG möglicherweise nicht mit der Haftung eines Alleinunternehmers zu vergleichen ist, weil hier die

---

[450]   was nach ganz herrschender Meinung nicht mit dem Vereinsrecht zu vereinbaren ist.
[451]   Der Sache nach ist die Konzernhaftung nämlich Durchgriffshaftung, die den Schleier der Haftungbeschränkung beiseite schiebt, vgl. *Demuth*, JA 96, 137, 140.
[452]   Die in Gestalt der GmbH & Co. KGaA eine junge Schwester erhalten hat; BGH, NJW 97, 1923 ff.
[453]   *K. Schmidt*, AcP 182, 1, 21, 22 Fn. 114, wo er auf die Existenz von vier eingetragenen e.V. & Co. KG hinweist, die aber nach §§ 159, 142 FGG zu streichen sind; ders., RPfl 72, 343, 347.
[454]   So die ganz herrschende Meinung, vgl. *K. Schmidt*, aaO; *Schick/Rüd*, S. 42 m.w.N.

Trennung zwischen Tochter- und Muttergesellschaft keine vergleichbar enge Einbeziehung in die Haftung gegenüber den Gläubigern der Beteiligungsgesellschaft erzeugt. Denn grundsätzlich schuldet der oHG-Gesellschafter bzw. Komplementär gemäß § 128 HGB genau das, was auch die Gesamthand aus dem jeweiligen Schuldverhältnis zu leisten verpflichtet ist[455]. Das ist im Konzernrecht ganz anders. Der *Inhalt* der Ansprüche des Gläubigers der abhängigen Gesellschaft gegen das herrschende Unternehmen ist gemäß §§ 317 I, IV i. V. m. 309 IV 3 AktG bzw. § 302 AktG[456] auf Schadensersatz bzw. Verlustausgleich gerichtet. Darüber hinaus läßt sich zumindest für den einfachen faktischen Konzern ein Vergleich schon deshalb nicht herstellen, weil die Schadensersatzpflicht nach § 317 I AktG nur für vereinzelt veranlaßte nachteilige Rechtsgeschäfte besteht. Im Gegensatz dazu besteht jedoch im qualifiziert faktischen bzw. Vertragskonzern eine umfassende Verlustausgleichspflicht gemäß § 302 AktG. Wenn auch die Ansprüche ihrem Inhalt nach nicht vergleichbar sind, so bestehen doch im Hinblick auf die Belastungen, die den eingetragenen Verein als herrschendes Unternehmen bzw. als oHG-Gesellschafter/Komplementär treffen können, keine großen Unterschiede. Ob der Verein nämlich als herrschender Gesellschafter in einem Vertragskonzern einen entstehenden Verlust bei der Tochtergesellschaft ausgleichen muß und deren Gläubiger diesen Anspruch bei Vermögenslosigkeit der Tochter pfänden und sich überweisen lassen können, oder ob der Verein als persönlich haftender Gesellschafter vom Gläubiger gemäß § 128 HGB in Anspruch genommen wird, weil der Anspruch gegen die Personengesellschaft gemäß § 124 I HBG wegen Vermögenslosigkeit der Gesamthand für die Gläubiger uneinbringlich ist, ist, wirtschaftlich betrachtet, ohne Unterschied. Die Gläubiger eines abhängigen Unternehmens können sich zwar zunächst nur an dieses wenden, bevor sie den Verlustausgleichsanspruch gemäß § 302 AktG gegen die Konzernmuttergesellschaft pfänden und sich überweisen lassen. Wohingegen der Gläubiger einer oHG wahlweise gegen die Gesellschaft oder die Gesellschafter einschließlich des Vereins vorgehen kann[457]. Dieser Unterschied in der Haftung des Vereins im Konzern gegenüber der als Personengesellschafter kann jedoch schwerlich eine derart unterschiedliche Beurteilung der vereinsrechtlichen Zulässigkeit der jeweiligen Aktivitäten begründen.

Warum sollte man somit nach der Begründung des BGH und insbesondere der von *Hemmerich*[458] nicht auch eine e.V.-oHG, e.V. & Co. KG oder e.V. & Co.

---

[455] §§ 128, 129 HBG begründen eine selbständige akzessorische Schuld der Gesellschafter (BGHZ 47, 376, 378). Heute hat sich grundsätzlich die *Erfüllungstheorie*, wonach die Gesellschafter in gleicher Weise wie die Gesellschaft zur Erfüllung verpflichtet sind, gegenüber der *Haftungstheorie* durchgesetzt, wonach der Gläubiger nur sein Wertinteresse in Geld vom Gesellschafter verlangen kann; *Habersack* in: Großkommentar HGB, § 128 Rn 17 ff.
[456] Letzterer nach Pfändung und Überweisung seitens der abhängigen Gesellschaft.
[457] B/H, § 128 Rn 39, unechte Gesamtschuld zwischen Gesellschaft und Gesellschafter.
[458] Die ja auch einen Verein an der Spitze eines Vertragskonzerns anerkennt; *Hemmerich*, S. 136 ff.; dies., BB 83, 26, 29 f.

KGaA anerkennen. Die Bedenken, die aus der Rechtsstellung des eingetragenen Vereins als persönlich haftenden Gesellschafter i. V. m. der Tatsache folgen, daß der eingetragene Verein keine "...*wirtschaftliche Haftungsgrundlage mangels einer .. gesetzlich vorgeschriebenen Mindestkapitalausstattung...*" hat, ließen sich doch auch in einem solchen Fall "...*weitgehend dadurch ausgleichen, daß die Ansprüche der Gläubiger ...*" der oHG, KG bzw. KGaA "...*gegen den Verein...*" als persönlich haftenden Gesellschafter "...*ergänzt würden durch die persönliche und gesamtschuldnerische Haftung des Vorstandes...*" des Vereins. Ganz im Gegenteil, "...*die Gläubiger...*" der Gesamthand stünden "...*sich damit nicht schlechter, im Hinblick auf die Mehrzahl der Haftenden vielfach sogar besser als bei einem einzelkaufmännischen Betrieb als...*" persönlich haftender Gesellschafter.

Ein erheblicher Unterschied in der Haftungssituation könnte sich jedoch insofern ergeben, als im bürgerlichen Vereinsrecht nur für den Fall der Verletzung der Insolvenzantragspflicht gemäß § 42 II BGB eine *Außenhaftung* des Vorstandes besteht. Dies gilt natürlich auch dann, wenn sich der Verein an einer oHG beteiligt. Wohingegen das Konzernrecht sowohl für den faktischen Konzern gemäß §§ 317 III, IV, 309 IV 3 AktG als auch den Vertrags- bzw. qualifiziert-faktischen Konzern gemäß §§ 309 II, IV 3 AktG eine *Außenhaftung* immer dann vorsieht, wenn der Vorstand des herrschenden Unternehmens bei dem abhängigen Unternehmen einen Schaden unter Verletzung der Sorgfalt eines ordentlichen und gewissenhaften Geschäftsleiters verursacht hat. Es ließe sich argumentieren, daß nur diese gesteigerte Außenverantwortlichkeit des Vorstandes eines herrschenden Unternehmens im Konzernrecht die mangelnde Mindestkapitalausstattung des Vereins kompensieren könne, wohingegen die auf die Verletzung der Insolvenzantragspflicht nach § 42 II BGB begrenzte *Außenhaftung* des Vorstandes nicht ausreiche, um die Eigenschaft des Vereins als persönlich haftenden Gesellschafter zu begründen.

Jedoch ist auch insofern wirtschaftlich betrachtet kein Unterschied festzustellen, der eine derart abweichende Behandlung eines Vereins als herrschendes Unternehmen bzw. persönlich haftenden Gesellschafter rechtfertigen könnte. Denn der Vorstand ist dem Verein gegenüber aus dem *organschaftlichen Rechtsverhältnis* bzw. seinem *Anstellungsverhältnis*[459] verpflichtet, schädliche Maßnahmen zu unterlassen und nützliche Geschäfte vorzunehmen[460]. Sofern der Verein persönlich haftender Gesellschafter einer oHG wäre, hätte der Vorstand als gesetzlicher Vertreter des Vereins in der Gesellschaft darauf hinzuwirken, daß es nicht zu Verlusten kommt, die zu einer Inanspruchnahme des Vereins nach § 128 HGB führen. Verletzt er diese Pflicht, würde er persönlich und ggf. gesamtschuldnerisch dem Verein auf Schadensersatz wegen PFV des organschaftlichen Rechts-

[459] *Soergel/Hadding*, § 27 Rn 12 f. ein solches besteht zusätzlich, wenn der Vorstand hauptamtlich tätig ist.
[460] *Grunewald*, ZIP 89, 962, 964.

verhältnisses bzw. Anstellungsvertrages haften[461], was letztlich auch den Anspruch der Gläubiger gegen den Verein aus § 128 HGB ergänzte[462]. Es ist damit unter wirtschaftlichen Gesichtspunkten nicht ersichtlich, warum die mangelnde Mindestkapitalausstattung des Vereins im Personengesellschaftsrecht nicht ebenso *"weitgehend dadurch ausgeglichen (wird), daß die Ansprüche der Gläubiger gegen den Verein"* als persönlich haftenden Gesellschafter *"...ergänzt würden durch die persönliche und gesamtschuldnerische Haftung des Vorstandes..."*, wie es im Konzernrecht der Fall ist.

Die Ausführungen sollen keinesfalls als Plädoyer für die oHG-Fähigkeit von Idealvereinen mißverstanden werden. Sie sollen nur verdeutlichen, in welche Widersprüche sich die Lehre von der *konzernrechtlichen Zurechnung* verstrickt und im übrigen das Bewußtsein im Hinblick auf mögliche Fehlentwicklungen schärfen. Die Argumentation des BGH und *Hemmerich* ist nämlich geradezu eine Einladung an die Kautelarpraxis, die e.V. & Co KG zu Tage zu fördern. Die letzte Bastion im Gesellschaftsrecht wäre damit gefallen, was sich allerdings nahtlos in die Rechtsprechung des obersten Deutschen Zivilgerichts einfügen würde. Der Anfang war mit Anerkennung der Komplementärfähigkeit der GmbH durch das Reichsgericht gemacht, damit wurde der Wandel vom gesetzlichen Leitbild der "personalistischen" KG zur "kapitalistischen" Publikums-KG höchstrichterlich ungeachtet der immensen Transaktionskosten zur Typenverfeinerung dieser Mischform eingeleitet. Im Jahre 1997 hat der BGH[463] dann den Wandel von der "personalistischen" zur "kapitalistischen" GmbH & Co. KGaA vollzogen, vielleicht auch deshalb, weil man meinte, auf die Erfahrungen aus der Rechtsfortbildung zur Publikums-KG zurückgreifen und damit den nunmehr anstehenden Rechtsfortbildungsaufwand in Grenzen halten zu können[464]. Bedenkt man, daß der Unterschied im Haftungsregime von GmbH & Co. KGaA und e. V. & Co. KGaA nur in einem gesetzlich garantierten Mindestkapital von 50 000 DM zugunsten der GmbH besteht und zudem der BGH die Funktion des gesetzlichen Mindestkapitals lediglich darin sieht, eine *Haftungsgrundlage* zugunsten der Gläubiger zu bilden, fragt es sich, ob es angesichts von Umsatzzahlen, die in einer KGaA üblicherweise erreicht werden, überhaupt noch gerechtfertigt werden kann, die Eintragung einer e. V. & Co. KGaA unter Hinweis darauf zu verweigern, daß es zugunsten der Gläubiger an einer Haftungsgrundlage von 50 000 DM seitens des Komplementärvereins fehle. Weil das wohl schwerlich möglich sein dürfte, ist es nur eine Frage der Zeit, bis die "idealistische" KG/KGaA aus der Taufe gehoben wird. Aber spätestens dann würde der Streit um das Nebentätigkeitsprivileg vom Standpunkt der herrschenden Meinung und insbesondere angesichts ihrer Begründung

---

461 Palandt/Heinrichs, § 27 Rn 4; *Soergel/Hadding*, § 27 Rn. 23; *Staudinger/Weick*, § 26 Rn 5.
462 Das Vermögen des Vereins würde durch diesen Anspruch gegen den Vorstand ansteigen und die Gläubiger könnten sich diesen zur Befriedigung ihres Anspruches aus § 128 HGB ggfs. pfänden und überweisen lassen.
463 NJW 1997, 1923 ff.
464 Insofern skeptisch *K. Schmidt*, ZHR 160, 265, 283 ff.

nur noch von rechtshistorischem Wert sein, weil von seiner Substanz nichts mehr erhalten bliebe.

Aber schon heute fragt sich angesichts der Rechtsprechung des BGH, ob das Nebentätigkeitsprivileg, wenn man seine Teilbegriffe "Neben" und "Privileg" noch ernst nimmt, überhaupt noch seine Berechtigung hat. Denn welchen Unterschied macht es schon, ob ein eingetragener Verein selbst einen wirtschaftlichen Geschäftsbetrieb führt oder diesen auf eine 100 %ige Tochter auslagert und auf diese Weise unter dem Dach des Vereins ein vollwirtschaftliches Unternehmen betrieben wird[465].

Damit soll jedoch nicht gesagt sein, daß eine "idealistische" KG/KGaA gänzlich undenkbar ist. Sie ließe sich mit dem Vereinsrecht und speziell dem Nebentätigkeitsprivileg nämlich dann vereinbaren, wenn die Komplementärstellung des eingetragenen Vereins nicht prägend für die Vereinstätigkeit ist[466]. Ist das der Fall, wird mittels des überwiegenden ideellen Interesses der Vereinsmitglieder die Vereinsführung dazu veranlaßt, darauf hinzuwirken, daß in der KG/KGaA allzu riskante Geschäfte unterbleiben, damit sich durch die unbeschränkte, persönliche Komplementärhaftung gemäß §§ 278 II AktG, 161 II, 128 HGB nicht Haftungsrisiken beim Verein realisieren, die die ideelle Interessenverfolgung der Mitglieder gefährden könnte. Die Ablehnung der Komplementärstellung eines Idealvereins durch die ganz herrschende Meinung unter Verweis darauf, daß der Verein in der Position wie ein Alleinunternehmer voll hafte, ist somit so allgemein nicht zutreffend. Das ideelle Mitgliederinteresse vermag nämlich das wirtschaftliche Handeln in der KG/KGaA solange zu disziplinieren, als die ideellen Interessen den Verein prägen. Insofern verbündet sich das ideelle Verlustrisiko der Mitglieder und das wirtschaftliche Verlustrisiko der Gläubiger der KG/KGaA (partieller Interessengleichlauf) und es bedarf keines zusätzlichen Gläubigerschutzes beim Verein.

Die Sorge der Vereinsmitglieder um negative Rückwirkungen aus allzu riskanten Geschäften eines wirtschaftlichen Geschäftsbetriebs auf ihre eigentliche ideelle Zielsetzung ist als Geltungsgrund und zugleich Geltungsumfang des Nebentätigkeitsprivileges herausgearbeitet worden[467]. Solange dieser beim bürgerlichen Verein festgestellte Gläubigerschutzmechanismus wirksam ist, kommt es nicht darauf an, ob der wirtschaftliche Geschäftsbetrieb als Eigenbetrieb oder ausgelagerter Betrieb in einer KG/KGaA unterhalten wird. Es fragt sich ohnehin, warum einem Idealverein die Komplementärstellung versagt werden soll, während beim Prototypen der "personalistischen" KG/KGaA die gleiche Position von einem Einzelunternehmer eingenommen werden kann. Aus Sicht der *Haftungsfondtheorie* müßte dies genauso abzulehnen sein, weil der Einzelunternehmer genauso wie ein bürgerlicher Verein über kein gesetzliches Mindestkapital verfügen

---

[465] *Reuter*, ZIP 84, 1052, 1063, sieht nach der Begründung des BGH auch keinen Grund, warum der ADAC keinen Autokonzern mit Autoproduktion und Handel aufbauen sollte.

[466] Vgl. oben 2. Teil B II 2; ebenso *Reuter*, ZiP 84, 1052, 1057 a. E.; ähnlich *Schick/Rüd*, S. 42 f.

[467] s.o. 2. Teil A III 1. c) bb) (2) u. B II.

muß, wenn er als Komplementär in eine KG/KGaA eintritt und es mindestens genauso wahrscheinlich ist, daß er auch über kein ausreichendes privathaftendes Vermögen verfügt, wie ein Verein über entsprechendes Vereinsvermögen. Ihm ist dies im Unterschied zum Verein nur deshalb erlaubt, weil er wegen der drohenden Komplementärhaftung Gefahr läuft, sich wirtschaftlich dauerhaft zu verschulden. Um dies zu vermeiden, wird er bestrebt sein, allzu riskante Geschäfte der KG/KGaA dank seiner Geschäftsführungsbefugnis zu unterbinden. Dem wirtschaftlichen Verlustrisiko der Gläubiger einer KG/KGaA ist damit ein wirtschaftliches Verlustrisiko der natürlichen Trägerperson ihrer Schuldnerin gegenübergestellt, weshalb eine "personalistische" KG/KGaA im Unterschied zur "idealistischen" KG/KGaA uneingeschränkt zulässig ist. Beim Idealverein ist nämlich zum einen zu berücksichtigen, daß das ideelle Verlustrisiko der Mitglieder nach der Intention des Gesetzgebers keinen vollwertigen Ersatz für das wirtschaftliche Verlustrisiko des Einzelunternehmers bietet[468] und zum anderen ohnehin nur solange wirksam ist, als die ideellen Aktivitäten für den Verein prägend sind[469]. Damit ist bereits angedeutet, daß die grundsätzliche Anerkennung der "idealistischen" KG/KGaA nicht als Plädoyer für eine Ausgliederung der Fußballbundesligaabteilungen in eine "idealistische" KGaA, wie es die Vereine wohl am liebsten sähen, mißverstanden werden soll[470].

(cc) Vereinsvorstand zur Konzernorganhaftung ungeeignet

Dem BGH und *Hemmerich* ist des weiteren vorzuwerfen, daß sie sich bei ihrem Lösungsvorschlag gar nicht mit der Frage auseinandersetzen, ob sich der Vorstand eines Idealvereins überhaupt zur konzernrechtlichen Organaußenhaftung *eignet*, um die fehlende Mindestkapitalausstattung zu kompensieren. Zwar ist die Konzernleitungsmacht nicht an eine bestimmte Rechtsform gebunden, so daß den Vorstand jedes herrschenden Unternehmens, egal welcher Rechtsform der Unternehmensträger ist, auch die entsprechende Organhaftung nach dem Konzernrecht treffen muß. Die Frage ist aber, ob ein Verein überhaupt beherrschenden Einfluß auf ein wirtschaftlich tätiges Unternehmen ausüben darf, und dafür könnte auch die Eignung des Vereinsvorstandes für eine konzernrechtliche Außenhaftung wichtige Hinweise liefern. Wenn den Vorstand eines eingetragenen Vereins grundsätzlich eine Außenhaftung nur bei Verletzung der Insolvenzantragspflicht treffen kann, ist es ein überraschendes Ergebnis, wenn er plötzlich - zumal nach gewöhnlicher Vorstellung nur ehrenamtlich tätig - als Vorstand einer herrschenden Konzernmutter sogar schadensersatzpflichtig nach §§ 317 III, IV, 309 II jeweils i. V. m. 309 IV 3 AktG gegenüber den Gläubigern der abhängigen Gesell-

---

[468] s. o. 2. Teil A III 1 c) bb) (2) u. (3).

[469] s. o. 2. Teil B II 2.

[470] Näheres s. u. 3. Teil B I 2 a) dd).

schaft ist, sofern er die *Sorgfalt eines ordentlichen und gewissenhaften Geschäftsleiters* außer acht gelassen hat und dadurch Schäden entstehen[471].

Zu fragen ist insbesondere, welcher Maßstab denn überhaupt anzulegen ist, um herauszufinden, ob der Vorstand eines eingetragenen Vereins die Sorgfalt eines ordentlichen und gewissenhaften Geschäftsleiters angewandt hat. Immerhin dürfte der Sorgfaltsmaßstab für Vorstandsmitglieder eines nur ideell tätigen Vereins, der in kaufmännischen Fragen, zumal i.d.R. nur ehrenamtlich tätig, weniger sachkundig ist[472], ganz anders aussehen, als die Sorgfaltsanforderungen an den Vorstandsvorsitzenden einer großen Aktiengesellschaft. Aus § 317 II AktG ergibt sich, daß als Sorgfaltsmaßstab die Verhaltensweise des Geschäftsleiters einer unabhängigen Gesellschaft anzulegen ist. Damit wird auf den Sorgfaltsmaßstab der Tochtergesellschaft abgestellt. Für die Vorstandsmitglieder des eingetragenen Vereins müßte somit als Sorgfaltsmaßstab hinsichtlich ihrer konzernrechtlichen Organhaftung der Maßstab eines Geschäftsleiters einer Kapitalgesellschaft mit u. U. Milliardenumsätzen angelegt werden. Einem ehrenamtlichen Vorstand eines Idealvereins dürfte es jedoch schwerfallen, die Kenntnisse und Fähigkeiten aufzubringen, die von einem hauptamtlich tätigen Vorstand einer mittelgroßen Kapitalgesellschaft erwartet werden können. Dem könnte nur dadurch vorgebeugt werden, daß ein hauptamtlich beschäftigter Vorstand eingesetzt wird[473]. Dies ist zwar mit dem Vereinsrecht zu vereinbaren, entspricht aber nicht dem gesetzlichen Leitbild des bürgerlichen Idealvereins. Nach den §§ 21, 22 BGB ist der eingetragene Verein immer noch Ideal- und nicht Wirtschaftsverein und daran müssen sich auch die Aufgaben des Vorstandes messen lassen.

Fiedler[474] ist in der Tat der Auffassung, daß der Sorgfaltsmaßstab für die konzernrechtliche Außenhaftung des Vereinsvorstandes aus den handelsrechtlichen Spezialvorschriften entnommen werden müßte. Er räumt zwar ein, daß nach dem Vereinsrecht bei der Haftung des Vorstandes nur der allgemeine Verschuldensmaßstab aus § 276 BGB anzuwenden ist, weil es an Spezialvorschriften für die Unternehmensleiterhaftung wie §§ 93 I AktG, 43 I GmbHG, die genauso wie das Konzernrecht auf den ordentlichen und gewissenhaften Geschäftsleiter abstellen, mangelt. Er ist jedoch der Ansicht, daß sich daraus für den Sorgfaltsmaß-

---

[471] Auch für den Vorstand einer Kapitalgesellschaft ist eine Außenhaftung, wie sie §§ 317 III, IV i. V. m. 309 IV 3 und 309 II, IV 3 AktG anordnen, zunächst unüblich, weil sie von der Handelndenhaftung in der Vor-GmbH nach § 11 II GmbHG abgesehen, nur der Gesellschaft gegenüber gem. §§ 43 II GmbHG, 93 II AktG schadensersatzpflichtig sind. Immerhin haften sie jedoch der Gesellschaft gegenüber für die Sorgfalt eines ordentlichen Geschäftsmannes (§§ 43 I GmbHG, 93 I AktG), so daß eine konzernrechtliche Außenhaftung mit eben diesem Sorgfaltsmaßstab für sie nichts Überraschendes ist, zumal der Anspruch der Gesellschaft aus der Binnenhaftung von den Gläubigern der Gesellschaft ohnehin gepfändet und ihnen überwiesen werden kann.

[472] Gerade diese mangelnde Professionalisierung wird dem deutschen Vereinsfußball ja vorgeworfen; vgl. *Hopt*, BB 91, 778, 779.

[473] Wie es bei einigen Fußballvereinen bereits geschehen ist.

[474] *Fiedler*, S. 71 ff.

stab eines konzernleitenden Vereinsvorstandes keine Abweichungen zu den Pflichten eines konzernleitenden AG- bzw. GmbH-Vorstandes ergäben. Denn das Haftungssystem der im Detail umstrittenen Unternehmensleiterhaftung knüpfe daran an, daß der Vorstand selbständiger, treuhänderischer Verwalter fremden Vermögens sei. Aus dieser Stellung als Treuhänder fremden Vermögens heraus müssen die konkreten Handlungspflichten des Vorstandes bestimmt werden und nicht aus der Stellung eines Vereinsvorstandes. Denn wenn ein Verein herrschendes Unternehmen einer Kapitalgesellschaft sei, würde der Vereinsvorstand genauso wie der Vorstand einer AG oder GmbH zum Sachwalter über fremdes Vermögen, so daß der Sorgfaltsmaßstab analog §§ 93 I AktG, 43 I GmbHG zu bestimmen sei[475]. Allgemein gelte nämlich, daß sich der Sorgfaltsmaßstab für den Unternehmensleiter nicht nach der Rechtsform, sondern nach den übertragenen Aufgaben richte. Das Verschulden werde deshalb nicht dadurch ausgeschlossen, daß die Mitglieder des Vereinsvorstandes nicht hinreichend sachverständig wären, um einen Konzern zu führen. Ein ehrenamtlicher Vorstand müsse sich nämlich ggf. sachverständigen Rat einholen, wenn er seinen Aufgaben an der Konzernspitze allein nicht gewachsen sei[476].

Dieser Argumentation kann nicht gefolgt werden. Es ist zwar nicht zu bezweifeln, daß sich der Verschuldensmaßstab eines Unternehmensleiters nicht nach der Rechtsform, sondern nach den ihm übertragenen Aufgaben zu richten hat. Das ist zum Schutz der Gesellschaft, der Gesellschafter und letztlich der Gläubiger unerläßlich. Es besteht deshalb auch kein Zweifel daran, daß für den Vorstand eines Idealvereins derselbe Haftungsmaßstab gelten muß, wie für den Vorstand einer AG oder GmbH, *wenn* der Verein konzernleitendes Unternehmen ist, weil die ihm übertragenen Aufgaben das zum Schutz des vorgenannten Personenkreises erfordern. Die Fragestellung *Fiedlers* zielt jedoch am Hauptproblem vorbei, wenn er danach fragt, welcher Sorgfaltsmaßstab für den Vorstand eines konzernleitenden Vereins gilt. Die Kernfrage ist nämlich die vorher zu klärende Frage, ob der Verein überhaupt in die Rolle eines herrschenden Unternehmens schlüpfen darf. Dieser Frage geht *Fiedler* erst an späterer Stelle[477] nach, obwohl sie denklogisch vorher zu stellen ist, um festzustellen, was alles zu den übertragenen bzw. übertragbaren Aufgaben des Vereinsvorstandes gehört bzw. gehören darf. Nur wenn ein Verein herrschendes Unternehmen sein darf, muß sich nämlich der Sorgfaltsmaßstab des Vereinsvorstandes auch hieran orientieren, so daß eine die fehlende Mindestkapitalausstattung des Vereins kompensierende Organhaftung nach dem Konzernrecht überhaupt in Frage kommt. *Fiedlers* Vorgehensweise ist somit bereits in methodischer Hinsicht abzulehnen.

Aber auch seine Begründung unterliegt tiefgreifenden Bedenken. Seiner Ansicht nach ist eine konzernrechtliche Außenhaftung des Vereinsvorstandes zum

---

[475] *Fiedler*, S. 75.
[476] *Fiedler*, S. 75.
[477] *Fiedler*, S. 123 ff.

Schutz der Gläubiger schon deshalb erforderlich, weil dessen Innenhaftung aufgrund weisungsgemäßen Verhaltens (seitens der Mitgliederversammlung), einer Haftungsbeschränkung in der Vereinssatzung oder eines Entlastungbeschlusses der Mitgliederversammlung ausgeschlossen sein könnte[478]. Ansprüche aus dem Innenverhältnis zwischen Verein und Vorstand, die für die Gläubiger durch Pfändung und Überweisung nach §§ 829, 835 ZPO interessant sein könnten, würden damit entwertet. Ein interner Haftungsausschluß ist jedoch für die konzernrechtliche Außenhaftung des Vorstandes gemäß § 309 IV 4 AktG, auf den auch 317 IV AktG verweist, unerheblich, weil die gesetzlichen Vertreter neben dem herrschenden Unternehmen in gleichem Umfang haften. Zu fragen ist, was von der internen Möglichkeit der Haftungsbeschränkung von Vereinsvorständen, die ja ihren guten Grund hat[479], noch bleibt, wenn sie im Konzernaußenrecht hinfällig wird. Nur die Vorstände von Kapitalgesellschaften sollen generell auch mit dem Risiko einer persönlichen Außenhaftung für ihr Fehlverhalten belegt werden[480].

Im übrigen, wenn für *Fiedler* der Anknüpfungspunkt der Unternehmensleiterhaftung die Stellung des Vorstandes als selbständiger, treuhänderischer Verwalter fremden Vermögens ist, dann trifft dies auf den Vorstand des Vereins gerade nicht zu, weil er wegen der nichtvermögensrechtlichen Mitgliedschaft nicht das Vermögen fremder natürlicher Personen verwaltet[481]. Es wäre ein Bruch mit dem Wesen des Vereinsrechts, wenn er als leitendes Organ an der Spitze eines Konzerns plötzlich das Vermögen von Gesellschaftern einer abhängigen Kapitalgesellschaft verwalten dürfte. Eine konzernrechtliche Organhaftung des Vereinsvorstandes nach dem Maßstab eines ordentlichen und gewissenhaften Geschäftsleiters scheidet somit aus, weil die Grundsätze der *Unternehmens*leiterhaftung auf das Vereinsrecht nicht anwendbar sind. Sie gelten eben nur für Unternehmen, zu denen der Verein abgesehen vom Nebentätigkeitsprivileg nicht gehören darf.

Man könnte allenfalls erwägen, hinsichtlich der konzernrechtlichen Organhaftung auf den Sorgfaltsmaßstab eines ehrenamtlich tätigen Vereinsvorstandes zurückzugreifen. In diesem Fall ist aber um so fragwürdiger, ob die Organhaftung des herrschenden Vereins wirklich noch ein *Äquivalent* für die fehlende Mindestkapitalausstattung der Konzernmutter darstellt.

---

[478] *Fiedler*, S. 76 ff.

[479] Ehrenamtlich tätige Vorstände wären kaum für ihre Aufgabe zu motivieren, wenn sie umfangreichen Haftungsrisiken ausgesetzt wären.

[480] Bei Kapitalgesellschaften wird der Vorstand zwar grds. auch entlastet, wenn die schadensbegründende Handlung durch das zuständige Organ gebilligt wurde (§§ 93 IV 1 AktG, 34 IV 1, 43 II 3 GmbHG). Für bestimmte Pflichtverletzungen ist der Haftungsausschluß jedoch eingeschränkt(§§ 93 V AktG, 43 III 3 GmbHG).

[481] Von ihm wird nur insofern ein fremdes Vermögen verwaltet, als er für die Finanzen des Vereins selbst verantwortlich ist.

(2) Funktionsweise der gesetzlichen Mindestkapitalausstattung

Nachdem die Lehre von der "konzernrechtliche Zurechnung" kritisch untersucht wurde, soll nun der Frage nachgegangen werden, was die Hauptfunktion des gesetzlich garantierten Mindestkapitals zum Schutz der Gläubiger im Gesellschaftsrecht ist. Es wurde bereits dargestellt, daß dies der archimedische Punkt im Streit um die Zurechnung der ausgegliederten Wirtschaftstätigkeit ist. Die Verfechter der diametral entgegengesetzten Ansätze behaupten jeweils, die Ansicht der Gegenseite über die Wirkungsweise des Mindestkapitals habe allenfalls vordergründige Bedeutung. Ob das Mindestkapital hauptsächlich eine *Haftungsgrundlage* (BGH und ganz herrschende Meinung) zum Schutz der Gläubiger des Unternehmens darstellt oder aber maßgeblich *Steuerungsfunktion* auf Seiten der Eigenkapitalgeber im Hinblick auf die Vermeidung von Verlusten zum Schutz der Gläubiger (Reuter) erzeugen soll, ist ganz allgemein und unabhängig von der Zurechnungsroblematik schon deshalb von weitreichender Bedeutung, weil die gesetzliche Mindestkapitalgarantie eine lange Tradition im Kapitalgesellschaftsrecht hat, so daß das Verständnis um deren Wirkungsweise für das Gesellschaftsrecht unerläßlich ist.

Im Hinblick auf die Ausgliederung von wirtschaftlichen Geschäftsbetrieben auf Tochtergesellschaften von Idealvereinen hat die Frage nach der Funktionsweise des Mindestkapitals deshalb eine besondere Relevanz, weil es formal zwar als "Haftungsgrundlage" in der Tochterkapitalgesellschaft vorhanden ist, materiell damit aber kein "partieller Interessengleichlauf" im Hinblick auf die Vermeidung von Unternehmensverlusten zwischen den natürlichen Trägerpersonen der Verbindung und den Fremdkapitalgebern erzeugt wird. Die einzigen hinter der Unternehmensverbindung stehenden natürlichen Personen sind nämlich die Vereinsmitglieder, die mangels vermögensmäßiger Beteiligung kein persönliches materielles Verlustrisiko tragen.

(a) Analyse der GmbH

Legt man den Wortlaut der Vorschriften über die Kapitalaufbringung und -erhaltung zugrunde, könnte dies eher für die Ansicht der herrschenden Meinung vom Gläubigerschutz durch Aufbringung eines "Haftungsfonds" sprechen. Denn nach § 7 AktG bzw. § 5 I GmbHG haben die Kapitalgesellschaften ein Mindestgrund- bzw. Stammkapital effektiv aufzubringen, das zudem nach §§ 57 I AktG, 30 I GmbHG nicht zurückgewährt werden darf. Insbesondere die Kapitalerhaltungspflicht könnte dafür sprechen, daß der Sinn des Mindestkapitals in erster Linie darin besteht, zum Schutz der Gläubiger stets eine Mindesthaftungsgrundlage zu erhalten. Sie ist aber auch mit der Ansicht *Reuters* über die Steuerungsfunktion der Mindestkapitalgarantie ohne weiteres in Einklang zu bringen. Denn ein Interessengleichlauf zwischen Eigenkapitalgebern und Fremdkapitalgebern im Hinblick auf die Vermeidung von Unternehmensverlusten kann nur dann zu einem nachhaltigen Gläubigerschutz führen, wenn das Risikokapital effektiv und dauerhaft und nicht nur im Zeitpunkt der Gründung einer Körperschaft zur Verfügung steht. Insofern könnten die Kapitalaufbringungs- und -erhaltungsregeln auch hauptsächlich dazu dienen, eine Interessenverknüpfung zwischen Eigenkapital- und Fremdkapitalgebern auf Dauer herzustellen. Nach dem Wortlaut der einschlägigen gesetzlichen Bestimmungen zur Aufbringung und Erhaltung des Garantiekapitals ergeben sich somit keine Erkenntnisse für den Vorrang der einen oder anderen Ansicht[482].

In historischer Hinsicht sind die Materialien zum GmbH-Gesetz besonders aufschlußreich. Es wurde im Zusammenhang mit dem Geltungsgrund des Nebentätigkeitsprivileges bereits darauf hingewiesen, daß sich dort Anhaltspunkte sowohl für die Funktion des Mindestkapitals als Haftungsgrundlage als auch für dessen verhaltenssteuernde Wirkung finden lassen[483]. Angesichts der Auseinandersetzung über die Hauptfunktion des gesetzlichen Mindestkapitals ist zu prüfen, ob aus den Materialien ein Vorrang der einen Funktion gegenüber der anderen abgeleitet werden kann. Um dies festzustellen, muß die hypothetische Frage gestellt werden, auf welche der beiden Funktionen der Gesetzgeber am ehesten verzichten könnte. Im Entwurf des GmbHG heißt es, die...

"...Gesamthaftung der Gesellschafter entspricht einerseits dem Grundgedanken der neuen Gesellschaftsform, indem sie *nothwendig* dazu beitragen muß, die *Verbindung der Mitglieder mit der Gesellschaft fester zu knüpfen*; und sie erscheint andererseits ebenso nothwendig wie ausreichend, um anderweitige kautelarische Vorschriften in vielen Beziehungen entbehrlich zu machen[484].

Aus dieser Textstelle ergibt sich, daß es dem Gesetzgeber bei der GmbH-Gründung nicht nur darauf ankommt, daß das Stammkapital der GmbH *überhaupt aufgebracht* wird, sondern daß es ihm insbesondere darum geht, daß dieses Kapital von den Gesellschaftern in Form einer *Mindestbeteiligung* aufgebracht wird, um so die *nothwendige* Verknüpfung der Mitglieder mit der Gesellschaft herzustellen.

Auf der anderen Seite kann der Gesetzgeber auf die gesetzliche *Mindesthaftsumme* als solche jedoch offensichtlich ebenso wenig verzichten, anderenfalls wäre sie längst aus dem Handelsvereinsrecht getilgt und nicht sogar erhöht worden[485]. Die Frage ist jedoch, ob er am Garantiekapital in seiner Funktion als *Haftungsgrundlage* zum Schutz der Gläubiger festhält. Dazu ist das Handelsrecht im Zusammenhang zu sehen. Die Haftungsbeschränkung im Recht der juristischen Person ist nur eine Ausnahme zur grundsätzlich unbeschränkten persönlichen Haftung desjenigen zu sehen, der sich unternehmerisch im rechtsgeschäftlichen

---

[482] Damit kann der Auffassung von *Schick/Rüd*, S. 47, wonach "die Meinung *Reuters* delege lata nicht zu begründen ist", delege lata gerade nicht gefolgt werden.

[483] S. o. 2. Teil A III 1 b und Entwurf eines GmbHG, S. 39 und 50.

[484] Entwurf, Verhandlungen des Reichstages, 8. Legislaturperiode I Session 1890/92, S. 3730. Hervorhebungen durch den Verfasser.

[485] an entsprechenden Stimmen zur Abschaffung des gesetzlichen Mindestkapitals fehlt es nämlich nicht. Vgl. *Klose-Mokroß*, S. 168 ff; *Bauer*, S. 134 ff.; *Kübler*, WM 90, 1853, 1854 ff.

Verkehr bewegt[486]. Bei persönlich haftenden Einzelunternehmern bzw. Personengesellschaftern ist der Gesetzgeber nicht auf die Idee gekommen, ein Mindestkapital vorzuschreiben. Von Rechts wegen können damit auch "Habenichtse" als Einzel- oder Mitunternehmer ein Unternehmen betreiben[487]. Es kommt dem Gesetzgeber damit im Grundmodell des wirtschaftlich tätigen persönlich haftenden Unternehmers nicht darauf an, daß eine bestimmte Haftungsmasse zum Schutz der Gläubiger vorhanden ist. Sollten sich aber nur deswegen, weil es sich beim Handeln durch eine juristische Person haftungsrechtlich um eine Ausnahme von der Regel der Haftung für eigenes unmittelbares wirtschaftliches Auftreten als Einzel- bzw. Mitunternehmer handelt, die Prinzipien der Haftung für mittelbares wirtschaftliches Auftreten im Rechtsverkehr ändern, zumal das gesetzliche Mindestkapital doch nur als *Korrelat* für die grundsätzlich unbeschränkte persönliche Haftung aufzufassen ist?[488]. Es wäre überraschend, wenn der Gesetzgeber die wirtschaftliche Tätigkeit einer juristischen Person vom Vorhandensein eines Mindestkapitals in der *Funktion einer Haftungsgrundlage* abhängig machen würde, zumal natürliche Personen und juristische Personen grundsätzlich als selbständige Rechtsträger gleich zu behandeln sind und obendrein die Vermögenslosigkeit einer natürlichen Person genauso wahrscheinlich ist wie die einer juristischen Person[489]. Vieles spricht dafür, daß die im Gesetz vorgesehene Höhe des Mindestkapitals lediglich die untere Schwelle der Verwendbarkeit der GmbH ("Eintrittspreis")[490] darstellen soll und der wegen der Haftungsbeschränkung erforderliche Gläubigerschutz erst durch die zwingende vermögensmäßige Beteiligung der Gesellschafter am Verlustrisiko hergestellt wird. Nur so läßt sich ein harmonisches Bild zur mangelnden Mindestkapitalpflicht bei der persönlichen und unbeschränkten Haftung zeichnen.

Würde der Gesetzgeber das gesetzliche Mindestkapital im Handelsvereinsrecht hauptsächlich mit dem Zwecke eines Haftungsfonds zum Schutz der Gläubiger rechtfertigen, könnten die Vorschriften zur Aufbringung und Erhaltung eines Grundkapitals einer grundrechtlichen Überprüfung anhand von Art. 3 I GG mit Blick auf konkurrierende Einzelunternehmen und Personengesellschaften kaum standhalten. Zu Recht würden die Gründer einer Kapitalgesellschaft nämlich fragen, ob es einen sachlich einleuchtenden Grund dafür gibt, daß man einerseits bei Kapitalgesellschaften einen Haftungsfonds verlangt, andererseits bei Einzelunternehmen und Personengesellschaften aber nicht, wenn doch in beiden Fällen die Wahrscheinlichkeit der Vermögenslosigkeit zu Beginn der Tätigkeit und damit

---

486 *Wüst*, JZ 92, 710; *Reinhardt*, FS *Lehmann*, S. 576, 589.
487 *Reuter*, ZIP 84, 1052, 1056; diesbezügliche Kritik bei *K. Schmidt*, JZ 85, 301, 302 f., wonach kein Unternehmen, in welcher Rechtsform auch immer, überschuldet existieren dürfe.
488 *Reuter*, aaO; *Pflug*, NJW 71, 345, 349; *Fabricius*, ZHR 144, 628.
489 Bei Kapitalgesellschaften könnte das Risiko insofern sogar etwas niedriger eingestuft werden, als sie bekanntlich weder der Spielleidenschaft noch einer kostspieligen Freundin verfallen können, vgl. *Priester*, ZHR 160, 250, 258.
490 Vgl. Arbeitskreis GmbH-Reform, S. 11; *Fromm*, S. 75 ff.

das Gläubigerrisiko gleich hoch ist. Zu rechtfertigen ist diese Ungleichbehandlung nämlich nur damit, daß der Gesetzgeber beim persönlich haftenden Unternehmer darauf vertrauen kann, daß ihn die Gefahr einer unbeschränkten, persönlichen und damit dauerhaften Verantwortung sowohl im eigenen und damit reflexartig auch im Interesse der Gläubiger vor einer allzu riskanten Unternehmenspolitik bewahren wird[491].

Die neue Insolvenzordnung sieht zwar für natürliche Personen die Möglichkeit der Restschuldbefreiung (§§ 286 ff InsO) vor, so daß das "Recht der freien Nachforderung" insofern eingeschränkt ist. Die an die Restschuldbefreiung geknüpften Wohlverhaltenspflichten (insb. §§ 287 II, 290 InsO) sorgen jedoch dafür, daß der Schuldner stets ein Interesse an der Vermeidung von Verlusten behält, denn nur der "redliche Schuldner" hat Aussicht auf Schuldbefreiung. Die Insolvenzordnung hat damit den Anreiz für den Einzelunternehmer hinsichtlich einer risikoangemessenen Unternehmenspolitik nicht etwa verkürzt. Im Gegenteil: die Entschuldungsmöglichkeit hat diesen Anreiz in gewisser Weise sogar erhöht, weil durch Erfüllung der Wohlverhaltenspflichten ein Entrinnen aus der Überschuldung möglich ist.

Einen derartigen "psychischen" Wirkzusammenhang kann es bei einer juristischen Person nicht geben, weil sie als gedankliches Gebilde selbst kein auf die Vermeidung von Verlusten geprägtes "Gewissen" hat[492]. Dieses Bewußtsein kann und muß hier bei den hinter der juristischen Person stehenden natürlichen Person erzeugt werden. Das geht jedoch nicht dadurch, daß sie sich irgendwie an der juristischen Person beteiligen, sondern nur dadurch, daß ihre Beteiligung ein persönliches Vermögensopfer darstellt. Denn nur in diesem Fall werden die handelnden Personen in der juristischen Person genauso oder zumindest annähernd wie der Einzel- bzw. Mitunternehmer ein Interesse an einer risikoangemessenen Unternehmenspolitik entwickeln, das sich ebenso reflexartig zum Schutz der Gläubiger auswirkt. Damit wird prinzipiell eine Gleichbehandlung zwischen persönlich haftenden Unternehmern und beschränkt haftenden Gesellschaftern insofern hergestellt, als sich beide vermögensmäßig am Verlustrisiko des Unternehmens beteiligen müssen. Daß dies angesichts der gesetzlichen Mindestbeteiligungshöhe (§§ 8 II, III AktG - 1 Euro -, 5 I GmbHG -100 Euro-) und des persönlich dabei eingegangenen Verlustrisikos nur notdürftig gelingt, ist offensichtlich. Dieser Umstand ist aber aus dem Wesen einer Kapitalgesellschaft zu erklären, die gerade dazu dient, die Öffentlichkeit zu mobilisieren, um das im Zeitalter der Industrialisierung und Technisierung gestiegene Bedürfnis nach Kapital zu befriedigen. Würde

---

[491] Auch wenn die unbeschränkte Haftung aktuell mangels persönlichen Vermögens nicht realisierbar ist, kann die persönliche Haftung doch ein Hindernis für jegliche zukünftig ins Auge gefaßte kaufmännische Aktivität darstellen, weil man sich auf Dauer verschulden kann; *Reuter*, ZIP 84, 1052, 1056. Dieser "psychische" Zusammenhang mag zwar für den Gläubiger uninteressant sein, für den persönlich haftenden Gesellschafter ist er es aber niemals; *Pflug* NJW 71, 345, 349.

[492] *Pflug*, aaO, S. 350.

dabei eine zu hohe Mindestbeteiligung des einzelnen verlangt, könnte dieses Ziel nicht erreicht werden[493].

Diese Thesen werden gestützt durch die Arbeiten und Materialien zu späteren Änderungen des GmbHG. *Limbach* lehnt zwar in ihrer Untersuchung zur *Theorie und Wirklichkeit der GmbH* das von den Vertretern der ordoliberalen Wirtschaftstheorie erhobene Postulat der notwendigen Verbundenheit von Herrschaft und Haftung ab[494], was zunächst gegen die von *Reuter* dem gesetzlichen Mindestkapital als notwendig beigemessene Funktion einer risikosteuernden Verlustbeteiligung und für die Zulassung von Holdingvereinen, bei denen jene Verbundenheit völlig fehlt, spricht. Die hinter dem Postulat stehende und auf den ersten Blick schlüssige volkstümliche Sprichwortweisheit, "wer den Nutzen hat, muß auch den Schaden tragen", entpuppe sich nämlich bei näherem Hinsehen als verobjektivierter Ausdruck einer subjektiven Abneigung gegenüber gewissen Handlungsweisen, namentlich dem Streben nach Haftungsbeschränkung, ohne daß dieser Verhaltensweise in der Wirklichkeit tatsächlich eine verwerfliche Eigenschaft nachzuweisen sei, da sie lediglich eine nachvollziehbare Reaktion des einzelnen auf die zunehmende Komplexität des Wirtschaftslebens darstelle, die eine unbegrenzte Haftung des Unternehmers unzumutbar erscheinen lasse[495]. Die Frage ist jedoch, ob die Unüberschaubarkeit der Märkte - wofür die hier untersuchte Fußballbundesliga wegen ihrer Abhängigkeit vom kaum planbaren sportlichen Erfolg geradezu ein Paradebeispiel ist - zu einer völligen Haftungsfreistellung des Unternehmers führen darf. *Limbach* räumt demgegenüber ein, daß die Ablehnung des absoluten Gültigkeitsanspruchs der notwendigen Verbundenheit von Herrschaft und Haftung nicht als Wertverzicht schlechthin mißverstanden werden dürfe. Der Gesetzgeber muß vielmehr ein Gleichgewicht zwischen freier Unternehmensbetätigung und Haftungsbegrenzung anstreben. Dazu dürfe das durch die Verhältnisse der modernen Industriegesellschaft erzeugte Verlustrisiko nicht dem Unternehmer allein aufgebürdet werden, sondern müsse gemeinsam mit der Gesellschaft, die auch von der Industrialisierung profitiert, getragen werden[496]. Der Gesetzgeber hat jedoch dafür zu sorgen, daß Verluste, die der Unternehmer durch *Untüchtigkeit* und *Unredlichkeit* verursacht, nicht auf die Gläubiger abgewälzt werden. Dazu diene die gesetzliche Pflicht zur Bereitstellung eines Stammkapitals, weil damit dafür gesorgt sei, daß nur zuverlässige und bemühte Unternehmer am Markt bestehen bleiben[497]. Die Parallelen zur *Reuters* Auffassung liegen auf der Hand.

---

[493] Vgl. Entwurf eines GmbHG, S. 50 f.

[494] *Limbach*, S. 97 ff. rechtfertigt damit insbesondere den entgegen der ursprünglichen gesetzgeberischen Absicht entwickelten empirischen Normaltypus einer personengesellschaftlich strukturierten GmbH und fordert darüber hinaus auch die inzwischen Gesetz gerwordene Ein-Mann-GmbH.

[495] *Limbach*, S. 113 ff.

[496] *Limbach*, S. 118 f.

[497] *Limbach*, S. 123.

Die Ausführungen sind auch im Zusammenhang mit der Diskussion zur Erhöhung des Stammkapitals von 20 000 auf die heute noch gültigen 50 000 DM zu sehen. Der Arbeitskreis "GmbH-Reform" führt aus, daß die

... "Haftungsbeschränkung ein Mittel zur Risikoverteilung zwischen Gesellschaftern und Gesellschaftsgläubigern ist. Sie sollte freilich nicht zu einem Mittel völliger Abwälzung des Risikos wirtschaftlicher Tätigkeit auf die Gläubiger werden. Die Gesellschafter dürfen *nicht nur formal* (etwa durch Hingabe von DM 20 000 Gesellschaftskapital als "Eintrittspreis" für die Gewährung der Haftungsbeschränkung) am Risiko beteiligt sein. Erst eine angemessene *Risikobeteiligung auch der Gesellschafter* rechtfertigt die Sozialisierung der Verluste."[498]

In der Beschlußempfehlung des Rechtsausschusses im Bundestag heißt es,

"es gehe nicht zu sehr um Gläubigerschutz in dem Sinne, daß die *Haftmasse* im Falle des Konkurses vergrößert werde - dazu reiche der Mehrbetrag von 30 000 DM *sicher* nicht aus -, sondern darum, die Schwelle der Inanspruchnahme der beschränkten Haftung zu erhöhen." Die Haftungsbeschränkung "... erlaube es, das Risiko des Scheiterns eines Unternehmens letztlich auf Dritte, auf die Gläubiger, zu verlagern. Es sei daher durchaus berechtigt, eine angemessene Beteiligung an dem Risiko der eigenen Unternehmung zu verlangen...". "Die Anhebung des Mindestkapitals habe ... **eine erzieherische Funktion** . Es fördere das **verantwortungsbewußte** Wirtschaften, wenn dieses mit einem **spürbaren eigenem Risiko** verbunden ist. Es sei zu erwarten, daß der Einsatz den einzelnen dazu veranlassen werde, das Risiko einer Unternehmung genauer abzuschätzen."[499]

Die Lektüre dieser Textstelle läßt keinen Zweifel daran, daß der Gesetzgeber sein Hauptaugenmerk auf die disziplinierende Wirkung der vermögensmäßigen Beteiligung der Gesellschafter zum Schutz der Gläubiger gerichtet hat. Aus der Analyse der Materialien zum GmbHG ergeben sich damit deutliche Anzeichen dafür, der Mindestkapitalgarantie nicht die Funktion einer Haftungsgrundlage zukommen zu lassen, wie es die ganz herrschende Meinung tut, sondern darin hauptsächlich ein Sicherungsmittel im Sinne *Reuters* zum Zwecke des Gläubigerschutzes zu sehen.

Dagegen spricht zwar die Analyse der Rechtsprechung zum Gesellschaftsrecht, weil die Bedeutung des steuernden Elements der persönlichen Verlustbeteiligung durch die Anerkennung der "kapitalistischen" KG seitens des Reichsgerichts[500] und der "kapitalistischen" KGaA seitens des BGH[501] schrittweise ent-

---

[498] Arbeitskreis GmbH-Reform, S. 11. Hervorhebungen vom Verfasser.
[499] Beschlußempfehlung des Rechtsausschußes, BT-Drucksache Nr. 8/3908, S. 69. Hervorhebungen durch den Verfasser.
[500] RGZ 105, 101.
[501] BGH, NJW 97, 1923 ff.

wertet wurde. Zu beachten ist jedoch, daß dieser Vorgang entgegen dem gesetzlichen Leitbild einer "personalistischen" KG bzw. KGaA geschehen ist und gerade der erste Schritt durch das Reichsgericht möglicherweise darauf beruhte, daß die Intentionen des Gesetzgebers hinsichtlich der Funktionsweise des Mindestkapitals verkannt wurden, mit der Folge, daß sich der BGH mehr oder weniger zwangsläufig, nachdem sich die GmbH & Co. KG etabliert hatte, dieser Tendenz durch Anerkennung der kapitalistischen KGaA angeschlossen hat[502].

Im übrigen ist die Rechtsprechung auch nicht frei von Widersprüchen, wenn der II. Zivilsenat des BGH zur analogen Anwendung von § 31 GmbHG auf die Kommanditisten einer GmbH & Co. KG ausführt,

...daß der persönlichen und unbeschränkten Haftung des Komplementärs eine "Bremsfunktion" zukomme, die "nach den Vorstellungen des Gesetzgebers eine wirtschaftlich vernünftige Unternehmensführung gewährleisten ...soll.... Diese Verantwortung... trifft ähnlich wie den Gesellschafter der GmbH auch den Kommanditisten, wenn der unbeschränkt haftende Komplementär die ihn normalerweise zugedachte Bremsfunktion nicht übernehmen kann, weil die Gesellschafter diese Stelle mit einer Kapitalgesellschaft besetzt haben, die nur über einen begrenzten Haftungsfonds verfügt"[503].

Der II. Senat geht somit davon aus, daß der beschränkten Haftung der GmbH-Gesellschafter und der Komplementäre ähnlich der persönlichen und unbeschränkten Haftung eine *Bremsfunktion* hinsichtlich einer wirtschaftlich vernünftigen Unternehmensführung zukommt, was mit *Reuter's* Auffassung von der Steuerungsfunktion der vermögensmäßigen Einlage übereinstimmt. Diese Rechtsprechung bezieht sich zwar unmittelbar nur auf den Fall der GmbH & Co. KG, wo es keine unbeschränkt haftende natürliche Person gibt, die jene Bremsfunktion übernehmen könnte. Es wäre aber inkonsequent, wenn der GmbH-Gesellschafter nur in einer "kapitalistischen" KG in diese Rolle schlüpfte. Plausibler erscheint es, daß der Pflicht des Gesellschafters zur vermögensmäßigen Beteiligung generell eine *Bremsfunktion* als notdürftiger Ausgleich für die unbeschränkte persönliche Haftung zukommt.

Widersprüche finden sich aber auch bei *Fuhrmann*. Er ist in seiner Dissertation der Ansicht, daß "die fehlende Rückbindung der Unternehmenspolitik an das Eigeninteresse natürlicher Trägerpersonen" im Falle der Ausgliederung des wirtschaftlichen Geschäftsbetriebes aus dem Idealverein keine Zurechnung zu

---

[502] Im übrigen ist zu beachten, daß auch bei der kapitalistischen KG bzw. KGaA in der Person des Komplementärs durchaus noch ein Rest des disziplinierenden Steuerungsmittels eines persönlichen Verlustrisikos vorhanden ist. Denn immerhin müssen ja die Gesellschafter der Komplementär-GmbH das Mindestkapital persönlich aufbringen und werden über die Gesellschafterversammlung darauf hinwirken, daß dieses Kapital in der KG bzw. KGaA nicht unseriös verwendet wird.

[503] BGHZ 110, 342, 356 ff. Hervorhebungen durch den Verfasser.

begründen vermag[504]. An anderer Stelle bezeichnet er es jedoch als Vorteil der Aktiengesellschaft und GmbH, daß bei ihnen grundsätzlich "nach Kapitalanteilen und nicht nach Köpfen abgestimmt wird", weil dadurch das Stimmrecht von der finanziellen Beteiligung an der Fußballgesellschaft abhängig ist, was ein "risikoadäquates und verantwortungsbewußtes Abstimmungsverhalten fördert" [505]. Seine Ausführungen lassen sich damit nicht miteinander vereinbaren, denn wenn ein eingetragener Verein maßgeblich an einer Aktiengesellschaft oder GmbH beteiligt ist, wird der von ihm gepriesene Vorteil eines risikoadäquaten und verantwortungsbewußten Abstimmungsverhaltens in der Kapitalgesellschaft gerade eliminiert. In diesem Falle würde nämlich der Makel der mangelnden vermögensmäßigen Beteiligung aus dem Idealverein in die Fußballkapitalgesellschaft gleichsam hineingetragen werden, weil die natürlichen Trägerpersonen dieses gesellschaftsrechtlichen Gebildes dieselben sind wie im ursprünglichen Fußballverein, namentlich die ohne finanzielles Risiko beteiligten Mitglieder. Der Idealverein "infiziert" gewissermaßen im Falle seiner maßgeblichen Beteiligung die Rechtsformen des Handelsvereinsrechts.

Nach alledem kommt dem gesetzlichen Mindestkapital als *Haftungsgrundlage* keine entscheidende Bedeutung zu, weshalb auch in moderneren Arbeiten zum Gesellschaftsrecht vielfach dessen Abschaffung vertreten wird[506]. Worauf man jedoch nicht verzichten kann, ist die persönliche vermögensmäßige Beteiligung natürlicher Personen an der wirtschaftlich tätigen Gesellschaft. Dadurch können die Gläubiger nämlich darauf vertrauen, daß die Gesellschafter auf eine risikoangemessene Unternehmenspolitik in der Gesellschaft hinwirken. Die besseren Gründe sprechen somit für die Annahme, daß die Vorschriften über Aufbringung und Erhaltung des Mindestkapitals als Ersatz für die grundsätzlich unbeschränkte persönliche Haftung im Handelsverkehr Gläubigerschutz durch verhaltenssteuernde Beteiligung und nicht durch Schaffung einer Haftungsgrundlage verwirklichen.

(b) Gläubigerschutz bei Kapitalgesellschaften (insb. AG) " aus sich heraus"?

Zu prüfen ist jedoch, ob die gesetzliche Mindestkapitalausstattung wirklich die tragende Säule im System des Gläubigerschutzes darstellt, oder ob es nicht vielmehr andere Mechanismen sind, die im Recht der Kapitalgesellschaften für einen effektiven Gläubigerschutz sorgen. *Reuter* selbst[507] hat im Zusammenhang mit seinen Überlegungen zur Steuerungsfunktion des gesetzlichen Mindestkapitals ausgeführt, daß man insbesondere für die Aktiengesellschaft spekulieren könnte, ob sie nicht durch ihre weit über die Grundkapitalsicherung hinausreichende Vermögensbindung, ihr Publizitätspflicht sowie die Kontrolle durch Aufsichtsräte und

---

[504] *Fuhrmann*, S. 169.
[505] *Fuhrmann*, SpuRt, 95, 12, 14, 3. Spalte.
[506] Vgl. *Bauer*, S. 134 ff.; *Klose-Mokroß*, S. 168ff.; *Kübler*, WM 90, 1853, 1854 ff.
[507] MüKo/*Reuter*, §§ 21, 22 Rn 12; ders., ZIP 84, 1052, 1057.

unabhängige Abschlußprüfer Gläubigerschutz "aus sich heraus" gewährleistet. Zweifel am Wirkmechanismus des Gläubigerschutzes durch risikosteuernden vermögensmäßigen Beteiligung könnten insofern bestehen, als die gesetzlich vorgeschriebene Höhe der Beteiligung für die einzelnen Aktionäre sehr gering ist und die Einflußmacht insbesondere von Kleinaktionären dementsprechend sehr schwach ausfällt[508]. *Fiedler* ist deshalb der Ansicht, daß eine gläubigerschützende vermögensmäßige Verbundenheit schon bei der GmbH angesichts einer Mindesteinlage von 100 Euro (§ 5 I GmbHG) kaum wahrnehmbar sei und bei einer Publikums-AG völlig entfiele (§ 8 II, III AktG - 1 Euro)[509].

In der Tat scheint der Gesetzgeber gerade bei der Aktiengesellschaft mit der Verringerung des Mindestnennbetrages von ursprünglich 50,-- DM auf 5,-- DM und nunmehr 1 Euro und der Einführung der Stückaktie[510] eine interessenmäßige Verknüpfung des Eigenkapitalgebers am Verlustrisiko der Gesellschaft gerade nicht vorauszusetzen[511]. Hinzu kommt, daß vom überwiegenden Teil der Kleinaktionäre das Stimmrecht weisungsfrei auf die Depotbank übertragen wird (§ 135 AktG), sofern das Stimmrecht nicht ohnehin gegen Ausgabe von Vorzugsaktien (§§ 139 ff. AktG) ausgeschlossen ist, so daß die persönliche Einflußnahme des Aktionärs trotz seiner mehr oder weniger gegebenen vermögensmäßigen Beteiligung kaum noch feststellbar ist[512]. Nicht zuletzt daraus folgt ein erhebliches Maß an Autonomie des Vorstandes[513] gegenüber dem Interesse der Eigenkapitalgeber. Diese Unabhängigkeit der Unternehmensführung von den Aktionären spiegelt sich auch in der Ablehnung des "Open-End-Prinzips" wider. Der Aktionär

---

[508] Vgl. *Kübler*, GesR, S. 170 f. Für den Realtypen der "Publikumsaktiengesellschaft" mit zahlreichen einflußlosen Aktionären hat sich damit die Formel der "Trennung von Eigentum und Verfügungsmacht" eingebürgert. Allerdings ist zu beachten, daß etwa 90 % der bestehenden Aktiengesellschaft dem zweiten Realtypus der "von Aktionären faktisch beherrschten Gesellschaft" zuzuordnen sind, weil der Aufsichtsrat und Vorstand den verlängerten Arm der Hauptversammlung, also des Mehraktionärs bzw. einer Aktionärsmehrheit bilden.

[509] *Fiedler*, S. 126.

[510] Die aber gem. § 8 III 3 AktG zumindest einen anteiligen Betrag von 1 Euro am Grundkapital entsprechen muß, so daß die Ausgabe von "Penny-Stocks" ausgeschlossen ist; vgl. Begründung zum Gesetzentwurf der Bundesregierung zum Stückaktiengesetz, BT Drs. 13/9573, S. 14. Zu den rechtspolitischen Fragen der Stückaktie *Kübler*, WM 90, 1853 ff.

[511] Zu beachten ist jedoch, daß der Kurswert einer Aktie in aller Regel sehr viel höher als ein Euro ausfällt und damit die vermögensmäßige Beteiligung der einzelnen Aktionärs auch erheblich höher ist und so ein spürbares Interesse an der Vermeidung von Verlusten auch bei Kleinanlegern entsteht. Hinzu kommt, daß bei einer Neuemission der Erwerb von nur einer Aktie faktisch ausgeschlossen ist. Beim Börsengang von T-Online etwa mußten nach dem Verkaufsprospekt mindestens 50 Aktien gezeichnet werden, von denen dann 25 bzw. 35 Aktien zum Emissionspreis von 27 Euro zugeteilt wurden - eine nicht mehr gerade unbedeutende Summe. Zwar können die meisten Aktionäre nicht durch aktive Gestaltung wie ein Mehrheitsgesellschafter auf die Gesellschaft einwirken, es bleibt ihnen jedoch das Steuerungsmittel der "Abwanderung", also der Verkauf der Aktien (vgl. *Mertens*, AG 90, 49, 52).

[512] Vgl. *Kübler*, GesR, § 14 III 3 b, S. 171 m. w. N.

[513] Nach § 76 I AktG leitet er im Gegensatz zum GmbH-Vorstand (§ 37 I GmbHG) die Gesellschaft in eigener Verantwortung.

kann nämlich, nachdem er im Rahmen einer Emission Aktien einer AG erworben hat, nicht die Barauszahlung seines Anteils am Gesellschaftsvermögen verlangen[514]. Das von ihm aufgebrachte Kapital verbleibt in der Gesellschaft, er hat nur die Möglichkeit, seine Aktien zum aktuellen Kurs zu verkaufen, so daß er nicht durch Drohung mit Liquiditätsentzug Einfluß auf die Geschäftsführung der AG nehmen kann[515]. Den geringen Einflußmöglichkeiten des Kleinaktionärs auf die Geschäftsführung stehen zunehmend umstrittene Klagemöglichkeiten zur Durchsetzung der eigenen Rechte in der Gesellschaft gegenüber[516].

Trotz der geringen Einflußmacht einzelner Aktionäre auf die Willensbildung in der AG erfreut sich diese Rechtsform in Deutschland großer finanzieller Stabilität, so daß man tatsächlich Zweifel daran haben kann, ob der Gläubigerschutz bei der AG wirklich auf der Interessenverbundenheit von Eigenkapitalgebern und Fremdkapitalgebern hinsichtlich der Vermeidung von Verlusten beruht. Dies verwundert um so mehr, als die Insolvenzstatistik in der Bundesrepublik von den GmbH`s angeführt wird, und das, obwohl bei ihnen im Regelfall gemäß § 37 I GmbHG eine weitaus engere Verbindung zwischen den Eigenkapitalgebern und der Geschäftsführung besteht als bei einer Aktiengesellschaft, wo es gemäß § 119 II AktG nahezu ausgeschlossen ist, daß die Aktionäre in Fragen der Geschäftsführung Einfluß nehmen können[517]. Wenn trotz der Einflußmacht der GmbH-Gesellschafter das Konkursrisiko bei dieser Rechtsform größer ist als bei der AG, bei der breite Schichten des Publikums nicht über einen entsprechenden Einfluß verfügen, kann nach Ansicht der Kritiker *Reuters* aus rechtstatsächlicher Sicht mit der gesetzlichen Pflicht zur Aufbringung und Erhaltung eines Mindestkapitals nicht Gläubigerschutz i. S. einer Interessenverknüpfung der Eigen- und Fremdkapitalgeber verbunden sein. Gerade die Konkurssicherheit der AG spreche vielmehr dafür, daß der Gläubigerschutz im Kapitalgesellschaftsrecht durch einen anderen Wirkungszusammenhang erreicht wird, als durch die Aufbringung und Erhaltung des Mindestkapitals, denn insofern ist die Grundstruktur bei der AG und GmbH im wesentlichen identisch[518].

Diese Argumentation ist jedoch nicht schlüssig. Die gegenüber GmbH-Gesellschaftern geringere Einflußmöglichkeit der Aktionäre auf Geschäftsfüh-

---

[514] *Kübler*, GesR § 14 II 1 a, S. 158. Vgl. im Gegensatz dazu die Gesellschafter einer Personengesellschaft, die gemäß § 738 BGB ggfs. i.V.m. §§ 105 III, 161 II HGB im Falle ihres Ausscheidens vorbehaltlich einer anderweitigen vertraglichen Regelung das Auseinandersetzungsguthaben verlangen können.

[515] *Reuter*, ZGR 81, 364, 369.

[516] Vgl. dazu *Mertens*, AG 90, S. 49 ff. Rechtspolitisch geht es hierbei um einen Kompromiß zwischen dem auf Kapitalbeiträgen beruhenden wirtschaftlichen Eigentum des Aktionärs an der Gesellschaft einerseits und der Funktionsfähigkeit und Erreichung des Zwecks des Zusammenschlusses auf der anderen Seite, was durch mißbräuchliche Auskunft-, Klage- und Unterlassungsansprüche des einzelnen in Frage gestellt wäre.

[517] Auf diesen scheinbaren Widerspruch weist *Hemmerich*, S. 128, hin.

[518] Vgl. *Kübler*, GesR § 17 zur Strukturgleichheit des Mindestkapitalsystems von AG und GmbH; *Hemmerich*, aaO.

rungsmaßnahmen des Vorstandes ist kein Beleg für eine bei der Aktiengesellschaft nicht bestehende und vom Gesetzgeber mit der Mindestkapitalpflicht erwünschte Interessenverbundenheit der Aktionäre zum Zwecke des Gläubigerschutzes. Die im Vergleich zur GmbH geringere Einflußmöglichkeit hat im wesentlichen praktische Gründe. Bei einer Aktiengesellschaft, die typischerweise mittels eines breiten Publikums als Kapitalsammelstelle dient, wäre eine effektive Geschäftsführung gar nicht möglich, wenn die Aktionäre regelmäßig Einfluß auf entsprechende Maßnahmen nehmen könnten, im Unterschied zu einer GmbH, die sich typischerweise aus einem kleineren Gesellschafterkreis zusammensetzt. Die Aktionäre üben ihren Einfluß auf die Geschäftsführung nach der Vorstellung des Gesetzgebers im wesentlichen durch die Wahl des Aufsichtsrates (§§ 119 I Nr. 1, 101 I AktG) aus, der wiederum den Vorstand wählt (§ 84 AktG) und ihn überwacht (§ 111 AktG) und durch die Entlastungsmöglichkeit der Geschäftsführung (§ 119 I Nr. 3 AktG). Es ist zuzugeben, daß die gesetzlichen Mittel der Einflußnahme nur sehr grundsätzlicher Natur sind, die eine Feinsteuerung der Geschäftsführung durch die Aktionäre nicht erlauben. Die Bindung des Vorstandes, der nach § 76 I AktG eigenverantwortlich die Gesellschaft leitet, an das Verlustvermeidungsinteresse der Aktionäre wird deshalb in der Praxis zumindest bei börsennotierten Aktiengesellschaften über den Aktienkurs erzielt. Der Vorstand muß wegen der Gefahr des Take-over genauso wie die Aktionäre ein Interesse daran haben, die Attraktivität der Gesellschaft zu erhalten oder gar zu steigern, weil anderenfalls das Interesse der Aktionäre an der Gesellschaft und damit auch der Aktienkurs sinkt. Damit erhöht sich jedoch das Übernahmerisiko durch konkurrierende Gesellschaften, womit ebenfalls die Gefahr des Verlustes der eigenen Vorstandsposition verbunden ist.

Ein weiterer Ansatz, mit dem die von Gesetzes wegen bestehende Kluft zwischen dem Eigentum und der Verantwortung für den Gebrauch des Eigentums in der Praxis beseitigt werden soll, ist in der zunehmend auch in Deutschland für Führungspersonen vorgesehenen Möglichkeit zu sehen, das eigene Einkommen mit Hilfe von Aktienoptionsplänen zu steigern[519]. Mitte der neunziger Jahre haben die Deutsche Bank und Daimler-Chrysler als erste in Deutschland Aktienoptionen als zusätzliche variable Vergütungsbestandteile für Mitarbeiter in Führungspositionen, die Einfluß auf strategische Entscheidungen haben, eingeführt, nachdem sie im angelsächsischen Raum bereits mit guten Erfolgen zur Regel geworden waren. Ziel der Aktienoptionen ist die Bindung der Führungskräfte an das Unternehmen wie auch eine Steigerung des Unternehmenswertes. Die Mitarbeiter erhalten durch diesen zusätzlichen Vergütungsanteil nämlich die Möglichkeit, zukünftig bei Ausübung der Option ihr Einkommen zu erhöhen, wenn sich die Gesellschaft positiv entwickelt und demzufolge der Aktienkurs über dem Basiskurs beim Eingehen der Option liegt. Dadurch verschmelzen die Interessen von Managment und Aktionären, was letztlich auch dem Interesse der Gläubiger nach Verlustvermei-

---

[519] Vgl. FAZ v. 20.04.2002.

dung zugute kommt. Inzwischen bedienen sich mehr als 80 Prozent der großen deutschen Unternehmen aus dem DAX 30 und dem M-Dax dieses oder ähnlicher Anreizsysteme, deren Wert für manche Mitarbeiter die Höhe ihres Grundgehalts erreicht[520].

Bei aller immer wieder betonten Strukturgleichheit zwischen AG und GmbH gibt es somit einen für den Gläubigerschutz entscheidenden Strukturunterschied. Dieser besteht im *Handel von Aktien einer AG an einem öffentlichen Markt im Gegensatz zu GmbH-Anteilen* [521], der zudem durch umfassende Anlegerschutzbestimmungen flankiert wird, die in der Bundesrepublik durch Umsetzung diverser europarechtlicher Vorgaben in der Vergangenheit erheblich erweitert wurde[522], was ein Übriges zur besseren Krisenfestigkeit der AG gegenüber der GmbH beiträgt. Der stark verbesserte Anlegerschutz hat in der Vergangenheit zu einem Dauerboom an den deutschen Aktienmärkten (insbesondere am Neuen Markt) gesorgt[523]. Immer mehr Privatanleger haben ihr Anlageverhalten vom klassischen Sparbuchsparen hin zu einer Anlage in Aktien, insbesondere Investmentfonds, umgestellt[524]. Mit den veränderten rechtlichen Rahmenbedingungen hat der Gesetzgeber damit einen *Anreiz* geschaffen, das Vertrauen der Sparer und Anleger nachhaltig bezüglich einer Anlage in Aktien zu stärken, was im Hinblick auf die Unternehmensfinanzierung zu einer deutlichen Erhöhung des Eigenkapitalanteils dieser Gesellschaften geführt und damit deren Krisenanfälligkeit verringert hat[525]. Der GmbH ist ein entsprechender Anlegerschutz fremd. Hier hat der Gesetzgeber gemäß § 15 III GmbHG die Übertragung der Beteiligung zum Schutz der Gesellschafter vor einem spekulativen Handel mit Geschäftsanteilen erheblich er-

---

[520] FAZ v. 20.04.2002

[521] Vgl. *Kübler*, § 17 I 2, S. 222 ff. Dies ist eine häufig kritisierte Schwäche der GmbH, aber auch anderer Handelsrechtsformen und sollte nach Auffassung vieler als Anlaß zur Reform des Kapitalmarktrechts genommen werden; *Binz/Sorg*, BB 88, 2041, 2042.

[522] Dazu *Kübler*, GesR, §§ 31, 35. Hervorzuheben sind die Vorschriften des Investmentrechts, wonach die Kapitalanlagegesellschaften einem Prospektzwang (§ 19 KAGG bzw. § 3 AuslInvestmG) und einer Prospekthaftung (§ 20 KAGG bzw. § 12 AuslInvestmG) unterliegen. Zum Prospektzwang und zur Prospekthaftung im übrigen §§ 36 III Nr. 2, 13 ff. BörsZulV bzw. §§ 45 ff. BörsG und die Vorschriften des Wertpapier-VerkaufsprospektG. Anlegerschutz folgt weiter aus dem Verbot des Insiderhandels nach §§ 11 - 20 WpHG, das durch das Bundesaufsichtsamt für das Wertpapierwesen überwacht und durchgesetzt wird. Zu erwähnen sind schließlich noch die Publizitätspflichten und Transparenzgebote nach dem WpHG, insbesondere die "ad-hock-Publizität" für neu eingetretene kursrelevante Ereignisse nach § 15 WpHG und die Meldepflichten beim Bundesaufsichtsamt beim Erreichen gewisser Beteiligungsquoten nach §§ 21 ff. BörsG.

[523] Wie so häufig auf ökonomischem Gebiet ging die Entwicklung von den USA aus, vgl. *Kübler*, WM; 90, 1853, 1854 ff.

[524] Eine Entwicklung, die auch aus allokativer gesellschaftspolitischer Sicht im Hinblick auf die gleichmäßige Vermögensverteilung (Verhinderung feudaler Rechtsstrukturen, private Altersvorsorge) sehr zu begrüßen ist. Dazu *Kübler*, GesR, § 14 II 1 c, d, S. 160.

[525] *Kübler*, WM 90, 1853, 1854 ff., der einen Vergleich zum Kapitalmarkt in den USA zieht; *Klose-Mokroß*, S. 68 f.

schwert[526]. Aus Sicht des Anlegers führt das zu einem sehr viel strengeren Eigen-
kapitalsystem, weil die Verfügungsmöglichkeiten über das eingesetzte Kapital
erschwert werden. Damit ist die GmbH für Anleger aber auch verhältnismäßig
unattraktiv, was die geringere Eigenkapitalversorgung entsprechend organisierter
Unternehmen und damit deren geringere finanzielle Stabilität erklärt[527].

Der Vergleich von AG und GmbH macht auch die zunehmende Forderung
nach Abschaffung des gesetzlichen Nennkapitalsystems verständlich[528]. Denn
Gläubigerschutz wird nicht durch die Aufbringung des Mindestkapitals im Sinne
einer *Haftungsgrundlage* hergestellt. Da, wo sich das geltende Recht (wie bei der
GmbH) im wesentlichen auf diese Funktion des Mindestkapitals zum Zwecke des
Gläubigerschutzes verläßt, ist es zum Scheitern verurteilt. Denn das Vorhandensein eines dem Garantiekapital entsprechenden Gesellschaftsvermögens kann trotz
aller Vorschriften über effektive Aufbringung, Rückzahlungsverbote und kapita-
lersetzende Darlehen nicht verhindern, daß das Vermögen der Gesellschaft durch
Verluste, die vielfältigsten Ursprungs sein können[529], aufgezehrt wird. Für die
Praxis stehen nämlich ganz andere Sicherheiten i. S. einer Haftungsgrundlage zur
Verfügung[530]. Das System des gesetzlichen Mindestkapitals ist somit ohne flan-
kierenden Anlegerschutz wenig Wert im Hinblick auf die finanzielle Stabilität
einer Gesellschaft. Aus der Gegenüberstellung von AG und GmbH ergibt sich
vielmehr, daß im Kapitalgesellschaftsrecht *Gläubigerschutz durch Anlegerschutz*
und nicht durch die gesetzlichen Vorschriften zur Aufbringung und Erhaltung
eines Mindestkapitals bewirkt wird[531].

---

[526] *Kübler*, § 17 I 2 b, S. 222 f.; BGHZ 13, 49, 51 f.

[527] *Kübler*, aaO.

[528] *Bauer*, S. 134 ff.; *Klose-Mokroß*, S. 168 ff.

[529] *Klose-Mokroß*, S. 62 ff., nennt als Gründe z. b. Rezession, Konkurs eines wichtigen Geschäftspartners, Marktveränderungen, Mißmanagement. Ihrer Ansicht nach können die Mindestkapitalvorschriften lediglich eine Manipulation der Gesellschafter verhindern. Sie ist auch
der Ansicht, daß der tiefere Grund für die vielbeklagte Unterkapitalisierung deutscher GmbHs
letztlich auf den fehlenden Anlegerschutz zurückzuführen ist.

[530] Zu den alternativen Sicherungsmöglichkeiten der Gläubiger s. *Klose-Mokroß*, S. 84 ff. Zu
denken ist etwa an die diversen Möglichkeiten des Kreditsicherungsrechts für Finanz-, Waren-,
Dienstleistungs-, Werkvertrags- und Mietvertragsgläubiger in Form von Real- und Personalsi-
cherheiten, aber auch an das weit verzweigte Geflecht von Haftpflichtversicherungen zum
Schutz der Deliktsgläubiger.

[531] *Kübler*, WM 90, 1853, 1854 ff., kommt in seinem Vergleich mit den stabilen Verhältnissen in
den USA, die zunehmend das "legal oder stated capital" im Sinne eines "trust fund" zum
Schutz der Gläubiger abgebaut haben, zu dem Ergebnis (S. 1858), daß es ähnliche positive
Auswirkungen in der Bundesrepublik ebenfalls gebe, wenn "dem Abbau des Gläubiger- der
Ausbau des Anlegerschutzes entspräche". Nach *Kübler*, § 31 II, S. 390, bezweckt der Anlegerschutz zunächst die Sicherung des Anlegers um seiner selbst willen (Individualschutz). Daneben dient er aber auch dem überindividuellen Ziel nach *Erhaltung und Steigerung* des Volu-
mens des gesamtwirtschaftlich erforderlichen und erwünschten *Investitionskapitals*" (Funtio-
nenschutz).

Die Frage ist jedoch, ob die These vom "Gläubigerschutz durch Anleger-schutz" mit der Auffassung *Reuters* vom "Gläubigerschutz durch Interes-sengleichlauf" zwischen Gläubigern und Gesellschaftern zu vereinbaren ist. Man könnte Zweifel haben, weil auch sein Konzept ganz klar an die Notwendigkeit eines gesetzlichen Mindestkapitals anknüpft. Jedoch ist für *Reuter* die Existenz des Mindestkapitals nicht um des Mindestkapital willens bedeutsam, sondern we-gen der Verlustbeteiligung der Gesellschafter. Was die Aufgabe des Mindestkapi-tals als *Haftungsgrundlage* angeht, ist es für ihn genauso entbehrlich wie für die Vertreter der modernen Auffassung zur Abschaffung desselben. Die Überein-stimmung zwischen dem Ansatz *Reuters* und der These vom *Gläubigerschutz durch Anlegerschutz* ist unverkennbar, wenn man sich seinen vehementen Einsatz für den *Mitgliederschutz* und *Sozialschutz* als weitere Kriterien der Vereinsklas-senabgrenzung vor Augen hält[532]. Seiner Auffassung nach ist die Existenz von Mitgliederinteressen an der Vermeidung von Unternehmensverlusten nutzlos, wenn es ihnen an rechtlicher Durchsetzungsfähigkeit fehlt"[533]. Das Interesse an der Vermeidung von Unternehmensverlusten darf somit nicht *zusammenhanglos* zwischen Eigenkapitalgebern einerseits und Fremdkapitalgebern andererseits be-stehen. Erforderlich ist ein *"Bindeglied"*, und dieses notwendige *Bindeglied* stellt der *Mitgliederschutz* dar[534]. Wenn die vermögensmäßige Beteiligung im Handels-vereinsrecht Steuerungsfunktion im Hinblick auf den Gläubigerschutz entfalten soll, kann dies effektiv nur durch ein starkes, durchsetzbares Mitgliedschaftsrecht geschehen. Dieses Bindeglied, das im Handelsvereinsrecht grundsätzlich in Form von Mitwirkungs-, Kontroll-, Auskunfts- und Verwertungsrechten der Gesell-schafter bereitsteht, wird speziell im Aktienrecht durch den *Anlegerschutz* der Aktionäre bereitgehalten. Die Anlegerschutzvorschriften dienen nämlich dazu, die Aktionäre in die Lage zu versetzen, sich ohne unverhältnismäßig hohe Transfor-mationskosten Informationen über Lage und Entwicklungsmöglichkeiten des Un-ternehmens (Prospekt) zu verschaffen, um so auch dem Kleinaktionär die Ent-scheidungsgrundlagen für eine möglichst sichere Geldanlage zur Verfügung zu stellen[535]. Auf diese Weise kann auch der Kleinaktionär sein Interesse an der Vermeidung von Verlusten seiner Aktiengesellschaft durchsetzen. Sollten etwa die Informationen, die der Anleger aufgrund des Prospekts erhalten hat, unrichtig sein, kann er ggf. Schadensersatz gemäß §§ 45, 46 II BörsG in Form von Rückga-be und Erstattung des Erwerbspreises verlangen[536]. Dies kann zu erheblichen Ein-bußen bei der Gesellschaft führen, so daß für die Entscheidungsträger der Gesell-schaft ein Anreiz zu sorgfältigem unternehmerischen Handeln besteht. Die Anle-gerschutzbestimmungen vermögen damit die Organe einer Aktiengesellschaft in

---

[532] *Reuter*, ZIP 84, 1052, 1058 (1063); s. o. Einleitung a.E.
[533] *Reuter*, aaO.
[534] *Reuter*, aaO., spricht von "notwendiger Ergänzung".
[535] Vgl. *Kübler*, GesR, § 31 II, S. 390 f.
[536] Insofern gilt nämlich nicht die Ablehnung des "Open-End-Prinzips".

einer Weise zu disziplinieren, die es Anlegern attraktiv erscheinen läßt, der Gesellschaft Eigenkapital zuzuführen. Die damit verbundene bessere Eigenkapitalausstattung der AG bewirkt den oben festgestellten Gläubigerschutz im Aktienrecht.

Das System des Anlegerschutzes kann diesen mittelbaren Schutzmechanismus zugunsten der Gläubiger aber nur entfalten, wenn der Anleger auch tatsächlich ein Interesse an der Vermeidung von Verlusten hat. Denn bei einer Gesellschaftsform, die mangels persönlicher vermögensmäßiger Beteiligung der Gesellschafter keinen *natürlichen Resonanzboden* im Hinblick auf das Interesse an der Vermeidung von Unternehmensverlusten aufweist, kann auch der strengste Anlegerschutzkatalog keine Disziplinierung der Unternehmensführung bewirken, weil anlegerschützende Sanktionen mangels entsprechend motivierter Anleger gar nicht zu befürchten sind. Genau dieser Zustand tritt jedoch ein, wenn ein Idealverein als maßgeblich Beteiligter einer AG anerkannt wird. Im Falle einer 100%igen Tochter-AG eines Idealvereins gibt es überhaupt keinen *"natürlichen Resonanzboden"* in der AG, der den für den Gläubigerschutz maßgeblichen *Anlegerschutz* durchsetzen kann, weil alleiniger Aktionär der Idealverein ist, hinter dem sich jedoch seinerseits keine natürlichen Personen mit einem materiellen Interesse an der Vermeidung von Unternehmensverlusten verbergen. *Fiedler* hat Zweifel geäußert, ob die mangelnde persönliche Verbundenheit der Gesellschafter überhaupt noch bei einer mehrstufigen Beteiligung zum Tragen kommen kann[537]. Dagegen ist einzuwenden, daß zum Schutz der Gläubiger das Element der *persönliche Verbundenheit* der Gesellschafter flankiert durch effektive Anlegerschutzbestimmungen zumindest und gerade beim herrschenden Gesellschafter erforderlich ist, damit die daraus resultierende stabilisierende Wirkung auch noch auf den unteren Beteiligungsstufen wirksam wird. Die Anerkennung von Holdingvereinen ist damit gewiß ein Rückschritt im Hinblick auf den Gläubigerschutz.

Es hat sich gezeigt, daß der Unterschied im Gläubigerschutz zwischen AG und GmbH nicht "aus der Rechtsform der AG heraus" resultiert. Sowohl GmbH als auch AG zeichnen sich durch die persönliche materielle Verbundenheit der natürlichen Trägerpersonen mit der Gesellschaft aus. Bei der AG gibt es jedoch ein *Bindeglied*, das diese persönliche materielle Verbundenheit zum Zwecke eines partiellen Interessengleichlaufs zwischen Gesellschaftern und Gläubigern wirksamer als bei der GmbH umsetzt. Dieses *Bindeglied* besteht im ausgeprägten Anlegerschutz. Damit ist bei der AG ein Anreizsystem vorhanden, das rein faktisch - gleichsam als willkommener Rechtsreflex - der AG zu einer besseren Eigenkapitalversorgung als der GmbH verhilft, und damit zusätzlich zum Gläubigerschutz durch Anlegerschutz hinsichtlich des wirtschaftlichen Verlustrisikos zu einer erhöhten Gläubigersicherheit bei der AG führt. Dies und nicht mehr ist bezogen auf den Gläubigerschutz der Unterschied zwischen AG und GmbH. Wer die Publikums-AG und die "Gläubigerfalle" der GmbH als Beweis gegen das System vom

---

[537] *Fiedler*, S. 126.

Gläubigerschutz durch Interessengleichlauf anführt, stellt damit die Verhältnisse in zweifacher Weise auf den Kopf. Denn einerseits sorgt gerade die Publikums-AG mit ihren Schutzvorkehrungen zugunsten der Anleger dafür, daß der Gläubigerschutz durch partiellen Interessengleichlauf wirklich zum Tragen kommt. Der Anlegerschutz ist der Grund dafür, daß "die AG immer noch Körperschaft, nicht Anstalt ist"[538]. Andererseits ist die Krisenhaftigkeit der GmbH gerade kein Beleg dafür, daß der Gläubigerschutz durch partiellen Interessengleichlauf bei dieser Rechtsform nicht latent vorhanden wäre, sondern lediglich ein Beweis dafür, daß er zu wenig gesichert ist[539].

Die Analyse des Handelsvereinsrechts, insbesondere des Aktienrechts, hat damit ergeben, daß mit den Vorschriften zur Aufbringung und Erhaltung des gesetzlichen Mindestkapitals Gläubigerschutz nicht durch Schaffung einer *Haftungsgrundlage* erzeugt wird - insofern ist das gesetzliche Garantiekapital eher hinderlich -, sondern durch vermögensmäßige Beteiligung der Eigenkapitalgeber am unternehmerischen Verlustrisiko. Die dadurch erzeugte partielle Interessenidentität zwischen Gesellschafter und Gläubiger an der Vermeidung von Verlusten kann der Gesellschaft aber nur dann die nötige finanzielle Stabilität verleihen, wenn zwischen ihnen ein *Bindeglied* in Gestalt eines effektiven Anlegerschutzes besteht. Nur so kann der Gesellschafter genauso wie der Einzel- oder Mitunternehmer sein Interesse an der Vermeidung von Verlusten zum Wohle der Gesellschaft und der Gläubiger auch durchsetzen.

(c) Ökonomische Analyse des Rechts

Der Streit um die Frage der Zurechnung ausgegliederter Wirtschaftstätigkeit wurde bisher ausschließlich auf juristische Argumente gestützt, wobei die Kontroverse ganz wesentlich von der unterschiedlichen Auffassung zur Wirkungsweise der gesetzlichen Mindestkapitalausstattung geprägt wird. Nachdem die überkommenen juristischen Argumente hierzu ausgetauscht sind, soll eine ökonomische Analyse der Institution des gesetzlichen Mindestkapitals unternommen werden. Dahinter verbirgt sich die Hoffnung, mit Hilfe des ökonomischen Ansatzes einen tieferen Einblick in die Wirkungsweise der gesetzlichen Mindestkapitalausstattung zu gewinnen, um damit die Entscheidung für die juristische Ansicht gewissermaßen ökonomisch abzusichern. Anlaß dieser Hoffnung ist die Annahme, daß ein ökonomischer Standpunkt für die juristische Argumentation zumindest dann verwendbar sein muß, wenn es, wie im hier zu entscheidenden Fall, um eine wirtschaftsrechtliche Fragestellung geht. Dahinter verbirgt sich aber auch die Vermutung, daß der Jurist, wenn er seine Entscheidung *"aus* der Natur der Sache heraus"* erklärt, zuvor die Ökonomen befragen sollte, weil sie ihm bei wirtschaftsrechtlichen Problemen etwas *"über* die Natur der Sache"* sagen können. Es dürfte in solchen Fällen geradezu unentbehrlich sein, die Ansicht der "Fach-

---

[538] Vgl. *Reuter*, ZIP 84, 1052, 1057.
[539] *Reuter*, aaO.

leute" einzuholen, wenn man verhindern will, daß es in der gesellschaftlichen Wirklichkeit, verursacht durch unterschiedliche Ansichten in den Sozialwissenschaften, zu vermeidbaren Fehlentwicklungen des Gesamtgefüges kommt. Oder anders ausgedrückt: Die von Adam Smith am Beispiel der Stecknadelfabrik nachgewiesene produktivitätssteigernde Wirkung der Arbeitsteilung sollte auch für die Wissenschaften fruchtbar gemacht werden.

(aa) Verhältnis von Rechts- und Wirtschaftswissenschaften

Die Verwendung der in den 60er Jahren in den USA entwickelten "Economic Analysis of Law"[540] trifft trotz der auf den ersten Blick einleuchtenden Notwendigkeit einer Zusammenarbeit der Disziplinen bei der juristischen Bewältigung von gesellschaftlichen Problemen in der deutschen Rechtswissenschaft nicht auf ungeteilten Zuspruch[541]. Der Haupteinwand gegen die ökonomische Betrachtung des Rechts besteht darin, daß Ökonomen mit ihrem Streben nach nutzenmaximalem Einsatz der Produktionsfaktoren (Effizienz) oftmals wirklichkeitsfremden Denkmodellen verhaftet sind[542], die auf die Analyse der Rechtsordnung nicht übertragen werden können. Die kardinale Aufgabe der Rechtsordnung besteht nämlich darin, eine Ordnung ausgleichender Gerechtigkeit zu sein, der ein komplexes und voraussetzungsvolles Menschenbild zugrunde liegt, daß durch die ÖAR auf die Figur "*eines schieren Nutzenmaximierers*" verkürzt zu werden drohte[543]. Gerechtigkeit bedeute nämlich mehr als optimale Ressourcenallokation[544]. Zusätzlich wird eingewandt, daß sich die Rechtspraxis nicht mit Fragen der Kosten und der Effizienz aufhalten soll, weil im Einzelfall nicht sie den Ausschlag

---

[540] *Behrens*, S. 1 ff. Die Entwicklung wurde maßgeblich von der University of Chicago Law School angestoßen, die mit dem *Journal of Law and Economics* seit 1958 und dem *Journal of Legal Studies* seit 1972 zwei ständige Diskussionsforen für die ökonomische Theorie des Rechts anbietet.

[541] Für eine Rezeption der ökonomischen Analyse des Rechts (im Folgenden ÖAR genannt) in allen Rechtsgebieten setzen sich Hans-Bernd *Schäfer* und Klaus *Ott* in ihrem *Lehrbuch der ökonomischen Analyse des Zivilrechts* ein, die auch Veranstalter eines Symposiums zur ÖAR sind; vgl. *Allokationseffizienz in der Rechtsordnung*, Beiträge zum Travemünder Symposium zur ökonomischen Analyse des Zivilrechts und *Ökonomische Probleme des Zivilrechts*, Beiträge zum zweiten Travemünder Symposium zur ökonomischen Analyse des Rechts. Ebenfalls für die ÖAR spricht sich *Kübler, Allokationseffizienz*, S. 293 ff. aus. Umfangreiche Nachweise zur ÖAR in den verschiedenen Rechtsgebieten s. bei *Behrens*, S. 2, Fn. 10. Zur ökonomischen Theorie im Gesellschafts- und Kapitalmarktrecht; *Fleischer*, ZGR 2001, S. 1 ff. Gegen die ÖAR spricht sich insbesondere *Fezer*, JZ 86, S. 817 ff. aus.

[542] Vgl. Anekdote bei *Tietzel, Allokationseffizienz*, S. 52: Ein Physiker, ein Chemiker und ein Ökonom stranden auf einer kahlen, einsamen Insel und mit ihnen eine Kiste Dosenbohnen. Der Chemiker schlug vor, die Dosen zu erhitzen, um sie zum Platzen zu bringen. Der Physiker erbot sich, die Flugbahn der Bohnen zu errechnen, um sie mit einem Bananenblatt aufzufangen. Der Ökonom, der auch einen Beitrag zum Ernährungsproblem leisten wollte, begann seine Überlegungen mit den Worten: "Nehmen wir einmal an, wir hätten einen Dosenöffner...".

[543] *Fezer*, JZ 86, 817, 822 f.

[544] *Fezer*, aaO.

gäben, sondern die Grenzen des Rechts des einzelnen für die Entscheidung maßgeblich seien[545].

Diese Kritik an der ÖAR verkennt jedoch, daß die Bemühungen der Ökonomen für ein ökonomisches Denken im Recht weniger als Akt des "Wissenschaftsimperialismus"[546] aufzufassen sind, sondern vielmehr dem gemeinsamen Ziel, namentlich der Suche nach Gerechtigkeit dienen sollen[547]. Das Ziel der Ökonomen besteht nämlich darin, das Knappheitsproblem, mit dem jede Volkswirtschaft zu leben hat, zum Nutzen der gesamtwirtschaftlichen Wohlfahrt zu lösen, und zwar mit dem Streben nach einem *Allokationsoptimum*[548] und dem nach einem *Verteilungsoptimum*[549]. Geht man mit der ökonomischen Theorie davon aus, daß jedes Gut stets ein Bündel von Rechten beinhaltet[550], ergibt sich von selbst, daß sich Probleme der Gerechtigkeit immer in Probleme der *Allokationseffizienz* und des *Verteilungsoptimums* übersetzen lassen, weil die ökonomischen Ziele der effizienten Allokation und optimalen Güterverteilung stets eine juristische Entsprechung in der gerechten Zuordnung von Rechten und Pflichten finden[551]. Ineffizienzen, die insbesondere durch *externe Effekte* auftreten (dazu sogleich) führen demnach stets zu Ungerechtigkeiten, die durch das Recht vermieden werden sollen[552]. Für die Ökonomen ist damit die Kritik an der ÖAR schon im Hinblick auf die gemeinsame Zielsetzung nicht berechtigt. Im Gegenteil, ihrer Ansicht nach ist eine ökonomische Betrachtung des Rechts insbesondere dann mit einem erheblichen Erkenntnisgewinn verbunden, wenn der Jurist die an ihn gestellten Probleme nicht mehr begriffslogisch "durchdeklinieren" kann und sich deshalb in juristische Wertungsbegriffe wie "Zumutbarkeit", "Vertrauensschutz", "Schutzwürdigkeit", "Treu und Glauben", "Billigkeit", "Umstände des Einzelfalls" flüchtet[553]. Die Verwendung dieser "Leerformeln" führt dazu, daß die eigentlichen Entscheidungskriterien im Dunkeln bleiben würden[554], oder, wie *Kötz*[555] es ausdrückt, wie

---

[545] Vgl. Nachweise bei *Kübler*, Allokationseffizienz, S. 293, 300.

[546] Vgl. *Behrens*, Vorwort, VI.

[547] *Ott*, Allokationseffizienz, S. 25, 27 ff.; *Behrens*, S. 81 ff.

[548] *Behrens*, S. 83. Darunter versteht man den gesamtwirtschaftlich nützlichsten Einsatz der knappen Produktionsmittel, insbesondere die Vermeidung von Verschwendung.

[549] Worunter die wohlfahrtsoptimale Verteilung der produzierten Güter in einer Volkswirtschaft auf die einzelnen Mitglieder der Gesellschaft zu verstehen ist, *Behrens*, S. 82.

[550] *Behrens*, S. 32. Üblicherweise stellt man sich Güter als physische Einheiten vor, anstatt als ein Recht, bestimmte Handlungen damit durchzuführen. Die Ökonomie befaßt sich mit den Gütern jedoch im Sinne von rechtlichen menschlichen Handlungsmöglichkeiten (property rights), die durch das Recht definiert sind. Was der Eigentümer etwa in Wahrheit besitzt, ist das Recht, bestimmte Handlungen mit dem Gegenstand seines Eigentums auszuführen.

[551] *Behrens*, S. 82.

[552] *Behrens*, S. 101 ff.; *Ott*, Allokationseffizienz, S. 25, 27.

[553] Vgl. 3. Teil B I 2 a) cc) (1) (b) (aa) wo der BGH und *Hemmerich* in der zu entscheidenden Frage der Zurechnung der ausgegliederten Wirtschaftstätigkeit gerade auf diese Leerformeln wie "weitestgehend", " nicht so erheblich", usw. zurückgreifen.

[554] *Ott*, Allokationseffizienz, S. 25, 39.

[555] *Kötz*, Allokationseffizienz, S. 189, 193.

"ein Bikini das Entscheidende eben doch verhüllen". Die Rationalität einer Entscheidung erschließt sich nämlich nicht aus den zu ihrer Begründung herangezogenen *Begriffen*, sondern aus ihrer *Folgenanalyse* und *Folgenbewertung*[556]. Gerade wenn über schwierige wirtschaftsrechtliche Konflikte zu befinden ist, kann die Lösung gar nicht gefunden werden, ohne die u. U. gravierenden Auswirkungen der Entscheidung für das künftige Verhalten aller beteiligten Akteure in die Betrachtung mit einzubeziehen[557]. Die Problematik der Zurechnung der ausgegliederten Wirtschaftstätigkeit und erst recht die der Wirkungsweise des gesetzlichen Mindestkapitals sind Rechtsfragen, deren Lösung vom Gesetz nicht logisch vorgegeben ist und die zu bedeutsam sind, als daß sie sich nur aufgrund von juristischen Billigkeitserwägungen lösen lassen. Es geht nicht an, in dieser Situation ein plausibles Argument nur deshalb zu verwerfen, weil es von Ökonomen bereitgestellt wird oder im ökonomischen Gewand der Effizienz daherkommt, denn Rationalität ist unteilbar[558].

Die unterschiedliche Methode der klassischen Jurisprudenz auf der einen Seite und der ÖAR auf der anderen Seite zeigt sich in einem typischerweise analysierten und auch für diese Untersuchung bedeutsamen Gebiet - dem Haftungsrecht[559]. Aus der Perspektive von Juristen zielen Haftungsregeln vor allem auf einen "gerechten" Ausgleich zwischen Schädiger und Geschädigtem ab, so daß die *Verteilungsfrage* im Mittelpunkt ihrer Überlegungen liegt. Die Verteilungsfrage ist für Ökonomen zwar nicht unerheblich, sie tritt aber in den Hintergrund, weil das Ziel eines Ausgleichs auch durch Entschädigung des Opfers aus Versicherungs- oder

---

[556] *Ott*, Allokationseffizienz, S. 25, 40. Damit soll der ÖAR keineswegs in allen Bereichen des Rechts das Wort geredet werden. Entsprechende Versuche auf dem Gebiet des Ehe- und Familienrechts sowie bei Gewaltverbrechen erzeugen eher den Anschein des Erzwungenen, um die eigene Methode zu rechtfertigen; vgl. *Roth*, ZGR 86, 371 m. w. N. Auf Rechtsgebieten mit unmittelbarem wirtschaftlichem Einschlag, wie insbesondere dem Gesellschafts- und Unternehmensrecht, drängt sich jedoch eine fakultätsübergreifende Problemlösung geradezu auf; *Roth* aaO. *Schäfer*, Allokationseffizienz, S. 1 ff. ist der Ansicht, daß die ÖAR immer dann sinnvoll ist, sofern das Recht den Güter- und Leistungsaustausch regelt.

[557] *Kübler*, Allokationseffizienz, S. 293, 299 f.

[558] *Kötz*, Allokationseffizienz, S. 189; *Kübler*, Allokationseffizienz, S. 293, 300; *Varian*, S. 575, der darauf hinweist, daß sowohl Recht und Ökonomie das Verständnis gesellschaftlicher Institutionen zum Ziel haben und beide darüber hinaus an einer Verbesserung ihres Funktionierens interessiert sind, was ihre Zusammenarbeit erforderlich macht.

[559] Dazu allgemein *Feess*, S. 559 ff. Auf dem Gebiet des Haftungsrechts finden sich die verschiedensten Abhandlungen. Angefangen bei der CIC, dem Deliktsrecht §§ 823 ff. BGB, der Prospekthaftung und dem Mängelgewährleistungsrecht (*Ott*, Allokationseffizienz, S. 33 ff.) bis zur Produkthaftung (*Adams*, BB 87, Beilage 20, S. 1 ff.). Weitere beliebte Rechtsgebiete für die ÖAR stellen das Umweltschutzrecht (*Feess*, S. 497 ff.; *Varian*, S. 554 ff.; bahnbrechend die Arbeit von *Coase*, The Problem of Social Cost, Journal of Law and Economics 3 (1960) S. 1 ff., deutsche Übersetzung in *Assmann/Kirchner/Schanze*, Ökonomische Analyse des Rechts, S. 146 ff.), das Versicherungswesen (*Kreps*, S. 521 ff.; *Varian*, S. 632 ff.), das Steuer- und Antitrustrecht (*Kübler*, Allokationseffizienz, S. 298), das Recht der allgemeinen Geschäftsbedingungen (*Kötz*, Allokationseffizienz, S. 189 ff.) sowie das Recht der Stellvertretung (*Schanze*, Allokationseffizienz, S. 60 ff.) dar.

Steuertöpfen denkbar ist[560]. Nach ihrer Ansicht muß die eigentliche Aufgabe der Haftungsregeln darin gesehen werden, das Verhalten der potentiellen Schädiger in geeigneter Weise zu beeinflussen, um Schäden möglichst gering zu halten[561]. Nach Auffassung von Ökonomen unterscheiden sie sich von den Juristen durch die *Folgenanalyse*, indem sie *ex ante* vor der Entscheidung über eine rechtliche Regel zunächst die Folgen für das Verhalten der Wirtschaftssubjekte abzuschätzen versucht, wohingegen sich die Juristen gemeinhin *ex post* primär am Schadensausgleich orientieren[562].

Es ist festzustellen, daß sich genau dieser Gegensatz auch in der hier zu entscheidenden Streitfrage zur Ausgliederung wirtschaftlicher Geschäftsbetriebe aus Idealvereinen auf beherrschte Kapitalgesellschaften widerspiegelt. Wenn die ganz herrschende Meinung die Funktion des Mindestkapitals darin sieht, eine *Haftungsgrundlage* zum Schutz der Gläubiger bereitzuhalten, geschieht dies in der bei Juristen oft anzutreffenden *ex-post-Betrachtung*. Ex post deswegen, weil im Hinblick auf den für den Gläubigerschutz relevanten Zeitpunkt der Einstandspflicht des/der Unternehmer(s) für die Verbindlichkeiten des Unternehmens nur die *Verteilungsfrage* zu klären ist, und davon ausgegangen wird, daß das in

---

[560] *Feess*, S. 560, der darauf hinweist, daß damit die Verteilungsfrage auch gelöst wäre.

[561] *Feess*, aaO., der auf das Beispiel eines Autofahrers hinweist, der mögliche Schadensersatzzahlungen in seine Fahrweise einkalkulieren soll. Ebenso soll das Produkthaftungs- und Mängelgewährleistungsrecht den Hersteller bzw. Verkäufer dazu veranlassen, möglichst fehlerfreie Güter an die Kunden zu verkaufen (*Adams*, BB 87, Beilage 20, S. 1 ff.). Desweiteren diene die eingeschränkte Möglichkeit zur Verwendung von Haftungsausschlußklauseln nach dem AGBG nicht dazu, wie unter Juristen verbreitet angenommen wird, den Schwachen gegenüber dem Mächtigen, den Armen gegenüber dem Reichen, den Dummen gegenüber dem Schlauen und den hilflosen Kunden gegenüber dem versierten Verwender zu schützen. Auch ein Rechtsprofessor wird sich beim Kauf eines Kühlschrankes in der Hamburger Innenstadt regelmäßig ohne Widerstand den Bedingungen seines Geschäftspartners fügen, aber nicht, weil er ihm intellektuell unterlegen ist oder er sich seiner wirtschaftlichen Übermacht beugt. Er tut dies, weil für ihn die Herstellung von absoluter Transparenz auf dem Markt für Kühlschränke mit unverhältnismäßigen Kosten und Mühen verbunden wäre. Ziel des AGBG ist es, dem Kunden die Gewähr dafür zu geben, daß er mit "überraschenden Klauseln" im Kleingedruckten nicht zu rechnen braucht. Das ist zum Wohle aller Beteiligten, weil auf diese Weise einem Marktversagen durch "prohibitiv hohe Transaktionskosten" entgegengewirkt wird (*Kötz*, Allokationseffizienz, S. 189, 190 ff.).

[562] *Schäfer*, Allokationseffizienz S. 1; *Feess*, S. 560. Es ist zu beachten, daß die ökonomische Analyse in erster Linie als Gesetzgebungslehre von Bedeutung ist. Denn die Frage nach den Folgewirkungen hinsichtlich des Verhaltens der Beteiligten hat keine Relevanz mehr, nachdem sich der Lebenssachverhalt ereignet hat. Ein Tatsachenrichter wird ein Urteil nur schwerlich damit begründen können, eine Mieterschutzklage müsse deswegen abgewiesen werden, weil ein Obsiegen des Klägers mit negativen Anreizwirkungen für den gesamten Wohnungsmarkt verbunden sei. Bei Einführung einer neuen gesetzlichen Regel verhält es sich jedoch ganz anders. Folgeanalysen und Folgebewertungen sind unentbehrlich. Nicht anders ist jedoch die Situation, wenn der BGH in einer grundlegenden Frage, wie in dem hier zu entscheidenden Fall, rechtsfortbildend tätig wird, weil der Gesetzgeber eine eindeutige Aussage nicht getroffen hat. Auch hierbei ist die Folgenanalyse unverzichtbar, weil eben nicht nur die Entscheidung in dem Streitfall auf dem Spiel steht.

Höhe des garantierten Mindestkapitals vorhandene Vermögen zur vorrangigen Befriedigung der Gläubiger diene. Eine ganz andere Perspektive bildet die Grundlage für *Reuters* Überlegungen. Für ihn ist der Gläubigerschutz auch der maßgebliche Schutzzweck der Vereinsklassenabgrenzung[563], so daß auch für ihn die potentielle Haftung des Unternehmers für die Verbindlichkeiten des Unternehmens der relevante Zeitpunkt für die Beurteilung der Funktionsweise des Mindestkapitals darstellt. Da er dessen Hauptwirkung aber in einer Risikosteuerung der natürlichen Trägerpersonen im Hinblick auf die Vermeidung von persönlichen und damit Unternehmensverlusten sieht, verlagert er die Perspektive genau in die entgegengesetzte Richtung, indem er nämlich *ex ante* fragt, wie die Haftungsverfassung einer juristischen Person auszusehen hat, damit es zu der gläubigergefährdenden Situation der Überschuldung möglichst gar nicht erst kommt. Damit dürfte die Relevanz der ÖAR für den zu entscheidenden Fall ausreichend kenntlich gemacht worden sein. Ein Rückgriff auf ökonomisches Gedankengut kann in dieser Frage nicht beanstandet werden[564].

(bb) Zielsetzung der ÖAR und Folgerung für die Funktion des Mindestkapitals

Das Anliegen der ÖAR erschließt sich nur, wenn die Zielsetzung der Ökonomie in die Betrachtung einbezogen wird. Die Ökonomie ist eine Sozialwissenschaft, die durch Modellbildung das Verhalten des handelnden Menschen analysiert. Ziel der Ökonomen ist es, Ursache-Wirkung-Beziehungen aufzuzeigen, um damit komplexe soziale Phänomene *zu erklären*[565]. Die ökonomische Lehre umfaßt zwei große Teilgebiete, die als *Makroökonomik* und *Mikroökonomik* bezeichnet werden. Ersterer geht es um die Analyse gesamtwirtschaftlicher Prozesse[566]. Da das Recht Verhaltensregeln für einzelne Personen aufstellt, ist die ÖAR in erster Linie eine Methode, die dem Teilgebiet der *Mikroökonomik* zuzuordnen ist. Jene befaßt sich mit dem wirtschaftlichen Verhalten einzelner Personen[567]. Zentrale Aufgabe der Ökonomen ist es, alternative Marktsituationen zu *bewerten*, also eine Aussage über die Vorzugswürdigkeit der einen gegenüber der anderen Situation zu treffen, um so den zuständigen Staatsorganen Anhaltspunkte zur nutzenbringenden Beeinflussung des Marktes zu liefern[568]. Zentraler Bewertungsmaßstab der Ökonomen ist die *Effizienz*[569]. Ihnen geht es also darum, die Bedingungen

---

[563] ergänzt um die Belange des Mitglieder und Sozialschutzes; MüKo/*Reuter*, §§ 21, 22 Rn. 13 ff.
[564] In veschiedenen neueren juristischen Arbeiten zum Gläubigerschutz im Kapitalgesellschaftsrecht wird dieser Zusammenhang auch unumwunden anerkannt. Vgl. *Klose-Mokroß*, insbesondere S. 168 ff.; *Bauer*, S. 95.
[565] *Klodt*, S. 2, der darauf hinweist, daß es den Ökonomen nicht darum geht, das Verhalten von Menschen zu *verändern*.
[566] Wie die Erklärung von Konjunkturschwankungen, Geldpolitik, Inflation.
[567] Zu den Begriffen vgl. *Klodt*, S. 2 f.
[568] *Klodt*, S. 31. Das Verhalten der Menschen wird damit vom Gesetzgeber durch intervenistische Maßnahmen verändert und nur mittelbar durch die Bewertung der Ökonomen beeinflußt.
[569] *Klodt*, S. 31. Effizient wirtschaften heißt, ein gegebenes Ziel mit möglichst geringen Mitteln zu erreichen oder mit gegebenen Mitteln ein möglichst hochgestecktes Ziel zu verwirklichen. Dies

einer effizienten Wirtschaft aufzuzeigen. Grundsätzlich wird im ökonomischen Modell davon ausgegangen, daß der Markt selbst über den Preismechanismus für effiziente Ergebnisse sorgt[570]. In der Realität lassen sich jedoch vielfach Fälle des *Marktversagens* beobachten. Zu einem Marktversagen kommt es u.a., wenn *externe Effekte* auftreten. Mit dem Begriff der *externen Effekte* oder auch *"Externalitäten"* bezeichnet man Situationen, in denen die Entscheidungen eines Wirtschaftssubjekts nicht nur Auswirkungen auf den Entscheidungsträger selbst, sondern auch Folgen für die Sphäre anderer "eigentlich" unbeteiligter Wirtschaftssubjekte haben, *ohne daß diese Auswirkungen dem handelnden Subjekt zugerechnet werden*[571]. Solche Externalitäten können sowohl als *positive externe Effekte*[572] als auch als *negative externe Effekte*[573] auftreten. Das Problem dieser Externalitäten besteht darin, daß es keine Märkte gibt, auf denen externe Effekte gehandelt werden können[574]. Es wurde bereits darauf hingewiesen, daß der Preismechanismus auf den Märkten für effiziente Ergebnisse sorgt. Externe Effekte unterliegen jedoch nicht dem Preismechanismus, so daß es auf Märkten mit negativen externen

---

wird auch als "das ökonomische Prinzip" bezeichnet. Effizient ist nach dem Sprachgebrauch der Ökonomen ein Zustand, bei dem es mit den vorhandenen Mitteln nicht mehr möglich ist, eine Person besserzustellen, ohne eine andere schlechter zu stellen. Nach dem italienischen Ökonomen *Wilfredo Pareto* wird dies auch als *"Pareto-Effizienz"* bezeichnet. Als weiteres Effizienzkriterium wird in der Wohlfahrtsökonomik auch das Kaldor-Hicks-Kriterium verwendet. Danach werden die alternativen sozialen Zustände nach einer (Gesamt-)Kosten-Nutzen-Rechnung verglichen; *Schäfer*, Allokationseffizienz, S. 1, 3.

570 *Klodt*, S. 7 ff. Die Effizienz wird auf dem Markt bei den Gleichgewichtspreis erreicht. Das ist der Preis, bei dem sich Angebots- und Nachfragekurve treffen. In diesem Punkt entsprechen die *Grenzkosten* (Kosten für jede zusätzlich produzierte Einheit) der Anbieter dem *Grenznutzen* (Nutzen der letzten von den Nachfragern konsumierten Einheit) der Nachfrager. Eine Nutzensteigerung ist außerhalb dieses Punktes für keinen der Beteiligten möglich, weil bei einer Erhöhung der Angebotsmenge die Grenzkosten stärker steigen, als der Grenznutzen für die Konsumenten. Durch eine Reduzierung der Produktion würden die Anbieter mehr Kosten sparen, als sie an Verkaufserlösen einbüßten. Bei einer Verringerung der Produktionsmenge unter die Gleichgewichtsmenge verhält es sich genau umgekehrt. Pareto-Effizienz ist nur dann gegeben, wenn *Grenzkosten* und *Grenznutzen* einander entsprechen; *Klodt*, S. 37 ff.

571 *Behrens*, S. 85; *Roth*, ZGR, 86, 371, 374; *Varian*, S. 554 ff.; *Feess*, S. 497 ff. Die Theorie externer Effekte ist seit Pigous berühmter Arbeit (1920) zu einem festen Bestandteil der Mikroökonomik geworden; vgl. *Gillenkirch*, S. 3.

572 z. B. der hübsche Anblick von Nachbars Blumengarten oder Vorteile aus der Erfindung neuer Technologien nicht nur für den Erfinder und Patentinhaber, sondern für die gesamte Gesellschaft.

573 Das Hauptaugenmerk der Wohlfahrtsökonomik wird in diesem Zusammenhang auf das Umweltproblem gerichtet, vgl. *Feess* S. 497; *Varian*, S. 560 ff.; bahnbrechend dazu die Arbeit von *Coase*, The Problem of Social Costs, Journal of Law and Economics (3) (1960), S. 1 ff. In der Industrie wird stets auch eine gewisse Menge an Verschmutzung für die Umwelt produziert, deren negative Folgen auch von unbeteiligten Dritten zu tragen sind.

574 Vgl. jedoch die Überlegungen der EU und der Bundesregierung, durch die Ausgabe von Umweltzertifikaten einen entsprechenden Markt für die Umweltverschmutzung zu etablieren (Umweltbörsen); FAZ v. 19.07.2000.

Effekten zu Pareto-Ineffizienzen kommen muß[575]. Denn das Wesen von negativen externen Effekten besteht gerade darin, daß die durch sie verursachten Kosten nicht den Verursachern zugewiesen werden können[576]. Aus diesem Grunde kann der Produzent von Externalitäten seine Güter zu einem geringeren Preis anbieten, weil er nicht die Gesamtkosten seiner Produktion in den Angebotspreis einbeziehen muß[577]. Im Gleichgewichtspreis ist damit die Effizienzbedingung bei externen Effekten nicht mehr erfüllt, weil die *Grenzkosten* des angebotenen Gutes nicht dem *Grenznutzen* für die Konsumenten entsprechen. Dazu müßten nämlich noch die externen sozialen Kosten in die Kalkulation des Angebotspreises einbezogen werden. Erst dann entsprächen im Gleichgewichtspreis die gesamten Grenzkosten dem Grenznutzen. Anderenfalls kann das Gut zu einem zu geringen Preis angeboten werden mit der Folge, daß eine zu große Menge von Gütern abgesetzt wird, so daß es zu einer suboptimalen Allokation von Ressourcen kommt[578]. Kurzum, in dieser Situation kommt es zu einer Verschwendung von Produktionsfaktoren, weil Güter produziert werden, die gesamtwirtschaftlich mehr Kosten verursachen als Nutzen stiften.

Aufgrund der ökonomisch unerwünschten Auswirkung von externen Effekten erhebt sich die wirtschaftspolitische Forderung, einen Mechanismus zur *Internalisierung* von externen Effekten zu entwickeln[579]. Es geht also darum, das durch externe Effekte verursachte Marktversagen zu beheben, indem aus externen Effekten interne Effekte gemacht werden, was man dadurch erreicht, daß Nutzen und Kosten einer Handlung dem Handelnden vollständig zugerechnet werden[580]. Eine marktgerechte Lösung zur Internalisierung externer Effekte besteht nach dem Coase-Theorem darin, daß die Betroffenen selbst über das Ausmaß der Externalitäten verhandeln[581]. Es wurde aber bereits darauf hingewiesen, daß das Problem

---

[575] *Varian*, S. 554.

[576] *Roth*, ZGR 86, 371, 374; *Klodt*, S. 180 ff.; *Feess*, S. 497 f.

[577] Er braucht nämlich nur die bei ihm selbst anfallenden Kosten (private Kosten) zu berücksichtigen und nicht auch die außerhalb seiner Sphäre aufgrund des externen Effekts anfallenden sogenannten *sozialen Kosten*.

[578] *Feess*, S. 497; *Klodt*, S. 180 ff.; *Behrens*, S. 86, der zusätzlich auf ein weiteres Problem externer Effekte aufmerksam macht, nämlich die Verletzung des *Selbstbestimmungsprinzips*. Externe Effekte führen nämlich zu einer unfreiwilligen Beeinflussung des Nutzenniveaus anderer Individuen, was dem individualistischen Postulat, wonach jeder selbst darüber entscheiden soll, welche Kosten er tragen will, widerspricht.

[579] *Behrens*, S. 104 ff.; *Feess*, S. 497 ff.; *Klodt*, S. 180 ff.; *Varian*, S. 561. Natürlich könnte man Handlungen mit negativen externen Effekten auch verbieten. Dann müßte man aber auch auf den Nutzen dieser Handlungen verzichten, was u. U. mit einer für die Gesamtwohlfahrt noch größeren Nutzeneinbuße verbunden sein könnte.

[580] Solche Mechanismen zur Internalisierung externer Effekte finden sich typischerweise in der Umweltökonomie in Form von (Öko-)Steuern, durch die der Emittent die Kosten der Umweltverschmutzung in seine Preiskalkulation einbeziehen muß und damit sein Gut nicht mehr zu billig anbieten kann.

[581] Vgl. *Feess*, S. 498, unter Hinweis auf das Beispiel, daß ein Emittent den Anrainern eines Sees Geld anbietet, um eine bestimmte Menge an Schadstoffen in den See einleiten zu dürfen. Da-

externer Effekte gerade darin besteht, einen diesbezüglichen Markt zu installieren, auf dem es zu einer Verhandlungslösung kommen kann. In aller Regel läßt sich eine Internalisierung externer Effekte damit nur durch staatliche Intervention erreichen, was im wesentlichen mit Mitteln des Rechts geschieht[582]. Und an diesem Punkt wird die Zielsetzung der ÖAR des Rechts deutlich. Ihr geht es nämlich sowohl als Gesetzgebungslehre als auch als Mittel zur Analyse bestehender Rechtsregeln darum, rechtliche Regeln, insbesondere dann, wenn sie wie die Normen des Zivilrechts, den Güter- und Leistungsaustausch regeln, ausschließlich am Effizienzziel zu orientieren[583].

Nach ökonomischer Auffassung besteht die Existenzberechtigung der Zivilrechtsordnung zunächst einmal darin, dem Markt einen *Funktionsrahmen* durch Anerkennung von Privateigentum und -autonomie zu schaffen. Darüber hinaus kommen dem Recht zwei positive Funktionen zu. Als *Hilfsfunktion* ergänzt und unterstützt es den Marktmechanismus etwa durch Senkung von Transaktionskosten. Als *Ersatzfunktion* ersetzt Recht den Markt dort, wo er die Leistung nicht oder das Recht sie besser erbringen kann[584]. Dies kann beim Auftreten externer Effekte der Fall sein. Mit Hilfe des Rechts sollen dann unerwünschte negative externe Effekte internalisiert werden. Der Grundgedanke der ökonomischen Theorie des Rechts besteht darin, insbesondere alle zivilrechtlichen Regelungen als Maßnahmen zur Internalisierung externer Effekte zu interpretieren und sie auf ihre Effizienzeigenschaft zu untersuchen[585]. Der Schwerpunkt der Effizienzanalyse liegt dabei auf den Vorschriften des *Haftungsrechts*[586]. Dies überrascht nicht, weil jedes Verhalten eines Marktteilnehmers, das bei einem anderen einen Schaden hervorruft, zwangsläufig einen externen Effekt darstellt. Da ein Verbot der schadensverursachenden Tätigkeiten oft mit einem noch viel größeren Nutzenverlust für die gesamtwirtschaftliche Wohlfahrt verbunden wäre, als mit einem Nutzengewinn durch die Verminderung der Schäden (externen Effekten)[587], soll das Haftungsrecht nach dem Sprachgebrauch der Ökonomen ein *Anreizsystem* für den Handelnden zur Vermeidung von externen Effekten bei seinen grundsätzlich er-

---

hinter verbirgt sich die Überzeugung, daß Externalitäten am optimalsten durch den Marktmechanismus selbst zu lösen sind; *Varian*, S. 540 f. Aus diesem Grunde wird in der Umweltpolitik mehr und mehr über die Versteigerung und den Handel von Umweltzertifikaten nachgedacht; vgl. *Klodt*, S. 193 ff.

[582] *Behrens*, S. 101 ff.; *Varian*, S. 555.

[583] *Schäfer*, Allokationseffizienz, S. 1 ff.

[584] *Roth*, ZGR 86, 371, 375, weist darauf hin, daß Recht auch eine negative Funktion haben kann, wenn es nämlich störend auf den Marktmechanismus einwirkt (Marktversagen durch "Staatsversagen").

[585] *Feess*, S. 559.

[586] Vgl. Nachweise oben insbesondere bei *Behrens*, S. 1 Fn. 10.

[587] Zu denken ist insbesondere an den Bereich der Gefährdungshaftung. Neue Technologien, wie das Kraftfahrzeug, Flugzeuge und Atomkraft, sind zwar im Einzelfall mit hohen Schäden verbunden, ein Verzicht auf diese Technologien würde jedoch mit einem noch viel größeren Verlust für die Gesamtwohlfahrt verbunden sein.

wünschten, aber auch gefährlichen Tätigkeiten schaffen[588]. Das Recht soll also, wie bereits hervorgehoben wurde, nicht primär dem Schadensausgleich dienen, sondern in erster Linie das *Verhalten* des potentiellen Schädigers *beeinflussen,* indem er die Auswirkungen, die sein Verhalten für Dritte haben kann, in seine Überlegungen einkalkuliert, weil sie für ihn mit negativen Sanktionen durch das Recht verbunden sein können[589].

Das Haftungsrecht benutzt dazu als Anreizinstrument die *Sorgfalt* des potentiellen Schädigers, indem es haftungsrechtliche Sanktionen von der Verletzung eines bestimmten Sorgfaltsniveaus abhängig macht[590]. Es unterscheidet gemäß §§ 276, 277 BGB zwischen einfacher und grober Fahrlässigkeit sowie Vorsatz. Eine Besonderheit stellt die *Gefährdungshaftung* dar, bei der die Haftung unabhängig von einem Verschulden bereits dann eingreift, wenn sich die "typische Betriebsgefahr" im Schaden widerspiegelt. Da der *Schadensvermeidungsaufwand* des potentiellen Schädigers steigt, je geringer die Verschuldensanforderungen an ihn sind, ist die Gefährdungshaftung die Haftung mit dem höchsten Sorgfaltsniveau. Muß der Schädiger wie bei der Gefährdungshaftung die gesamten sozialen Kosten[591] tragen, hat er einen Anreiz zur *optimalen Sorgfalt*[592].

Insbesondere der Hinweis auf die Wirkung der Gefährdungshaftung verleitet zu der Annahme, daß es eine Parallele zur untersuchten Frage der Funktionsweise der gesetzlichen Mindestkapitalausstattung geben könnte, wenngleich es jeweils natürlich um ganz unterschiedliche Schadenspotentiale geht. Die Einführung der Gefährdungshaftung diente dazu, die Industrialisierung für die Volkswirtschaft aus Effizienzgründen erträglich zu machen, indem die Betreiber gefährlicher Anlagen als potentielle Schädiger einen *Sorgfaltsanreiz* zur Vermeidung von physischen Schäden an Leib, Leben und an Sachen erhielten. Die Einführung der Institution des gesetzlichen Mindestkapitals, also der Haftungsbeschränkung, diente demgegenüber der Finanzierung dieser Industrialisierung. Es

---

[588] *Feess*, S. 560; *Adams*, BB 87, Beilage 20, S. 1, 3: Das Recht hat zwei Aufgaben. Es soll zunächst eine Koordinationswirkung entfalten und damit das gesellschaftliche Leben in geordneten Bahnen lenken. *Roth*, ZGR 86, 371, 375, hat dies mit dem Begriff des *Funktionsrahmens* umschrieben. Eine ebenso wichtige Aufgabe des Staates ist es jedoch, durch das Recht *Anreize* zu vermitteln, um erwünschte Verhaltensweisen zu fördern und unerwünschte zurückzudrängen.

[589] Damit sind die Haftungsregeln ökonomisch nichts anderes als eine Strategie zur Internalisierung externer Effekte (*Feess*, aaO).

[590] *Varian*, S. 579 ff. Anliegen des Haftungsrechts ist es also im Hinblick auf ein gemeinschädliches Verhalten, dafür zu sorgen, daß ein gesamtwirtschaftlich "optimales Sorgfaltsniveau" erreicht wird, um negative externe Effekte möglichst zu vermeiden.

[591] im Unterschied zur Verschuldenshaftung, wo er nur die fahrlässig bzw. vorsätzlich verursachten sozialen Kosten tragen muß.

[592] *Varian*, S. 580. Nur so läßt sich auch die staatliche Billigung höchst gefährlicher Aktivitäten rechtfertigen, wohingegen eine Verschuldenshaftung wegen des geringeren *Sorgfaltsanreizes* das Risiko dieser Aktivitäten zu sehr auf die Allgemeinheit verlagern würde und damit zu starke externe Effekte erzeugte.

liegt auf der Hand, daß die AG zur Bewältigung kapitalintensiver Investitionsvorhaben, wie dem Eisenbahnbau, Versicherungen, dem Aufbau von Grundstoffindustrien, ihre Kapitalsammelfunktion nicht hätte erfüllen können, wenn sie nicht das Haftungsprivileg anzubieten gehabt hätte[593]. Müßte jeder Investor unbeschränkt haften, würde er auch schon bei einer kleinen Beteiligung an einer milliardenschweren Gesellschaft den Verlust seines ganzen Vermögens riskieren, so daß kaum ein Anreiz zur Finanzierung von Investitionsvorhaben in der Industriegesellschaft bestünde. Weil man auf den Wohlfahrtszuwachs der neuen Industrien nicht verzichten wollte, ist das System der beschränkten Haftung eingeführt worden. Das Haftungsprivileg bringt aber nicht nur positive, sondern auch einen *gravierenden negativen externen Effekt* für eine Volkswirtschaft mit sich, indem den Gläubigern ein erhöhtes Insolvenzrisiko abverlangt wird[594]. So wie die staatliche Zulassung höchstgefährlicher Industrien das physische Schadenspotential für Personen oder Sachen in einer Gesellschaft erhöht, erhöht die Finanzierung dieser Industrien mit dem Mittel der beschränkten Haftung das vermögensmäßige Schadenspotential für die Seite der Gläubiger in der Gesellschaft.

Der Gesetzgeber hat zur Internalisierung der externen physischen Folgen aus dem Betrieb höchstgefährlicher Anlagen die Institution der Gefährdungshaftung als Instrument zur Verhaltenssteuerung der Betreiber eingeführt, um so einen Sorgfaltsanreiz zu schaffen, damit die vollständige Überwälzung entsprechender Risiken auf Dritte vermieden wird[595]. Aus dem unübersehbaren Zusammenhang zwischen der Gefährdungshaftung als *Bedingung* der Industrialisierung und der beschränkten Haftung als *Mittel* zu ihrer Finanzierung folgt, daß der Gesetzgeber die beschränkte Haftung genauso wie die Gefährdungshaftung zur Internalisierung eines externen Effektes benutzt. Die beschränkte Haftung mit einem effektiv aufzubringenden Mindestkapital soll nämlich bei aller erwünschten Entlastung des Unternehmers verhindern, daß es zu einer völligen Überwälzung des unternehmerischen Verlustrisikos auf die externen Fremdkapitalgeber kommt, indem durch die finanzielle Beteiligung des Unternehmers bei ihm ein gewisses Risikobewußtsein hinsichtlich der Vermeidung von Verlusten zum Schutz der Gläubiger erhalten bleibt[596]. Auf diese Weise soll der Unternehmer genauso wie bei der Gefähr-

---

[593] *Roth*, ZGR 86, 371, 372 f.; *Adams*, in: Ökonomische Probleme, S. 193, 194 f.; *Gillenkirch*, S. 9.

[594] *Roth*, aaO, S. 373; *Gillenkirch*, S. 10 f. Zu beachten ist jedoch, daß die Rechtsordnung auch bei unbeschränkt haftenden natürlichen Personen durch die Pfändungsschutzvorschriften der ZPO in gewissem Umfang externe Effekte zuläßt; *Adams*, Ökonomische Priobleme, S. 193, 200.

[595] Es gibt weitere Beispiele im Recht dafür, daß einzelnen Wirtschaftssubjekten ein *Anreiz zu sorgfältigem Verhalten* vermittelt werden soll, um negative externe Effekte möglichst zu vermeiden. Zu denken ist etwa an die *Zuzahlungspflicht* in der gesetzlichen Krankenversicherung, die (inzwischen wieder aufgehobene) *Karenztageregelung* im Entgeltfortzahlungsgesetz, die *Sach- und Rechtsmängelhaftung* im Vertragsrecht, *Sorgfaltsklauseln* für den Laesingnehmer in Laesingverträgen, § 11 Produkthaftungsgesetz als Anreiz zur Sorgfalt für die Kunden.

[596] *Gillenkirch*, S. 10.

dungshaftung einen verschuldensunabhängigen und damit optimalen Anreiz zur Sorgfalt im Hinblick auf die Vermeidung des jeweiligen Risikos erhalten. Bei der Gefährdungshaftung geht es um die Vermeidung von Personen- und Sachschäden, bei der beschränkten Haftung um die Vermeidung von Insolvenzschäden. In beiden Fällen wäre eine Verschuldenshaftung wegen der jeweils in gewissem Umfang unbeherrschbaren Risiken ungeeignet.

(cc) Die Gefahr des "Moral Hazard"

Es liegt auf der Hand, daß eine Haftung, die durch die Höhe der Einlage/übernommenen Aktien limitiert ist, nicht in vergleichbarer Weise wie die persönliche unbeschränkte Haftung des Einzel- und Mitunternehmers zur Vorsicht bei unternehmerischen Entscheidungen gemahnt, so daß unter Anreizaspekten das Schutzniveau der beschränkten Haftung zwangsläufig hinter dem der unbeschränkten Haftung zurückbleibt.

Die aus der beschränkten Haftung entstehenden Risikoanreizprobleme werden in der Theorie der Unternehmensfinanzierung auch unter dem Stichwort des *"Moral Hazard"* zusammengefaßt[597]. Dieser Begriff stammt ursprünglich aus der Versicherungsökonomie[598]. Direkt übersetzt versteht man darunter "moralische Wagnisse" und bezeichnet damit Situationen, in denen eine Vertragspartei gewisse Handlungen vornehmen kann, die die Bewertung des Geschäfts durch die andere Vertragspartei beeinflussen, ohne daß diese Partei das Verhalten des Geschäftspartners vollständig überwachen kann[599]. Der Anbieter etwa einer Feuer- oder Diebstahlversicherung kann die Handlung des Versicherten nicht oder nur unter unverhältnismäßigem Aufwand beobachten, obwohl dessen Handlungen für die Bewertung des Geschäfts von erheblicher Bedeutung sind[600]. Da der Versicherte das finanzielle Risiko bezüglich des versicherten Gegenstandes auf die Versicherung abgewälzt hat, könnte er zu einem unachtsamen Verhalten angereizt werden; es käme zu *Moral Hazard*, was im Ergebnis zur Nichtversicherbarkeit der Handlung führen müßte. Versicherungen sind jedoch im Hinblick auf die volkswirtschaftliche Erwünschtheit und den potentiellen Schadensumfang, der gerade aus dem Betrieb gefährlicher Anlagen folgt, unentbehrlich. Damit es nicht zu *Moral Hazard* kommt[601], muß das Prämiensystem der Versicherung für den Kunden

---

[597] *Kreps*, S. 521 ff.; *Feess*, S. 639 ff.; *Lehmann*, ZGR 86, 345, 355.

[598] *Varian*, S. 634; häufige Verwendung finden aber auch die Begriffe *"Hidden Action"*, *"Hidden Information"*, *"adverse Selektion"*; Nachweise bei *Kreps*, S. 522 Fn 1.

[599] *Kreps*, S. 521. In der Ökonomie versucht man Moral-Hazard-Situationen insbesondere mit Hilfe der Principal-Agenten-Theorie zu erklären und zu lösen. Dazu *Schanze*, Ökonomische Probleme, S. 60 ff. Charakteristisch für Agency-Situationen ist ein Informationsgefälle zwischen Agent (Besserinformiertem) und Principal (Schlechterinformiertem) aufgrund der Unbeobachtbarkeit der Handlungen des Agenten.

[600] In Fragen der Feuersicherheit unachtsame Kunden können ruinös für das Finanzierungssystem einer Versicherung oder gar der gesamten Versicherungsbranche werden.

[601] und damit zu den o. g. unerwünschten externen Effekten aus dem Betrieb dieser Anlagen.

einen Anreiz enthalten, um ihn zu einem sorgfältigen Verhalten zu bewegen. In den meisten Versicherungspolicen geschieht das durch einen "*Selbstbehalt*" des Kunden[602]. Durch diesen Selbstbehalt wird das versicherte Risiko partiell durch den Versicherungsnehmer übernommen. Der "*Selbstbehalt*" ist die notwendige Ergänzung zum Haftungsrecht, um externe Effekte in Form von Personen- und Sachschäden aufgrund grundsätzlich gefährlicher Verhaltensweisen möglichst gering zu halten, indem der potentielle Schädiger einen Anreiz zu sorgfältigem Verhalten erhält.

Im Kapitalgesellschaftsrecht übernimmt das gesetzliche Mindestkapital genau diese *Selbstbehaltfunktion*, um die Fremdkapitalgeber vor der Gefahr des *Moral-Hazard* zu schützen, die aus der beschränkten Haftung folgt[603]. Wegen der asymmetrischen Informationsverteilung zwischen Unternehmer und Fremdkapitalgeber[604] muß letzterer - genauso wie eine im Wettbewerb befindliche Versicherung - auf einen *Selbstbehalt* des Unternehmers drängen, um sich vor Handlungen zu schützen, die dieser sonst, ohne Sanktionen fürchten zu müssen, zu seinem Nachteil ergreifen könnte[605]. Der "reine Unternehmer", der weder als Fremdkapital- noch als Eigenkapitalgeber an dem von ihm geleiteten Unternehmen beteiligt ist, sondern das Unternehmen ausschließlich mit Fremdkapital und mit den von ihm eingesetzten "Humankapital"[606] betreibt, wird nicht mehr, wie es wirtschaftlich richtiges Verhalten erfordern würde, die beabsichtigten Projekte nach der Reihenfolge ihres erwarteten Kapitalwertes aussuchen, sondern statt dessen besonders *risikoreiche* Vorhaben durchführen, weil nur diese im Falle eines Erfolges

---

[602] *Varian*, S. 635; *Kreps*, S. 522 ff.; *Feess*, S. 639 ff.

[603] *Adams*, S. 35, der die widerstreitende *Haftungsfondstheorie* der "juristisch gebildeten Autoren" auf das in der Rechtswissenschaft anzutreffende Klischee zurückführt, daß eine verbesserte Rechtsstellung wie die vorrangige Befriedigung des Fremdkapitalgebers vor dem Eigenkapitalgeber auch im Ergebnis eine solche Verbesserung darstellen müßte (S. 29 ff.). Es sei z.B. darauf hingewiesen, daß die Asienkrise Mitte der 90er Jahre ganz überwiegend auch auf *Moral-Hazard-Probleme* zurückgeführt wird. Ausgelöst durch Bankschulden, die zu jener Zeit verstaatlicht wurden, erhielten die Geldverleiher einen starken Anreiz, das Geld zu sehr hohen Zinssätzen für spekulative Investitionen zu verleihen, weil sie auf diese Weise nur profitieren konnten; Paul Krugman, What happened to Asia.
Ein weiteres Beispiel für *Moral-Hazard-Probleme* verbirgt sich hinter dem Problem der privatrechtlichen Beteiligung der öffentlichen Hand. Speziell der Disput um die öffentlichen Kreditinstitute zwischen der Bundesrepublik und der EU-Kommission sei hier genannt. Die öffentliche Gewährträgerhaftung ist nämlich nicht nur beihilfe- und wettbewerbsrechtlich relevant. Dadurch ergeben sich auch handfeste *Moral-Hazard-Probleme*. Die Vertreter der Gewährträger (Bund, Land, Kommunen) nehmen nämlich Einfluß auf die Geschäftspolitik dieser Kreditinstitute, ohne selbst unter den Konsequenzen von Fehlentscheidung zu leiden. Eine Kommune kann nicht in Konkurs gehen und arbeitet mit den (Steuer-)Geldern fremder Leute. Das provoziert geradezu *Moral Hazard* aus Prestigegründen (Wählerstimmen); vgl. dazu ausführlich *Nippel*, ZBB 2000, 217, 221 f.

[604] Der Unternehmer kann in der Regel viel besser die Lage und Entwicklung seines Betriebes einschätzen, als es dem außenstehenden Kapitalgeber möglich ist.

[605] *Adams*, S. 35.

[606] Know-How, persönlicher Einsatz usw.

hohe Gewinne abwerfen, jedoch umgekehrt mit einer diesen Gewinn mehr als ausgleichenden Verlusterwartung belastet sind, was den risikolos handelnden Unternehmer mangels eigener Vermögensbeteiligung aber nicht zu interessieren braucht[607]. Die einseitige Risikoabwälzung bei der Fremdfinanzierung ist somit der Grund, warum der Unternehmer von der rechten Finanzierungsregel der risikoneutralen Auswahl der Projekte nach dem Kapitalwert abweichen wird. Und diese einseitige Risikoabwälzung soll durch den "Mindest-Selbstbehalt" des Unternehmers in Form einer Mindestkapitaleinlage verhindert werden, indem er einen *Anreiz* erhält, die Projekte eben nicht nur nach den höchstmöglichen Gewinnen auszusuchen, sondern auch mögliche Gefahren einzukalkulieren, die er im Falle ihres Eintritts genauso mit zu tragen hätte, wie der externe Fremdkapitalgeber[608]. Der *Selbstbehalt* der natürlichen Trägerpersonen eines Unternehmens wirkt damit für die Gläubiger gleichsam als eine Versicherung. Das Prinzip der beschränkten Haftung beruht nämlich geradezu auf der Nichtversicherungsfähigkeit des Risiko eines allgemeinen wirtschaftlichen Mißerfolges im Gegensatz zu bestimmten sachlich bedingten Gefahrenbereichen, wie der Feuer- und Unfallversicherung[609]. Es wird sich nämlich keine Versicherung bereit finden, daß unternehmerische Verlustrisiko infolge von Mißmanagement zum Schutz der Gläubiger abzudecken, weil dies zu *"Moral Hazard"*, zu einem nicht mehr verantwortungsvollen unternehmerischen Verhalten, führen würde[610]. Diese Aufgabe soll die

---

[607] *Adams*, S. 35 f.; *Breuer*, S. 183 ff. weist nach, daß sich ein Unternehmer im Falle der Fremdfinanzierung von zwei Projekten immer für das risikoreichere entscheiden wird und das selbst dann, wenn das weniger riskante Projekt insgesamt höhere Erträge erwarten läßt, weil er im Falle des Eintritts des guten Ergebnisses den Gewinn weitestgehend für sich allein verbucht, während der Kreditgeber nur mit dem fest ausgehandelten Zins hieran partizipiert und im Falle des Mißlingens das schlechte Ergebnis auf den Kreditgeber abwälzen kann. Auf ein weiteres Problem weist *Breuer* (S. 177 ff.) hin. Ausschließliche Fremdfinanzierung hat danach auch exzessiven *Perquisites-Konsum* zur Folge. Darunter versteht man Management-Fehlanreize aus der Fremdfinanzierung, die sich in *Unterinvestition* aufgrund von Verwendung der Finanzmittel für repräsentative (Auto, Büroausstattung usw.) statt produktive Zwecke oder aber auch in *Überinvestition* durch Verwendung der Mittel für besonders prestige-, aber nicht unbedingt renditeträchtige Projekte äußert. Besonders gravierend werden die Anreizprobleme der Fremdfinanzierung in Zeiten der "Krise". Hier ist die Unternehmensleitung oft bereit, alles "auf eine Karte" zu setzen, weil bei einem (oft wahrscheinlichen) Fehlschlag der Rettungsaktion die zusätzlichen Einbußen vornehmlich die Gläubiger treffen, während bei einem glücklichen Ausgang hauptsächlich die Unternehmensleitung durch Erhalt ihrer Position profitiert.

[608] *Breuer*, S. 187 ff. Seiner Ansicht nach führt nur ein Mix aus Eigen- und Fremdfinanzierung zu einer optimalen Risikoallokation, da auch eine überwiegende Eigenfinanzierung Anreizprobleme i. S. v. Unterinvestitionen wegen unnötiger Ängstlichkeiten des Unternehmers mit sich bringen würde. Da eine Aussage über die optimale Kapitalstruktur eines Unternehmens nicht möglich ist, muß das gesetzliche Mindestkapital als Mindestanreiz zur Vermeidung unternehmerischen Fehlverhaltens angesehen werden.

[609] *Lehmann*, ZGR 86, 345, 355.

[610] *Lehmann*, aaO.; *Easterbrook/Fischel*, 52 U. (1985) Chi.L.Rev. 89, S. 101 ff.; *Halpern/Trebilcock/Turnbull*, 30 U. (1980), Toronto L. J. 117, 128 ff.

Mindestkapitalbeteiligung der hinter einer juristischen Person stehenden natürlichen Person übernehmen[611].

Es versteht sich zwar von selbst, daß viele Kreditgeber die Fehlanreize für den Unternehmer aus der Fremdfinanzierung ex ante bei der Kreditvergabe durchaus sehen und ihnen auch auf verschiedene Art und Weise entgegenwirken können[612]. Zu beachten ist jedoch, daß eine risikoangemessene Absicherung nur von solchen Gläubigern ausgehandelt werden kann, die *wohlinformiert* hinsichtlich der Risiken sind, die der Geschäftsbetrieb des Kreditnehmers mit sich bringt[613]. Nun werden selbst Großbanken kaum in der Lage und wegen der hohen Informationskosten auch nicht bereit sein, exakte Informationen über den Erwartungswert einer Insolvenz ihres Kreditnehmers einzuholen, von der großen Gruppe der "Zwangsgläubiger" (Arbeitnehmer, Deliktsgläubiger, Produktkunden) ganz abgesehen[614]. In dieser Situation bietet das Mindestkapital die Gewähr dafür, daß sowohl die besser informierten Vertragskunden, aber auch die potentiellen Zwangsgläubiger einem Kreditnehmer gegenüber stehen, der wegen seiner eigenen vermögensmäßigen Beteiligung auch einen gewissen Mindestanreiz hat, den Eintritt des jeweiligen gläubigerspezifischen Risikos zu verhindern[615]. Das Kapitalgesellschaftsrecht nimmt insofern seine o. g. *Ersatzfunktion* wahr, weil der Markt selber nicht in der Lage wäre, eine angemessene Risikoallokation zwischen Schuldner und Gläubiger herbeizuführen, sei es, wegen des rationellen (transaktionskostendämpfenden)

---

[611] Da bei Kapitalgesellschaften (insbesondere Aktiengesellschaften) sogenannte Managerunternehmer (Fremdorganschaft) ohne eigene vermögensmäßige Beteiligung die Geschicke der Gesellschaft lenken (§ 76 I AktG), geht man zunehmend dazu über, diese durch neue Entlohnungsformen, insbesondere Aktienoptionspläne am Verlustrisiko des Unternehmens zu beteiligen, um so Risikoanreizproblemen vorzubeugen (*Breuer*, S. 191 f.).

[612] Vgl. *Klose-Mokroß*, S. 94 ff. Zu denken ist an die "geborenen" klassischen Sicherungsrechte für Finanzgläubiger: Hypothek, Grundschuld, Pfandrecht, Bürgschaft und an die von der Kautelarjurisprudenz "gekorenen" Sicherungsrechte: Sicherungsübereignung, Sicherungszession und Sicherungsgrundschuld. Zu weiteren rechtsgeschäftlichen Sicherungsmitteln s. *Klose-Mokroß*, S. 112 ff. (Schuldmitübernahme, Schuldanerkenntnis, Garantievertrag, Kreditauftrag, Depotakzept, Patronatserklärung). Für Warenkreditgläubiger ist der Eigentumsvorbehalt typisch. Dienstleistungsgläubiger können sich durch Vorauszahlung, Vorschuß oder Abschlagszahlung sichern. Werkvertragsgläubiger sind durch das Unternehmerpfandrecht bzw. eine Sicherungshypothek am Baugrundstück des Bestellers gesichert. Siehe dazu im einzelnen *Klose-Mokroß*, S. 124 ff.

[613] *Adams*, S. 37.

[614] *Adams*, Ökonomische Probleme, S. 193, 204 ff.; *Roth*, ZGR 86, 371, 376, der darauf hinweist, daß selbst eine rechtsgeschäftliche Gläubigerstellung sich nicht mit einer kalkulierten Risikoübernahme gleichsetzen läßt. Gerade für weniger professionelle Kreditgeber besteht nämlich nur ein Entscheidungsspielraum zwischen dem "Prinzip (dingliche) Sicherheit" und dem "Prinzip Hoffnung".

[615] *Lehmann*, ZGR 86, 345, 355 weist neben der Steuerungsfunktion auf eine aus ökonomischer Sicht weitere wichtige Funktion des Mindestkapitals hin. Es sorgt nämlich auch für eine Minimierung der ressourcenzehrenden Transaktionskosten, durch Senkung der Informationskosten.

Verhaltens rechtsgeschäftlicher Gläubiger oder sei es wegen der Einflußlosigkeit von Zwangsgläubigern[616].

Zu beachten ist jedoch, daß dieses Funktionsdefizit des Marktes nicht nur gegenüber den als Kapitalgesellschaft organisierten Schuldnern besteht, denn auch die unbeschränkte persönliche Haftung des Einzelkaufmanns oder OHG-Gesellschafters nimmt dem Gläubiger das Insolvenzrisiko nicht schlechthin ab. Auch hier wird der Gläubiger annehmen und hoffen, daß sich die natürliche Person als Schuldner wegen des Risikos, sich persönlich dauerhaft verschulden zu können, innerhalb der Bandbreite persönlicher Kreditwürdigkeit und eines entsprechenden geringfügigen Insolvenzrisikos bewegt. Bei Kapitalgesellschaftern kann man von den Regelungsmechanismen - sei es des Marktes, sei es der Rechtsordnung - füglicherweise auch nicht mehr erwarten, als daß sie für eine vergleichbare Bandbreite von Kreditwürdigkeit und Insolvenzrisiko Sorge tragen, indem sie die juristische Person insoweit mit dem persönlich haftenden Unternehmer in etwa auf eine Stufe stellen, als durch die persönliche Pflicht zur vermögensmäßigen Beteiligung der Gesellschafter ebenso - wenn auch in abgeschwächter Form - ein Interesse an der Vermeidung von Verlusten erzeugt wird, was vorsätzliches Mißmanagement und übersteigerte Risikobereitschaft weitgehend ausschließt[617].

Die Funktion des gesetzlichen Mindestkapitals als *Selbstbehalt* natürlicher Trägerpersonen hinsichtlich des unternehmerischen Verlustrisikos würde verfehlt, wenn man Vereine als maßgeblich Beteiligte von Kapitalgesellschaften anerkennt. Die Auslagerung wirtschaftlicher Geschäftsbetriebe aus dem Verein auf eine beherrschte Kapitalgesellschaft dient nämlich wie die Verselbständigung eines einzelkaufmännischen Geschäfts als GmbH allein der Risikobegrenzung für den Stammverein, der damit weniger Haftungsrisiken fürchten muß, was auf seiten der Gläubiger in hohem Maße externe Effekte provoziert, wenn das Unternehmen weiter von den risikolos handelnden Vereinseliten gelenkt wird[618]. Für den Gläubigerschutz ist damit nichts gewonnen. Das Mindestkapital ist zwar formal vorhanden, es kann aber seine Funktion - *die Internalisierung externer Effekte* - nicht erfüllen, weil das unternehmerische Verlustrisiko mit der Ausgliederung vollends auf die Gläubiger übergewälzt wird. Bei dieser gesellschaftsrechtlichen Konstruktion fehlt es an natürlichen Trägerpersonen, die aufgrund ihrer persönlichen Verlustbeteiligung regulierend auf die Konzernpolitik einwirken könnten, um negative interne und damit korrespondierende externe Effekte zu vermeiden. Holdingvereine sind eine Spielwiese für das risikolose Wirtschaften von Hobbyfunktionären. In dieser Situation ist unter Konkurrenzdruck wie er im Fußballgeschäft

---

[616] *Roth*, ZGR, 86, 371, 377.
[617] *Roth*, aaO.
[618] *Reuter* ZIP 84, 1052, 1061 f.

herrscht *Moral Hazard* unvermeidlich und geradezu vorprogrammiert[619]. Weil die Beteiligten kein wirtschaftliches, sondern nur noch ein individuelles sportliches Risiko[620] tragen, werden unternehmerische Entscheidungen - mit ihren unternehmensspezifischen Risiken für die Gläubiger - nur sportrationell und nicht wie es geboten wäre, auch wirtschaftlich rational gefaßt. Bei diesen Vorzeichen ist nicht zu vermuten, daß unternehmerische Entscheidungen nach dem zu erwartenden Kapitalwert getroffen werden. Ein wirtschaftlich risikolos handelnder Sportunternehmer wird aus sportpolitischer Sicht immer die riskanteren Projekte den weniger riskanteren vorziehen, weil sie ihm im Falle des sportlichen Erfolges höchste Befriedigung gewähren, im Falle des Mißerfolges allenfalls ideell treffen. Er ist unter den gegebenen Umständen des Ligafußballs (Konkurrenzdruck) geradezu dazu gezwungen, höchste finanzielle Risiken einzugehen[621]. Gerade in der Krise - in der sich die meisten Fußballvereine eigentlich dauerhaft befinden - überbieten sich die Clubs gegenseitig im Verschleudern von Millionen. Es wäre ein fataler Irrtum, wenn man annähme, an dieser Situation würde sich zugunsten der Gläubiger dadurch etwas ändern, daß man den Vereinen eine Auslagerung ihres Geschäftsbetriebes auf beherrschte Tochterkapitalgesellschaften gestattet. Im Gegenteil, die festgestellte Rechtsformverfehlung würde sich durch eine Ausgliederung auf beherrschte Tochterkapitalgesellschaften trotz formal vorhandenen Mindestkapitals noch *vertiefen*. Das mag zunächst überraschen. Führt man sich aber den tieferen Sinn des Mindestkapitals als Steuerungsinstrument zum Schutz der Gläubiger vor Augen, wird dies verständlich. Der Gesetzgeber wollte mit dem System der beschränkten Haftung bei Kapitalgesellschaften einen Anreiz zur Sorgfalt und damit gegen *Moral Hazard* setzen, den es bei Idealvereinen wegen der *totalen* Haftungsbeschränkung nicht gibt. Gewährt man solchen Vereinen die Möglichkeit, ihre Geschäftsbetriebe auf beherrschte Tochtergesellschaften auszugliedern, könnten sie dieses Privileg zu wirtschaftlich "sorglosem Handeln" in das Kapitalgesellschaftsrecht gleichsam "hinüberretten". Denn ob das Mindestkapital als Betriebskapital im Idealverein oder in der Tochterkapitalgesellschaft eingesetzt wird und dort formal auch noch die Mindestkapitalpflicht nach den entsprechenden Normativbedingungen erfüllt, kann den Vereinsfunktionären egal sein, solange ihre Einflußmacht darunter nicht leidet. Die totale Haftungsbeschränkung im Recht der Idealvereine würde damit im Ergebnis das Kapitalgesellschaftsrecht mit erfassen und damit den Endpunkt markieren in der stetig voranschreitenden

---

[619] Vgl. *Adams*, Ökonomisches Probleme, S. 193, 198 f., der darauf hinweist, daß eine Rechtsordnung, die externe Effekte zuläßt, gleichsam zum "Brandbeschleuniger" wird, weil die Verursachung externer Kosten unter Wettbewerbsdruck selbst bei widerstrebender "moralischer" Gesinnung geradezu zwingend ist, da man wegen des sonst ungünstigeren Ertrag-Kosten-Verhältnisses zum Marktaustritt gezwungen wäre.

[620] In Form von Auf- und Abstieg, Europapokalteilnehmer, Meisterschaft.

[621] Vgl. die Situation bei Eintracht Frankfurt in der Saison 1999/2000, die entgegen den Auflagen des DFB Millionen verschleuderten, nur um die Spielklasse zu erhalten. Oder die Rekordinvestitionen zum Kauf von Spielern bei Borussia Dortmund, die dennoch fast abgestiegen wäre.

Durchlöcherung der Funktion des Mindestkapitals als Anreizmechanismus zur Internalisierung negativer externer Effekte für die Gläubiger aus der Fremdfinanzierung[622].

(d) Zusammenfassung

Aus der Untersuchung zur Funktionsweise des gesetzlichen Mindestkapitals bei der GmbH und nach Prüfung des Gläubigerschutzes bei der AG "aus sich heraus" sowie einer ökonomischen Analyse läßt sich resümieren, daß die Vorschriften über Aufbringung und Erhaltung des Mindestkapitals im Kapitalgesellschaftsrecht Gläubigerschutz nicht im Sinne der. *Haftungsfondstheorie* der herrschenden Meinung gewährleisten. Dies geschieht vielmehr durch die *Steuerungsfunktion* der vermögensmäßigen Beteiligung des einzelnen Gesellschafters, wodurch auch und gerade zu Zeiten voranschreitender Versachlichung von Unternehmen sichergestellt ist, daß die natürlichen Trägerpersonen ihr Unternehmen wegen der persönlichen Schicksalsgemeinschaft nicht leichtfertig zulasten der Gläubiger auf's Spiel setzen. Da dieses Element trotz formal aufgebrachten Mindestkapitals auch nach Ausgliederung der wirtschaftlichen Geschäftsbetriebe aus einem Idealverein in eine beherrschte Tochterkapitalgesellschaft mangels vermögensmäßiger Beteiligung der Vereinsmitglieder als natürliche Trägerpersonen dieser Gestaltungsform nicht vorhanden ist, muß der wirtschaftliche Geschäftsbetrieb dem Idealverein aus Gründen des Gläubigerschutzes in grundsätzlich eintragungsschädlicher Weise zugerechnet werden.

(3) Ergebnis

Die Lehre von der "konzernrechtlichen Zurechnung" ist hinsichtlich der Frage, ob dem Mutterverein die ausgegliederte Wirtschaftstätigkeit zuzurechnen ist, bereits deshalb abzulehnen, weil danach das Problem lediglich auf konzernrechtliche Haftungsrisiken reduziert wird und das auch noch in dogmatisch äußerst fragwürdiger Weise. Der entscheidende Fehler liegt in der Annahme begründet, daß die Gläubiger im Kapitalgesellschaftsrecht durch das gesetzliche Mindestkapital in seiner Funktion als *Haftungsgrundlage* geschützt werden, was vom übertragenden Verein aufzubringen ist, so daß damit den Gläubigern alle erdenklichen Sicherheiten geboten würden. Diese Argumentation entbehrt schon deshalb jeder Schlüssigkeit, weil die Verselbständigung eines Geschäftsbetriebes gemeinhin - besonders augenfällig beim Einzelunternehmer - nicht als Maßnahme des Gläubigerschutzes gepriesen wird, sondern als Schutz dessen erachtet wird, der das wirtschaftliche Risiko aus seinem Verantwortungsbereich herauslöst. Warum die Situation beim Einzelunternehmer so, bei einem Idealverein als übertragendem Rechtsträger aber genau entgegengesetzt beurteilt wird, ist nicht verständlich, zumal sowohl Einzelunternehmer als auch Idealverein über keine gesetzlichen Haft-

---

622 Dieser Prozeß begann mit der Anerkennung der GmbH & Co. KG und setzte sich fort mit der Zulassung der GmbH & Co. KGaA.

garantien im Sinne eines Mindestgrundkapitals verfügen. Dies ist ein unüberwindlicher logischer Bruch in der Haftungsfondtheorie des Bundesgerichtshofes im "ADAC-Urteil".

Tatsächlich wird der Schutz der Gläubiger einer Kapitalgesellschaft nämlich durch die vermögensmäßige Beteiligung der natürlichen Trägerpersonen erreicht. Dadurch wird bei ihnen in ähnlicher Weise wie bei persönlich und unbeschränkt haftenden Unternehmern ein Interesse an der Vermeidung von Verlusten erzeugt, was sie letztlich zum Schutz der Gläubiger zu einer risikoangemessenen Unternehmenspolitik anreizen soll. Diese Funktion des Mindestkapitals wird im Falle einer maßgeblichen Beteiligung eines Idealvereins an einer Kapitalgesellschaft wegen der nichtvermögensrechtlichen Ausgestaltung der Vereinsmitgliedschaft gleichsam neutralisiert. Das Mindestkapital ist in diesem Fall zwar formell aufgebracht. Die einzigen oder für den Fall der Mehrheitsbeteiligung mehrheitlich vorhandenen natürlichen Trägerpersonen einer derartigen gesellschaftsrechtlichen Verbindung - die Vereinsmitglieder - tragen wegen der nichtvermögensrechtlichen Ausgestaltung der Mitgliedschaft jedoch kein persönliches wirtschaftliches Verlustrisiko, so daß es nicht zu der zum Schutz der Gläubiger nötigen Rückkoppelung zwischen wirtschaftlichem Handeln und wirtschaftlichem Risiko kommt.

Nach alledem ist die ausgegliederte Wirtschaftätigkeit dem Mutterverein in grundsätzlich eintragungsschädlicher Weise zuzurechnen, so daß die Ausgliederungsvorhaben der Bundesligavereine grundsätzlich keine Lösung des Rechtsformproblems bieten.

dd) Maßgebliche Beteiligung des Idealvereins an der Tochterkapitalgesellschaft im Nebentätigkeitsprivileg

Nachdem zuvor festgestellt worden ist, daß der ausgegliederte wirtschaftliche Geschäftsbetrieb dem Idealverein im Falle seiner maßgeblichen Beteiligung an der selbständigen Tochterkapitalgesellschaft in grundsätzlich eintragungsschädlicher Weise zuzurechnen ist, muß in einem weiteren Schritt untersucht werden, ob die maßgebliche Beteiligung des Idealvereins ausnahmsweise im Rahmen des Nebentätigkeitsprivileges gerechtfertigt werden kann[623].

---

[623] *K. Schmidt*, Verbandszweck, § 9 III 2 a S. 190 ff., wonach in methodischer Hinsicht zunächst das eintragungsschädliche Verhalten zu ermitteln ist und anschließend danach zu fragen ist, ob ausnahmsweise das Nebentätigkeitsprivileg eingreift. Die insofern von *K. Schmidt*, NJW 83, 543, 546, geäußerte Kritik am "ADAC"-Urteil des BGH ist jedoch nicht berechtigt. Der BGH wendet das Nebentätigkeitsprivileg nämlich nicht auf die grundsätzliche Frage der Zurechnung der ausgegliederten Wirtschaftätigkeit an. Insofern wäre es in der Tat widersprüchlich, wenn er einerseits die Zurechnung verneint und darüber hinaus die Ausgliederung des wirtschaftlichen Geschäftsbetriebes auch mit dem Nebentätigkeitsprivileg rechtfertigt. Der BGH wendet das Nebentätigkeitsprivileg vielmehr nur auf die separat zu entscheidende Frage an, ob die vielfältigen Unterstützungstätigkeiten des ADAC gegenüber seinen Tochtergesellschaften als

Die entscheidende Frage ist hierbei, ob das Nebentätigkeitsprivileg *weiter*, *genauso* oder *enger* als im Falle einer eigenen wirtschaftlichen Betätigung des Vereins auszulegen ist.

Die überwiegende Ansicht kommt zu dem Ergebnis, daß Nebentätigkeitsprivileg sei in diesem Zusammenhang großzügiger zu handhaben[624]. Begründet wird dies einmal damit, daß die vom Verein lediglich organisierte und gelenkte Tätigkeit der Tochtergesellschaft *qualitativ nicht gleichgestellt werden* könne mit entsprechenden eigenen Aktivitäten des Vereins, weil mit der Ausgliederung die abstrakte und konkrete Gläubigergefährdung entscheidend abnehme[625]. Des weiteren sei die Umwandlungsmöglichkeit der Ausgliederung für Vereine weitgehend unattraktiv, wenn man ihnen einerseits nur die Auslagerung von wirtschaftlichen Geschäftsbetrieben gestatte, die sie ohnehin selbst ausüben könnte, sie aber andererseits *keine Möglichkeit hätten,* ihre Eintragungsfähigkeit zu erhalten, wenn der zulässige Umfang wirtschaftlicher Nebentätigkeit überschritten würde[626]. Wo allerdings die Grenze der zulässigen Beteiligung von Idealvereinen an Kapitalgesellschaften im Rahmen des Nebentätigkeitsprivileges gezogen werden soll, bleibt offen. *K. Schmidt* ist der Ansicht, daß diese dort gegeben sei, wo eine Realisierung unternehmerischer Haftungsrisiken (konzernrechtliche Haftungsfolgen) zu befürchten ist, die durch die Organhaftung nicht sinnvoll ausgeglichen werden kann[627].

In dieser Begründung spiegelt sich einmal mehr die oben bereits abgelehnte Auffassung von der "konzernrechtlichen Zurechnung" wider und im übrigen kommt darin das von Ökonomen kritisierte Klischee zum Ausdruck, daß eine verbesserte Rechtsstellung - hier die Pflicht zur Aufbringung eines Mindestkapitals von 50 000 bzw. 100 000 DM - im Ergebnis auch zu einer Verbesserung des Ergebnisses - hier des Gläubigerschutzes - führen müsse, weshalb das Nebentätigkeitsprivileg großzügiger gehandhabt werden könnte.

Insbesondere verwundert die scheinbare Alternativlosigkeit, vor die die Vereine gestellt werden, weil sie *"niemals"* (durch) *Auslagerung eintragungsschädlicher Tätigkeiten... die Eintragungsfähigkeit erhalten* (könnten)[628], denn

---

wirtschaftliche Aktivitäten mit der Rechtsform des Idealvereins zu vereinbaren sind (BGH, NJW 83, 569, 571). Hierauf weist auch *Wagner*, NZG 99, 469, 473, hin.

[624] *K. Schmidt*, Verbandszweck, S. 128, 190 ff.; ders., AcP 182, 1, 30; *Flume*, § 4 II, S. 112 f.; *Wagner*, NZG 99, 469, 474; *Soergel/Hadding* §§ 21, 22 Rn. 43; *Hemmerich*, S. 143 ff.

[625] *K. Schmidt*, AcP 182, 1, 30; *Hemmerich*, S. 145 f., wonach die Beteiligung des Idealvereins nach ihrem Konzept einerseits keine wirtschaftliche Tätigkeit darstelle und andererseits die Tätigkeiten im ausgegliederten wirtschaftlichen Geschäftsbetrieb ausschließlich solche der Tochtergesellschaft sind, so daß für die Anwendung des Nebentätigkeitsprivileges schon gar kein Raum bestehe.

[626] *K. Schmidt*, Verbandszweck, § 9 III 2 a, S. 191.

[627] *K. Schmidt*, aaO; *Soergel/Hadding*, §§ 21, 22 Rn. 43, meint, die Beteiligung ist solange zulässig, als sie wie ein eigener wirtschaftlicher Geschäftsbetrieb dem ideellen Hauptzweck des Vereins dient und diesem untergeordnet ist.

[628] *K. Schmidt*, aaO.

selbstverständlich bleiben den Vereinen vielfältigste Möglichkeiten, um ihre Eintragung zu erhalten. Sie können sich etwa zu einer Minderheitsbeteiligung (dazu unter b) oder einer völligen gesellschaftsrechtlichen Lösung (dazu unter C) entschließen. Was ein Verein sich aber nur nicht erhalten kann und auch nicht soll, ist die Sicherung seiner Einflußmacht auf den wirtschaftlichen Geschäftsbetrieb.

Richtigerweise kommt es für den Umfang des Nebentätigkeitsprivileges gar nicht darauf an, ob der wirtschaftliche Geschäftsbetrieb ausgegliedert ist oder nicht[629]. Auch bei der Ausgliederung ist zunächst zu beurteilen, ob die Betätigung am ausgelagerten Geschäftsbetrieb *prägend* für die Vereinstätigkeit ist. Etwa dann, wenn sich das Streben des Muttervereins primär darauf richtet, mit Hilfe der Tochterkapitalgesellschaft finanzielle Mittel für sich z. B. im Wege eines Gewinnabführungsvertrages zu erwirtschaften. Dann stellt sich die Mehrheitsbeteiligung des Stammvereins durchaus als prägende wirtschaftliche Tätigkeit des Vereins dar. Da die wirtschaftliche Tätigkeit im Falle der Ausgliederung von der Tochtergesellschaft wahrgenommen wird und sich die Tätigkeit des Stammvereins in der Regel nur noch auf die ideellen oder verbliebenen untergeordneten wirtschaftlichen Tätigkeiten reduziert und die mittelbare Einflußnahme auf den wirtschaftlichen Geschäftsbetrieb der Tochtergesellschaft nicht gleichgesetzt werden kann mit einem in Eigenregie betriebenen wirtschaftlichen Geschäftsbetrieb, widerstrebt es, den ausgelagerten Geschäftsbetrieb ebenso wie den Eigenbetrieb als prägend für den Mutterverein anzusehen.

Entscheidend ist in diesem Zusammenhang, daß mit der Ausgliederung des wirtschaftlichen Geschäftsbetriebes die vom Gesetzgeber vorgesehene Verknüpfung von wirtschaftlichem Handeln und wirtschaftlichem Risiko nicht, auch nicht in der Tochterkapitalgesellschaft, hergestellt wird. Wenn man die Funktion der Mindestkapitalausstattung im Kapitalgesellschaftsrecht, wie oben bereits untersucht, darin erblickt, den natürlichen Trägerpersonen durch Beteiligung am unternehmerischen Verlustrisiko ähnlich wie dem Einzelunternehmer und Personengesellschafter durch die Gefahr der persönlichen, unbeschränkten Haftung zum Schutz der Gläubiger das nötige Risikoempfinden zu vermitteln, kann man es nicht gutheißen, wenn ein Verein einen wirtschaftlichen Geschäftsbetrieb aus Gründen des Gläubigerschutzes auf eine beherrschte Tochtergesellschaft überträgt. Denn das die Rechtsformverfehlung auslösende Moment der vermögensmäßig unbeteiligten und damit ohne entsprechendes Risikoempfinden ausgestatteten natürlichen Trägerpersonen wird damit nicht behoben. Im Gegenteil, die Verhältnisse würden durch einen derartigen Vorgang sogar auf den Kopf gestellt. Solange der wirtschaftliche Geschäftsbetrieb nämlich noch in der Rechtsform des Idealvereins betrieben wird, kann das unternehmerische Verlustrisiko mit seinen Gefahren für den gesamten Verein noch durch das Risikoempfinden der Vereinsmitglieder im Hinblick auf die ideelle Vereinsbetätigung in gewissem, wenn auch für den

---

[629] *Reuter*, ZIP 84, 1052, 1061; *Sprengel*, S. 270; ebenso gegen eine Ausweitung des Nebentätigkeitsprivileges *Heermann*, ZIP 98, 1249, 1258; *Segna*, ZIP 97, 1901, 1907.

Gläubigerschutz nicht ausreichendem, Umfang gesteuert werden[630]. Die Gefahr für die ideellen Ziele der Vereinsmitglieder ersetzt gleichsam in gewissem Umfang die Gefahr für das persönliche Vermögen der Gesellschafter einer Kapitalgesellschaft als Steuerungsmittel gegen allzu riskante Geschäftsgebaren. Die Wirksamkeit dieses Steuerungsmittels wird aber durch die Ausgliederung geschwächt, weil sich das Risiko für die ideellen Hauptziele des Vereins, das im Falle von unternehmerischen Verlusten droht, verringert[631]. Das gilt insbesondere dann, wenn der Verein kein Unternehmen i. S. d. Konzernrechts darstellt. In diesem Fall müssen die Vereinsmitglieder gar keine negativen Haftungsfolgen aus dem von der Vereinsführung geleiteten wirtschaftlichen Geschäftsbetrieb in der Tochtergesellschaft befürchten, so daß für die Vereinsmitglieder auch gar kein Anlaß besteht, auf die Unternehmenspolitik ihres Vorstandes in der beherrschten Tochtergesellschaft einzuwirken. Eine derartige Gesellschaftsverbindung würde *jegliches* gläubigerschützendes Sicherungsmittel - selbst das des ideell vermittelten Verlustrisikos - vermissen lassen.

Aber selbst dann, wenn der Stammverein die Unternehmenseigenschaft erfüllt, sind die Haftungsfolgen des Konzernrechts mit ihren potentiellen negativen Einflüssen auf die ideelle Vereinstätigkeit weit weniger unmittelbar als in dem Fall, in dem der Verein selbst den wirtschaftlichen Geschäftsbetrieb unterhält. Nur im letzten Fall schlagen Verluste im Bereich des wirtschaftlichen Geschäftsbetriebes direkt auf die Finanzen des Gesamtvereins durch, während dies im Konzern nur der Fall ist, wenn konzernrechtliche Haftungstatbestände erfüllt sind.

Daraus folgt, daß die maßgebliche Beteiligung eines Idealvereins an einer Kapitalgesellschaft mit wirtschaftlichem Geschäftsbetrieb, der für sich genommen bereits mit dem Nebentätigkeitsprivileg unvereinbar ist, im Falle der Ausgliederung *"erst recht"* zu einer Rechtsformverfehlung führt[632]. Anderenfalls ließe sich mit Hilfe der Ausgliederung der Umfang des Nebentätigkeitsprivileges schleichend erweitern[633]. Denn welchen organisatorischen Unterschied macht es schon, ob der Verein selbst den Geschäftsbetrieb unterhält oder eine von ihm beherrschte Tochtergesellschaft. Das Nebentätigkeitsprivileg ist damit im Falle der Ausgliederung wirtschaftlicher Geschäftsbetriebe nicht *weiter* auszulegen, wie es die herrschende Meinung wohl noch tut, sondern muß umgekehrt *enger* ausgelegt werden.

Hält ein Idealverein alle Anteile an einer wirtschaftlich tätigen Kapitalgesellschaft, ist es für das Eingreifen des Nebentätigkeitsprivileges grundsätzlich unerheblich, wie umfangreich der wirtschaftliche Geschäftsbetrieb ist. Da das

---

[630] S. o. 2. Teil III 1 c) bb) (2) zur Rechtfertigung des Nebentätigkeitsprivileges.

[631] *Reuter*, ZIP 84, 1052, 1061 ff. Das ist auch ein vielfach genanntes Motiv für die Auslagerung wirtschaftlicher Geschäftsbetriebe auf Tochtergesellschaften, weil so der Restverein vom unternehmerischen Risiko der Lizenzfußballabteilung entlastet wird; Aussage einer Mitarbeiterin der Konzernrechtsabteilung der Bayer AG ggü. dem Verfasser zur Ausgliederung der Profiabteilung von Bayer 04 Leverkusen.

[632] *Reuter*, ZIP 84, 1052, 1061 f.; *Schwierkus*, S. 171; *Lettl*, DB 2000, 1449, 1450.

[633] *Reuter*, aaO.

Mindestkapital nicht von natürlichen Trägerpersonen mit materiellem Risikobewußtsein aufgebracht wird, entfällt dessen zum Schutz der Gläubiger nötige Steuerungswirkung vollständig. Erfüllt der Stammverein obendrein auch nicht den konzernrechtlichen Unternehmensbegriff, kann mangels eines entsprechenden Gefährdungspotentials auch das Steuerungsmittel des ideellen Mitgliederinteresses nicht wirksam zum Schutz der Gläubiger der Tochterkapitalgesellschaft eingreifen, so daß in diesem Fall stets das Eingreifen des Nebentätigkeitsprivileges zu versagen ist[634]. Bildlich gesprochen würde eine solche Unternehmensverbindung vom Standpunkt der Risikosteuerung *führungslos* mit dem Rechtsverkehr in Kontakt treten.

Eine Mehrheitsbeteiligung bis hin zur 100 % Tochtergesellschaft des Idealvereins könnte im Rahmen des Nebentätigkeitsprivileges jedoch dann anerkannt werden, wenn der Idealverein den konzernrechtlichen Unternehmensbegriff erfüllt[635]. Die dann dem Verein drohenden konzernrechtlichen Haftungsfolgen stoßen auf das ideelle Mitgliederinteresse am Erhalt der ideellen Betätigung, das sich in gewissem Umfang regulierend zum Schutz der Gläubiger des wirtschaftlichen Geschäftsbetriebes vor riskanten Geschäften der Tochterkapitalgesellschaft entgegenstellen kann. Das Risikobewußtsein der Vereinsmitglieder ist in diesem Fall jedoch weit geringer als bei einem wirtschaftlichen Eigenbetrieb, da Verluste nicht direkt, sondern nur beim Eingreifen konzernrechtlicher Haftungstatbestände negative Rückwirkungen auf die Vereinsfinanzen nehmen können. Deshalb darf der Umfang des wirtschaftlichen Geschäftsbetriebes der Tochtergesellschaft in diesem Fall keinesfalls den Umfang eines als Eigenbetrieb gerade noch zulässigen wirtschaftlichen Geschäftsbetriebes annehmen.

Das gilt auch für die oben entgegen der herrschenden Meinung grundsätzlich für zulässig erachtete "idealistische" KG/KGaA[636]. Bei ihr droht stets und nicht nur bei Erfüllung des konzernrechtlichen Unternehmensbegriffs die unbeschränkte Komplementärhaftung nach §§ 278 II AktG, 161 II, 128 HGB, so daß die Mitglieder des Vereins auch ein ausgeprägteres Risikobewußtsein gegenüber riskanten Geschäften der KG/KGaA haben als bei einer Mehrheitsbeteiligung an einer AG oder GmbH. Der Umfang des wirtschaftlichen Geschäftsbetriebes in der KG/KGaA darf damit größer als bei einer Mehrheitsbeteiligung an einer AG oder GmbH sein, aber wegen der mittelbaren Komplementärhaftung keinesfalls genauso groß wie ein eigener gerade noch zulässiger wirtschaftlicher Geschäftsbetrieb. Wenngleich einzuräumen ist, daß die Haftung des Vereins für den Geschäftsbetrieb der KG/KGaA wegen der selbständigen akzessorischen Schuld nach §§ 128,

---

[634] Eine Ausnahme ist allenfalls bei einem objektiv geringfügigen Geschäftsbetrieb in der Tochterkapitalgesellschaft anzuerkennen. Allerdings dürfte der in keinem Fall Ausmaße annehmen, die den Umfang eines noch zulässigen eigenen Geschäftsbetriebes erreichen, so daß kein praktisches Bedürfnis für eine derartige Konstellation besteht.

[635] Zum Streit um den konzernrechtlichen Unternehmensbegriff vgl. oben 3. Teil B I 2 a) cc) (1) (a).

[636] s.o. 3. Teil B I 2 a) cc) (1) (b) (bb).

129 HGB[637] wirtschaftlich kaum einen Unterschied aufweist gegenüber der Haftung für einen eigenen Geschäftsbetrieb. Damit ist das Risikobewußtsein der Vereinsmitglieder gegenüber riskanten Geschäften der KG/KGaA annähernd genauso hoch wie bei einem eigenen wirtschaftlichen Geschäftsbetrieb, so daß der Umfang des Betriebes einer "idealistischen" KG/KGaA dem eines im Nebentätigkeitsprivileg gerade noch zulässigen eigenen Geschäftsbetriebes des Vereins annähernd erreichen, aber eben nicht überschreiten darf.

Das ist allenfalls dann zu tolerieren, wenn sich neben den Idealverein ein oder mehrere Gesellschafter als Komplementäre gesellen. In diesem Fall tritt nämlich zu dem ideellen Verlustrisiko der Vereinsmitglieder das wirtschaftliche Verlustrisiko des Einmannkomplementärs bzw. das der natürlichen Trägerpersonen einer Komplementärkapitalgesellschaft hinzu, so daß der vom Unternehmensrecht gewollte partielle Interessengleichlauf hinsichtlich der Vermeidung von Verlusten zwischen den natürlichen Trägerpersonen eines Unternehmens und dessen Gläubigern wieder voll hergestellt ist.

Die Grenze des zulässigen Umfangs des wirtschaftlichen Geschäftsbetriebes von Tochtergesellschaften bürgerlicher Vereine im Rahmen des Nebentätigkeitsprivileges ist somit dort zu ziehen, wo mit Hilfe des ideellen Verlustrisikoempfindens der Vereinsmitglieder die potentiellen wirtschaftlichen Verlustrisiken der Tochterkapitalgesellschaft noch zum Schutz der Gläubiger angemessen gesteuert werden können. Da dies bei Geschäftsbetrieben, die die Größe von gerade noch zulässigen eigenen wirtschaftlichen Betrieben des Vereins erreichen oder übersteigen aufgrund abnehmenden Einflusses der Mitglieder, abnehmender Haftungsrisiken des Vereins und damit sinkendem Risikobewußtsein der Vereinsmitglieder nicht mehr möglich ist, bietet die Ausgliederung des wirtschaftlichen Geschäftsbetriebes in Tochtergesellschaften praktisch keine Lösung des Rechtsformproblems. Es soll deshalb, unabhängig von der Frage, ob dies überhaupt möglich ist, nicht umständlich untersucht werden, wo die Grenze des Nebentätigkeitsprivileges bei ausgelagerter Wirtschaftstätigkeit genau verläuft. Ziel dieser Untersuchung ist es nur, die in sich unschlüssige Argumentation der vorherrschenden Auffassung darzulegen und darüber hinaus die wesentlichen Grundzüge eines gangbaren Weges aufzuzeigen, ohne sich in Details zu verlieren.

ee) Zusammenfassung

Die maßgebliche Beteiligung von Indealvereinen an Kapitalgesellschaften ist wegen des Schutzzwecks der Normativbestimmungen des Handelsvereinsrechts, insbesondere aus Gründen des Gläubigerschutzes, weder dem Grunde nach noch im Rahmen des Nebentätigkeitsprivileges zu rechtfertigen, sofern der Um-

---

[637] Heymann/Emmerich, § 128 Rn 4; Schlegelberger/*K. Schmidt*, § 128 Rn 1; Baumbach/*Hopt*, § 128 Rn. 19.

fang des wirtschaftlichen Geschäftsbetriebes der Tochtergesellschaft den gerade
noch zulässigen Umfang eines Eigenbetriebes des Vereins erreicht oder gar über-
steigt. Gläubigerschutz wird nämlich im Gesellschaftsrecht, und zwar sowohl im
Personen- als auch Körperschaftsgesellschaftsrecht, durch Teilung des unternehmerischen Verlustrisikos zwischen Eigen- und Fremdkapitalgeber erzeugt. Zu
diesem Zweck bestimmt das Kapitalgesellschaftsrecht, daß die natürlichen Trägerpersonen der Gesellschaft einen finanziellen Risikobeitrag in Gestalt des gesetzlichen Mindestkapitals leisten müssen. Damit wird eine partieller Interessengleichlauf im Hinblick auf die Vermeidung von Unternehmensverlusten erzeugt, der tendenziell zu einer rücksichtsvollen und damit gläubigergerechten
Unternehmenspolitik führt. Dieses Mindestkapital wird zwar auch bei der von der
Praxis favorisierten Ausgliederungslösung formal aufgebracht, jedoch durch die
Vereine selbst, die ihrerseits nicht über vermögensmäßig beteiligte Mitglieder
verfügen. Eine von einem Idealverein beherrschte Unternehmensverbindung läßt
sich folglich nicht auf natürliche Trägerpersonen zurückführen, die persönlich ein
finanzielles Verlustrisiko durch ihre Beteiligung übernommen haben. Die letztlich
entscheidenden Vereinsmitglieder des herrschenden Muttervereins gehen allenfalls ein ideelles "Verlustrisiko" ein, das zwar ebenfalls im gewissen Umfang eine
Risikosteuerung auch im Hinblick auf wirtschaftliche Aktivitäten entfalten kann.
Dieser Steuerungsmechanismus wird jedoch durch Ausgliederung des wirtschaftlichen Geschäftsbetriebes erheblich geschwächt, weil die Steuerungsadressaten
(Mitglieder) infolge der Haftungssegmentierung nicht mehr von den Steuerungssignalen (Verlustrisiken des Geschäftsbetriebes) erreicht werden. Insofern führt
ein wirtschaftlicher Geschäftsbetrieb, der schon innerhalb eines Idealvereins den
zulässigen Umfang des Nebentätigkeitsprivileges überschritten hat, nach einer
Ausgliederung in eine beherrschte Kapitalgesellschaft erst recht zu einer Rechtsformverfehlung beim Idealverein, weil die Ursache für die Rechtsformverfehlung,
namentlich die Fehlsteuerung der beteiligten Interessen, nicht beseitigt, sondern
vertieft wird. Die von den Bundesligavereinen angestrebte bzw. realisierte Ausgliederung der Lizenzfußballabteilung auf eine beherrschte Fußballkapitalgesellschaft stellt somit keine Lösung des Rechtsformproblems dar.

b) Minderheitsbeteiligung des Stammvereins

Nachdem die maßgebliche Beteiligung von Idealvereinen an Kapitalgesellschaften untersucht und für unvereinbar mit den Normativbedingungen des Gesellschaftsrechts befunden wurde, soll der Frage nachgegangen werden, wie deren
nicht maßgebliche Beteiligung vereins- bzw. gesellschaftsrechtlich zu beurteilen
ist[638].

---

[638] Diese Gestaltungsform ist zwar angesichts der Regelung in den DFB-Statuten für die Bundesligavereine wenig praktisch, weil danach der DFB die Mehrheitsbeteiligung des Muttervereins

Allgemein wird die bloße Beteiligung eines Idealvereins an einer Kapitalgesellschaft als solche für eintragungsunschädlich gehalten[639]. Die bloße Beteiligung wird vielmehr als eintragungsunschädliche *Verwaltung des Vereinsvermögens* angesehen, die keinem Verein im Hinblick auf eine funktionsgerechte Betätigung verwehrt werden kann, weil dies auch eine möglichst ertragbringende Ver-
mögensanlage erforderlich macht[640]. Im einzelnen bleibt jedoch unklar, ob die
Minderheitsbeteiligung eines Vereins perse eintragungsunschädlich ist, weil es
sich nicht um eine Betätigung des Vereins handelt, die unter eine der als herrschend angesehenen teleologisch typologischen Fallgruppen zur Bestimmung
wirtschaftlicher Vereine paßt[641] oder ob sie lediglich im Rahmen des Nebentätigkeitsprivileges gerechtfertigt werden kann[642].

Am Befund der Eintragungsunschädlichkeit der Minderheitsbeteiligung
soll auch im Folgenden grundsätzlich festgehalten werden, wenngleich sich die
Minderheitsbeteiligung von Idealvereinen nach den oben festgestellten Ergebnissen zum Gläubigerschutzmechanismus im Vereins- und Gesellschaftsrecht, namentlich dem ideellen bzw. finanziellen Verlustrisiko der Mitglie-
der/Gesellschafter als Regulator gegenüber allzu riskanten Geschäften, nicht ganz
so unproblematisch darstellt, wie von der ganz überwiegenden Ansicht angenommen wird.

Zur Verdeutlichung sollen zwei extreme Erscheinungsformen unterschieden werden:

- Es ist dies einmal der Fall, des Idealvereins, der sich im Hauptberuf
  der Verwaltung von Unternehmens-Minderheits-Beteiligungen widmet (*"sternförmiger Idealverein"*).

- Der andere entgegengesetzte Fall ist der einer Kapitalgesellschaft,
  an der ausschließlich Idealvereine mit Minderheitsanteilen beteiligt
  sind (*"sternförmige Kapitalgesellschaft"*).

Folgt man der ganz herrschenden Meinung, wären beide Fälle unproblematisch mit dem Vereinsrecht in Einklang zu bringen. Und zwar deshalb, weil im
Falle des *"sternförmigen Idealvereins"* der Verein mit den Kapitalgesellschaften,

---

an der Fußballkapitalgesellschaft vorschreibt (§ 8 Nr. 4 DFB-Satzung). Da die Mehrheitsbeteiligung von Idealvereinen jedoch vereinsrechtlich unzulässig ist, kann die verbandsrechtliche
Regelung nicht als zwingend angesehen werden, so daß die Frage der Minderheitsbeteiligung
sehr wohl relevant ist. Im übrigen besteht natürlich auch ein fußballübergreifendes Interesse an
der Klärung dieser Frage.

[639] statt vieler *Soergel/Hadding*, §§ 21, 22 Rn 40; Vgl. auch oben 3. Teil B I 2

[640] *Reuter*, ZIP 84, 1052, 1061.

[641] so wohl die herrschende Meinung; vgl. *Soergel/Hadding*, §§ 21, 22 Rn 27, 40.

[642] so *Reuter*, ZiP 84, 1052, 1057; *Sprengel*, S. 270, "Beteiligungserwerb und -verwaltung sind
wirtschaftliche Tätigkeiten.

an denen er beteiligt ist, nur durch eine "bloße Minderheitsbeteiligung" in Kontakt tritt. Wenn - wie die ganz herrschende Ansicht annimmt - die bloße Beteiligung schlechthin eintragungsunschädlich sei, dann muß dies auch dann gelten, wenn sich die "bloßen Beteiligungen" des Vereins bis hin zum *sternförmigen Idealverein*", der sich gleichsam nur noch dem Verwalten von Unternehmensbeteiligungen widmet, häufen, da für eine Begrenzung der Anzahl der "bloßen Beteiligungen" etwa im Rahmen des Nebentätigkeitsprivileges nach der Terminologie *K. Schmidts* kein Raum mehr ist, sobald man die einzelne Beteiligung schlechthin für eintragungsunschädlich hält.

Ähnlich, und aus Sicht der herrschenden Meinung noch eher nachzuvollziehen, verhält es sich im zweiten Fall einer "*sternförmigen Kapitalgesellschaft*". In diesem Fall beschränkt sich die Beteiligung der u. U. zahlreichen Idealvereine im Extremfall jeweils auf nur eine unbedeutende "bloße Beteiligung", wie sie nach ganz überwiegender Ansicht eben völlig unproblematisch sein soll.

Nach den zuvor gefundenen Ergebnissen kann dieser Auffassung zumindest in den beiden genannten Extremfällen nicht gefolgt werden. Die folgenden Ausführungen mögen Anlaß dazu sein, auch jenseits der beiden genannten Extremfälle in den gleitenden Randbereichen die Position zur bloßen Minderheitsbeteiligung von Idealvereinen kritisch zu überdenken. Dabei ist jedoch zu beachten, daß bei den angesprochenen Fällen sowohl in ihrem Extrem als auch in den Übergängen die Problemlösung jeweils aus einer anderen Perspektive vorzunehmen ist.

aa) "Sternförmiger Idealverein"

Im Falle des "*sternförmigen Idealvereins*" beurteilt sich die gesellschaftsrechtliche Zulässigkeit dieser Beteiligungsform aus dem Blickwinkel des Vereinsrechts. Es wurde festgestellt, daß sich das Nebentätigkeitsprivileg dadurch rechtfertigt, daß es beim Idealverein genauso wie im Kapitalgesellschaftsrecht durch den partiellen Interessengleichlauf zwischen den natürlichen Trägerpersonen der juristischen Person und den Gläubigern im Hinblick auf die Vermeidung von Unternehmensverlusten einen Mechanismus zum Schutz der Gläubiger vor zu riskanten Geschäften gibt. Für die Vereinsmitglieder bietet das Interesse an der Ausübung ihrer ideellen Betätigung mit Hilfe der Gemeinschaft im Verein ein "Anreizmittel" zum Schutz der Gläubiger[643]. Aufgrund dieses Interesses wird allzu riskanten Geschäften des Vereins wegen der möglichen negativen Rückwirkungen auf das Vereinsvermögen und damit die ideelle Betätigung durch steuernde Einflußnahmen der letztlich entscheidenden Vereinsmitglieder vorgebeugt, was auch den Gläubigern zugute kommt. Dieser Gläubigerschutzmechanismus funktioniert

---

[643] 2. Teil A III 1 c) (2). Bei Kapitalgesellschaften ist es das Interesse am Werterhalt der eigenen Vermögensbeteiligung der Gesellschafter; 3. Teil B I 2 a) cc) (2).

aber nur solange, als das ideelle Interesse und demzufolge die ideelle Betätigung der Vereinsmitglieder und nicht wirtschaftliche Interessen prägend für ihre Vereinsmitgliedschaft sind[644]. Konzentrieren sich die Aktivitäten des Vereins hauptsächlich auf die Verwaltung von Unternehmensbeteiligungen ist das nicht der Fall. Die wirtschaftlichen Risiken, die von diesen Geschäften ausgehen, können mangels wirtschaftlicher Risikobeteiligung der Mitglieder, aber auch nicht mittels ihres ideellen Verlustrisikoempfindens zum Schutz der Gläubiger in angemessene Bahnen gesteuert werden, weil dies gegenüber dem wirtschaftlichem Interesse am Handel und Verwalten von Unternehmensbeteiligungen untergeordnet ist. Ein Verein, der sich im Hauptberuf der Verwaltung von Unternehmensbeteiligungen widmet, ist somit als Wirtschaftsverein zu qualifizieren[645].

Eine "bloße Beteiligung" ist somit zwar in der Regel, aber doch nicht stets, so unproblematisch, wie es allgemein angenommen wird. Rechtstechnisch ist folglich auch die "bloße Beteiligung" als wirtschaftliche Betätigung des Vereins zu qualifizieren, die gegebenenfalls und i. d. R. im Rahmen des Nebentätigkeitsprivileges gerechtfertigt werden kann.

bb) "Sternförmige Kapitalgesellschaft"

Eine "sternförmige Kapitalgesellschaft", an der definitionsgemäß nur Idealvereine als Minderheitsgesellschafter beteiligt sind, läßt sich praktisch z. B. als Deutsche Fußballiga GmbH denken, deren Gesellschafterkreis sich aus den Fußballbundesligavereinen zusammensetzt und die ihren oder einen Teil ihres wirtschaftlichen Geschäftsbetriebes auf die Deutsche Fußballiga GmbH übertragen. Zu denken ist etwa an die Fernsehvermarktung, das Aushandeln von Sponsorenverträgen usw., die von der Liga GmbH zentral für alle Vereine wahrgenommen wird[646].

Die gesellschaftsrechtliche Zulässigkeit dieser Konstruktion ist anders als die Zulässigkeit des "sternförmigen Idealvereins" nicht vom Standpunkt des Vereinsrechts, sondern vom Blickwinkel des Kapitalgesellschaftsrechts her zu beurteilen. Aus Sicht des jeweils beteiligten Vereins erheben sich in der Regel keine

---

[644] s.o. 2. Teil B II 2.

[645] MüKo/*Reuter*, §§ 21, 22 Rn 39 ff.; ders., ZiP 84, 10552, 1061. Im wesentlichen unter Verweis auf den *Mitgliederschutz*, weil das "nackte" Austrittsrecht nach § 39 BGB bei drohendem Verlust vermögenswerter Vorteile aus der Mitgliedschaft für das einzelne Mitglied sinnlos wird. Aus Gründen des *Gläugierschutzes* ist ein solcher Verein zusätzlich abzulehnen, weil die tatsächlich vermögenswerte Position der Mitglieder dem Zugriff ihrer Privatgläubiger entzogen wird (Haftungsexklaven).

[646] Vgl. das Interview mit dem Manager von Bayer Leverkusen, *Wolfgang Holzhäuser*, FAZ v. 31.02.2002, wonach sein Verein eine betriebswirtschaftliche Kooperation mit den Vereinen Werder Bremen, Freiburg und Wolfsburg auf den Gebieten Merchandising, Fernsehen, medizinische Betreuung und Logistik anstrebt.

Einwände gegen dieses Modell, sofern sich der Beteiligungsbesitz jeweils nur auf die eine "bloße Beteiligung" beschränkt und nicht *prägend* für die Vereinsbetätigung ist[647]. Das ist mit Blick auf die Steuerungsfunktion des Mindestkapitals anders hinsichtlich der Zulässigkeit einer "sternförmigen Kapitalgesellschaft" nach dem Handelsvereinsrecht zu beurteilen.

Für das Kapitalgesellschaftsrecht wurde festgestellt, daß Gläubigerschutz hier in erster Linie durch die Vorschriften zur Aufbringung und Erhaltung des Mindestkapitals in seiner Funktion als *Steuerungsinstrument zur Herstellung eines partiellen Interessengleichlaufs zwischen Gesellschaftern und Gläubigern* wegen des wechselseitigen persönlichen Verlustrisikos erzeugt wird. Es wurde weiter festgestellt, daß diese Interessenverknüpfung unterbrochen wird, wenn ein Idealverein eine maßgebliche Beteiligung an der Kapitalgesellschaft hält[648]. Das Mindestkapital ist dann zwar formal vorhanden, jedoch ohne dahinterstehende natürliche Trägerpersonen mit einem vermögensmäßigen Risikoempfinden, so daß die Steuerungsfunktion des Mindestkapitals im Ergebnis leerläuft. Genauso verhält es sich bei einer "sternförmigen Kapitalgesellschaft". Auch hier wäre das Mindestkapital zwar formal aufgebracht, jedoch ausschließlich unter Beteiligung von Idealvereinen, die sich ihrerseits wiederum ausnahmslos aus Mitgliedern zusammensetzen, die keinerlei persönliches Verlustrisiko tragen, weil sie nur mit einem "verlorenen Zuschuß" in Form eines Vereinsbeitrages am Verein teilhaben. Es käme zwar auf der Ebene der Kapitalgesellschaft zu einer im Sinne des Gläubigerschutzes notwendigen *vermögensmäßigen Beteiligung*, jedoch nur in der Form von Idealvereinen, die als juristische Personen (Fiktionen) selbst kein materielles Risikobewußtsein entwickeln können. Dazu wären allenfalls die natürlichen Trägerpersonen in der Lage, die sich hinter der jeweiligen juristischen Person verbergen. Am Ende der Legitimationskette stehen jedoch vermögensmäßig unbeteiligte Vereinsmitglieder, so daß ein partieller Interessengleichlauf zwischen natürlichen Trägerpersonen und den Gläubigern der Kapitalgesellschaft letztlich nicht zustande kommt. Oder anders ausgedrückt: Die einzigen natürlichen Trägerpersonen in einem derartigen Gebilde, nämlich die Vereinsmitglieder, werden gar kein Interesse an einer ordentlichen Unternehmenspolitik in der Kapitalgesellschaft entwickeln, weil sie negative Rückwirkungen auf ihr Vermögen schon gar nicht, aber auch noch nicht einmal auf ihre ideelle Betätigung befürchten müssen[649]. Risikoanreizprobleme (Moral Hazard) in der Kapitalgesellschaft liegen damit auf der Hand.

Eine derartige "sternförmige Kapitalgesellschaft" ist damit aus dem Blickwinkel des Kapitalgesellschaftsrechts unzulässig. Dies ergibt sich auch zwanglos aus der Untersuchung zur maßgeblichen Beteiligung von Idealvereinen

---

647 Vgl. 3. Teil B I 2 b) aa).

648 3. Teil B I 2 a) cc) (2).

649 Konzernrechtliche Haftungsrisiken, die auf die ideelle Zweckverfolgung des Vereins durchschlagen könnten, drohen bei einer Minderheitsbeteiligung schon gar nicht.

an Kapitalgesellschaften. Denn eine "sternförmige Kapitalgesellschaft" mit einer Vielzahl von minderheitsbeteiligten Idealvereinen ist unter dem Aspekt des Gläubigerschutzes durch partiellen Interessengleichlauf zwecks Mindestkapitalbeteiligung faktisch nicht anders zu beurteilen als *eine* Mehrheitsbeteiligung *eines* Idealvereins an einer Kapitalgesellschaft. Ob das Mindestkapital nämlich von *einem* Mutterverein oder einer *Mehrzahl* von Vereinen aufgebracht wird, läuft unter dem Blickwinkel der Steuerungsfunktion des Mindestkapitals auf dasselbe hinaus.

Aber nicht nur die reine "sternförmige Kapitalgesellschaft" im hier verstandenen Sinne ist nach der Funktionsweise der Mindestkapitalvorschriften unzulässig, auch ihre Zwischenstufen bis hin zur Kapitalgesellschaft mit einer Minderheitsbeteiligung eines Idealvereins sind aus gesellschaftsrechtlicher Sicht problematisch. Denn "auch der Minderheitsgesellschafter trägt durch die Ausübung seiner Rechte, insbesondere durch den Widerstand gegen gesellschaftsfremde Sonderinteressen der Mehrheit, zum Schutz der Gläubiger bei"[650]. Bereits die Minderheitsbeteiligung nur eines Idealvereins ist hinsichtlich der Steuerungsfunktion des Mindestkapitals problematisch, insbesondere dann, wenn dessen Beteiligung die Höhe einer Sperrminorität ausmacht. Denn gerade Sperrminderheiten haben den Zweck, extreme Abweichungen vom Gesellschaftszweck, insbesondere überaus riskante Betätigungen durch ein Veto zu verhindern. Aus diesem Grunde ist es wichtig, daß die Kapitalgesellschaft ebenso wie beim Mehrheitsgesellschafter auch beim Minderheitsgesellschafter über einen hinreichenden "Resonanzboden" in Gestalt von Personen verfügt, die durch riskante Geschäfte persönlich in ihrem Vermögen betroffen werden[651]. Das ist bei einem Idealverein nicht der Fall. Aus dem "Lager" des Idealvereins kann mit einem Veto gegen allzu riskante Unternehmenspolitik in der Kapitalgesellschaft zum Schutz deren Gläubiger nicht gerechnet werden. Zumindest ist das normativ nicht sichergestellt[652], weil negative Rückwirkungen überriskanter Unternehmenspolitik lediglich auf den Beteiligungswert des Idealvereins, aber nicht auf das Vermögen der Vereinsmitglieder selbst durchschlagen. Beteiligt sich ein Idealverein in Höhe der Sperrminorität an einer Kapitalgesellschaft, wird die Steuerungsfunktion des Mindestkapitals erheblich geschwächt, weil die Funktion der Sperrminorität im Ergebnis aufgehoben ist.

Der Fall kann aber nicht anders zu beurteilen sein, wenn sich eine Mehrzahl von Idealvereinen an einer Kapitalgesellschaft beteiligt, die zusammen eine Höhe ausmacht, die einer Sperrminderheit entspricht. Auch in diesem Fall repräsentieren die Vereinsbeteiligungen zusammengenommen einen im Hinblick auf den Gläubigerschutz nicht unerheblichen Umfang, dem es an einem hinreichenden "Resonanzboden" in Gestalt von natürlichen Trägerpersonen mit einem materiellen Interesse an der Vermeidung von Unternehmensverlusten zum Schutz der Gläubiger fehlt.

---

[650] *Reuter*, ZIP 84, 1052, 1057 f.
[651] *Reuter*, aaO.
[652] Die Vereinsvertreter könnten allenfalls eine moralische Verpflichtung verspüren.

Die Ausführungen haben gezeigt, daß Minderheitsbeteiligungen von Idealvereinen an einer Kapitalgesellschaft zumindest dann problematisch sind, wenn sie die Höhe einer Sperrminorität erreichen, weil die Steuerungsfunktion der Sperrminorität damit neutralisiert wird. Wer auch der Sperrminderheit im Kapitalgesellschaftsrecht Gläubigerschutzfunktion zuerkennt[653], wird Minderheitsbeteiligungen von Idealvereinen ebenfalls kritisch beurteilen müssen.   Man wird allerdings zwei Dinge zu bedenken haben. Zum einen geht nach den obigen Feststellungen der maßgebliche Gläubigerschutz in der Kapitalgesellschaft trotz der Minderheitsbeteiligung eines Idealvereins immer noch von der Mehrheit der vermögensmäßig beteiligten Gesellschafter aus, so daß man eine Schwächung des Gläubigerschutzes durch Beteiligung eines oder mehrerer Idealvereine in Höhe einer Sperrminorität möglicherweise noch hinnehmen könnte. Spätestens in einer Zwischenstufe von Vereinsbeteiligungen in Höhe einer Sperrminorität von 25 % und einer reinen "sternförmigen Kapitalgesellschaft" wird das aber nicht mehr gehen, weil dann vom Gläubigerschutz durch partiellen Interessengleichlauf immer mehr abbröckelt, bis am Ende nichts mehr von ihm übrigbleibt[654]. Auf der anderen Seite stellt sich ein rechtspraktisches Problem. Wie soll das *Entstehen* einer "sternförmigen Kapitalgesellschaft" in der Rechtswirklichkeit verhindert werden? Für den "sternförmigen Idealverein" könnte dies ohne weiteres auf der Ebene des Registerrichters nach §§ 142, 152 FGG oder der wohl eher zuständigen Verwaltungsbehörde nach § 43 II BGB gelöst werden, wenn die zuständige Stelle von einer bedenklichen Zunahme der Minderheitsbeteiligungen des Vereins Kenntnis erlangt. Da sich die gesellschaftsrechtliche Zulässigkeit der "sternförmigen Kapitalgesellschaft" jedoch aus dem Blickwinkel der Kapitalgesellschaft beurteilt, muß ein anderer Weg gegangen werden. Als Lösung bietet sich hier eine Kontrolle des Handels mit Gesellschaftsanteilen an. Sollte der gehaltene Anteil von Beteiligungen an einer Kapitalgesellschaft in der Hand von Idealvereinen zu hoch werden, müßte die zuständige staatliche Stelle entsprechend reagieren.

cc) Ergebnis

Da im Unternehmensrecht Gläubigerschutz durch partiellen Interessengleichlauf der natürlichen Unternehmensträger einerseits und der Gläubiger andererseits im Hinblick auf die Vermeidung persönlicher Vermögensverluste erzielt wird, sind Minderheitsbeteiligung von Idealvereinen an Kapitalgesellschaften keineswegs so unproblematisch, wie allgemein angenommen wird.

---

[653] In der Regel wird ihre Funktion nur im Schutz der Minderheitsgesellschafter selbst gesehen; *Kübler*, GesR, § 14 III 3 a) bb), S. 170 f.

[654] Nach dem SPD-Entwurf eines Transparenz-und Wettbewerbsgesetzes vom 30.01.1995 (BT-Drucks. 13/367) soll bereits die Beteiligung eines Vereins an einem Unternehmen in Höhe von mehr als 5 % eintragungsschädlich sein.

"Sternförmige Idealvereine" sind im Hinblick auf die Gläubiger des Idealvereins abzulehnen, sofern das Verwalten der Vermögensbeteiligung *prägend* für die Vereinspolitik ist. In diesem Fall kann die untergeordnete ideelle Risikoempfindlichkeit der Vereinsmitglieder die materiellen Risiken dieser Geschäfte nicht mehr zum Schutz der Vereinsgläubiger in angemessenen Bahnen steuern.

"Sternförmige Kapitalgesellschaften" sind zum Schutz der AG- bzw. GmbH-Gläubiger abzulehnen, weil in diesem Fall die Steuerungsfunktion des Mindestkapitals aufgrund mangelnder vermögensmäßiger Beteiligung der Vereinsmitglieder neutralisiert wird. Es sind aber nicht nur diese in der Praxis wohl seltenen Extremfälle problematisch. Auch denkbare Abstufungen, wie etwa eine Sperrminorität in der Hand von Idealvereinen sind im Hinblick auf den Gläubigerschutz im Gesellschaftsrecht überaus bedenklich.

II. Abspaltung nach § 123 II UmwG

Als weitere Umwandlungsmöglichkeit zur Lösung des Rechtsformproblems der Idealvereine ist die Spaltungsform der *Abspaltung* des wirtschaftlichen Geschäftsbetriebes auf eine selbständige Kapitalgesellschaft gemäß § 123 II UmwG zu untersuchen. Obwohl qua definitionem die Abspaltung nur gegen Gewährung von Anteilen oder Mitgliedschaften an die *Anteilsinhaber* des übertragenden Rechtsträgers möglich ist, der Idealverein als übertragender Rechtsträger aber gar keine *Anteilsinhaber*, sondern nur ideelle Mitglieder aufweist, ist diese Spaltungsform nach dem ausdrücklichen Verweis in § 124 I UmwG auch für Vereine erlaubt[655]. Im übrigen hat der Gesetzgeber auf die Abspaltung als gleichberechtigte Spaltungsform neben der Ausgliederung im Zusammenhang mit der Verselbständigung des wirtschaftlichen Geschäftsbetriebes von Idealvereinen in der Gesetzesbegründung zum neuen UmwG ausdrücklich hingewiesen[656].

Die technischen Details einer Abspaltung der Lizenzfußballabteilung aus dem Mutterverein auf eine selbständige Kapitalgesellschaft entsprechen im wesentlichen denen der Ausgliederung, so daß insofern auf die dortigen Ausführungen verwiesen werden kann[657].

---

[655] *Lutter/Hadding*, § 149 Rn. 7.

[656] S. zum einen oben 3. Teil B I 2 a) cc); *Segna*, ZIP 97, 1901, 1907; Begründung zu § 124 UmwG, BT Drs 12/6699, S. 116, *Lutter/Hadding*, § 149 Rn. 3, 7, der die bloße Ausgliederung, allerdings unter Hinweis auf die als verfehlt anzusehende konzernrechtliche Zurechnung, für ungeeignet zur Rettung des Nebentätigkeitsprivileges hält und damit im Umkehrschluß die Abspaltung favorisiert, weil dagegen keine Bedenken von ihm erhoben werden.

[657] Vgl. *Lutter/Hadding*, § 149 Rn. 1, insbesondere 11 ff. Einziger nennenswerter formaler Unterschied ist die Spaltungsprüfung, die im Gegensatz zur Ausgliederung (§ 125 Satz 2 UmwG) bei der Abspaltung entsprechend §§ 9 ff. UmwG durchzuführen ist. Denn im Unterschied zur Ausgliederung, bei der es lediglich zu einer Vermögensverschiebung kommt, führt die Abspaltung zu einer echten Vermögensveränderung, weil die Anteile an der neugegründeten Ge-

In materiell-rechtlicher Hinsicht kommt es jedoch zu einem im Zusammenhang mit der Lösung der Rechtsformproblematik gravierenden Unterschied. Nach dem Wesen der Abspaltung erfährt die Rechtsstellung der Vereinsmitglieder nämlich eine erhebliche Veränderung; es kommt gewissermaßen zu einer Verdoppelung ihrer Rechtsstellung. In ihrer Eigenschaft als Vereinsmitglieder des übertragenden Rechtsträgers verändert sich zwar nichts, sie bleiben nach wie vor Mitglieder des nichtwirtschaftlichen Vereins mit allen sich daraus ergebenden Rechten und Pflichten. Als Folge der Abspaltung schlüpfen sie jedoch zusätzlich noch in die Rolle von Anteilsinhabern an der abgespaltenen Kapitalgesellschaft, die nach der Abspaltung den wirtschaftlichen Geschäftsbetrieb unterhält. Im Unterschied zur Ausgliederung hält nämlich nicht mehr der Idealverein als juristische Person die Anteile an der verselbständigten Fußballkapitalgesellschaft, sondern die Vereinsmitglieder als natürliche Personen[658]. Damit ergibt sich ein entscheidender Unterschied zur Ausgliederung. Nach der Abspaltung wird der wirtschaftliche Geschäftsbetrieb, der ehedem in einem bürgerlichen Verein ohne vermögensmäßig beteiligte natürliche Trägerpersonen betrieben wurde, in der abgespaltenen Kapitalgesellschaft ausgeübt, die ihrerseits im Gegensatz zur Ausgliederungslösung über einen hinreichenden "Resonanzboden" natürlicher Trägerperso-

---

[658] sellschaft bzw. dem aufnehmenden Rechtsträger nicht vom Verein, sondern den bisher insofern "vermögenslosen" Mitgliedern gehalten werden, was eine Spaltungsprüfung erfordert. Die technischen Einzelheiten dieser Abspaltung gegen Anteilsgewährung für die Vereinsmitglieder können nicht in allen Einzelheiten erläutert werden. Dazu sei nur folgendes angemerkt: Die Vereinsmitglieder erwerben infolge der Abspaltung die Anteile am aufnehmenden Rechtsträger in dem Verhältnis, wie er im Spaltungsplan bzw. -vertrag (§§ 136 bzw. 126 UmwG) vorgesehen ist; vgl. *Lutter/Teichmann*, § 123 Rn. 21. Das geschieht regelmäßig entsprechend den Anteilen, die am übertragenen Rechtsträger gehalten werden; *Lutter/Teichmann*, § 123 Rn. 16. Da der übertragende Rechtsträger im untersuchten Fall ein nichtwirtschaftlicher Verein ohne Anteilsinhaber ist, gibt es folglich strenggenommen keinen vermögensmäßigen Maßstab für die Verteilung der Gesellschaftsanteile am aufnehmenden oder neu gegründeten Rechtsträger. Es könnte an eine gleichmäßige Verteilung der Anteilsrechte an alle Vereinsmitglieder gedacht werden, weil die Abstimmung in der Mitgliederversammlung von Vereinen grundsätzlich "nach Köpfen" gem. § 32 I 3 BGB vorgenommen wird,; so *Lutter/Teichmann*, § 99 Rn 24. Diese Lösung dürfte aber insbesondere dann nicht sachgerecht sein, wenn ein Großteil der Mitglieder jahre- oder jahrzehntelang durch eifrige Beitragszahlungen zur Finanzierung des Vereins und insbesondere auch des abgespaltenen Geschäftsbetriebs beigetragen hat und ein anderer erst kürzlich, vielleicht gerade im Hinblick auf die Abspaltung, beigetretener Mitgliederanteil ohne vergleichbare Beitragsleistung in den Genuß der gleichmäßigen Anteilsgewährung "nach Köpfen" kommen sollte. Es bietet sich an, in diesen Fällen die Verteilung der Gesellschaftsanteile im Spaltungsvertrag bzw. -plan nach der Dauer der Mitgliedschaft zu staffeln. Die zweckentsprechende Auslegung der Umwandlungsvorschriften ergibt dann, daß auf diesen Fall die Vorschrift des § 128 UmwG, wonach eine vom Beteiligungsverhältnis des übertragenden Rechtsträgers abweichende Verteilung der Anteile am aufnehmenden Rechtsträger der Zustimmung *aller* Anteilsinhaber des übertragenen Rechtsträgers bedarf, nicht anzuwenden ist. Als Maßstab für eine gerechte Verteilung bietet sich vielmehr eine analoge Anwendung von § 276 II UmwG an; so *Katschinski*, S. 91 f.

nen verfügt. Denn die Vereinsmitglieder, die auch bei der Ausgliederung die einzigen natürlichen Trägerpersonen darstellen, auf die diese Gestaltungsform letztlich zurückgeführt werden kann, erlangen bei der Abspaltung einen direkten *vermögensmäßigen Geschäftsanteil*, weil die juristische Person in Form des Idealvereins nicht mehr als Puffer zwischen Mitglied und Kapitalgesellschaft liegt. Das Mindestkapital der abgespaltenen Kapitalgesellschaft wird zwar auch hier wie bei der Ausgliederung durch den Idealverein aufgebracht, die Beziehung des Idealvereins zur Kapitalgesellschaft beschränkt sich jedoch lediglich auf die *juristische Sekunde* der Vermögensübertragung im Gründungsvorgang. Danach ist der Verein umwandlungstechnisch gesprochen "verbraucht"; er zieht sich in die Rolle des ausschließlich ideell tätigen Idealvereins zurück und die Vereinsmitglieder treten als Gesellschafter *uno actu* in den Vordergrund. Das Grundkapital einschließlich des gesetzlichen Mindestkapitals der neuen Gesellschaft wird damit von vermögensmäßig beteiligten natürlichen Personen gehalten, die fortan ein elementares Interesse an der Vermeidung von Unternehmensverlusten in der Lizenzsportabteilung der Kapitalgesellschaft haben und demgemäß auf eine entsprechende Unternehmenspolitik hinwirken werden. Die im Vereinsrecht so oft beklagte "Biersaalatmosphäre" auf Mitgliederversammlungen dürfte unter diesen Vorzeichen, auch wenn sich der Geschäftsanteil gleichsam als Geschenk für die Mitglieder darstellt, sehr schnell in eine verantwortungsvolle Atmosphäre in der Gesellschafter- bzw. Aktionärsversammlung verwandeln, weil riskante Geschäfte nunmehr immer auch negative Rückwirkungen auf das persönliche Vermögen des Mitglieds/Gesellschafters bzw. Aktionärs bis hin zum Totalverlust haben können, so daß etwa panikartige Spielerkäufe oder -verkäufe (Moral Hazard) eher ausgeschlossen werden können. Es kann zwar auch in dieser Konstellation zu einer personellen Verflechtung zwischen der Vereinsführung und dem Vorstand der Kapitalgesellschaft kommen. In diesem Fall werden die Vereinsmitglieder den Geschäften des Vorstandes in der Kapitalgesellschaft wegen ihres persönlichen Verlustrisikos aber sehr viel kritischer "auf die Finger" sehen, als bei Ausübung des Geschäftsbetriebes innerhalb des Vereins oder gar in einer 100%igen Tochterkapitalgesellschaft.

Damit hat sich gezeigt, daß bei einer *Abspaltung* des wirtschaftlichen Geschäftsbetriebes auf eine Kapitalgesellschaft das Mindestkapital nicht nur formal vorhanden ist, sondern auch in seiner für den Gläubigerschutz maßgeblichen Steuerungsfunktion. Die Abspaltung nach § 123 II UmwG ist damit eine Alternative zur Lösung des Rechtsformproblems von Idealvereinen mit wirtschaftlichem Geschäftsbetrieb[659].

---

[659] *Menke*, S. 174, lehnt dies als praxisfremd ab, weil nicht der Verein selbst, sondern die Mitglieder die Anteile am Zielrechtsträger halten. Wenn dieses Vorgehen jedoch die Rechtsformverfehlung löst, ist das ein schwaches Argument, zumal auch für die Praxis durchaus akzeptable Lösungen zu finden sind; 3. Teil D. Der DFB lehnt diese Gestaltung auf Anfrage des Verfassers kategorisch ab, weil man wissen will, wer sich hinter den Fußballkapitalgesellschaften

Dieser Gestaltungsform könnte rechtspraktisch die schwindende Einflußmacht der Vereine, die aus sportpolitischer Sicht unverzichtbar sein könnte[660],
entgegengehalten werden. In Wahrheit schwindet in diesem Fall jedoch nur die
Einflußmacht der Funktionärseliten, die im wirtschaftlich tätigen Idealverein nach
ihrem Gutdünken schalten und walten können, weil von der Basis - den Mitgliedern - mangels eigener wirtschaftlicher und untergeordneter ideeller Risikobeteiligung keine extremen Abweichungen zu erwarten sind, die ihrem Treiben Einhalt
gebieten könnten. Die Mitglieder, die, solange der Lizenzspielbereich im Mutterverein selbst betrieben wird, durch ihr ideelles Risikobewußtsein zum Schutz der
Gläubiger beitragen sollen, dies aber nicht können oder wollen, weil der Verein
durch das überwiegend wirtschaftliche Interesse der Profifußballabteilung geprägt
wird, übernehmen diese Rolle wieder als Anteilsinhaber der Fußballkapitalgesellschaft. Nunmehr können sie mittels ihres materiellen Risikoempfindens zum nötigen Schutz der Gläubiger beitragen. Damit wird den Vereinen die Einflußmacht
auf den Berufssport nicht beschnitten. Im Gegenteil, ihr Gewicht wird gestärkt,
weil der Einfluß auf den Berufssport wieder zurückgegeben wird in die Hände
derer, die diese Macht auch haben sollen; nämlich in die Hände der risikobewuß-
ten Mitglieder/Gesellschafter, die damit zum Schutz der Gläubiger vor den vielfältigen insolvenzrelevanten Gefahren aus dem Berufssport beitragen. So wird
verhindert, daß der Einfluß über den wirtschaftlichen Geschäftsbetrieb des Berufsfußballs weiterhin in den Händen risikolos handelnder Funktionäre verbleibt. Man
mag diese Lösung als "Ausverkauf" des Fußballs, ja als Endpunkt der Kommerzialisierung beklagen. Wer den Tatsachen aber ins Auge schaut, der muß angesichts der Umsätze, die im Fußball getätigt werden, zugeben, daß es sich dabei
inzwischen um einen reinen Wirtschaftsbetrieb der Unterhaltungsindustrie handelt. Dann darf es aber auch nicht verwundern, wenn man das ideelle Moment
vollständig aus der Einflußnahme des Fußballs herausnimmt oder allenfalls insofern eine Verbindung erhält, als sich die Gesellschafter der Fußballkapitalgesellschaft aufgrund ihrer "Zwitternatur" als Vereinsmitglieder und Anteilseigner der
Fußballkapitalgesellschaft bei ihren Entscheidungen in der Fußballgesellschaft
neben ihrem hauptsächlichen finanziellen Interesse auch nebenbei noch ideell lei-
ten lassen.

---

verbirgt. Hintergrund ist die enstzunehmnde Gefahr von "sportfeindlichen" Übernahmen. Dazu
unten 3. Teil D.
[660] Dazu ausführlich unten 3. Teil D.

C) Schuldrechtliche Beziehung zwischen Stammverein und "Tochterkapitalgesellschaft"

Als weitere Alternative zur Beseitigung der Rechtsformverfehlung bei den Idealvereinen kommt neben der Abspaltung nach § 123 II UmwG eine Verselbständigung ohne irgendeine gesellschaftsrechtliche Beteiligung des Stammvereins - sei es des Vereins selbst oder seiner Mitglieder - in Betracht. Der Verein könnte sich vollständig von seinem wirtschaftlichen Geschäftsbetrieb trennen, indem er diesen auf eine Kapitalgesellschaft überträgt und sich selbst jeglicher Beteiligung daran enthält. Damit hätte er sich seines vereinsrechtlichen "Makels" vollständig entledigt. Erst in diesem Fall käme es zu der vom BGH bereits im Zusammenhang mit der "konzernrechtlichen Zurechnung" zu Unrecht angenommenen "vollständigen Trennung zwischen Idealverein und selbständiger Kapitalgesellschaft" im Hinblick auf den wirtschaftlichen Geschäftsbetrieb, so daß nunmehr den Gläubigern alle mit den Rechtsformen des Kapitalgesellschaftsrechts verbundenen Sicherheiten geboten würden.

Zu beachten ist jedoch, daß diese aus gesellschaftsrechtlicher Sicht "lupenreine" Lösung in der Praxis durch vielfältige Gestaltungen "Verunreinigungen" erfahren könnte. Es darf nämlich in rechtspraktischer Hinsicht nicht übersehen werden, daß die wirtschaftlichen Geschäftsbetriebe in den Sportvereinen, gerade der Fußballbundesliga, aufgrund langer Tradition herangewachsen sind, so daß kaum ein Verein ohne weiteres zu einer vollständigen Trennung seiner Profisportabteilung bereit sein wird. Dafür mögen finanzwirtschaftliche Gründe eine Rolle spielen, wenn der Restverein von den Einnahmen des Berufssportbereichs profitiert, in erster Linie werden aber sportpolitische Gründe gegen eine vollständige Durchtrennung des Bandes zwischen Idealverein und Sportkapitalgesellschaft anzuführen sein. Die sportliche "Basis", d. h. sowohl der Dachverband als auch der Mutterverein, hat nämlich ein Interesse daran, einen gewissen Einfluß auf den Spitzensport zu behalten[661]. Dafür lassen sich auch durchaus nachvollziehbare Gründe anführen. Zum einen wird der sportliche Nachwuchs in den Stammvereinen für den Spitzensport ausgebildet. Damit der Übergang vom Amateur- zum Profilager möglichst reibungslos verläuft, könnte ein enges Verhältnis zur Sportgesellschaft unentbehrlich sein. Zum anderen und noch viel entscheidender unterliegt der Sport sowohl im Amateur- als auch im Spitzenbereich in der Regel einem identischen Regelwerk, das vom Dachverband ausgearbeitet wird und seinerseits von internationalen Sportregeln abhängig ist[662]. Dies ist auch erforderlich, um eine

---

[661] Der DFB lehnt auf Anfrage die vollständige Abtrennung der Lizenzabteilung vom Stammverein ab, weil die Verknüpfung zum ideellen Fußballsport beibehalten werden soll. Deshalb sollen die Stammvereine das Sagen behalten.

[662] In Deutschland spielen die Mannschaften der Kreisliga nach denselben Regeln wie die Profivereins- und Nationalmannschaften. Das wird durch die internationalen Vorgaben der UEFA, dem europäischen Spitzenverband des Fußballs und der FIFA, dem Weltfußballverband, ein-

sportliche Wettbewerbsgleichheit sowohl national als auch international herstellen zu können. Jeder nationale Dachverband muß also bestrebt sein und wird dazu auch vom internationalen Dachverband, dessen Mitglied er ist, angehalten, daß seine Verbandsregeln einheitlich angewandt und durchgesetzt werden. Im Sportrecht spricht man vom sogenannten "Ein-Platz-Prinzip"[663]. Eine Trennung des Spitzensports vom Vereinssport könnte das sportpolitisch notwendige "Ein-Platz-Prinzip" in Frage stellen und zur Entstehung sogenannter "wilder Ligen" führen[664].

Diese sportpolitische Zwangslage legt die Vermutung nahe, daß die Stammvereine trotz vollkommener gesellschaftsrechtlicher Trennung ihres wirtschaftlichen Geschäftsbetriebes nach Mitteln und Wegen suchen würden, um ihren Einfluß auf den Spitzensport zu erhalten. Zu denken ist hierbei an eine *schuldrechtliche Ausgestaltung* der Rechtsbeziehung zwischen den organisatorisch selbständigen Rechtssubjekten des Idealvereins auf der einen und der Sportkapitalgesellschaft auf der anderen Seite, die dem Verein die Möglichkeit gibt, auf die Sportgesellschaft einzuwirken. Wie die Vertragsbeziehung im einzelnen zu bezeichnen ist[665], kann dahingestellt bleiben. Im hier untersuchten Zusammenhang

heitlich festgelegt. Die internationalen Spitzenverbände verpflichten ihre nationalen Mitgliedsverbände dazu, die Durchsetzung ihrer Spielregeln auf nationaler Ebene sicherzustellen.

[663] Dazu siehe oben 1. Teil A I 1.

[664] Dazu *Schäfer*, Sportkapitalgesellschaften, S. 17, 25; *Hiedl*, SpuRt 98, 191 ff. Davon spricht man, wenn der Spielbetrieb einer Liga nicht aufgrund von Satzungsbestimmungen eines internationalen Spitzenverbandes und dessen Jurisdiktion durchgeführt wird. Zu einer solchen Situation ist es in der Vergangenheit in der Deutschen Eishockeybundesliga aufgrund von Unstimmigkeiten zwischen den Vereinen und dem Verband gekommen. Vgl. dazu *Schäfer*, aaO.

[665] etwa als *Franchise-Vertrag* zwischen Stammverein und Kapitalgesellschaft, der letzterer das Recht gibt, die Marke des Vereins durch Verkauf der Fernseh-, Rundfunk- und Internetrechte oder Fanartikel gegen eine Franchise-Gebühr und zu den Bedingungen des Franchise-Gebers (Verein), der auf diese Weise seinen Einfluß und vor allem die Einhaltung der "Spielregeln" des Fußballs sicherstellt, zu verwerten. In Betracht kommen könnte aber auch ein *Lizenzvertrag* oder ein bloßer *Kooperationsvertrag* zwischen Stammverein und Kapitalgesellschaft, der sicherstellt, daß die sportlichen Rahmenbedingungen auch mit der neuen Rechtsform die alten bleiben. Zu den denkbaren schuldrechtlichen Beziehungen vgl. das Modell der Eishockeybundesliga bei *Schäfer*, Sportkapitalgesellschaften, S. 17 ff.; *Fritzenweiler, Pfister, Summerer*, S. 106. Dort ist die alte Bundesliga, die wie die heutige Fußballbundesliga lediglich in der Rechtsform des Idealvereins betrieben wurde, durch ein *Franchise-System* ersetzt worden, um die Finanzkrise der deutschen Eishockeyliga (DEL), die Anfang 1990 einsetzte, zu beseitigen. Dazu mußten die Altvereine ihre Eishockeyprofiabteilungen auf eine Sportkapitalgesellschaft in der Rechtsform einer GmbH verselbständigen. Zwischen Altverein und der Sport-GmbH besteht seitdem nur noch eine schuldrechtliche Beziehung i. S. eines *Kooperationsvertrages*. Der Eishockeydachverband (DEB) hat zur Verwaltung der neuen Strukturen eine DEL-Liga-GmbH als alleiniger Gesellschafter gegründet und sichert die Durchsetzung der Ligastatuten, insbesondere das Lizenzverfahren, über einen *Franchise-Vertrag* zwischen der DEL-GmbH und den nunmehr als GmbH geführten Eishockeyabteilungen der Vereine. Ähnliche Strukturen nimmt auch schon die Fußballbundesliga an (FAZ v. 18.10.99, 28.11. u. 19.12.2000) und sind auch in der Basketball- und Handballbundesliga anzutreffen. Siehe auch die Organisation der amerikanischen Profisportligen, insbesondere der NBA, dargestellt bei *Klingmüller*, SpuRt 98, S. 177

ist nur eines von Belang: Es wäre mit den Gläubigerschutzintentionen des Kapitalgesellschaftsrechts nicht zu vereinbaren, wenn die Vereine mit schuldrechtlichen Mitteln einen Einfluß auf die Sportkapitalgesellschaft ausüben könnten, der ihnen mit den Mitteln des Gesellschaftsrechts (insbesondere der Mehrheitsbeteiligung) nach den vorangegangenen Untersuchungen versagt ist. Im Hinblick auf die *Steuerungsfunktion* des Mindestkapitals ist es aus Sicht der Gläubiger der Kapitalgesellschaft nämlich unerheblich, ob sich eine am unternehmerischen Verlustrisiko orientierte Unternehmenspolitik deshalb nicht etablieren kann, weil das Mindestkapital von einem nichtwirtschaftlichen Verein ohne dahinterstehende natürliche Personen mit einem vermögensmäßigen Verlustrisiko aufgebracht wird oder der Gesellschaft zwar von natürlichen Personen mit einem entsprechenden Risikobewußtsein zur Verfügung gestellt wird, deren Einflußmacht auf die Geschäftspolitik ihrer Gesellschaft aber weitgehend leerläuft, weil sich die Sportkapitalgesellschaft im Rahmen der Auslagerung umfangreichen schuldrechtlichen Bindungen gegenüber dem Stammverein unterworfen hat. In beiden Fällen ist das Mindestkapital zwar formal vorhanden, in beiden Fällen läuft es im Ergebnis aber leer, weil der gläubigerschützende partielle Interessengleichlauf zwischen den Eigen- und Fremdkapitalgebern nicht besteht bzw. nicht durchsetzbar ist.

Diese Problematik wurde im Vereinsrecht, soweit ersichtlich, bisher noch nicht angesprochen. Die Frage ist jedoch im Haftungs-, insbesondere im Konzernhaftungsrecht, Gegenstand lebhafter Auseinandersetzungen[666]. Dort ist nämlich umstritten, ob das Eingreifen des Konzernrechts oder eines sonstigen Haftungsdurchgriffs eine gesellschaftsrechtliche Verbindung zwischen den beteiligten Rechtssubjekten voraussetzt oder ob eine schuldrechtliche Beziehung genügt, sofern diese zu einer vergleichbaren Kooperationsdichte führt[667]. Ausgangspunkt der Überlegungen ist die Erkenntnis, daß sich in der wirtschaftlichen Praxis in zunehmendem Maße Vertragsgestaltungen nachweisen lassen, die zu erheblichen Abhängigkeiten einer Partei von der anderen führen[668]. Das Bedürfnis, schuld-

---

ff. Die NBA als Dachverband in der Rechtsform eines nicht eingetragenen gemeinnützigen Vereins schließt mit seinen Mitgliedern, den Basketballclubs, die Privatpersonen gehören oder als Gesellschaften in der Rechtsform der corporation oder limited Partnerchip organisiert sind, Franchise-Verträge. Ein System von Auf- und Abstieg gibt es dort nicht. Zur NBA-Teilnahme ist im wesentlichen berechtigt, wer den Franchise-Preis zahlt.

[666] *Teubner*, ZHR 154, 295 ff.; *Nagel*, DB 89, S. 1505 ff.; *Martinek*, S. 633 ff.; *Ehricke*, ZGR 96, 301, 319.

[667] Zum Streitstand vgl. *Emmerich/Sonnenschein*, § 1 III 1; *Teubner*, ZHR 154, S. 295, 317 f. Fn. 97 m.w.N .; *Nagel*, DB 89, 1505, 1507. Anknüpfungspunkt der Diskussion ist die Fallgruppe der *wirtschaftlichen Abhängigkeit* i. S. v. § 17 AktG.

[668] *Ehricke*, aaO., S. 319: Zu denken ist an bestimmte Formen des Franchising, sonstige Langzeitverträge (etwa Bierbezugsverträge) oder an Just-in-Time-Vereinbarungen, die das Problem wohl am besten verdeutlichen. Das JIT-Konzept ist insbesondere in der fertigungsintensiven Automobilindustrie verbreitet. Dahinter verbirgt sich eine auf Kostendruck zurückzuführende Produktions- und Logistikstrategie, die darauf angelegt ist, eine unternehmensübergreifende Organisationseinheit (vom Zulieferer bis zum Hersteller) entstehen zu lassen, mit dem Ziel, ei-

rechtlich begründete Abhängigkeiten in die hier untersuchte Frage zur Lösung des Rechtsformproblems bei den Idealvereinen einzubeziehen, ist genauso greifbar, wie im Konzern- und Haftungsrecht, weil das Gefahrenpotential in beiden Fällen vergleichbar ist. Denn die (Teil)-"Selbstauflösung" einer Organisation - hier des Idealvereins mit wirtschaftlichem Geschäftsbetrieb - in eine Vielzahl von einzelvertraglichen Regelungen mit der verselbständigten Kapitalgesellschaft führt formal dazu, daß sich auch die Haftung des Vereins in die Haftung der Kapitalgesellschaft "auflöst", und das, obwohl enge schuldrechtliche Kooperationsbeziehungen sämtliche Externalitätsprobleme *formaler* Organisationen ebenso aufweisen[669]. Insbesondere die Interessen der Gläubiger der schuldrechtlich abhängigen Kapitalgesellschaft können in vergleichbarer Weise wie bei einer gesellschaftsrechtlich vermittelten Abhängigkeit berührt sein[670].

Eine Lösung, die davon ausgeht, man könne das Rechtsformproblem der Bundesligavereine durch Verselbständigung der wirtschaftlichen Geschäftsbetriebe auf Sportkapitalgesellschaften unter Sicherung des Einflusses der Vereine auf schuldrechtlichem Wege erreichen, sieht sich damit derselben Kritik ausgesetzt, die schon gegenüber der Mehrheitsbeteiligung besteht. Wenn man die Steuerungsfunktion des Haftungsrechts - hier der Bestimmungen über die Aufbringung und Erhaltung des Mindestkapitals - ernst nimmt, bedeutet die alleinige Haftung der Sportkapitalgesellschaft für die Risiken des Fußballprofibereichs eine *Fehlsteuerung*, weil der Steuerungsadressat falsch gewählt ist. Denn das Zentrum der Unternehmenssteuerung würde bei einer engen schuldrechtlichen Kooperation beim Idealverein verbleiben. Zumindest besteht die Gefahr, daß bei einer engen schuldrechtlichen Beziehung im kapitalgesellschaftsinternen Willensbildungs- und Ent-

---

ne lagerbestandsarme Fließfertigung entlang der gesamten logistischen Kette zu verwirklichen; *Nagel*, DB 89, 1505, 1509. Um das in ihren Lagern gebundene Kapital abzubauen, zwingen die Hersteller die Zulieferer im Liefervertrag zu einer Synchronisierung von Lieferung und Fertigung, d. h. zu einer takt- und sequenzbezogenen Belieferung mit Teilen in der richtigen Einbaureihenfolge, zum exakten Einbauzeitpunkt und an das richtige Montageband ("Just-in-Time"). Das zwingt die Zulieferer, ihre eigene Produktionsplanung und -organisation den Herstellerbedürfnissen anzupassen bis hin zur Verlegung des Produktionsortes. Im Extremfall sind Hersteller und Zulieferer durch eine Standleitung für die Datenübermittlung miteinander verbunden, über die Impulse entsprechend dem Fertigungsfortschritt beim Hersteller an den Zulieferer ausgelöst werden und bei ihnen die Fertigung von Zulieferteilen auslösen. Die Planungs- und Handlungsspielräume des Zulieferers entsprechen damit inzwischen nur noch den Befugnissen der Leitungsebene in einer ausgelagerten Betriebsabteilung des Herstellers. Zur JIT-Vereinbarung zusammenfassend *Nagel*, aaO.

[669] Vgl. *Teubner*, ZHR 154, 295, 296. Gemeint sind Probleme der organisierten Verantwortungslosigkeit (Moral Hazard), wie interne Einigungen zu Lasten Dritter, Handlungskollektivierungen, ohne gleichzeitige Kollektivierung der Verantwortlichkeit, Risikosteigerung und Risikoverschiebung. Das hat dazu geführt, daß besonders enge schuldrechtliche Vertragsbeziehungen in der Vergangenheit vom Reichsgericht sogar als "gesellschaftsähnlich" mitsamt analoger Anwendung des Gesellschaftsrechts qualifiziert wurden; vgl. RGZ 65, 37; 78, 365; 92, 201; 95, 166.

[670] *Teubner*, aaO, S. 297; *Ehricke*, ZGR 96, 301, 319; *Martinek*, S. 640 ff.

scheidungsprozeß Fremdinteressen des Vereins die Eigeninteressen der Kapitalgesellschaft in vergleichbarer Weise wie bei einer Mehrheitsbeteiligung überlagern und damit die Autonomie der Gesellschaft beschneiden[671]. Obwohl der Verein das Steuerungszentrum des wirtschaftlichen Geschäftsbetriebes bleibt, wird er aber wegen der formalen Trennung von Steuerungssignalen des Haftungsrechts nicht erreicht[672]. Er darf davon aber auch nicht erreicht werden, weil der Verein für wirtschaftliches Handeln nicht die richtige Haftungsverfassung mangels vermögensmäßiger Beteiligung der Vereinsmitglieder aufweist. Insofern ist diese Konstruktion zwar mit dem bürgerlichen Vereinsrecht zu vereinbaren. Da der Verein jedoch bei einer engen schuldrechtlichen Beziehung zur Sportgesellschaft weiterhin den wirtschaftlichen Geschäftsbetrieb steuert, käme es zu einer vom Kapitalgesellschaftsrecht nicht gewollten Fehlsteuerung hinsichtlich der Interessen der Gläubiger und Gesellschafter dieser Kapitalgesellschaft, so daß diese Konstruktion zumindest aus dem Blickwinkel des Handelsvereinsrechts abzulehnen ist.

An dieser Stelle zeigt sich eine weitere Schwäche der Lehre von der "konzernrechtlichen Zurechnung" im Zusammenhang mit der Verselbständigung wirtschaftlicher Geschäftsbetriebe von Idealvereinen. Die im Konzernrecht herrschende Ansicht spricht sich nämlich gegen eine Einbeziehung schuldrechtlicher Austauschbeziehungen in konzernrechtliche Abhängigkeitstatbestände aus[673]. Wenn der im Konzernrecht herrschenden Auffassung zur Ausklammerung von schuldrechtlichen Abhängigkeiten aus dem Konzernhaftungsrecht gefolgt werden muß, was hier nicht untersucht werden soll, vermag die Auffassung von der "konzernrechtlichen Zurechnung" solche Fallgestaltungen nicht sachgerecht zu lösen und das, obwohl die Gefährdungslage für die Gläubiger der Fußballkapitalgesellschaft vergleichbar ist mit der Situation, in der die Sportgesellschaft als Tochtergesellschaft des Idealvereins auftritt.

Die Auslagerung der Fußballprofiabteilung auf eine selbständige Kapitalgesellschaft erweist sich somit auch dann als problematisch, wenn der Stammverein lediglich schuldrechtlich mit der Fußballkapitalgesellschaft verbunden ist. Das muß zumindest dann gelten, wenn die schuldrechtliche Beziehung so eng ist, daß sie dem Idealverein einen ähnlichen Einfluß auf die Unternehmenspolitik der Kapitalgesellschaft eröffnet wie bei einer Mehrheitsbeteiligung. Unter dem Aspekt der Steuerungsfunktion des Mindestkapitals stellt sich eine Verselbständigung des

---

[671] Vgl. *Nagel*, DB 89, 1505, 1507.

[672] Vgl. *Teubner*, aaO. S. 298. Mit Steuerungssignalen sind haftungsrechtliche Sanktionen, etwa in Form von Schadensersatz gegenüber den Gläubigern der Kapitalgesellschaft gemeint.

[673] Als Grund dafür wird angeführt, daß die Regelung des Nachteilsausgleichs in § 311 ff. AktG nur auf gesellschaftsrechtlich begründete Abhängigkeiten passe, weil eine schuldrechtlich begründete Abhängigkeit von der abhängigen Gesellschaft gewissermaßen selbst verschuldet sei, so daß die daraus entstehenden Nachteile auch selbst zu tragen wären. Im übrigen würde die Nachteilsausgleichspflicht nach §§ 311 ff. AktG unzumutbar ausufern oder zu Rechtsunsicherheit führen, wenn man schuldrechtliche Beziehungen dafür ausreichen ließe. Vgl. *Nagel*, DB 89, 1505, 1507.

wirtschaftlichen Geschäftsbetriebes unter schuldrechtlicher Einflußnahme des Stammvereins als *Umgehungstatbestand* gegenüber der als unzulässig erkannten gesellschaftsrechtlichen Mehrheitsbeteiligung des Muttervereins dar[674].

Es ist jedoch zu bedenken, daß sich die aufgrund schuldrechtlicher Bindungen vom Stammverein abhängige Fußballkapitalgesellschaft im Gegensatz zur gesellschaftsrechtlich abhängigen Tochtergesellschaft durch Kündigung des/der die Abhängigkeit auslösenden Vertra(ä)ge(s) vom Mutterverein loslösen kann. Sollten die Anteilsinhaber der Fußballkapitalgesellschaft mit den Einflußnahmen seitens des Stammvereins nicht einverstanden sein, weil sie dadurch negative Rückwirkungen auf ihre vermögenswerten Anteilsrechte befürchten, können sie sich für eine Kündigung der Verträge aussprechen und ihre Geschäftsführung entsprechend anweisen. Sollten die Verträge eine ordentliche Kündigungsmöglichkeit nicht vorsehen, bliebe der Fußballkapitalgesellschaft jedenfalls das bei Dauerschuldverhältnissen unabdingbare Recht zur außerordentlichen Kündigung[675]. Ein außerordentlicher Kündigungsgrund ist spätestens dann anzunehmen, wenn die Einflußnahmen des Stammvereins die finanziellen Grundlagen der Fußballgesellschaft gefährden.

Damit zeigt sich, daß sich das Risikoempfinden der Gesellschafter hinsichtlich des Verlustes des von ihnen aufgebrachten Kapitals bei dieser Gestaltungsform im Gegensatz zur Mehrheitsbeteiligung eines Idealvereins zumindest ansatzweise zum Schutz der Gläubiger der abhängigen Fußballgesellschaft durchsetzen ließe, so daß es zu dem vom Gesetz gewollten partiellen Interessengleichlauf zwischen Eigen- und Fremdkapitalgebern käme, weil die Steuerungsfunktion des Mindestkapitals erhalten bliebe. Was bleibt, ist die Frage, ob die Möglichkeit der Anteilsinhaber, bei Unzufriedenheit über die Einflußnahmen des Vereins auf die Kündigung des schuldrechtlichen Bandes hinzuwirken, ausreichend ist, um die zum Schutz der Gläubiger nötige Steuerungsfunktion des Mindestkapitals zu entfalten. Sicher wird die Steuerungsfunktion des Mindestkapitals bei einer schuldrechtlichen Abhängigkeit in einem höheren Maß sichergestellt als bei einer gesellschaftsrechtlichen Abhängigkeit der Fußballkapitalgesellschaft. Andererseits ist es in diesem Fall weniger gewährleistet, daß das Verlustrisikoempfinden der Gesellschafter zum Schutz der Gläubiger vor riskanten Geschäften durch Kündigung (oder Drohung damit) auch umgesetzt wird, als es bei einer unabhängigen Kapitalgesellschaft der Fall ist. Hier nehmen die Anteilsinhaber aktiv und damit gleichsam präventiv auf die Unternehmenspolitik Einfluß, während sie bei einer schuldrechtlich abhängigen Gesellschaft im wesentlichen nur reaktiv auf die vom Stammverein vorgegebenen Unternehmensziele reagieren können. Allenfalls potentielle Sezessionsdrohungen durch die Teilhaber mögen den Verein präventiv dazu anreizen, allzu riskante Geschäfte mittels der schuldrechtlich abhängigen

---

[674] Vgl. *Ehricke*, aaO, S. 319.
[675] Vgl. Palandt/*Heinrichs*, Einl. § 241 Rn. 18.

Kapitalgesellschaft gar nicht erst vorzunehmen. Ob sich dadurch die Verhinderung überriskanter Geschäfte im erforderlichen Umfang steuern läßt, erscheint fraglich. Solange die Beziehung zwischen Stammverein und Kapitalgesellschaft nur Gegenstand einer losen Kooperation sein sollte, wäre gegen eine derartige Gestaltung jedoch nichts einzuwenden.

D. Unlösbare Divergenz zwischen sportpolitischem Bedürfnis und Rechtsformzwang?

Es wurde bereits angedeutet, daß die herausgearbeiteten Vorschläge zur Lösung der Rechtsformverfehlung bei den Idealvereinen[676] möglicherweise mit sportpolitischen Interessen nicht in Einklang zu bringen sein könnten. Es darf aber nicht sein, daß das Recht eine Lösung vorgibt, die zentrale Belange des zu regelnden Bereichs, so sie denn berechtigt sind, nicht einzubeziehen vermag. In diesem Fall könnte man schwerlich von einer "Lösung" sprechen, es würde sich vielmehr die Einschätzung des Generalsekretärs der UEFA, Gerhard Aigner, bewahrheiten: "Die Juristen finden zusehends den Weg in den Fußball und hauen alles um!"[677]. Aufgabe des Juristen muß es vielmehr sein, einen Kompromiß zwischen rechtlichem Gebot und sportlichem Bedürfnis herauszuarbeiten.

Das Hauptbedenken gegen die hier verfolgten Lösungsansätze besteht darin, daß mit einer Abnabelung des Profisports vom ideellen Bereich eine endgültige Kapitulation des Sports vor kommerziellen Zwängen mit ihren vermeintlichen negativen Auswirkungen für den sportlichen Wettbewerb verbunden sein könnte[678]. Ein Freibrief zur Kommerzialisierung führt möglicherweise dazu, daß sich der bereits bestehende wirtschaftliche Abstand zwischen den Vereinen weiter vergrößert und damit auch die sportliche Chancengleichheit noch stärker beeinflußt, was der Attraktivität des Sports insgesamt schaden würde, weil die spannungserzeugende Zufälligkeit von Sportergebnissen nicht mehr gewährleistet wäre. Skepsis gegenüber den vorgeschlagenen Lösungen rührt auch aus der Überlegung her, daß die Gefahr von "sportfeindlichen Übernahmen", sei es durch konkurrierende Sponsoren oder gar sportliche Mitbewerber, eröffnet werden könnte, wenn der Stammverein nicht mehr die Beteiligungsmehrheit an der ausgegliederten Gesellschaft halten kann oder gar "amerikanische Verhältnisse" drohten, wo regelmäßig ein-

---

[676] Ausgliederung der wirtschaftlichen Geschäftsbetriebe nach § 123 III UmwG mit einer Minderheitsbeteiligung des Stammvereins, Abspaltung des wirtschaftlichen Geschäftsbetriebes nach § 123 II UmwG sowie Ausgliederung des Geschäftsbetriebes ohne jegliche gesellschaftsrechtliche Beteiligung des Stammvereins, ergänzt durch eine lose einflußausschließende schuldrechtliche Beziehung.

[677] Nachweis bei *Streinz*, SpuRt 98, S. 1.

[678] Vgl. *Wagner*, NZG 99, 469, 470. Persönliches Gespräch mit Herrn Dr. Englisch, DFB-Zentrale Frankfurt, vom 29.08.2000.

zelne Klubs als Gesamtheit den Eigentümer wechseln[679]. Insbesondere besteht die Gefahr, daß ein Kapitalgeber, der an mehreren Vereinen beteiligt ist, seinen Einfluß auf die Vereine ausnutzen könnte, um die für ihn wirtschaftlich günstigsten Ergebnisse zu erzielen, was zur Manipulation der sportlichen Resultate führen könnte[680]. Nicht zu vergessen ist das "Ein-Platz-Prinzip", das durch eine Verselbständigung des Profisports ausgehöhlt werden könnte. Als praktisch problematisch könnte sich die Verselbständigung des Ligasports in Kapitalgesellschaften auch im Hinblick auf das System des Auf- und Abstiegs darstellen. Da außerhalb der Fußballbundesligen Kapitalgesellschaften nicht zum Spielbetriebe zugelassen sind, könnte es beim Abstieg der Profimannschaft in den Amateurbereich zu einer gesellschaftsrechtlich unerwünschten "Mantelverwertung"[681] kommen, weil der kapitalgesellschaftsrechtliche "Mantel" der Fußballgesellschaft nicht mehr benötigt wird[682]. Letztlich würde das System von Auf- und Abstieg mehr und mehr in Frage gestellt und am Ende möglicherweise ganz abgeschafft werden, was dem Ligasport viel von seinem sportlichen Reiz nähme.

I. Sportspezifische Modifikationen des Kapitalgesellschaftsrechts

Soweit der Markt nicht selbst dazu in der Lage sein sollte, die o. g. Bedenken gegen die Verselbständigung von Profisportabteilungen auszuräumen, könnte man daran denken, die Normativbedingungen des Kapitalgesellschaftsrechts um sportspezifische Vorschriften für Sportkapitalgesellschaften zu ergänzen. Bevor auf verschiedene Modifikationen des Gesellschaftsrechts zugunsten von Sportka-

---

[679] Vgl. *Heermann*, ZIP 98, 1249, 1254; *Segna*, ZIP 97, 1901, 1904.

[680] Vgl. die "Lex-Ufa" (§ 8 Nr. 4 Abs. 4 DFB-Satzung). Die Ufa Sports-GmbH hat in mehreren Vereinen der Bundesliga u.a. auch beim HSV und Hertha BSC Berlin die Geamtvermarktung übernommen. Beide Mannschaften trafen am letzten Spieltag der Saison 98/99 zusammen. Die Ufa hatte in die Gremien beider Vereine Vertreter entsandt. Da vom DFB befürchtet wurde, die Ufa könnte aus wirtschaftlichen Erwägungen ihren Einfluß zur Manipulation des sportlichen Ergebnisses zwecks Teilnahme eines der Vereine an der Champions League mißbrauchen, wurde die "Lex Ufa" erlassen, wonach Vertreter einer Gesellschaft, die zu mehreren Klubs Beziehungen pflegt, nicht in den Entscheidungsgremien mehrerer Klubs vertreten sein dürfen.

[681] Dazu *K. Schmidt*, GesR, § 4 III.

[682] Prominentes Beispiel ist das Schicksal von TeBe Berlin, die dank einer Millionenunterstützung durch die Göttinger Gruppe 1998 ohne Niederlage den Aufstieg aus der Regionalliga in die 2. Bundesliga schafften und dort auf dem Sprung in die 1. Bundesliga in der Saison 99/00 zunächst in sportliche und später finanzielle Turbulenzen wegen des Finanzskandals um die Göttinger Gruppe gerieten. Das führte dazu, daß der als KGaA organisierte Klub trotz sportlicher Qualifikation aus wirtschaftlichen Gründen nicht mehr die Lizenz zur Teilnahme an der 2. Liga vom DFB erhielt. Am Spielbetrieb der Regionalliga kann TeBe aber nur durch den Stammverein teilnehmen.; FAZ u. SZ v. 07.06.00 u. FAZ v. 19.07.00.

pitalgesellschaften einzugehen ist, soll ein Überblick über die Entwicklung des Berufsfußballs im europäischen Ausland gegeben werden[683].

1. Berufsfußball in Europa[684]

a) England

Die beiden rivalisierenden Fußballverbände Englands, die 1863 als Zusammenschluß südenglischer Vereine gegründete und nach einem Beschluß der 92 Ligaclubs vom 29.06.1991 für die Organisation der Premiere League allein zuständige Football Association (FA) und die 1888 aus 12 nord- und mittelenglischen Vereinen hervorgegangene Football League (FL) gewähren ihren Klubs in der 1. bis 4. Spielklasse seit jeher eine Wahlfreiheit hinsichtlich ihrer Organisationsform[685]. Diese Freiheit wurde 1896 zum ersten Mal genutzt, als die ersten Vereine eine Umwandlung von nicht rechtsfähigen *private social clubs* in *limitid liability companies* (LLC) vornahmen, um unter dem Einfluß einer ständig wachsenden Kommerzialisierung eine Haftungsbeschränkung herbeizuführen[686]. Als letzter Klub hat sich Nottingham Forrest 1982 als Kapitalgesellschaft organisiert, so daß heute alle 92 englischen Klubs der obersten vier Ligen (Premier League, First, Second und Third Division) als Kapitalgesellschaften geführt werden. Der *Companies Act* von 1985 unterscheidet die LLC in eine *company limited by shares,* bei der die Haftungsbeschränkung durch die Übernahme und Einzahlung von Geschäftsanteilen erreicht wird und die *company limited by guarantee,* bei der die Mitglieder keine Einlage leisten, sondern ihre Haftung bis zu einem im Gesellschaftsvertrag festgelegten Betrag garantieren[687]. Als Unterformen der LLC unterscheidet der Companies Act die *private limited company* (Ltd), die in etwa der deutschen GmbH entspricht[688] und deren Haftungsverfassung mehrheitlich von den englischen Fußballclubs gewählt wurde, und die *public limited company,* die weitestgehend der deutschen Aktiengesellschaft entspricht[689]. Als erster Klub hat

---

[683] Ausführlich dazu *Malatos,* S. 65 ff.; *Fuhrmann,* S. 96 ff.; *M. Müller,* S. 120 ff.

[684] Eine gute Darstellung der Entwicklung von Fußballkapitalgesellschaften auch über die hier behandelten Länder hinaus findet sich bei *Zacharias,*S. 57 ff.

[685] Zur Geschichte des Fußballs in England ausführlich *Fuhrmann,* S. 96 f.; *Malatos,* S. 68; *Wagner,* NZG 99, 469, 470.

[686] *Malatos,* aaO; *Fuhrmann,* S. 99 in Fn. 455, der darauf hinweist, daß diese Gestaltungsform die einzige Rechtsformalternative im Hinblick auf eine Haftungsbeschränkung war, weil das englische Recht keine dem deutschen Idealverein vergleichbare Rechtsform kennt.

[687] *Fuhrmann,* S. 101 f. Praktisch durchgesetzt hat sich allerdings die company limited by shares, die von allen 92 englischen Vereinen gewählt wurde.

[688] Der Gesellschafterkreis repräsentiert den Durchschnitt der englischen Bevölkerung, wobei die zahlenmäßig größte Gruppe von Arbeitern gestellt wird, der wertmäßig größte Anteil sich allerdings auf wohlhabende Geschäftsleute verteilt; *Fuhrmann,* S. 99.

[689] *Malatos,* S. 68; *Fuhrmann,* S. 102.

Tottenham Hotspur 1983 den Weg an die Börse gewagt. Insgesamt sind bisher 18 englische und zwei schottische Klubs an der Londoner Börse notiert[690]. Um die Kommerzialisierung im Fußball nicht vollständig zu Lasten des Solidargedankens im Sport sich selbst zu überlassen, hat die FA bzw. FL verschiedene Beschränkungen mit Hilfe der Verbandsstatuten durchgesetzt[691]. Zu nennen ist einmal die Beschränkung der Gewinnausschüttung auf zunächst 5 %, später 15 %, des Nennbetrages der Beteiligung[692], die Einführung von Pool-Systemen, um die Einnahmen aus dem Berufsfußball möglichst gleichmäßig auf die Klubs zu verteilen[693] und insbesondere das Verbot des Aktienerwerbs an mehreren Klubs nach Art. 78 der FL-Statuten[694]. Der Einfluß der FA und FL auf Organisation und Finanzierung der Klubs wurde allerdings im Laufe der Jahre auf Druck und zugunsten der großen Klubs immer mehr zurückgedrängt[695].

b) Italien

In Italien wurden die bis dahin als nicht rechtsfähige Vereine organisierten Fußballklubs anders als in England zunächst durch eine Direktive des Italienischen Fußballverbandes FIGC (Federazione Italiana Giuoco Calcio) von 1966[696] und später durch ein Gesetz von 1981 dazu *verpflichtet,* sich in eine Kapitalgesellschaft umzuwandeln, wenn sie mit Berufssportlern Arbeitsverträge abschließen[697]. Zu den Besonderheiten des italienischen Sportrechts gehört es, daß die Sportver-

---

[690] Der Aktionärskreis setzt sich aus Kleinanlegern, lokalen Geschäftsleuten und in zunehmendem Maße institutionellen Anlegern zusammen. Seit 1996 ist zu beobachten, daß es auch im Fußballbereich zu verschiedenen Übernahmen bzw. Übernahmeversuchen an der Börse gekommen ist. Allen voran ist der Investment Trust Enic zu nennen, der in verschiedenen europäischen Ländern Anteile an Fußballgesellschaften erwirbt, um die Anteile durch Vermarktung des Clubs insbesondere über das Fernsehen im Wert zu steigern. Große Aufmerksamkeit hat der letztlich an der britischen Wettbewerbsbehörde gescheiterte Übernahmeversuch von Manchester United in Höhe von 1,8 Milliarden DM durch die Fernsehgesellschaft BSkyB erzeugt, die zu 40 % der von Rupert Murdoch kontrollierten Gesellschaft News International gehört und die die Übertragungsrechte an der Premiere League bis zum Jahre 2001 hält.

[691] *Malatos,* S. 69, der darauf hinweist, daß nach Art. 43 FA-Rules ein englischer Fußballklub für die Teilnahme am Ligabetrieb erforderliche Verbandsmitgliedschaft nur erhält, wenn der Club die gesellschaftsrechtlichen Vorgaben des Verbandes beachtet; *Fuhrmann,* S. 105.

[692] *Fuhrmann,* S. 105 f.

[693] *Fuhrmann,* S. 107. Diese Regelung wurde auf Druck der großen Klubs 1983 abgeschafft. Vgl. den Parallelstreit in Deutschland um die Verteilung der Gelder aus der zentralen Vermarktung der Fernsehrechte.

[694] *Malatos,* S. 69.

[695] *Fuhrmann,* S. 108.

[696] dessen Verfassungsmäßigkeit vom italienischen Kassationsgericht im Hinblick auf die Vereinigungsfreiheit abgelehnt wurde, *Malatos,* S. 70.

[697] *Malatos,* S. 69 ff.; *Fuhrmann,* S. 118.

bände als öffentlich-rechtliche Organisationen angesehen werden[698]. Das Gesetz von 1981 ließ den Vereinen die Wahl zwischen einer Gesellschaft in der Form der *società per azioni (s.p.a.)*, die erhebliche Gemeinsamkeiten mit der deutschen Aktiengesellschaft aufweist, und der *società a responsabilità limitata (s.r.l.)*, eine mit der deutschen GmbH verwandte Rechtsform[699]. Das Gesetz normierte allerdings einige sportspezifische Besonderheiten, wie das Verbot der Gewinnausschüttung und eine damit einhergehende Reinvestitionspflicht erwirtschafteter Gewinne[700]. In seiner Direktive von 1966 hat das FIGC z. B. vorgesehen, daß nur Namensaktien ausgegeben werden dürfen und Aktieninhaber eines Klubs oder Funktionäre der FIGC keine Aktien anderer Klubs erwerben dürfen[701]. Da das Gewinnausschüttungsverbot zunehmend als Hindernis angesehen wurde, um Fußballgesellschaften einem breiten Publikum gegenüber Attraktivität zu verleihen[702], erließ man 1996 ein Gesetz, das die italienischen Fußballgesellschaften in herkömmliche Kapitalgesellschaften mit Gewinnausschüttungsrecht umwandelte, was die Börsenpläne einiger Klubs vorantrieb[703].

c) Frankreich

Bis zum Jahre 1984 war die Diskussion um die Einordnung der Fußballklubs als ideell-karitative Verbände oder wirtschaftlich tätige Zusammenschlüsse in Frankreich mit der heutigen Problematik in Deutschland vergleichbar. Durch Gesetz von 1984 wurde bestimmt, daß Sportvereine ihre Profiabteilungen auf eine Aktiengesellschaft ausgliedern *können* bzw. *müssen*, wenn ihre Einnahmen aus Eintrittsgeldern und Ausgaben für die Entlohnung der Berufssportler eine durch Dekret des Finanzministers festgelegte Höchstsumme jeweils übersteigen. Es stehen dafür zwei verschiedene Formen der AG zur Verfügung. Zum einen die *société d' éconic mixte sportive locale*, bei der neben Privatpersonen auch die Kommune am Gesellschaftskapital beteiligt ist, und zum anderen die *société à objekt sportif,* eine ausschließlich private Sportaktiengesellschaft[704]. Das geltende

---

[698] was allerdings sehr umstritten ist. Nach überwiegender Ansicht wird das Nationale Olympische Komitee (Coni) als Körperschaft des öffentlichen Rechts aufgefaßt, und die Sportverbände, wozu auch die FIGC gehört, als Organe des Coni angesehen. Akte der Sportverbände sind damit als öffentlich-rechtliche Regelungen oder Verwaltungsakte anzusehen, was zu einer erheblichen Einflußmacht mit starken Kontrollkompetenzen der Verbände führt. Ähnlich sind die Verhältnisse in Frankreich. Vgl. dazu *Malatos*, S. 20 ff. und S. 77.

[699] *Fuhrmann*, S. 118.

[700] *Fuhrmann*, S. 118; *Malatos*, S. 70.

[701] *Malatos*, S. 72.

[702] Gesellschafter waren bis Anfang der 90er Jahre ausschließlich wohlhabende Privatleute wie Massimo Moratti bei Inter Mailand, die Familie Agnelli bei Juventus Turin und Silvio Berlusconi beim AC Mailand; *Fuhrmann*, S. 118.

[703] *Fuhrmann*, aaO.

[704] *Malatos*, S. 77, *Fuhrmann*, S. 120.

Recht der Sportaktiengesellschaft enthält viele sportideelle Beschränkungen, wie das Verbot der Dividendenausschüttung und Reinvestitionspflicht von Gewinnen, der Pflicht zur Ausgabe von Namensaktien und der obligatorischen Mehrheitsbeteiligung des Amateurvereins[705]. Da diese Beschränkungen zunehmend als nachteilig für die Finanzierung der Fußballaktiengesellschaften über den privaten Kapitalmarkt empfunden werden, sind Neuregelungen angekündigt worden, die die bestehenden Restriktionen abschaffen sollen, damit die französischen Klubs im internationalen Wettbewerb aufgrund einer besseren Finanzierung bestehen können[706].

d) Spanien

Der Sport in Spanien und insbesondere der Fußballsport wird als Reaktion auf die desolate Vereinsführung und die zunehmende Verschuldung der Vereine wesentlich durch das Sportgesetz von 1990 und durch Königliche Dekrete von 1991 und 1995 rechtlich geregelt[707]. Mit dem Sportgesetz wurden die Strukturen des Sports umfassend erneuert und erstmals eine Trennung von Amateur- und Berufssport geschaffen. Insbesondere die Möglichkeiten der staatlichen Aufsicht und Kontrolle über die Sportverbände wurden verschärft[708]. Im Zentrum der Neuregelung steht eine Vorschrift, wonach sich die Klubs in den höchsten Spielklassen im professionellen Fußball ab 1992 grundsätzlich in die Rechtsform einer *Sociedad Anónima Deportiva (SAD)* als Sonderform der spanischen Sociedad Anónima (SA), also als Sportgesellschaft in der Rechtsform einer AG, umwandeln müssen[709]. Die Organisation und Lizenzierung des Berufssports obliegt, ähnlich wie in Italien und Frankreich, einer staatlichen Behörde, der Consejo Suprior de Deportes (CSP), die als oberste spanische Sportbehörde dem Erziehungs- und Wissenschaftsministerium untergeordnet ist, sowie dem 1913 gegründeten Fußballverband Real Federaciòn Espanolo de Fútbol (RFES) und der 1986 gegründeten Berufsfußballliga, der Liga Nacional de Fútbol Profesional (LFP)[710]. Die Fußballgesellschaften gehören deshalb zu den am stärksten kontrollierten Handelsgesellschaften in Spanien.

---

[705] *Malatos*, S. 78; *Fuhrmann*, aaO.

[706] *Fuhrmann*, aaO.

[707] *Galli*, SpuRt 98, 18, 22 ff.

[708] *Galli*, aaO.

[709] *Galli*, aaO. Ausnahmen gelten nur für wirtschaftlich gesunde Klubs (die in den Jahren von 1986 bis 1991 über ein positives Nettovermögen verfügten), die die bisher übliche Rechtsform eines Vereins beibehalten können.

[710] *Galli*, aaO.

e) Griechenland

Bis zur Gründung der Profiliga 1979 waren alle Fußballvereine in Griechenland in der Rechtsform des eingetragenen Vereins organisiert. Mit Gesetz von 1979 mußten sich die Profimannschaften der ersten Division in Aktiengesellschaften (PAE) umwandeln. Vereine, die diese Umwandlungspflicht nicht erfüllen, können weiterhin in ihrer alten Rechtsform an Wettbewerben der unteren Divisionen teilnehmen. In die 2. oder 3. Division abgestiegene Fußballaktiengesellschaften brauchen nicht wieder die Rechtsform eines eingetragenen Vereins anzunehmen. Auf die Fußballaktiengesellschaft wird nach dem Gesetz von 1979 grundsätzlich das allgemeine Aktienrecht angewandt, daneben gilt das Verbandsrecht. Das Gesetz von 1979 enthält einige sportspezifische Besonderheiten, die die Fußballaktiengesellschaft von der normalen Aktiengesellschaft abgrenzt. Hervorzuheben ist die rechtliche Beziehung zwischen Fußballgesellschaft und Restverein. Nach dem Gesetz von 1979 darf der Idealverein höchstens 30 % der Aktien als Entschädigung für den Gebrauch seiner Sportanlagen und bis zu 10 % der Aktien für die Verwendung seines Namens und Zeichens an der Fußballaktiengesellschaft halten. Dabei handelt es sich um nicht übertragbare Vorzugsaktien, die den Amateurverein berechtigen, 5 bis 10 % der Bruttoeinnahmen der Fußballgesellschaft zu fordern. Das Kapital der Fußballgesellschaft besteht ausschließlich aus Namensaktien, wobei Vereinsmitglieder als Aktionäre bevorzugt werden, während andere Personen, wie Spieler, Schiedsrichter, Trainer, Totoagenturen, Aktieninhaber fremder Fußballgesellschaften und ihre Angehörigen vom Aktienerwerb ausgeschlossen sind. Die Aufsicht und Kontrolle wird wie bei allen anderen Aktiengesellschaften durchgeführt, mit der Besonderheit, daß nicht das Handels-, sondern das Sportministerium die oberste Aufsichtsbehörde ist[711].

2. Duale Ligaorganisation als Kompromiß zwischen Sport und Recht

Der Überblick über die rechtliche Regelung des Berufsfußballs in den Fußballländern Europas verdeutlicht, daß nur noch in Deutschland die Profifußballmannschaften nicht gezwungen werden, sich in der Rechtsform einer Kapitalgesellschaft zu organisieren[712]. Der Vergleich zeigt aber auch, daß ein Rechtsformwechsel in eine Kapitalgesellschaft nicht nur geboten, sondern praktisch auch durchführbar ist. Dazu war aber in allen Rechtsordnungen eine Anpassung sowohl der Verbandsstatuten als auch des staatlichen Rechts erforderlich. Auf den Sport, insbesondere den Berufssport, als sogenannten "dritten Sektor" zwischen Staat

---

711 Zu alledem, *Malatos*, S. 74 f.
712 Faktisch besteht trotz der Wahlfreiheit seitens der Verbände auch in England ein Zwang zur Gründung einer Kapitalgesellschaft, weil nur so eine Haftungsbeschränkung durchsetzbar ist, was angesichts der wirtschaftlichen Risiken des Berufsfußballs dringend geboten erscheint.

und Markt[713], läßt sich eben nicht mehr nur das ideelle Vereinsrecht ergänzt durch Verbandsinnenrecht anwenden, weil der Berufssport die Grenzen des Vereinsrechts (Nebentätigkeitsprivileg) und die Satzungsautonomie der Verbände[714] sprengt. Für den Berufssport kann das Handelsvereinsrecht aber auch nicht unbesehen übernommen werden, weil seine ausschließlich am wirtschaftlichen Prinzip orientierten Regeln sportspezifische Besonderheiten nicht ausreichend würdigen. Das Rechtsproblem besteht darin, die rechtlich notwendige Trennung zwischen rein ideellem Sport und Berufssport so zu vollziehen, daß die Nabelschnur zur gewachsenen Tradition des Vereinssports oder zumindest zu seinen idealen Zielen, nämlich dem Wettstreit zwischen Sportlern und nicht zwischen Konzernen, nicht vollständig durchschlagen wird. Es geht also darum, rechtlich die *Schnittstelle* zwischen ideellem und kommerziellem Sport zu definieren, damit beide Einheiten möglichst reibungslos zusammenarbeiten können[715]. Vielleicht mag man sich in einigen Jahren darüber wundern, daß heute so ein Bedürfnis für eine *Schnittstelle* geäußert wurde, weil sich bis dahin längst nicht nur im Recht, sondern auch im Denken die Erkenntnis durchgesetzt haben könnte, daß die am Spielbetrieb der Berufsligen teilnehmenden Sportabteilungen nichts weiter als einzelne Unternehmen der Unterhaltungsbranche sind, die am Gesamtunternehmen der Fußball-, Handball-, Basketball- oder Eishockeybundesliga teilnehmen[716], und deshalb auch rechtlich wie Unternehmen zu behandeln sind. Daß diese Prognose nicht unwahrscheinlich ist, läßt sich daran ablesen, daß heute schon Einigkeit darüber besteht, daß die Kommerzialisierung des Sports nicht mehr rückgängig zu machen ist und wohl in Zukunft noch weiter zunehmen wird[717]. Insofern verbirgt sich hinter der Schnittstellenproblematik nicht mehr als die Forderung, einen möglichst sanften Übergang des Berufssports aus den rechtlichen Regeln des ideellen Bereichs in die des kommerziellen Bereichs zu ermöglichen. Im Ausland hat man dafür verschiedene sportspezifische Regeln - sei es im Verbandsinnen-, sei es im staatlichen Recht - für erforderlich gehalten.

In Griechenland hat man auch für Kapitalgesellschaften die Möglichkeit des sportlichen Abstiegs in untere Klassen eröffnet. Es wurde bereits dargestellt, daß auch in Deutschland keine Gründe ersichtlich sind, warum das auch hier nicht möglich sein soll. Des weiteren wurden Poolsysteme eingeführt, um so den Solidargedanken zwischen den konkurrierenden Vereinen zu erhalten und damit die Attraktivität der Sportligen zu fördern. Besonders interessant und wohl unverzichtbar ist der völlige Ausschluß von bestimmten Personen (wie etwa Schieds-

---

[713] *Raupach*, SpuRt 95, 241, 242.

[714] S. dazu die Kritik an *Aldermann*, 2. Teil B I 3.

[715] *Raupach*, aaO, S. 241, 242 ff.

[716] In Amerika ist das längst der Fall (*Klingmüller*, SpuRt 98, 177 ff.), was nur wieder zeigt, daß Europa und speziell Deutschland die gewohnten 10 bis 20 Jahre in der Entwicklung hinterherläuft. Was aber ja nicht nachteilig sein muß, weil man so in der Lage ist, die Fehler, die die anderen vorgemacht haben, zu vermeiden.

[717] *Raupach*, aaO, S. 245 mit weiteren Nachweisen.

richtern) vom Gesellschafterkreis einer Kapitalgesellschaft bzw. das Verbot der maßgeblichen Mehrfachbeteiligung, insbesondere von Sponsoren.

Teilweise wurden sportspezifische Regeln, wie etwa das Verbot der Gewinnausschüttung und der korrespondierenden Reinvestitionspflicht, wieder aufgehoben, weil der Kapitalmarkt zu ablehnend auf diese Gestaltungsformen reagierte[718]. Diese Regelung zeigt, daß zu viele sportspezifische Vorgaben die Akzeptanz der Sportkapitalgesellschaft und damit das verfolgte Ziel nach mehr Gläubigerschutz zu gefährden drohen. Es wurde oben[719] festgestellt, daß ein guter Anreiz für die Anleger, also ein möglichst umfassender Anlegerschutz, die beste Lösung zum Schutz der Gläubiger darstellt. Sportspezifische Regeln sollten deshalb auf das absolut notwendige Maß beschränkt werden. Absolut notwendig erscheint insofern lediglich das Verbot der maßgeblichen Mehrfachbeteiligung von Sponsoren, weil insofern zu befürchten ist, daß der Markt das Problem nicht selber regeln wird. Zumindest kurzfristig muß damit gerechnet werden, daß Vermarktungsgesellschaften einen starken Anreiz hätten, möglichst viele einflußsichernde Beteiligungen an Fußballkapitalgesellschaften zu erwerben, um so einen positiven Kapitalwert durch Risikostreuung zu erzielen. Eine Mehrzahl von maßgeblichen Beteiligungen legt es nahe, daß sportliche Entscheidungen wirtschaftlich determiniert sind, weil die Konzernzentrale entsprechende Vorgaben macht[720]. Es ist jedoch fraglich, ob das Verbot der maßgeblichen Mehrfachbeteiligung eine Änderung des staatlichen Gesellschaftsrechts erforderlich macht. Ausreichend dürfte eine verbandsrechtliche Regelung sein. Um es nochmals zu wiederholen: Den Sportverbänden ist es unbenommen, das Verbot der Mehrfachbeteiligung und auch andere sportspezifische Regeln in ihren Statuten aufzunehmen. Das Verbandsrecht darf nur nicht dazu führen, daß die Wirtschaftspolitik in den Fußballkapitalgesellschaften durch ein anderes Interesse, als das an einer Vermeidung persönlicher Vermögensverluste der natürlichen Trägerpersonen, bestimmt wird. Denn nur dann läßt sich Gläubigerschutz durch partiellen Interessengleichlauf der Eigenkapital- und Fremdkapitalgeber durchsetzen.

Zur Lösung der Schnittstellenproblematik wird deshalb folgender Vorschlag gemacht:

Die Fußballvereine haben Ihre Profisportabteilungen auf eine selbständige Kapitalgesellschaft *auszugliedern* oder *abzuspalten*. Der Restverein darf keine Mehrheitsbeteiligung an der Sportkapitalgesellschaft halten. Um die Beziehung zum ideellen Restverein nicht vollständig zu durchschlagen, wird eine Minderheitsbeteiligung oder eine schuldrechtliche Dauerbeziehung oder eine Kombinati-

---

[718] S. o. Italien hat 1998 darauf reagiert und in Frankreich ist eine Änderung beabsichtigt.

[719] Vgl. das Kapitel Gläubigerschutz "aus sich heraus"; 3. Teil B I 2 a) cc) (2) (b).

[720] Ob das Konzernrecht solchen wirtschaftlich beeinflußten Entscheidungen entgegenwirken könnte, darf sehr bezweifelt werden, weil ein sportlich nachteiliges Geschäft nicht zwangsläufig auch zu einem i. S. d. Konzernrechts erforderlichen "wirtschaftlichen Nachteil" führen muß, der eine Nachteilsausgleichspflicht gegenüber dem konkret benachteiligten Verein gem. § 311 Aktiengesetz begründen könnte.

on aus beidem erforderlich sein. Diese Beziehung, insbesondere die Kombination aus Minderheitsbeteiligung und schuldrechtlichem Rechtsverhältnis darf aber nicht dazu führen, daß der Verein einen maßgeblichen Einfluß auf die Geschäftsführung der Kapitalgesellschaft erhält. Es darf allenfalls eine *lose Kooperation* geschlossen werden, die sich etwa auf eine Mitfinanzierung der ideellen Vereinsarbeit, insbesondere der Nachwuchsarbeit, durch die Fußballkapitalgesellschaft erstreckt[721]. Auf diese Weise können die idealen Zielsetzungen des Stammvereins auch weiterhin mit Mitteln der aus dem Verein herausgewachsenen Profiabteilung gefördert werden[722]. Konsequenterweise sollte auch auf der Ebene des Dachverbandes beim DFB eine rechtliche Trennung vorgenommen werden, indem eine für die Leitung der Bundesligen und Pokalwettbewerbe mit ihren Fußballkapitalgesellschaften als Teilnehmer und die Vermarktung der Nationalmannschaft betraute Ligagesellschaft gegründet wird und auf der anderen Seite der DFB als eingetragener Verein den Breitensport organisiert. Zwischen DFB und Ligagesellschaft könnte eine vergleichbare Kooperation wie zwischen den Einzelvereinen und ihren Fußballgesellschaften bestehen, wobei in der Kooperation insbesondere festzulegen ist, daß der Fußballsport nach den Regeln der internationalen Fußballverbände durchzuführen ist. Die Fußballkapitalgesellschaften ihrerseits sollten Mitglieder der Ligagesellschaft sein. Langfristig wäre anzustreben, daß die Ligagesellschaft und nicht mehr nur der DFB Mitglied in den internationalen Fußballverbänden ist. Auf diese Weise wäre das *Ein-Platz-Prinzip* auch im umstrukturierten Sport durchsetzbar[723]. Damit wäre sichergestellt, daß die sportlichen Regeln sowohl im kommerziellen als auch im ideellen Bereich dieselben bleiben.

---

[721] *Raupach*, SpuRt 96, 1, 5, schlägt als Finanzmittel eine Lizenzgebühr vor, die der Verein von der Sportgesellschaft für die Bereitstellung des Vereinsnamens bzw. -logos verlangt. Die Finanzierung darf aber nicht zu stark sein, weil der Verein primär aus Mitgliederbeiträgen finanziert sein muß. Sollte die ideelle Betätigung sehr finanzintensiv sein (Amateurmannschaften), sind diese mit auf die Kapitalgesellschaft auszugliedern und dort zu finanzieren, weil verlustträchtige Bereiche nicht der ideellen, sondern der wirtschaftlichen Betätigung zuzurechnen sind. Auch eine personelle Verflechtung zwischen Idealverein und Sportkapitalgesellschaft sollte nach Möglichkeit vermieden werden, weil sonst Interessenkollisionen in der Geschäftsführung zu befürchten wären.

[722] Vgl. *Raupach*, aaO.

[723] Diese duale Ligaorganisation ist bereits im Eishockey- und Handballbereich umgesetzt (s.o. 1. Teil A I 2), wobei dort die Stammvereine die Anteilsmehrheit an den Kapitalgesellschaften halten, was mit der hier vorgeschlagenen Lösung nicht zu vereinbaren ist; vgl. Hoffmann, SpuRt 94, 24 f. Eine duale Organisation zeichnet sich mit der Zustimmung des DFB-Bundestages für die Gründung eines Liga-Verbandes vom 30.09.2000 auch für die Fußballbundesliga ab. Darin sollen die wirtschaftlichen Geschäftsbetriebe aller 36 Bundesligaklubs zunächst in der Rechtsform eines eingetragenen Vereins und mit Aufnahme der Geschäfte am 1.07.2001 in einer Tochter-GmbH organisiert werden; vgl. FAZ v. 28.11.2000, 19.12.2000.

II. Gruppenkonzession nach § 22 BGB

Ein anderer gangbarer Weg könnte eine Gruppenkonzession an alle Bundesligavereine nach § 22 BGB sein[724]. Es wurde bereits dargestellt, daß es den Bundesligavereinen grundsätzlich möglich ist - dies zeigen insbesondere die bereits vorgenommenen Ausgliederungen, aber auch die Erfahrungen im europäischen Ausland -, sich als Kapitalgesellschaften zu verselbständigen. Damit scheidet die Möglichkeit einer staatlichen Verleihung der Rechtsfähigkeit an die Bundesligavereine nach § 22 BGB grundsätzlich aus, weil bereits nach dem Wortlaut das Konzessionsverfahren *subsidiär* ist, wenn der jeweilige Verein die Rechtsfähigkeit im Wege des Registrierungsverfahrens nach "besonderen reichsgesetzlichen Vorschriften", womit insbesondere das AktG, GmbHG und das GenG gemeint sind, erlangen kann[725]. Man ist sich nämlich einig, daß wirtschaftlichen Vereinen - wie den Bundesligavereinen - die Rechtsfähigkeit durch staatlichen Verleihungsakt nur dann zufallen darf, wenn besondere - atypische - Umstände vorliegen, die eine Verweisung der Vereine auf die Normativbedingungen des Handelsvereinsrechts unzumutbar erscheinen lassen[726].

Solche atypischen Umstände könnten bei den Bundesligavereinen darin gesehen werden, daß sie nicht nur durch eine wirtschaftliche Zielsetzung bestimmt werden, die typischerweise dem Handelsvereinsrecht zuzuordnen ist, sondern im erheblichen Maße auch von sportlich-ideellen Zielen, wie der Sport- und Jugendförderung einschließlich des Betreibens von sportlichen Wettbewerben, die von Rechts wegen zwar auch mit Hilfe der zweckneutralen Rechtsformen des Handelsvereinsrechts verfolgt werden können, faktisch dort aber unterzugehen drohen. Es ist nämlich zu befürchten, daß langfristig nicht profitable Abteilungen der Bundesligavereine, wie etwa Schach-, Handballamateur-, Leichtathletik- und etwa Schwimmabteilungen, aber auch die Fußballnachwuchs- und alle Breitensportabteilungen in einer handelsrechtlich organisierten Vereinigung, die zudem gar an der Börse notiert ist, als bloße Kostenstellen eingespart werden. Dazu werden die Vereinsführungen aufgrund des Vermögensinteresse der Anteilseigner gezwungen sein. Auch bei der oben vorgeschlagenen dualen Ligaorganisation ist zu befürchten, daß langfristig jegliches ideelle Interesse aus der Zielsetzung der wirtschaftlich ausgerichteten Fußballkapitalgesellschaften wegen des überwiegenden Ver-

---

[724] Die Zulässigkeit einer Konzession an eine Gruppe von Wirtschaftsvereinen im Wege der Allgemeinverfügung wird bestritten; vgl. MüKo/*Reuter*, §§ 21, 22 Rn. 77; *Staudinger/Weick*, § 22 Rn. 5. Richtigerweise steht dem nichts entgegen, da die Verleihung der Rechtsfähigkeit nach § 22 BGB durch die zuständige Verwaltungsbehörde ein Verwaltungsakt im Sinne von § 35 S. 1 VwVfG ist, der nach § 35 S. 2 VwVfG auch in der Form einer Allgemeinverfügung ergehen kann.

[725] *K. Schmidt*, AcP 182, 1, 34 ff.; ders., Verbandszweck, § 3 III 2, S. 73 ff.; *Soergel/Hadding*, §§ 21, 22 Rn. 6; BVerwG, NJW 79, 2261; *Heckelmann*, AcP 179, 1, 41.

[726] *K. Schmidt*, aaO.; für eine großzügigere Handhabung der Konzession spricht sich *Erman/Westermann*, § 21 Rn 7, aus.

mögensinteresses der Gesellschafter/Aktionäre verschwinden wird. Daran werden auch verbandsrechtliche Vorgaben und eine lose Kooperation zum Mutterverein bzw. zum Dachverband nichts ändern können. Für die Bundesligavereine wäre zu befürchten, daß zukünftige Meisterschaften wie in Amerika in geschlossenen Systemen ohne Auf- und Abstieg ausgespielt würden, um den Vereinen die nötige finanzielle Planungssicherheit zu gewähren[727].

Wenn man die ideelle Zielsetzung der Bundesliga(gesamt)vereine als gleichrangig oder - wie es von seiten der Verbände propagiert wird - sogar vorrangig gegenüber der wirtschaftlichen Zweckerreichung ansieht, ist es den Bundesligavereinen nicht zumutbar, ihre Berufssportabteilungen rechtlich und faktisch vollständig von den ideellen Zielen zu lösen[728]. Aus diesem Grunde sollte dem bei den Bundesliga(gesamt)vereinen nebeneinander bestehenden wirtschaftlichen und ideellen Interesse durch staatliche Gruppenkonzession nach § 22 BGB Rechnung getragen werden[729]. Die Verleihung würde freilich nicht nur die Profiabteilung des jeweiligen Vereins betreffen, sondern den Gesamtverein[730].

Die Konzession sollte des weiteren entsprechend § 36 VwVfG mit Auflagen versehen werden, um den von § 22 BGB angestrebten Interessenschutz - insbesondere den Gläubigerschutz - durchzusetzen. In diesem Zusammenhang empfiehlt es sich zunächst, den Vereinen aufzuerlegen, sich strikt an die vom DFB aufgestellten Gläubigerschutzbestimmungen des LiSpSt zu halten. Wenn oben[731] das Lizenzverfahren des DFB kritisiert wurde, geschah dies nur im Zusammenhang mit der von *Aldermann* propagierten Rechtfertigung der wirtschaftlichen Betätigung der Bundesligavereine im Nebentätigkeitsprivileg. Damit ist nicht gesagt, daß das Lizenzverfahren des DFB generell als ungeeignet anzusehen ist, um

---

[727] Entsprechende Tendenzen haben sich im europäischen Fußballpokalsystem längst etabliert. Während früher im Wettbewerb der Landesmeister nur die jeweiligen nationalen Meister gegeneinander im Ko-System angetreten sind, spielen heute die bis zu vier ersten Manschaften eines Landes in der Champions-League zunächst in einer Vorrunde in Vierergruppen gegeneinander, wovon nur der Gruppenletzte endgültig aus dem Wettbewerb ausscheidet, während der jeweils Dritte noch im Uefa-Pokal weiterspielen darf.

[728] Die in der Praxis zu beobachtende "Verselbständigung" der Bundesligaabteilungen in Kapitalgesellschaften ist kein Argument für die Zumutbarkeit eines Verweises auf die handelsrechtlichen Normativbedingungen, da sie wegen der maßgeblichen Beteiligung des Stammvereins keine Lösung des Rechtsformproblems darstellen.

[729] Nicht möglich ist dagegen eine generelle Verleihung anhand von allgemeine Kriterien auszusprechen, durch die auch zukünftig in die Bundesligen aufsteigende Vereine mit entsprechend umfangreichem Geschäftsbetrieb gleichsam automatisch die Rechtsfähigkeit erlangen. Dies wäre eine Rechtsverordnung, für die eine entsprechende Ermächtigungsgrundlage fehlt; Mü-Ko/*Reuter*, §§ 21, 22 Rn. 77; *Staudinger/Weick*, § 22 Rn. 5; RGRK/*Steffen*, §§ 21, 22 Rn. 3; *Soergel/Hadding*, §§ 21, 22 Rn. 55.

[730] Rechtstechnisch müßte den bestehenden Vereinen nach § 43 II BGB zunächst die Rechtsfähigkeit entzogen werden und in einem zweiten Schritt die Konzession nach § 22 BGB durch die Konzessionsbehörde erteilt werden.

[731] 2. Teil B I 3.

den nötigen Gläubigerschutz zu verwirklichen[732]. Die dort geübte Kritik bezieht sich in erster Linie auf die Fähigkeit des DFB, daß Lizenzverfahren effektiv umzusetzen[733]. Dem ließe sich jedoch dadurch begegnen, daß die Konzession durch eine staatliche Behörde verliehen wird, die im Verwaltungsverfahren prüft ob und durch welche Maßnahmen sichergestellt ist, daß die Lizenzvorschriften zum Zwecke des Gläubigerschutzes durchgesetzt werden. Es ist im wesentlichen eine politische Entscheidung, ob nach einer einmal erteilten Konzession die staatliche Verleihungsbehörde ähnlich wie im Ausland[734] auch weiterhin eine dauernde Aufsicht - etwa in einem alljährlich durchzuführenden staatlichen Lizenzverfahren - ausüben, oder ob sie sich darauf beschränken sollte, sich regelmäßig die Lizenzunterlagen als Zweitausfertigung vorlegen zu lassen und bei erkennbarem Mißbrauch die Konzession entsprechend § 49 VwVfG zu widerrufen[735].

Die Auflagen sollten des weiteren vorsehen, daß für die Bundesligavereine ähnlich wie im europäischen Ausland[736] ein Gewinnausschüttungsverbot mit anschließender Reinvestitionspflicht besteht, wobei insbesondere darauf zu achten ist, daß nicht nur die Profiabteilungen davon profitieren, sondern auch die vorwiegend ideell ausgerichteten Sportabteilungen. Durch diese Maßnahmen werden Fußballvereine zwar relativ unattraktiv für den Kapitalmarkt, es fragt sich aber, ob es für Fußballvereine überhaupt ratsam ist, ihren Kapitalbedarf über die Börse zu decken[737], da sie darauf wegen der ohnehin sprudelnden Einnahmen aus der Fernsehvermarktung kaum angewiesen sind. Auf der anderen Seite sind mit der Rechtsform des wirtschaftlichen Vereins eine "sportfeindliche Übernahme" oder sonst unerwünschte Einflüsse Dritter weitgehend ausgeschlossen, während sich sowohl wirtschaftliche als auch ideelle Ziele ideal in dieser Rechtsform kombinieren lassen.

Das dies nicht nur theoretisch sondern auch praktisch der Fall ist, zeigt ein Blick auf den prosperierenden *Non-Profit-Sektor* in den USA[738]. *Non-Profit-Organisations* (NPO) spielen in den USA eine bedeutende Rolle im Bereich der öffentlichen Wohlfahrt (Charity), wie etwa Altenpflegeheime, Kindertagestätten

---

[732] Auf europäischer Ebene werden die Pläne, ein gesamteuropäisches Lizenzverfahren nach deutschem Vorbild einzuführen, immer konkreter; Vgl. FAZ v. 20.04.2002.

[733] Die sonstige Detailkritik an einzelnen Bestimmungen des LiSpSt ließe sich durch entsprechende Änderungen ausräumen.

[734] s.o. 3. Teil D I d), e).

[735] In jedem Fall wäre jedoch erforderlich, daß die Verwaltungspraxis deutlich energischer ausfällt, als es in der Vergangenheit bei § 43 II BGB der Fall war. Anderenfalls wäre vom Stanpunkt des Gläubigerschutzes außer einer Beseitigung der Rechtsformverfehlung nichts gewonnen.

[736] Vgl. 3. Teil I 1 a)b)c)d).

[737] Negatives Beispiel ist das Scheitern des ersten versuchten Börsenganges eines deutschen Fußballvereins, namentlich des HSV im Jahre 1991; *Segna* ZiP 97, 1901,1902; *Zacharias*, S. 113. Auch der Verkauf der BVB-Dortmund-Aktie verlief alles andere als reibungslos, nachdem strategische Investoren wenig bereit waren, in das spekulative Papier zu investieren.

[738] Vgl. hierzu *Rose-Ackerman*, S. 73 ff.; *Hansmann*, S. 241 ff.; *Kordana*, S. 95 ff.

und dem Erziehungswesen[739]. In diesen Bereichen existieren die NPO neben staatlichen Einrichtungen und treten auch zu *For-Profit-Organisations* (FPO) in Konkurrenz, wo sie sich nicht nur behaupten sondern sogar Gewinne erwirtschaften können[740]. Diese Gewinne werden in die sozialen Zwecke der NPO reinvestiert, Stiftungen zugeführt oder anderen wohltätigen Zwecken zur Verfügung gestellt[741]. Der Grund dafür, daß sich NPO im Wettbewerb mit FPO behaupten können, zunehmend aber auch an die Stelle von staatlichen Einrichtungen in den USA treten, wird darin gesehen, daß diese Firmen einerseits nach wirtschaftlichen Prinzipien arbeiten, daneben aber auch ideelle Ziele verfolgen. Damit ziehen sie im Gegensatz zu FPO im erhöhten Maße Spenden an, die Privatpersonen nicht bereit sind, an FPO zu gewähren, die sich ebenfalls wohltätigen Zwecken verschrieben haben, weil bei ihnen immer zu befürchten ist, daß die Spenden letztlich für eine Erhöhung der Rendite der Unternehmensteilhaber verwendet werden. Gegenüber staatlichen Einrichtungen bieten sie den Vorteil, daß sie nach wirtschaftlichen Gesichtspunkten arbeiten und von den Kunden zumindest dann besser kontrolliert werden können, wenn sie faktisch als Verbraucherkooperation organisiert sind[742]. Des weiteren versteht man NPO als Lösung von Informationsassymetrien zwischen den Kunden und den Betreibern in bezug auf die Qualität der angebotenen Leistungen. Wegen der mangelnden Gewinnausschüttungsmöglichkeit besteht bei ihnen weniger als bei FPO ein Anreiz, über die Qualität der Leistung zu täuschen. Die potentiellen Kunden bringen NPO im Wohlfahrtsbereich, wo oft eine intimere Beziehung zum Kunden besteht, mehr Vertrauen entgegen, weil die ideelle Zielsetzung bei ihnen im Vordergrund steht und nicht befürchtet werden muß, daß nötige Leistungen unterbleiben oder nicht mit der gebotenen Sorgfalt ausgeführt werden, weil sie zu kostenintensiv sind und damit die Gewinnaussichten schmälern[743]. Letztlich seien NPO am besten geeignet, um Erfindungen und extrem ideologische Geschäftsideen in die Tat umzusetzen[744].

Die für die Bundesligavereine geforderten Rahmenbedingungen finden sich ideal in den Vorteilen wieder, die den NPO in Amerika nachgesagt werden. Wegen der mangelnden Gewinnausschüttungsmöglichkeit ließen sich sportideelle Ziele in einer NPO ideal verwirklichen. Den Eltern eines fußballwilligen Kindes etwa wäre es viel leichter zu vermitteln, daß die Ausübung des Fußballsports in einem wirtschaftlichem Verein ohne Gewinnerzielungsabsicht von Teilhabern der Hebung der körperlichen und geistigen Fähigkeiten des Kindes dient, als in einer Kapitalgesellschaft, bei der es den Gesellschaftern in erster Linie um Gewinnerzielung geht. Auch die Gläubiger des Vereins würden profitieren, weil der Anreiz

---

[739] *Rose-Ackerman*, S. 74 f. zur Entwicklung und ökonomischen Bedeutung des Non-Profit-Sektors; ebenso *Hansmann*, S. 242 f.
[740] *Rose-Ackerman*, S. 84 ff.
[741] *Rose-Ackerman,* S. 82.
[742] *Rose-Ackerman*, S. 82 f.
[743] *Rose-Ackerman*, S. 82.
[744] *Rose-Ackerman*, S. 83.

zu hochriskanten Geschäften wegen der fehlenden Gewinnausschüttung relativ gering ist. Der Rechtsformverfehlung der Bundesligavereine, die ideelle Ziele gleichberechtigt neben wirtschaftlichen Zielen verfolgen wollen, ließe sich somit am besten mit der Rechtsform eines wirtschaftlichen Vereins nach § 22 BGB begegnen, bei dem die Möglichkeit der Gewinnausschüttung nicht vorgesehen ist.

E. Zehn Thesen

1. Im Unternehmensrecht wird der Schutz der Gläubiger dadurch erreicht, daß sich der/die Unternehmer an dem unternehmerischen Verlustrisiko in Form eines vermögensmäßigen Beitrages beteiligt. Beim Einzel- und Mitunternehmer besteht dieser Beitrag aufgrund der persönlich und unbeschränkten Haftung darin, daß er sich auf Dauer verschulden kann. Im Kapitalgesellschaftsrecht besteht dieser Beitrag in dem Zwang zur vermögensmäßigen Beteiligung, um das gesetzliche Mindestkapital aufzubringen. Auf diese Weise erhalten die natürlichen Trägerpersonen eines Unternehmens im Interesse der Gläubiger einen Mindestanreiz zur Vermeidung von Unternehmensverlusten. Das gilt auch und gerade für die Aktionäre einer Aktiengesellschaft. Die stärkere Krisenfestigkeit dieser Rechtsform im Vergleich zur GmbH ist darauf zurückzuführen, daß das Verlustvermeidungsinteresse der Aktionäre aufgrund umfassender Anlegerschutzbestimmungen effektiver umgesetzt wird als es bei der GmbH der Fall ist. Gleichsam als Reflex des besseren Anlegerschutzes ist bei Aktiengesellschaften eine verhältnismäßig höhere Eigenkapitalbasis festzustellen, was die Gläubigersicherheit faktisch zusätzlich verbessert.

2. Der innere Grund für die Rechtfertigung des Nebentätigkeitsprivileges im Vereinsrecht besteht darin, daß die Vereinsmitglieder im Hinblick auf den Erhalt ihrer ideelle Zweckverfolgung in ähnlicher Weise wie die Gesellschafter einer Kapitalgesellschaft im Hinblick auf ihren vermögensmäßigen Beitrag einen Anreiz zur Vermeidung von Unternehmensverlusten erhalten, der sie tendenziell zu einer risikoangemessenen und damit gläubigerschonenden Geschäftspolitik veranlaßt. Da der Gesetzgeber davon ausgeht, daß der Steuerungsanreiz bei einer vermögensmäßigen Beteiligung stärker ist als bei einem ideellen Interesse, darf die wirtschaftliche Betätigung des Idealvereins nicht zu dessen Hauptsache werden.

3. Die Reichweite des Nebentätigkeitsprivileges ist nicht davon abhängig, ob der Geschäftsbetrieb für die ideelle Zweckverfolgung zwingend erforderlich oder vernünftigerweise unentbehrlich ist. Ausreichend ist bereits, daß er zur Finanzierung der ideellen Aktivitäten beiträgt. Für den Geltungsumfang des Nebentätigkeitsprivileges ist allein maßgebend, daß der unter 2. als Geltungsgrund

des Nebentätigkeitsprivileges festgestellte partielle Interessengleichlauf zwischen Vereinsmitgliedern und Vereinsgläubigern noch gegeben ist. Das ist solange der Fall, wie die ideellen Interessen der Mitglieder deren wirtschaftliche Interessen überwiegen. Damit ist sichergestellt, daß sich der wirtschaftliche Geschäftsbetrieb der ideellen Zwecksetzung des Vereins unterordnet, weil die Mitglieder vorrangig um den Erhalt ihres ideellen Betätigungsfeldes bemüht sein werden und deshalb riskanten Geschäften des wirtschaftlichen Geschäftsbetriebes entgegentreten. Ein Vorrang der ideellen Interessen ist solange gegeben, als die ideellen Aktivitäten die wirtschaftlichen Aktivitäten im Verein überwiegen. Um festzustellen, ob sich der wirtschaftliche Geschäftsbetrieb eines Vereins noch im Rahmen des Nebentätigkeitsprivileges bewegt, weil die ideellen Aktivitäten überwiegen, bieten sich folgende Indizien als Orientierungsrahmen an: Zeitaufwand für die jeweiligen Aktivitäten, Verhältnis der Einnahmen und Ausgaben für die entsprechenden Aktivitäten, Repräsentation in den Entscheidungsgremien aus dem ideellen und wirtschaftlichen Bereich und Mitgliederstruktur.

4. Die Ausgliederung eines den Umfang des Nebentätigkeitsprivileges überschreitenden Geschäftsbetriebes auf eine beherrschte Tochterkapitalgesellschaft bietet keine Alternative zur Rechtsformverfehlung des Vereins, weil sowohl im Verein als auch in der Tochtergesellschaft die vom Gesetz vorgesehenen Steuerungssignale gleichsam neutralisiert werden. An der Kapitalgesellschaft ist lediglich der Verein vermögensmäßig beteiligt, jedoch ohne dahinterstehende natürliche Trägerpersonen mit einem finanziellen Verlustrisiko. Obendrein wird auch das ideell vermittelte Risikobewußtsein der Mitglieder im Hinblick auf die Gefahren des wirtschaftlichen Geschäftsbetriebes geschwächt, wenn nicht ganz aufgehoben, weil sich das Verlustrisiko für den Verein nach der Auslagerung verringert, so daß die Ausgliederung erst recht zu einer Rechtsformverfehlung führt. Die Auslegung des Nebentätigkeitsprivilegs ist somit bei einer Ausgliederung strenger zu handhaben als bei eigenem wirtschaftlichen Geschäftsbetrieb des Vereins.

5. Eine Mehrheitsbeteiligung eines Idealvereins an einer Kapitalgesellschaft mit wirtschaftlichem Geschäftsbetrieb kann im Rahmen des Nebentätigkeitsprivileges nur dann anerkannt werden, wenn der Idealverein den konzernrechtlichen Unternehmensbegriff erfüllt. Die dem Verein in diesem Fall drohenden konzernrechtlichen Haftungsfolgen stoßen auf das Mitgliederinteresse am Erhalt ihrer ideellen Betätigung und können somit bewirken, daß die Mitglieder auf eine risikoangemessene Geschäftspolitik in der Tochtergesellschaft - letztlich auch zum Schutz der Gläubiger - hinwirken. Stellt der Verein kein Unternehmen im konzernrechtlichen Sinne dar, gehen für die Mitglieder auch keine entsprechenden Steuerungssignale aus, so daß die Tochtergesellschaft zum risikolosen Spielobjekt der Vereinsfunktionäre auf Kosten der Gläubiger wird. Da

das Risikobewußtsein der Mitglieder im Vereinskonzern wegen der mittelbaren Konzernhaftung geringer als bei eigenem wirtschaftlichen Geschäftsbetrieb ist, darf der Umfang des Betriebes bei weitem nicht den eines im Nebentätigkeitsprivileg noch zulässigen Eigenbetriebes erreichen.

6. Im Nebentätigkeitsprivileg ist somit - zumindest theoretisch - auch die Beteiligung eines Idealvereins als Komplementär an einer KG oder KGaA zulässig,. Die Sorge der Vereinsmitglieder um negative Rückwirkungen aus der unbeschränkten, persönlichen Haftung des wie ein Alleinunternehmer haftenden Vereins auf ihre ideelle Zweckverfolgung wird das Finanzgebahren im Geschäftsbetrieb der KG bzw. KGaA zum Schutz der Gläubiger angemessen disziplinieren. Da die Komplementärhaftung stets unmittelbar und unabhängig vom Eingreifen des konzernrechtlichen Unternehmensbegriffs im Raume steht, ist das Risikobewußtsein der Mitglieder im Hinblick auf ihre ideelle Zweckverfolgung auch höher einzustufen als bei einer Mehrheitsbeteiligung an einer Kapitalgesellschaft. Der Umfang des noch zulässigen Geschäftsbetriebes der KG bzw. KGaA darf deshalb den unter 5. als noch zulässig erachteten Umfang deutlich übersteigen und annähernd so hoch sein wie bei einem Eigenbetrieb des Vereins.

7. Minderheitsbeteiligungen von Idealvereinen an Kapitalgesellschaften sind aus Sicht des Vereinsrechts problematisch, wenn sich der Verein vornehmlich dem Verwalten von Unternehmensbeteiligungen widmet ("sternförmiger Verein"), so daß der Verein durch diese wirtschaftliche Tätigkeit geprägt wird. Umgekehrt sind aus Sicht des Kapitalgesellschaftsrechts Minderheitsbeteiligungen problematisch, wenn an einer Kapitalgesellschaft ausschließlich Vereine mit unbedeutenden Anteilen beteiligt sind ("sternförmige Kapitalgesellschaft"), weil dann von der Mindestkapitalgarantie keine entsprechenden Steuerungssignale an die natürlichen Trägerpersonen der Gesellschaft zum Schutz der Gläubiger ausgesandt werden.

8. Eine echte Alternative zur Rechtsformverfehlung der Bundesligavereine stellt die *Abspaltung* nach § 123 II UmwG dar, bei der die Vereinsmitglieder in die Rolle von Anteilsinhabern an der Fußballkapitalgesellschaft aufrücken und damit zu den Steuerungsadressaten werden, die das Recht mit der Mindestkapitalgarantie vorgesehen hat.

9. Die Rechtsformproblematik ließe sich ebenfalls durch Auslagerung des Geschäftsbetriebes in eine Kapitalgesellschaft mit einer Minderheits- oder ohne gesellschaftsrechtliche Beteiligung des Stammvereins lösen. In diesem Fall ist jedoch zu beachten, daß schuldrechtliche Rahmenvereinbarungen zugunsten des Vereins die Steuerungsfunktion des Mindestkapitals nicht unterwandern

dürfen. Hierbei ist jedoch langfristig zu befürchten, daß sich der Profifußball von den ideellen Zielsetzungen des Sports abnabeln wird.

10. Sofern die Verbindung von ideellen und wirtschaftlichen Zielen sportpolitisch auch weiterhin als unverzichtbar für den Berufsfußball in Deutschland angesehen wird, bietet sich die Rechtsform des wirtschaftlichen Vereins ohne Gewinnausschüttungsmöglichkeit nach § 22 BGB an.

Literaturverzeichnis

Adams, Michael, Eigentum, Kontrolle und beschränkte Haftung, Baden-Baden 1991

ders., Eigentum, Kontrolle und beschränkte Haftung, S. 193 - 225 in: Ökonomische Probleme des Zivilrechts, Beiträge zum zweiten Travemünder Symposium zur ökonomischen Analyse des Rechts, 21. - 24. März 1990; Hrsg.: Claus Ott und Bernd Schäfer, Berlin, Heidelberg, New York 1991

ders., Ökonomische Analyse der Produkthaftung, BB 1987, Beilage 20, S. 1-24

Aldermann, Sabine, Lizenzfußball und Nebenzweckprivileg, Tübingen 1996

Baecker, Wolfgang, Grenzen der Vereinsautonomie, Berlin 1985

Ballerstedt, Kurt, Mitgliedschaft und Vermögen bei rechtsfähigen Vereinen S. 1 - 24 in: Festschrift für Alexander Knur, München 1972

Balzer, Peter, Die Umwandlung von Vereinen der Fußball-Bundesligen in Kapitalgesellschaften zwischen Gesellschafts-, Vereins- und Verbandsrecht, ZiP 2001, S. 175 - 184

Bauer, Markus, Gläubigerschutz durch eine formelle Mindestkapitalziffer - Kapitalgesellschaftsrechtliche Notwendigkeit oder überholtes Konzept?, Frankfurt a.M. 1995

Baumbach, Adolf/Hopt, Klaus, Handelsgesetzbuch mit GmbH & Co., Handelsklauseln, Bank- und Börsenrecht, Transportrecht (ohne Seerecht), 30. Auflage, München 2000. zit.: B/H, § Rn

Baumbach, Adolf/Hueck, Alfred, GmbH-Gesetz, 17. Auflage, München 2000 zit.: Baumbach/Hueck, § Rn

Behrens, Peter, Die ökonomischen Grundlagen des Rechts, Tübingen 1986

Binz, Mark K./Sorg, Martin H., Die GmbH & Co. Kommanditgesellschaft auf Aktien, Ausweg oder Irrweg für börsenwillige Familienunternehmen? BB 88, 20 41 - 2051.

Breuer, Wolfgang, Finanzierungstheorie, Wiesbaden 1998

Coase, Ronald H., The Problem of Social Cost, Journal of Law and Economics 3 (1960), 1; ins Deutsche übersetzt bei Assmann; Kirchner, Schanze, Ökonomische Analyse des Rechts, S. 129 - 185, Tübingen 1993

Däubler, Wolfgang, Zur aktuellen Bedeutung des Fideikommißverbots, JZ 1969, S. 499 - 502

Das Bürgerliche Gesetzbuch mit besonderer Berücksichtigung der Rechtsprechung des Reichsgerichtes und des Bundesgerichtshofes, 12. Auflage, Berlin, New York 1982, zit.: RGRK/Bearbeiter, § Rn

Dehmer, Hans, Umwandlungsgesetz Umwandlungssteuergesetz, 2. Auflage, München 1996

Demuth, Björn, Das Konzernrecht, JA 1996, S. 137 - 143

Doberenz, Michael, Betriebswirtschaftliche Grundlagen zur Rechtsformgestaltung professioneller Fußballklubs in der Bundesrepublik Deutschland, Frankfurt a.M. 1980

Easterbrook, Frank H./ Fischel, Daniel R., Limited Liability and the Corporation, The University of Chicago Law Review 1985, S. 89 - 117

Ehricke, Ulrich, Gedanken zu einem allgemeinen Konzernorganisationsrecht zwischen Markt und Regulierung, ZGR 1996, S. 301 - 325

Emmerich, Volker, Franchising, JuS 1995, S. 761 - 764

ders./ Sonnenschein, Jürgen (bis zur 6. Auflage), *Habersack, Mathias* (ab der 7. Auflage), Konzernrecht, 7. Auflage, München 2001

Erman, Handkommentar zum Bürgerlichen Gesetzbuch, Hrsg.: Harm Peter Westermann, 1. Band, §§ 1 - 853, AGBG, EGBGB, ErbauVO, HausratsVO, HausTWG, ProdHaftG, SachenRBerG, SchuldRAnpG, VerbrKrG, 10. Auflage, Köln 2000 zit.: Erman/Bearbeiter, §   Rn

Fabricius, Fritz, Das Stammkapital der GmbH - Zur Frage seiner Rechtfertigung und der Rechtfertigung seiner Höhe, Gedanken zum Referentenentwurf eines GmbH-Gesetzes 1969, GmbHR 1970, S. 137 - 144

ders., Vermögensbindung in AG und GmbH - tiefgreifender Unterschied oder grundsätzliche Identität?, ZHR 144 (1980), S. 628 - 641

Feddersen, Dieter/Kiem, Roger, Die Ausgliederung zwischen "Holzmüller" und neuem Umwandlungsrecht, ZIP 94, 1078 - 1087

Feess, Eberhard, Mikroökonomie, Eine spieltheoretisch- und anwendungsorientierte Einführung, Marburg 1997

Fezer, Karl-Heinz, Aspekte einer Rechtskritik an der economic analysis of law und am property rights approach, JZ 1986, S. 817 - 824

Fiedler, Peter, Konzernhaftung beim eingetragenen Verein, Baden-Baden, 1998

Fleischer, Holger, Grundfragen der ökonomischen Theorie im Gesellschafts- und Kapitalmarktrecht, ZGR 2001, S. 1 - 32

Flume, Werner, Allgemeiner Teil des Bürgerlichen Rechts, Band 1, 2.Teil: Die juristische Person, Berlin, Heidelberg, New York, Tokio, 1983

Fritzenweiler, Jochen, Pfister, Bernhard, Summerer, Thomas, Praxishandbuch Sportrecht, München 1998

Fromm, Rüdiger, Gläubigerschutz durch Kapitalaufbringung und Kapitalerhaltung in der KG und GmbH, Bonn 1979

Füllgraf, Lutz., Wieviel wirtschaftliche Betätigung im Idealverein, DB 81, S. 2267 - 2268

Fuhrmann, Claas, Ausgliederung der Berufsfußballabteilungen auf eine AG, GmbH oder eG, Frankfurt a.M., Berlin, Bern, New York, Paris, Wien 1999

ders., Idealverein oder Kapitalgesellschaft im bezahlten Fußball?, SpuRt, 1995, S.12 - 17

Galli, Albert/ Ellrott, Helmut, Neuregelung der Rechnungslegung und Prüfung im deutschen Berufsfußball, WP 2000, S. 269 - 278

Galli, Albert, Rechtsformgestaltung und Lizenzierungspraxis im Berufsfußball: Die Situation in England, Italien und Spanien vor dem Hintergrund der Regelungen in Deutschland, SpuRt 98, S. 18 - 24

ders., Zur Ausgestaltung der Rechnungslegung von Vereinen – Vorgehensweise des Deutschen Fußball-Bundes, WP 98, S. 56 - 63

Geßler, Ernst/ Hefermehl, Wolfgang/ Eckardt, Ulrich/ Kropf, Bruno, Aktiengesetz, Band VI (§§ 291-410), München 1994

Gillenkirch, Robert, Gestaltung optimaler Anreizverträge, Wiesbaden 1997

Großfeld, Bernhard, Zivilrecht als Gestaltungsaufgabe, Heidelberg, Karlsruhe 1977, Juristische Studiengesellschaft Karlsruhe, Heft 130

Grunewald, Barbara, Einführung in das Konzernrecht, JA 1992, S. 11 - 18

dies., Auskunfterteilung und Haftung des Vorstandes im bürgerlich-rechtlichen Verein, ZIP 89, 962 - 967

Goutier, Klaus/Knopf, Rüdiger/ Tulloch, Anthony, Kommentar zum Umwandlungsgesetz, Heidelberg 1996; zit.: Goutier, § Rn

Haase, Karsten, Die Vorteile der GmbH oder der GmbH&Co. KGaA, GmbHR 1997, S. 917 - 923

Habel, Michael/Strieder, Thomas, Ist die Kommanditgesellschaft auf Aktien eine geeignete Rechtsform für einen Börsengang von Vereinen der Fußballbundesliga?, NZG 98, S. 929 - 932

Habersack, Mathias, Gesellschaftsrechtliche Fragen der Umwandlung von Sportvereinen in Kapitalgesellschaften, S. 45 - 64 in: Sportkapitalgesellschaften, Hrsg.: Urs Scherrer, Recht und Sport 25, Stuttgart, München, Hannover, Berlin, Weimar, Dresden, 1998

Halpern, Paul, Trebilcock,Michael, Turnbull, Stuart, An economic analysis on limited liability in corporation law, 1980, 30 University of Toronto Law Journal 117, S. 117 - 150

Hansmann, Henry, A Reform Agenda for the Law of Nonprofit Organizations, in: Stiftungsrecht in Europa, Hrsg.: Klaus Hopt und Dieter Reuter, Köln, Berlin, Bonn, München 2001, S. 241 - 272

Heckelmann, Dieter, Der Idealverein als Unternehmer - Ein Beitrag zur Abgrenzung des Wirtschaftlichen vom Idealverein, dargestellt am Beispiel der Fußballbundesligen -, AcP 179 (1979), S. 1 - 56

Heermann, Peter W., Der Deutsche Fußballbund (DFB) im Spannungsfeld von Kartell- und Konzernrecht, ZHR 161 (1997), S. 665 - 714

ders., Die Ausgliederung von Vereinen auf Kapitalgesellschaften, ZIP 1998, S. 1249 – 1260

Hemmerich, Hannelore, Die Ausgliederung bei Idealvereinen, BB 1983, S. 26 - 31

dies., Möglichkeiten und Grenzen wirtschaftlicher Betätigung von Idealvereinen, Heidelberg, 1981

dies., Unternehmerische Tätigkeit der Tochtergesellschaft eines Idealvereins, Anmerkung zum "ADAC-Verkehrsrechtsschutz"-Urteil des BGH, BB, 1983, S. 328 - 333

Hennerkes, Brun-Hagen/May, Peter, Noch einmal: Die GmbH&Co KGaA als Rechtsform für börsenwillige Familienunternehmen, BB 1988, S. 2393 - 2405

Hiedl, Norbert, Drohen "wilde Ligen" im Eishockey-Sport? - Zu den Streitigkeiten DEB und DEL - Das Ein-Platz-Prinzip als Zankapfel bei der Errichtung einer professionellen Sportorganisation, SpuRt 98, S. 191 - 193

Hoffmann, Matthias, Sportgesellschaften - Patentrezept für alle Ligen? Zur Neuorganisation der Deutschen Eishockey-Liga, SpuRt, 1994, S. 24 - 25

Hopt, Klaus J., Aktiengesellschaft im Berufsfußball, BB 1991, S. 778 - 785

Hüffer, Uwe, Aktiengesetz, 4. Auflage, München 1999, zit.: Hüffer, § Rn

Jauernig, Bürgerliches Gesetzbuch, 9. Auflage, München 1999; Zit.: Jauernig/Bearbeiter, § Rn

Kahler, Ulrich, Die Haftung des Gesellschafters im Falle der Unterkapitalisierung einer GmbH, BB 1985, S. 1429 - 1434

Katschinski, Ralf, Die Verschmelzung von Vereinen, München 1999

Kebekus, Frank, Alternativen zur Rechtsform des Idealvereins im bundesdeutschen Lizenzfußball, Frankfurt a.M. 1991

Kirchhof, Ferdinand, Private Rechtsetzung, Berlin 1987

Klingmüller, Angela, Die rechtliche Struktur der US-amerikanischen Profisportligen - dargestellt am Beispiel der National Basketball Association (NBA) - , SpuRt 98, S.177 - 181

Klodt, Henning, Volkswirtschaftslehre für Juristen, Eine Einführung, Berlin, Heidelberg 1992

Klose-Mokroß, Lydia, Gläubigerschutz im Kapitalgesellschaftsrecht am Beispiel der Lehre von der verdeckten Sacheinlage, Frankfurt a.M. 1997

Knauth, KLaus-Wilhelm, Die Ermittlung des Hauptzwecks bei eingetragenen Vereinen, JZ 78, 339 - 344

ders., Die Rechtsformverfehlung beim eingetragenen Verein mit wirtschaftlichem Geschäftsbetrieb, 1977

Kötz, Hein, Zur Effizienz von Haftungsausschlußklauseln, S. 189 - 200 in: Allokationseffizienz in der Rechtsordnung, Beiträge zum Travemünder Symposium zur ökonomischen Analyse des Zivilrechts, 23. - 26. März 1988, Hrsg.: Claus Ott, Hans Bernd Schäfer, Berlin, Heidelberg 1989

Kordona, Kevin, Theoretical Consideration in Charitable Conversions, in: Stiftungsrecht in Europa, Hrsg.: Klaus Hopt und Dieter Reuter, Köln, Berlin, Bonn, München 2001, S. 95 - 106

Kraft, Alfons/ Kreutz, Peter, Gesellschaftsrecht, 11. Auflage, Neuwied, Kriftel 2000

Kreps, David M.; Mikroökonomische Theorie, Himberg 1994; Original: A course in Microeconomic Theory

Krugman, Paul, What happened to Asia?, htp://web.mit.edu/krugman/www/DIS-INTER.html, Stand: 20.08.1998

Kübler, Friedrich, Gesellschaftsrecht, 5. Auflage, Heidelberg, 1998

ders., Gesellschaftsrecht im Spannungsfeld überlieferter Rechtsformen und moderner Regelungsprobleme, NJW 1984, S. 1857 - 1864

ders., Kapitalmarktgerechte Aktien?, WM 1990, S. 1853 - 1858

ders., Vereinsgeschäfte im Unlauterkeitsrecht, Bemerkungen zum "ADAC-Verkehrsrechtsschutz"-Urteil des Bundesgerichtshofes, ZHR 147 (1983), S. 454 - 461

ders., Vergleichende Überlegungen zur rechtspraktischen Bedeutung der ökonomischen Analyse, S. 293 - 306 in: Allokationseffizienz in der Rechtsordnung, Beiträge zum Travemünder Symposium zur ökonomischen Analyse des Zivilrechts, 23. - 26. März 1988, Hrsg.: Claus Ott, Hans Bernd Schäfer, Berlin, Heidelberg 1989

Larenz, Karl/ Wolf, Manfred, Allgemeiner Teil des Bürgerlichen Rechts, 8. Auflage, München 1997

ders./Canaris, Claus-Wilhelm, Methodenlehre der Rechtswissenschaft, 3. Auflage, Berlin 1995

Lehmann, Michael, Das Privileg der beschränkten Haftung und der Durchgriff im Gesellschafts- und Konzernrecht, Eine juristische und ökonomische Analyse, ZGR 1986, S. 345 - 370

Lettl, Tobias, Wirtschaftliche Betätigung und Umstrukturierung von Idealvereinen, DB 2000, S. 1449 - 1454

Levis, Welcher Verein kann durch Eintragung ins Register Rechtsfähigkeit gewinnen?, DJZ 1901, S. 479 - 480

Liegl, Alexander/Schmitz, Stefan, Aus anderer Sicht: Zentrale Vermarktung von Fernsehrechten im Bereich des Automobilsports, WRP 98, S. 244 - 249

Limbach, Jutta, Theorie und Wirklichkeit der GmbH, Die empirischen Normaltypen der GmbH und ihr Verhältnis zum Postulat von Herrschaft und Haftung, Berlin 1966

Littkemann, Jörn/Sunderdiek, Bernd, Analyse der wirtschaftlichen Lage von Vereinen der Fußballbundesliga, BBK Nr. 24 1998, S. 457 - 470

Lukes, Rudolf, Erstreckung der Vereinsgewalt auf Nichtmitglieder durch Rechtsgeschäft, Festschrift für Westermann, S. 325 - 345

Lutter Marcus; Hommelhoff, Peter, Nachrangiges Haftkapital und Unterkapitalisierung in der GmbH, ZGR 1979, S. 31 - 66

Lutter, Marcus (Hrsg.), Umwandlungsgesetz, Band I (§§ 1-151), Band II (§§ 152-325), 2. Auflage, Köln 2000; zit.: Lutter/Bearbeiter, § Rn

Malatos, Andreas, Berufsfußball und die Rechtsstellung des Berufsfußballspielers in Europa, Kehl, Straßburg, Arlington 1988

Martinek, Michael, Franchising: Grundlagen der zivil- und wettbewerbsrechtlichen Behandlung der vertikalen Gruppenkooperation beim Absatz von Waren und Dienstleistungen, Heidelberg 1987

Maurer, Hartmut, Allgemeines Verwaltungsrecht, 13. Auflage, München 2000

Maunz, Theodor/Dürig, Günter, Grundgesetz Kommentar, Band I Art. 1-11, Loseblattsammlung; zit.: M/D-Bearbeiter, Art. Rn

Mayer, Dieter, Der Komplementär in der GmbH & Co. KGaA, GesR 97, S. 263 - 276

ders.; Die Umstrukturierung von Bundesligavereinen zur Vorbereitung des Börsenganges, Festschrift für Siegfried Widmann zum 65. Geburtstag, S. 67 - 86

Menke, Thomas; Steinbeck, Anja, Bundesliga an die Börse, NJW 1998, S. 2169 - 2171 auch in SpuRt 1998, S. 226 - 230

ders., Die wirtschaftliche Betätigung nichtwirtschaftlicher Vereine, Berlin 1998

Mertens, Hans-Joachim, Der Aktionär als Wahrer des Rechts? Aktuelle Probleme der Durchsetzung von Aktionärsrechten, AG 1990, S. 49 - 55

Mestmäcker, Ernst-Joachim, Recht und ökonomisches Gesetz: über die Grenzen von Staat, Gesellschaft und Privatautonomie, 2. Auflage, Baden-Baden 1984

Müller, Christian, Rechtsfragen der Finanzierung im "bezahlten Sport" dargestellt am Beispiel des Bundesligafußballs, Frankfurt a.M., Bern, New York, Paris 1991

Müller, Michael, Der deutsche Berufsfußball - vom Idealverein zur Kapitalgesellschaft, Baden-Baden 2000

Münchener Kommentar zum Bürgerlichen Gesetzbuch, Band 1, Allgemeiner Teil (§§ 1 - 240) AGB-Gesetz, 4. Auflage, München 2001; zit.: Mü-Ko/Bearbeiter, § Rn

Mugdan, Benno, Die gesamten Materialien zum Bürgerlichen Gesetzbuch für das Deutsche Reich, Band 1, Einführungsgesetz und Allgemeiner Teil, Aalen 1979

Mummenhoff, Winfried, Gründungssysteme und Rechtsfähigkeit, Köln, Berlin, Bonn, München, 1979

Nagel, Bernhard; Riess, Birgit; Theis, Gisela, Der faktische Just-in-Time-Konzern - Unternehmensübergreifende Rationalisierungskonzepte und

Konzernrecht am Beispiel der Automobilindustrie, DB 1989, S. 1505 - 1511

Nippel, Peter, Eigenkapital und Eigenkapitalkosten öffentlich rechtlicher Kreditinstitute, ZBB 2000, S. 217 - 225

Nitschke, Manfred, Die körperschaftlich strukturierte Personengesellschaft, Bielefeld 1980

Oppenheimer,Hugo, Die beiden Vereinsklassen des Bürgerlichen Gesetzbuchs (§§ 21, 22), JherJb 47, S. 99 - 192

Ott, Claus, Allokationseffizienz, Rechtsdogmatik und Rechtsprechung - die immanente ökonomische Rationalität des Zivilrechts, S. 25 - 44 in: Allokationseffizienz in der Rechtsordnung, Beiträge zum Travemünder Symposium zur ökonomischen Analyse des Zivilrechts, 23. - 26. März 1988, Hrsg.: Claus Ott, Hans Bernd Schäfer, Berlin, Heidelberg 1989

Overlack, Arndt, Der Komplementär in der GmbH & Co. KGaA, GesR 1997, S. 237 - 262

Palandt, Bürgerliches Gesetzbuch, Kommentar, 61. Auflage, München 2002
Zit.: Palandt/Bearbeiter, § Rn

Paulick, Heinz, Die eingetragene Genossenschaft als Beispiel gesetzlicher Typenbeschränkung, Tübingen 1954

Pflug, Hans-Joachim, Der persönlich haftende Gesellschafter in der Kommanditgesellschaft auf Aktien, NJW 1971, S. 345 - 351

Planck's Kommentar zum Bürgerlichen Gesetzbuch, I Band, Allgemeiner Teil (§§ 1-240) 4. Auflage, Berlin 1913

Priester, Hans-Joachim, Die Kommanditgesellschaft auf Aktien ohne natürlichen Komplementär, ZHR 160 (1996), S. 250 - 264

ders., Unbeschränkte Konzernhaftung des GmbH- Gesellschafters, ZIP 86, 137 - 146

Raupach, Arndt, "Structure follows Strategy" Grundfragen der Organisation des Zivil- und Steuerrechts im Sport - dargestellt am Thema "Profigesellschaften", SpuRt 95, S. 241- 249, SpuRt 96, S. 2 -5.

Reichert, Bernhard, Handbuch des Vereins- und Verbandsrechts, 7. Auflage, Neuwied 1999

Reinhardt, Rudolf, Die Abgrenzung zwischen Vereinigungen mit oder ohne "wirtschaftlichen Geschäftsbetrieb", Festschrift für Heinz Paulick, S. 3 - 13, zit.: Reinhardt, FS Paulick

ders.; Gedanken zum Identitätsproblem bei der Einmanngesellschaft, Festschrift für Heinrich Lehmann, II. Band, S. 576 - 593, zit.: Reinhardt, FS Lehmann

Reuter, Dieter, Das selbstgesetzte Recht des internationalen Sports im Konflikt mit dem Geltungsanspruch des nationalen Rechts, DZWiR 96, 1 - 9

ders., Die Arbeiterselbstverwaltung im Spannungsverhältnis von Gesellschafts- und Arbeitsrecht, ZfA 1979, S. 537 - 558

ders.; Die Verbände in der Privatrechtsordnung, In: 50 Jahre Bundesgerichtshof, Festgabe aus der Wissenschaft, Band II, Handels- und Wirtschaftsrecht Europäisches und Internationales Recht, hrsg. von Andreas Heldrich und Klaus J. Hopt, München 2000, S. 211 - 243, zit.: Reuter, 50 Jahre BGH

ders., 100 Bände BGHZ: Vereins- und Genossenschaftsrecht, ZHR 151 (1987), S. 355 - 395

ders., Die Bestandssicherung von Unternehmen - ein Schlüssel zur Zukunft des Handelsgesellschaftsrechts, AcP 181 (1981), S. 1 - 30

ders., Privatrechtliche Schranken der Perpetuierung von Unternehmen, Ein Beitrag zum Recht der Gestaltungsfreiheit im Recht der Unternehmensformen, Frankfurt a.m. 1973

ders., Probleme der Mitgliedschaft beim Idealverein, Mitgliedsfähigkeit, Nachfolge, Folgen des Ausscheidens, ZHR 145 (1981), S. 273 - 285

ders., Rechtliche Grenzen ausgegliederter Wirtschaftstätigkeit von Idealvereinen; Zugleich eine kritische Stellungnahme zum ADAC-Urteil BGHZ 85, 84, ZIP 1984, S. 1052 -1064

ders., Verbandszweck und Rechtsfähigkeit im Vereinsrecht, ZHR 151 (1987), S. 237 - 257

ders., Zur Abgrenzung von Vereins- und Gesellschaftsrecht - Besprechung der Entscheidung des BGH vom 2.4.1979, ZGR 1981, S. 364 - 376

ders.,/Körnig, Jürgen; Mitbestimmung und gesellschaftsrechtliche Gestaltungsfreiheit, ZHR 140 (1976), S. 494 - 519

Röhricht, Volker, Gesellschaftsrechtliche Unternehmenspraxis, Aktuelle Probleme im Lichte der neuen Rechtsprechung, JbFSt 1997/98, S. 243 - 246, Herne/Berlin 1998

Rose-Ackerman, Susan, An Economic Analysis of Nonprofit Organisations, in: Stiftungsrecht in Europa, Hrsg.: Klaus Hopt und Dieter Reuter, Köln, Berlin, Bonn, München 2001, S. 73 - 94

Roth, Günter, Zur "economic analysis" der beschränkten Haftung, ZGR 1986, S. 371 - 382

Sachau, Gerhard, Der nichtrechtsfähige Verein als Unternehmer eines Handelsgewerbes, ZHR 56 (1905), S. 444 - 481

Sack, Rolf, Der "vollkaufmännische Idealverein" - Zum Verhältnis der Begriffe "wirtschaftlicher Geschäftsbetrieb" i.S.d. §§ 21, 22 BGB und "Handelsgewerbe" i.S.d. §§ 105, 161 HGB, ZGR 1974, 179, - 207

Sauter, Eugen/Schweyer, Gerhard, Der eingetragene Verein - eine gemeinverständliche Erläuterung des Vereinsrechts unter Berücksichtigung der neuesten Rechtsprechung, 17. Auflage, München 2001

Schad, Peter, E.V. oder Wirtschaftsverein. Die Abgrenzung der Vereinsklassen unter besonderer Berücksichtigung des ADAC, der Fußballvereine der ersten Bundesliga, der Scientology-Kirche und von Taxirufzentralen, Stuttgart 1997

ders., E.V. oder Wirtschaftsverein?, RPfl 1998, S. 185 - 191

ders., Eingetragener Verein oder Wirtschaftsverein?, NJW 1998, S. 2411 - 2413

Schäfer, Bernd, Sportkapitalgesellschaften -Bericht über die Erfahrungen mit der rechtlichen Struktur der Deutschen Eishockey Liga (DEL), in: Sportkapitalgesellschaften, Hrsg: Urs Scherrer, Recht und Sport 25, S. 17 - 43

Schäfer, Hans Bernd, Allokationseffizienz als Grundprinzip des Zivilrechts, S. 1 - 24 in: Allokationseffizienz in der Rechtsordnung, Beiträge zum Travemünder Symposium zur ökonomischen Analyse des Zivilrechts, 23. - 26. März 1988, Hrsg.: Claus Ott, Hans Bernd Schäfer, Berlin, Heidelberg 1989

Schanze, Erich, Stellvertretung und ökonomische Agentur-Theorie - Problem und Wechselbezüge - , S. 60 - 86 in: Ökonomische Probleme des Zivilrechts, Beiträge zum zweiten Travemünder Symposium zur ökonomischen Analyse des Rechts, 21. - 24. März 1990, Hrsg.: Claus Ott, Hans Bernd Schäfer, Berlin, Heidelberg, New York 1991

Schick, Stefan; Rüd, Eberhard, Stiftung und Verein als Unternehmensträger, Stuttgart 1988

Schleder, Herbert, Steuerrecht der Vereine, 6. Auflage, Herne/Berlin 2001

Schmidt, Karsten, Der bürgerlich-rechtliche Verein mit wirtschaftlicher Tätigkeit, AcP 182 (1982), S. 1 - 59

ders., Deregulierung des Aktienrechts durch Denaturierung der Kommanditgesellschaft auf Aktien?, ZHR 160 (1996), S. 265 - 287

ders.,, Die Abgrenzung der beiden Vereinsklassen, Bestandsaufnahme, Kritik und Neuorientierung, RPfl 1972, S. 286 - 294 und S.343 - 353

ders., Eintragung "religiöser Wirtschaftsvereine"?, NJW 1988, S. 2574 - 2578

ders., Entziehung der Rechtsfähigkeit bei unrechtmäßig eingetragenen Wirtschaftsvereinen, Zum Stellenwert des Scientology-Urteils des BVerwG vom 6.11.1997, NJW 1998, S. 1124 - 1126

ders.,, Gesellschaftsrecht, 3. Auflage, Köln, Berlin, Bonn, München 1997; zit.: K. Schmidt, GesR, § S.

ders., Gesellschaftsrechtliche Unternehmenspraxis, Aktuelle Probleme im Lichte der neuen Rechtsprechung, JbFSt 1997/98, S. 241 - 243

ders., Handelsrecht, 5. Auflage, Köln, Berlin, Bonn, München 1999; zit.: K. Schmidt, HR, § S.

ders., Insolvenzrisiko und gesellschaftsrechtliche Haftung, JZ 1985, S. 301 - 308

ders., Organverantwortlichkeit und Sanierung im Insolvenzrecht der Unternehmen, ZIP 80, 328 - 337

ders., Sieben Leitsätze zum Verhältnis zwischen Vereinsrecht und Handelsrecht, ZGR 1975, S. 477 - 486

ders., Verbandszweck und Rechtsfähigkeit im Vereinsrecht, Heidelberg 1984 *ders.*, Wirtschaftstätigkeit von "Idealvereinen" durch Auslagerung auf Handelsgesellschaften, NJW 1983, S. 543 - 546

ders., Zur Amtslöschung unrechtmäßig eingetragener Wirtschaftsvereine, NJW 1993, S. 1225 - 1228

Schroif, Bert, Genossenschaftliche Gebilde in der Form des rechtsfähigen Vereins, Göttingen 1965

Schulze zur Wische, Dieter, Sacheinlagen in Kapitalgesellschaften, insbesondere GmbH, GmbHR 1988, S. 31 - 37

Schwierkus, Fredy Der rechtsfähige ideelle und wirtschaftliche Verein (§§ 21, 22 BGB), Berlin 1981

Segna, Ulrich, Bundesligavereine und Börse, ZIP 1997, S. 1901 - 1912

Siebold, Michael; Wichert, Joachim, Die KGaA als Rechtsform für die Profiabteilungen der Vereine der Fußballbundesliga, SpuRt 1998, S. 138 - 142

dies., Die Einflußsicherung des Vereins in einer Fußball-KGaA, SpuRt 2001, S. 177 - 181

Soergel, Bürgerliches Gesetzbuch, Band 1, Allgemeiner Teil (§§ 1-103) mit Einführungsgesetz und Nebengesetzen, 13. Auflage, Berlin, Köln, Mainz 2000 Zit.: Soergel/Bearbeiter, § Rn

Sonnenberger, Hans-Jürgen, Das Darlehen des GmbH-Gesellschafters als Mittel der Gesellschaftsfinanzierung, NJW 1969, S. 2033 - 2038

Sonnenschein, Jürgen/Holdorf, Britta, Unbegrenzte Haftung eines GmbH-Gesellschafters im Konzern, JZ 1992, S. 715 - 724

Sprengel, Henrik, Vereinskonzernrecht, Die Beteiligung von Vereinen an Unternehmensverbindungen, Frankfurt a.M., Berlin, Bern, New York, Paris, Wien, 1998

Springer, Ulrich, Die zentrale Vermarktung von Fernsehrechten im Ligasport nach deutschem und europäischem Kartellrecht unter besonderer Berücksichtigung des amerikanischen Antitrustrechts, WRP 98, S. 477 - 486

Staub Großkommentar HGB, §§ 123 - 130 b, Bearbeiter: Habersack, 4. Auflage, Berlin, New York 1997; Zit.: Habersack in: Großkommentar, § Rn

Staudingers Kommentar zum Bürgerlichen Gesetzbuch, Erstes Buch, Allgemeiner Teil, §§ 21- 103, 13. Auflage, Berlin 1995; zit.: Staudinger/Bearbeiter, Rn

Steinbeck, Anja, Vereinsautonomie und Dritteinfluß, Berlin, New York 1998

Stimpel,Walter, Haftung im qualifiziert faktischen Konzern, ZGR 91, 144 - 161

Stobbe, Ludwig, Die Ausgliederung von Tätigkeiten aus dem ideellen Bereich steuerbegünstigter Körperschaften, DStZ 96, 298 - 301

Streinz, Rudolf, Die Auswirkungen des EG-Rechts auf den Sport, SpuRt 98, S. 1 - 7, S. 45 - 50, S. 89 - 97

Teubner, Günther, Organisationsdemokratie und Verbandsverfassung, Tübingen 1978

ders., "Verbund", "Verband" oder "Verkehr"? Zur Außenhaftung von Franchising-Systemen, ZHR 154 (1990), S. 295 - 324

Tietzel, Manfred, Probleme der asymetrischen Informationsverteilung beim Güter- und Leistungsaustausch, S. 52 - 63 in: Allokationseffizienz in der Rechtsordnung, Beiträge zum Travemünder Symposium zur ökonomischen Analyse des Zivilrechts, 23. - 26. März 1988, Hrsg.: Claus Ott, Hans Bernd Schäfer, Berlin, Heidelberg 1989

Trölitzsch, Thomas, Rechtsprechungs-Bericht: Das Umwandlungsrecht seit 1995, WiB 1997, S. 795 - 802

Varian, Hal R., "Intermediate Microeconomics", New York 1993; dt. Titel: Grundzüge der Mikroökonomik, aus dem Amerikanischen von *Reiner Buchegger,* 5. Auflage, München, Wien, 2001

Vieweg, Klaus, Normsetzung und -anwendung deutscher und internationaler Verbände, Eine rechtstatsächliche und rechtliche Untersuchung unter besonderer Berücksichtigung der Sportverbände, Schriften zum Bürgerlichen Recht, Band 132, Berlin 1990

Wagner, Gerhard, Bundesliga Going Public: Traumpaß oder Eigentor?, NZG 1999, S. 469 - 478

Westermann, Harm Peter, Der Sportler als "Arbeitnehmer besonderer Art" - Zur Durchdringung von arbeitsrechtlichen Regelungen durch vereins- und verbandsautonome Bestimmungen in: Sport als Arbeit, Hrsg: Eike Reschke, aus der Reihe Recht und Sport, Bd. 4, Heidelberg 1985

ders., Die Verbandsstrafgewalt und das allgemeine Recht, Zugleich ein Beitrag zur Juristischen Bewältigung des "Bundes-Liga-Skandals", Bielefeld 1972

ders., Zur Legitimität der Verbandsgerichtsbarkeit - Bemerkungen zu den Urteilen des Deutschen Fußballbundes, JZ 72, S. 537 - 543

Wiedemann, Herbert, Gesellschaftsrecht, Band I, München 1980

Wiesener, Georg, Die Enthaftung ausgeschiedener persönlich haftender Gesellschafter einer KGaA?, ZHR 148 (1984), S. 56 - 73

Wiethölter, Rudolf, Die GmbH in einem modernen Gesellschaftsrecht und der Referentenentwurf eines GmbH-Gesetzes, S. 11 - 41 in: Probleme der GmbH-Reform, Köln 1970

Winkler, Karl, Die Haftung der Gesellschafter einer unterkapitalisierten GmbH, BB 1969, S. 1202 - 1207

Wüst, Günther, Das Problem des Wirtschaftens mit beschränkter Haftung, JZ 1992, S. 710 - 715